省级精品课程教材
21世纪高等院校公共课精品教材

“十二五”江苏省高等学校重点教材

企业管理

(第四版)

ENTERPRISE
MANAGEMENT

◉ 刘秋华　主　编
◉ 韩　宇　卢荣花　副主编

东北财经大学出版社
Dongbei University of Finance & Economics Press
大连

图书在版编目（CIP）数据

企业管理 / 刘秋华主编. —4版. —大连：东北财经大学出版社，2023.8
（21世纪高等院校公共课精品教材）
ISBN 978-7-5654-4877-5

Ⅰ.企… Ⅱ.刘… Ⅲ.企业管理-高等学校-教材 Ⅳ.F272

中国国家版本馆CIP数据核字（2023）第129034号

东北财经大学出版社出版
（大连市黑石礁尖山街217号 邮政编码 116025）
网 址：http://www.dufep.cn
读者信箱：dufep@dufe.edu.cn
大连雪莲彩印有限公司印刷 东北财经大学出版社发行

幅面尺寸：185mm×260mm 字数：528千字 印张：22
2023年8月第4版 2023年8月第1次印刷
责任编辑：孙 平 责任校对：吴 焕
封面设计：原 皓 版式设计：原 皓

定价：56.00元

教学支持 售后服务 联系电话：（0411）84710309

如有印装质量问题，请联系营销部：（0411）84710711

第四版前言

东北财经大学出版社2009年8月出版的《企业管理》是“21世纪高等院校公共课精品教材”之一，被全国众多院校采用。第一版的编写强调了四个特色：(1) 充分体现学科的先进性；(2) 密切联系企业管理的实际；(3) 充分体现人才培养方案的要求；(4) 满足公共课教学的需要。广大师生使用本书后，对这些特色给予了充分肯定。第二版在保持第一版总体框架不变的基础上，对内容进行了修改、补充和完善，特别是增加了专栏和更新了绝大多数案例。第三版在全面总结教学经验和广泛听取广大读者意见的基础上，对内容做进一步修改和完善，更新了部分课后案例，使教材更加深刻地反映当时国内外企业管理实践中的经验，更能与应用型本科院校的培养对象和培养目标相适应，更加贴近应用型本科院校的教学要求。

为加快推进党的二十大精神进教材、进课堂、进头脑，将研究和落实“立德树人，培养造就大批德才兼备的高素质人才”的“人才强国战略”作为新时期教材改革的根本任务，第四版结合国内外先进的教育理念和课程改革新趋势，执行教育部关于“教材、教学、教师”三教改革的相关精神，对内容进行了再次修订，每章增加了“价值引领”，同时更新了部分案例，以满足新时代教学的要求。

全书共分六篇，分别是总论篇、经营篇、营销篇、要素篇、生产篇和创新篇，包括十三章的内容。本书第四版由南京工程学院刘秋华教授担任主编，韩宇副教授和卢荣花副教授担任副主编，刘秋华教授和卢荣花副教授负责修订。主编拥有三十多年企业管理课程的教学经验，获得“首届全国教材建设先进个人”荣誉称号。教材的修订得到了南京工程学院“企业管理”课程组杜斌等老师的大力支持，特此表示感谢。

本书被江苏省教育厅评为“十二五”江苏省高等学校重点教材。

编　者

2023年5月

目　录

第三篇　营销篇

第四篇 要素篇

第五篇 生产篇

第六篇 创新篇

第一篇　总论篇

第一章

企业与企业组织

学习目标

1. 掌握企业的基本概念，了解企业的产生与发展；
2. 掌握企业的法律形式及各种形式的含义和特点；
3. 掌握企业组织结构的概念、企业组织结构形式及各自优缺点；
4. 了解现代组织结构的变化与发展。

价值引领

以党的二十大精神为引领，助力各类型企业高质量发展

2020年以来，国企改革三年行动全面发力、多点突破、纵深推进。从中国特色现代企业制度更加成熟定型，到三项制度改革大范围破冰破局，再到国有经济布局结构实现全方位整体性优化，改出了新活力、高效率、好机制。面向未来，首先，党的二十大报告提出，“深化国资国企改革，加快国有经济布局优化和结构调整，推动国有资本和国有企业做强做优做大，提升企业核心竞争力”“完善中国特色现代企业制度，弘扬企业家精神，加快建设世界一流企业”，赋予了国资国企新的使命和任务。

其次，党的二十大报告指出：“我们要构建高水平社会主义市场经济体制，坚持和完善社会主义基本经济制度，毫不动摇巩固和发展公有制经济，毫不动摇鼓励、支持、引导非公有制经济发展。”“两个毫不动摇”表明了党的一贯立场和支持鼓励民营经济发展的方针政策没有改变，回应了社会重大关切和民营企业的呼声期盼，及时给民营企业家送来一颗“定心丸”，这将引领我国民营经济走向更加广阔的舞台。

最后，党的二十大报告提出，支持中小微企业发展。这对于广大中小微企业的未来，无疑将产生重要而深远的积极影响。报告还提出，“营造有利于科技型中小微企业成长的良好环境”“支持专精特新企业发展”，释放了鼓励中小微企业自主创新的明确信号。

资料来源 ［1］王璐．深改革、优结构、建一流——国资国企落实改革新使命新任务［EB/OL］．［2022-11-07］．https：//www.workercn.cn/c/2022-11-07/7220254.shtml.［2］庄聪生．深刻把握党的二十大关于促进民营经济发展壮大的重要论述［EB/OL］．［2022-11-07］．http：//dzb.rmzxb.com.cn/rmzxbPaper/pc/con/202210/21/content_32483.html.

第一节 企业概述

一、企业的基本概念

企业是从事生产、流通或服务等经济活动，以产品或服务满足消费者需要并获取盈利，自主经营、自负盈亏、依法设立的经济实体。具体理解如下：

（一）企业以营利作为其经济活动的主要目的

企业经营的主要目的就是获取盈利，以自身的盈利来保证企业的生存和发展。强调企业以营利为主要目的，并不否认企业作为一个社会组织应当承担的社会责任和义务。相反，企业只有盈利了，才能不断发展壮大，才能更好地承担起社会责任与义务。

（二）企业以自己的产品和劳务服务于社会

企业和任何其他社会组织一样，是社会需要的产物。生产性企业为社会提供所需的商品，非生产性企业为社会提供所需的服务，尽管不同的企业提供的产品差异很大，但共同的特点是企业以自己的产品和劳务服务于社会，使企业获得生存和发展的保证。

（三）企业的基本特征是自主经营、自负盈亏

自主经营是指企业按客观规律和市场需求，对企业的生产经营活动依法自主决策。企业应当有明确的产权关系和健全的经营机制，能够根据自身的利益和内外部条件进行自主经营。自负盈亏是指企业能独立承担自主经营而引起的全部经济责任，对自己的行为和经营后果负责。自主经营和自负盈亏体现了企业权利与义务的有机统一。

（四）企业是依法设立的经济实体

企业是依法从事经济活动的组织，能够独立地享有民事权利和承担民事义务。企业作为法人必须具备以下条件：①具有符合国家规定数额的独立财产。②具有自己的名称、组织章程、组织机构和经营场所。③能够独立承担民事责任，即以自己独立的财产承担责任。④经主管机关核准登记。

二、企业的产生与发展

企业是一个历史的概念，是社会生产力发展到一定水平的产物。封建社会后期之前，生产的基本组织形式是家庭手工业。从工业的起源来看，手工业的个体生产是历史的起点。这种手工业是一种纯粹的个人劳动，并不是企业。但它是企业产生之前的生产组织形式，企业的萌芽正是从这种手工业生产组织的“胚胎”中生长出来的。封建社会后期，随着生产力的发展、社会分工的深化，在原有的家庭手工业的基础上逐渐产生了一种新的生产组织形式，即手工业作坊。手工业作坊的特点是其生产不是为了交换，而是为了享用，

从严格意义上说，它也不是企业，但可以说是企业的萌芽。到了资本主义社会，随着社会生产力和商品经济的发展，作为社会基本经济单位的企业才大量出现，才产生了严格意义上的企业。企业的初期形态，主要是由资本所有者雇用较多的工人，使用一定的生产手段，在分工协作的基础上从事商品的生产和商品的交换而形成的。

企业是社会生产力发展到一定历史阶段的产物，它是随着人类社会的进步、生产力的发展、科学技术水平的提高不断发展和进步的。通常认为企业的发展经过以下三个时期：

（一）手工业生产时期

手工业生产时期主要是指从封建社会的家庭手工业到资本主义社会初期的工场手工业时期。

16世纪到17世纪，西方一些国家的封建社会制度向资本主义制度转变，主要表现在资本主义原始积累加快，海外殖民地扩张，大规模地剥夺农民土地，使家庭手工业急剧瓦解，向资本主义工场手工业过渡。此时的工场手工业实际上已具有企业的雏形。

工场手工业有如下特点：

（1）工场手工业的规模扩大，到17世纪，英国有的工场手工业雇用几百名工人，成为大型工场。

（2）产业结构发生变化，在采矿、冶金、金属加工、制盐、造纸等行业，普遍建起工业工场。

（3）工场内部形成分工，一般按某一产品生产要求，分解为若干作业阶段。

（4）手工业工场开始采用机器，如1736年英国一家大型呢绒工场拥有600台织布机。

（二）工厂生产时期

随着资本主义制度的发展，西方各国相继进入工业革命，工场手工业逐步发展到建立工厂制度，作为真正意义上的企业产生了。

在工业革命中，一系列新技术的出现，大机器的普遍采用，特别是动力机的使用，为工厂制度的建立奠定了基础。1717年，英国人阿可莱特在克隆福特创立了第一家棉纱工厂，从此集中生产的工厂在英国迅速增加，到19世纪30年代，机器棉纺织代替手工棉纺织的过程在英国基本完成，工厂制度在英国普遍建立。18世纪德国手工业有了初步的发展，到19世纪30年代至40年代，建立了工厂制度。到19世纪50年代至60年代，由于资产阶级革命完成，各国出现了工业化的高潮，工厂大工业迅速发展，工厂制度在采掘、煤炭、机器制造、运输、冶金等行业相继建立。工厂制度的建立是工场手工业发展质的飞跃，它标志着企业的真正形成。

工厂生产时期有如下特征：

（1）工厂资本雄厚，小型生产者很难与之竞争。

（2）机械生产，节省人力，生产效率显著提高。

（3）形成了一批掌握生产技术和工艺的产业队伍。

（4）工厂内部分工深化，生产走向社会化。

（三）企业生产时期

在资本主义经济发展中，工厂制度的建立，顺应了商品经济发展的潮流，促进了生产力的大发展。特别是19世纪末至20世纪初，随着自由资本主义向垄断资本主义的过渡，工厂的发展十分迅猛，并产生了一系列变化，作为一个基本经济单位的企业最后确立和形成。

企业生产时期的主要特征是：

（1）生产规模空前扩大，产生了垄断企业组织，如托拉斯、辛迪加、康采恩等。美国1904年在工业部门中就有318个托拉斯，各个重要的工业部门一般都被一两个或几个大托拉斯垄断，形成各部门所谓的“大王”，如汽车大王福特、石油大王洛克菲勒、钢铁大王摩根。同时，世界闻名的大托拉斯，如美国钢铁公司、福特汽车公司、杜邦火药公司、通用电气公司、美国电报电话公司等都已组成或形成一个个企业集团。

（2）不断采用新技术、新设备，不断地进行技术革命，使生产技术有了迅速发展。

（3）建立了一系列科学管理制度，并产生了一系列科学管理理论。1911年，美国工程师泰勒的代表作《科学管理原理》一书的出版，标志着企业从传统经验型管理进入科学管理阶段。

（4）管理权与所有权分离，企业形成了一支专门的工程技术队伍和管理队伍。同时，企业整体素质也有明显提高。

（5）企业之间的竞争日益激烈，加速了企业之间的兼并，同时企业向国外发展，跨国公司开始出现，并且不断发展。

企业产生以后，制约和推动企业发展的因素很多，起根本作用的是技术革命。自人类社会经济生活中产生企业以来，已经经历了三次技术革命。其中，以机器生产为代表的第一次技术革命，使人类进入“蒸汽时代”；以电力应用为标志的第二次技术革命，使人类跨入“电力时代”；以电子和信息技术为标志的第三次技术革命，将人类带入“信息时代”。

在第三次技术革命的冲击下，世界经济体系正在发生深刻变革，以现代信息技术广泛应用为基础、以技术创新为内核的新经济快速兴起。新经济是20世纪80年代中期以来，由于新一代信息技术发展而形成的以网络、信息和通信技术为主体的经济形态，具体是指一种将知识、信息、网络等新的生产要素与传统生产要素相结合，以新一代信息技术为支撑，各要素之间相互融合从而促使商品生产过程中出现一系列新特征的新型经济形态。在新经济背景下，第三次技术革命的冲击引起整个生产体系发生了一系列新变化，表现出了与传统经济不同的新特征：一是信息成为新的生产要素：二是消费者和生产者之间的界限逐渐模糊；三是创新在生产领域的重要性与日俱增；四是企业的生产活动更注重消费者的需求和体验。

进入21世纪以来，全球范围开启新一轮技术革命的帷幕。在全球经济增长低迷、亟待应用新技术来寻找新的动力、环境污染等现实问题迫切需要解决、科学技术发现不断取得重点突破的背景下，新一轮技术革命在全球范围内开始快速扩散。与以往历次技术革命不同，新一轮技术革命呈现出四个方面的主要特征：

（1）以数字化为主导。新一轮技术革命突出地表现为物联网、大数据、云计算等一系列数字技术的出现，以及应用领域的创新性突破和经济社会行为的数字化转型。数字技术的突破直接促进了信息的数据化。数据要素及其新的组合应用引发生产方式的重大变革，尤其是数字技术将赛博（Cyber）世界和比特（BIT，binary digit）世界有效连接融合，推动了数字经济兴起。数字技术的发展引发通信方式、电子商务、电子支付和智能制造等领域的变革，极大地改变了决策、生产和交易的方式，出现了一系列新产业、新业态、新模式，加快了传统产业的数字化转型和智能化发展，数字的产业化和产业的数字化显著提升了经济效率，“信息经济”时代逐渐转向“数字经济”时代。

（2）以智能化为指向。从生产角度来看，新一轮技术革命与以往历次技术革命的最大区别在于其生产和服务的智能化指向。从制造业到服务业再到农业领域，在自动化基础上日益转向智能化，涵盖设计研发、加工组装、物流配送、金融服务等各个领域。数字化技术加速了劳动工具的智能化，3D打印、数控机床、智能机器人等智能装备快速涌现，劳动工具从传统的能量转换工具向智能工具演进。万物互联、数据驱动、软件定义、平台支撑、组织重构、智能主导正在构建新的制造体系、服务体系，成为全球新一轮产业发展的制高点。

（3）以绿色化为引领。针对人类面临的环境污染、生态破坏以及全球气候变暖等问题，新的技术在促进经济增长的同时，需要以更加低成本的方式实现绿色发展。尤其是在能源、交通和制造领域，绿色技术的突破和广泛应用成为新一轮技术革命的突出特征。新的能源技术突出地表现在清洁化、低碳化利用关键技术，如新一代核能、页岩气、氢能、可燃冰等清洁能源技术，以及储能和分布式能源关键技术、智慧能源管理技术。在交通领域，锂电池和充电桩等技术的突破，使得氢能、电能等新能源汽车的发展日益受到重视，全球主要国家纷纷推出了传统汽车退出的时间表。在生产制造领域，生产制造技术更加注重节能、节水、资源综合利用和低碳排放，与智能化生产并重。

（4）以融合化为趋向。以数字技术为主导的新一轮技术革命具有融合性、互联性和群体突破的特征。大数据、物联网、云计算等新一轮数字技术创新一经出现，就迅速向各领域渗透，与其他技术相互交叉，融合创新不断加快，影响也更为深远。例如，传统能源巨头埃克森美孚、雪佛龙、壳牌与科技巨头微软展开深入的合作，道达尔则与谷歌携手协同推进技术创新。奔驰、丰田等许多传统汽车厂商与信息技术公司合作共同促进技术的研发和产品的创新。信息技术、交通技术和能源技术的全方位融合性变革，改变了以往独立创新的特征，呈现出技术创新相互融合、交互促进的新局面。①②

从企业发展的角度来看，每次技术革命必然伴随一场空前规模的产业调整：一方面，一大批适应社会经济发展需要的新企业迅速崛起，开拓出一系列新的生产领域；另一方面，传统企业在技术、设备、工艺和管理上进行一系列的根本性变革，使社会生产力产生质的飞跃。

专栏1-1

福特汽车公司

福特汽车公司由亨利·福特于1903年创办于美国底特律市，是世界第一大卡车生产厂家，也是世界第二大汽车生产厂家。

1903年6月16日，亨利·福特和11位合伙人在密歇根州递交了成立公司的申请报告。福特汽车公司成立后仅几个星期，便向加拿大的一位客户售出了一辆A型汽车，从此开始了福特走向世界的伟大历程。1908年，福特汽车公司生产出世界上第一辆属于普通百姓的汽车——T型车，世界汽车工业革命就此开始。1913年，福特汽车公司又开发出了世界

① 任保平，张越．新经济推动生产体系变化下供给侧结构性改革的路径［J］．北京师范大学学报（社会科学版），2021，288（6）：150-157.

② 国务院发展研究中心市场经济研究所课题组，王微，邓郁松，等．新一轮技术革命与中国城市化2020—2050——影响、前景与战略［J］．管理世界，2022，38（11）：12-28.

上第一条流水线，这一创举使T型车一共达到了1 500万辆，缔造了一个至今仍未被打破的世界纪录。福特先生为此被尊称为“为世界装上轮子”的人。

现在的福特汽车公司是世界超级跨国公司，总部设在美国密歇根州迪尔伯恩市。福特汽车的标志是采用福特的英文“Ford”字样，蓝底白字。由于创建人亨利·福特喜欢小动物，所以标志设计者把福特的英文画成一只小白兔样子的图案。公司核心业务包括设计、制造、销售高品质的轿车、SUV、卡车和电动车型以及林肯品牌豪华车型，并提供相关售后服务。与此同时，福特汽车公司还通过福特汽车金融信贷公司提供汽车信贷业务，并积极致力提升公司在电气化、自动驾驶以及智能移动出行方面的领先地位。

2013年6月16日，福特汽车公司庆祝110年华诞。2020年8月10日，《财富》世界500强排行榜发布，福特汽车公司位列第31位。2022年8月6日，据有关媒体报道，福特汽车集团7月份的电动车销量达到了30 648辆，同比增长168.7%，这让福特成为美国2022年7月电动车交付第二多的品牌，仅次于特斯拉。2023年5月3日，福特汽车发布了4月份汽车销量数据：总销量为184 002辆，同比增长4%。

资料来源　根据福特公司官网和百度百科资料整理。

第二节　企业法律形式

在市场经济条件下，企业是法律上和经济上独立的经济实体，它拥有在一定的法律形式下自主经营和发展所必需的各种权利。因此，无论是新建企业，还是老企业改制，都面临企业的法律形式选择问题。企业的法律形式有多种，分别介绍如下：

一、个体企业

个体企业是由业主个人出资兴办，由业主自己直接经营的企业。业主个人享有企业的全部经营所得，同时对企业的债务负有完全责任，如果经营失败，出现资不抵债的情况，业主要用自己的家庭财产来抵偿。

个体企业一般规模较小，内部管理机构简单。其优点是：设立和歇业的程序比较简单易行；产权能够比较自由地转让；经营者与所有者合二为一，经营方式灵活，决策迅速；利润独享，保密性强。其缺点是：多数个体企业本身财力有限，而且由于受到偿债能力的限制，取得贷款的能力较差，难以从事需要大量投资的大规模工商业活动；企业的生命力弱，如果业主无意经营或因健康状况不佳无力经营，企业的业务就要中断。

在市场经济体制下，这种企业形式数量庞大，占到企业总数的大多数，而且是最早的企业形式，但由于规模较小，发展能力有限，在整个经济中不占有支配地位。个体企业通常存在于零售商业、“自由职业”、个体农业等领域，由零售商店、注册医师、注册律师、注册会计师、家庭农场等组成。

二、合伙制企业

合伙制企业是由两个或两个以上的个人通过签订合伙协议联合经营的企业组织。它已有几百年的历史，像日本民法中所称的“组合”就是合伙制企业。

合伙制企业可以由其中的一位合伙人出面经营，也可以由若干合伙人共同经营。当企业出现经营失败、资不抵债时，每个合伙人都要以自己的家庭财产按照入股比例进行赔偿。这就叫财产的无限连带责任。

合伙制企业的优点是：第一，许多合伙人共同出资，筹集的资金量可以大为增加，能够从事一些资产规模需求较大的生产经营活动；第二，合伙人对企业的债务负有无限连带责任，全体合伙人对企业的盈亏都十分关心。

合伙制企业的缺点是：第一，尽管有很多合伙人共同出资，每个合伙人的资产毕竟有限，合伙人的规模也不能无限增大，因此合伙制企业的资产规模一般达不到社会大生产的要求，依然局限在规模较小的生产经营领域内；第二，合伙制企业是依照合伙人之间的协议建立起来的，合伙人与经营者没有分离，没有建立起财产委托关系，几乎所有的决策都要经全体合伙人一致同意，造成经营决策时效性差；第三，合伙人中有一位死亡或者撤出，原来的合伙协议就要进行修改，甚至会影响到合伙制企业能否继续生存，因此合伙制企业的稳定程度有限；第四，合伙制企业实行无限连带责任，增大了投资者的风险。

合伙制企业的上述特点，决定了它一般适用于资产规模较小、管理不复杂、不需设专门管理机构的行业。此外，一些营业资金需要量较小，而工作业务涉及资金量较大，个人信誉非常重要的企业，如会计师事务所、律师事务所等往往采取合伙制企业形式。

三、公司制企业

公司制企业是由两个或两个以上股东出资，能够独立地对自己经营的财产享有民事权利、承担民事义务的组织。它具有以营利为目的、具备法人资格、必须依法成立等特点。

在公司制企业的发展历史中，形成了各种类型的公司。例如，按公司责任关系划分，有无限责任公司、有限责任公司、股份有限公司等。

（一）无限责任公司

无限责任公司是指由两个或两个以上的股东所组成的、股东对公司的债务承担无限连带清偿责任的公司。所谓无限连带清偿责任，是指股东不论出资多少，对公司债权人以全部个人财产承担清偿全部债务的责任。无限责任公司具有以下特点：

（1）无限责任公司是典型的人合公司。所谓人合公司，是相对于资合公司而言的，人合公司是建立在股东个人的信用上，而资合公司是建立在公司资本的多少上。

（2）无限责任公司一般在公司章程上没有特殊规定，每个股东都有权利和义务处理公司的业务，对外都有代表公司的权利。公司的自有资本来自股东的投资和公司的盈利。公司的盈余分派一般分为两个部分：一部分是按股东的投资额，以资本的利息形式分派；另一部分则按合伙的平分原则处理。

（3）无限责任公司是否具有独立的法人地位，在各个国家公司法中规定不一。例如，德国的法律中规定所有的人合公司都不是法人，因此国家不是对公司征税，而是对股东个人征收个人所得税。尽管利润并没有实际分配到各个股东，而是留在公司的账上，但这些利润仍然被看作股东的收入。

（4）对股东而言，无限责任公司的风险是很大的，因为他们承担的是无限连带责任。与这种高风险相对应的是可能得到高额利润。由于在无限责任公司中股东所负的责任太大，筹资能力有限，在国内外都没有得到大的发展。

（二）有限责任公司

有限责任公司又称有限公司，在英、美等国家称为封闭公司或私人公司，是指由五十个以下股东出资设立，每个股东以其认缴的出资额对公司行为承担有限责任，公司以其全部资产对其债务承担责任的经济组织。有限责任公司具有以下特点：

（1）有限责任公司是资合公司，但同时具有较强的人合因素。有限责任公司的股东人数不多，一般相互认识，并具有一定程度的信任感，相互之间的合作建立在信任的基础上。《中华人民共和国公司法》（以下简称《公司法》）规定，有限责任公司由50个以下股东出资设立（《中华人民共和国公司法（修订草案）》：有限责任公司由1个以上50个以下股东出资设立）。

（2）有限责任公司的资本不需要划分为等额股份。股东各自以他们的出资额比例为限承担有限责任，利润分配时也按照各股东的出资额比例分配。

（3）有限责任公司的组织结构设置比较灵活。从国际上举办公司的实践看，有限责任公司多数是生产经营规模较小的企业，因此组织结构的设置比较灵活。我国《公司法》规定，有限责任公司一般应设股东会、董事会和监事会，并由董事会聘任总经理主持公司的日常业务活动。但对股东人数较少或者企业规模较小的，可以不设董事会，而设一名执行董事。执行董事可以兼任公司经理。同样，对股东人数较少或企业规模较小的有限责任公司，可以不设监事会，而设1~2名监事（《中华人民共和国公司法（修订草案）》：但对规模较小的有限责任公司，可以不设董事会，而设一名董事，行使公司法规定的董事会的职权。该董事可以兼任公司经理。同样，对于规模较小的有限责任公司，可以不设监事会，而设1~2名监事，行使公司法规定的监事会的职权；经全体股东一致同意，也可以不设监事）。

（4）有限责任公司的股权转让受到限制。因为有限责任公司具有一定的人合因素，其股权一般只能在股东之间相互转让，不能像股份有限公司那样其股票可以自由流通，我国《公司法》对股权转让有明确规定。

（三）股份有限公司

股份有限公司又称股份公司，在英、美又称公开公司或公众公司，是指由一定人数以上的发起人设立的，全部注册资本由等额股份构成的，并通过发行股票或股权证筹集资本，股东以其认购的股份为限对公司的债务承担有限责任，公司以其全部财产对公司的债务承担责任的企业法人。我国《公司法》规定，设立股份有限公司，应当有2人以上200人以下为发起人，其中须有半数以上的发起人在中国境内有住所（《中华人民共和国公司法（修订草案）》：设立股份有限公司，应当有1人以上200人以下为发起人，其中须有半数以上的发起人在中华人民共和国境内有住所）；股份的发行必须实行公开、公平、公正的原则，同次发行的同种类股票，每股发行条件和价格应当相同（《中华人民共和国公司法（修订草案）》：同次发行的同类别股份，每股的发行条件和价格应当相同）。股份有限公司具有以下特点：

（1）股份有限公司是典型的资合公司。公司主要通过发行股票筹集资金，其资本划分为等额股份，这样既可以吸收社会上闲散的资金，也便于股份的转让。股份可以自由流通，股东并不固定，绝大多数股东不参与公司经营活动，而是通过股东大会对公司产生影响。股东对公司债务的责任只限于他们对公司所投的资金股份，这在很大程度上分散了投资人的投资风险。

（2）股份有限公司具有较严密的内部组织结构。公司必须设股东大会、董事会和监事会，分别行使公司重大事项的决策权、经营管理权和内部监督权，董事会还可以聘任总经理负责具体的业务执行工作。我国《公司法》对股东大会和董事会的会议程序、股东大会的表决程序、监事会的设立程序都有明确的规定，对股东大会、董事会、监事会以及总经理的职权也都作了明确的划分。股份有限公司的组织结构充分体现了所有权和经营权相分离的原则，使公司能够在充分独立的状态下从事生产经营活动，从而具有相对较宽的经营自主权。

（3）股份有限公司的股权可以转让。股份的转让并不需要其他股东的同意，但转让应依法进行。如我国《公司法》规定，股东转让其股份，应当在依法设立的证券交易场所进行或者按照国务院规定的其他方式进行（《中华人民共和国公司法（修订草案）》：和2018年《公司法》一致）。当然对有些特定主体的股份转让有所限制：如发起人持有的本公司股份，自公司成立之日起一年内不得转让（《中华人民共和国公司法（修订草案）》：这条规定没有了）。公司公开发行股份前已发行的股份，自公司股票在证券交易所上市交易之日起一年内不得转让。公司董事、监事、高级管理人员应当向公司申报所持有的本公司的股份及其变动情况，在任职期间（《中华人民共和国公司法（修订草案）》：就任时确定的任职期间）每年转让的股份不得超过其所持有本公司股份总数的百分之二十五；所持本公司股份自公司股票上市交易之日起一年内不得转让。上述人员离职后半年内，不得转让其所持有的本公司股份。

（4）股份有限公司符合上市条件的，还可以申请上市交易。申请其股票上市交易须经国务院证券监督管理机构核准。上市交易应当在证券交易所进行，经批准的上市公司必须定期公开其财务状况。我国《公司法》对上市公司的组织机构进行了特别规定。

第三节 企业组织结构

一、企业组织结构的概念和形式

（一）企业组织结构的概念

企业组织必须有一个较为正式的结构，并明确规定各个职位的职责与权限，设计有效的协作流程以及流畅的沟通渠道。

企业组织结构是指企业内部各构成部分及各部分之间的相互关系。企业组织结构是否合理，对于企业的发展起到至关重要的作用。它不仅是实现企业生产经营目标的基本保证，也是企业提高管理效率的前提条件，完善的企业结构还是企业生存和发展的基础。

（二）企业组织结构的形式

企业组织结构的形式分为两类：一类是简单的组织结构形式，如直线制、职能制、直线职能制等，主要适用于企业规模较小、产品品种单一的企业；另一类是复杂的组织结构形式，如事业部制、模拟分权制、矩阵制、多维制、网络型等，主要适用于企业规模较大、产品品种较多的企业。

1.直线制

直线制是企业发展初期的一种最早也是最简单的组织结构形式，至今仍有存在价值。它的特点是企业各级行政单位从上到下实行垂直领导，下级只接受一个上级的指令，上级对所属下级单位的一切问题负责。企业的一切管理职能基本都由企业经理自己执行，不设职能部门。其组织结构示意图如图1-1所示。

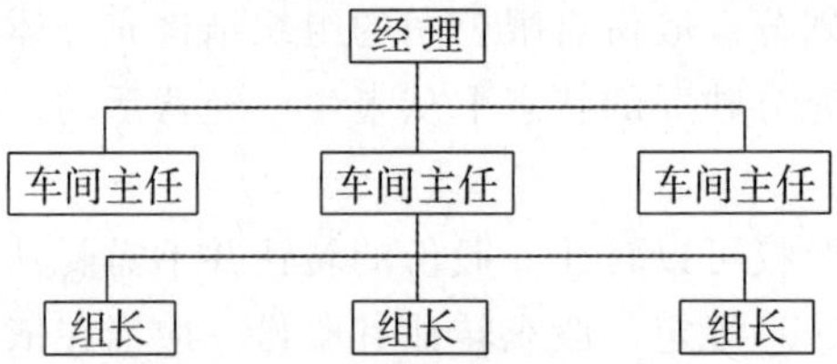

图1-1　直线制组织结构图

直线制组织结构的优点是：结构简单；指挥统一，上下级关系明确；权责明确，便于监督。直线制组织结构的缺点是：缺乏横向联系，领导者任务复杂，易主观忙乱，使他们陷入烦琐的日常行政事务中，影响思考企业发展的战略问题。因此，这种组织结构的形式只适合于规模较小、生产技术比较简单的企业，对生产技术和经营管理比较复杂的企业不适宜。

2.职能制

职能制是19世纪末由美国的泰勒首先提出的，并在米德维尔钢铁公司加以试行。职能制组织结构在各级行政主管负责人外，还相应地设立一些职能机构，协助行政主管从事职能管理工作，并要求行政主管把相应的管理职责和权力交给相关的职能机构，各职能机构就有权在自己的业务范围内向下级行政单位发号施令。因此，下级行政负责人除接受上级行政主管指挥外，还必须接受上级职能部门的领导。职能制组织结构示意图如图1-2所示。

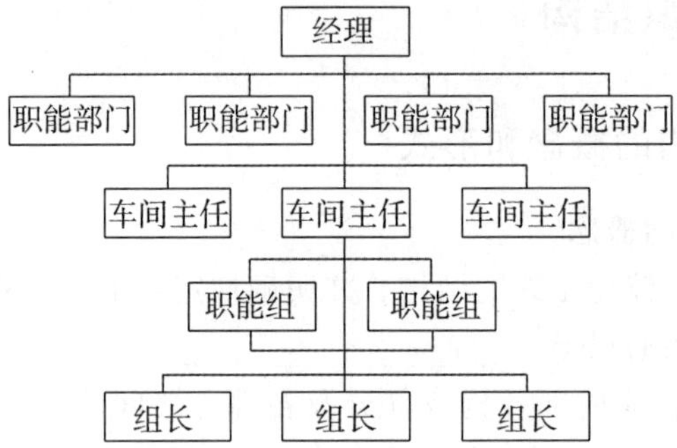

图1-2　职能制组织结构图

职能制的优点是：由于职能机构和职能人员能够发挥专业管理的作用，从而减轻了企业领导人的负担，能适应企业经营管理复杂化的要求。职能制的缺点是：妨碍了指挥的统一性，形成了多头领导，不利于建立和健全各级行政负责人和职能机构的责任制，有碍于工作效率的提高。另外，当上级行政领导与职能机构的指令发生矛盾时，下级无所适从，容易造成纪律松弛，生产管理秩序混乱。由于这种组织结构有明显的缺点，因而现在很少采用。

3.直线职能制

直线职能制是在直线制的基础上适应现代化工业生产的要求而发展起来的，是当前企业最常用的一种组织结构形式。这种组织结构形式以直线制为基础，在各级行政领导之下设置相应的职能部门，分别从事专业管理，作为该级行政领导的参谋部。职能部门拟订的计划、方案以及有关指令由行政领导批准下达。职能部门对下级领导和下属职能部门无权直接下达命令或进行指挥，只起业务指导作用。直线职能制组织结构示意图如图 1-3 所示。

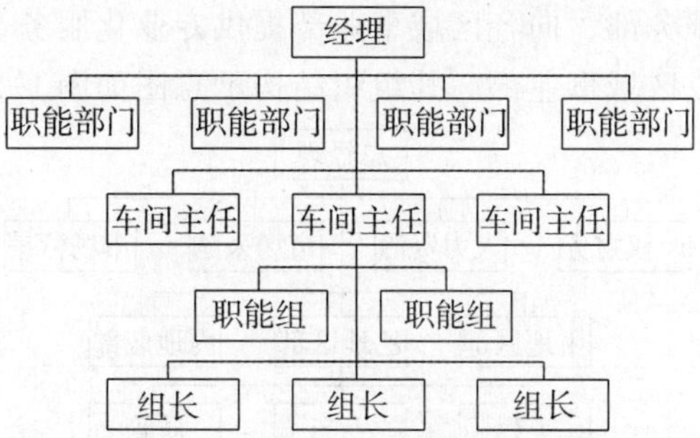

图1-3 直线职能制组织结构图

直线职能制的优点是：保持了直线制的优点，有利于指挥的统一；吸取了职能制的优点，能发挥专业管理职能的作用，提高了管理工作的效率。直线职能制的缺点是：职能部门之间缺乏横向联系，容易产生脱节和矛盾，职能部门的许多工作要直接向上级领导报告请示才能处理，这既加重了上级领导的工作负担，也造成办事效率降低。为了克服这些缺点，可以设立各种综合委员会，或建立各种会议制度，以协调各方面的工作，起沟通作用，并帮助高层领导决策。

4.事业部制

事业部制又称部门化组织结构，最早是由美国通用汽车公司总裁斯隆于1924年首先提出的。它是一种高度集权下的分权管理体制，适用于规模庞大、品种繁多、技术复杂的大型企业，是目前国内外大企业普遍采用的一种企业组织形式。

事业部制一般按产品或区域划分为若干事业部，实行分级管理、分级核算、自负盈亏。下面分别介绍产品事业部和区域事业部。

（1）产品事业部。产品事业部又称产品部门化。这种组织结构一般将各事业部共用的职能部门集中在总部，做到资源共享。同时，以企业所生产的产品为基础，将生产某一产品的有关活动，完全纳入同一产品事业部内，再在产品事业部内细分职能部门，进行生产该产品的工作。其组织结构示意图如图 1-4 所示。

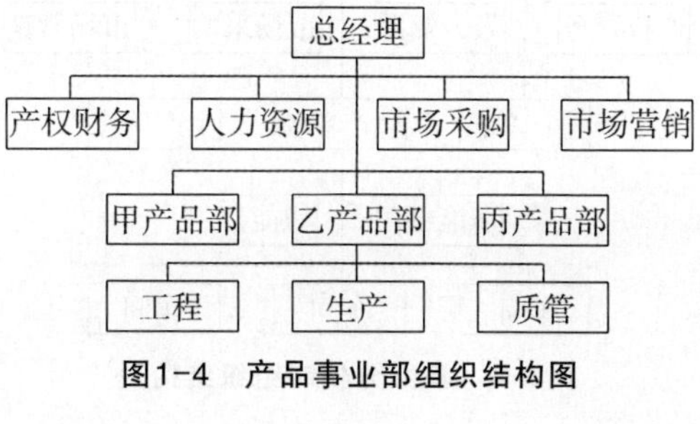

图1-4 产品事业部组织结构图

产品事业部的优点是：有利于采用专业化设备，并能使个人的技术和专业知识得到最大限度的利用；每个产品部门都是一个利润中心，部门经理承担利润责任，这有利于总经理评价各部门的业绩；同一部门的职能活动易于协调；容易适应企业扩展与业务多元化的要求。产品事业部的缺点是：总部与分部容易脱节，总部的一些职能不能被分部很好地利用；每个分部都具有一定的权力，使总部对分部高层管理人员很难控制。另外，这种组织结构对管理人员的要求很高，而实际又很难获得所需的管理人才。

（2）区域事业部。区域事业部又称区域部门化。这种组织结构一般将具有共性的职能集中在总部，设立中央服务部，向各区域事业部提供专业化服务，而将某一地区或区域的业务工作集中在一起形成区域事业部。其组织结构示意图如图 1-5 所示。

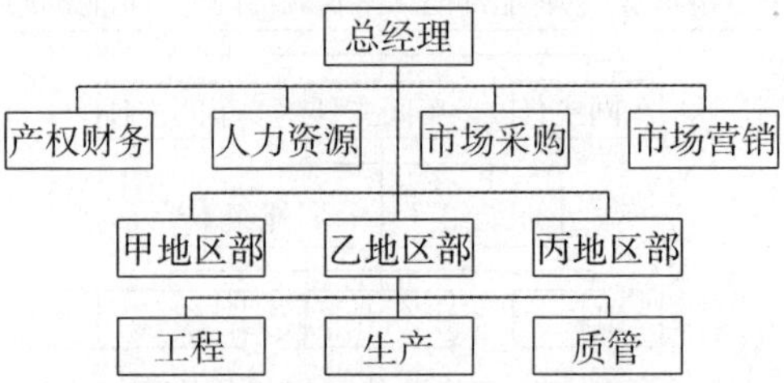

图1-5　区域事业部组织结构图

区域事业部的优点是：每个区域事业部都是一个利润中心，事业部经理都要对该地区业务的盈亏负责，有利于责任到位；将某一地区或区域的业务工作集中在一起管理，有利于地区内部协调，也有利于对地区内部消费者的了解，便于沟通和服务；每一个主管都要担负一切管理职能，有利于培养通才型管理工作者。区域事业部的缺点是：对事业部经理的全面管理能力要求一般比较高，而这类人才往往不易得到；每个事业部都是一个相对独立的单位，加上时间、空间的限制，使总部难以控制。

总之，事业部制的优点是：有利于高层领导集中力量搞好经营决策、长远规划、人才开发等战略性工作；事业部实行独立核算，有利于加强事业部负责人的责任心，充分发挥他们的积极性；便于组织专业化生产，实现企业的内部协调；事业部之间相互比较和竞争，有利于促进企业的发展。事业部制的缺点是：各事业部容易产生本位主义，影响部门之间的协作；各事业部员工不容易了解企业生产经营的全貌。

5.模拟分权制

模拟分权制是介于直线职能制与事业部制之间的一种组织结构形式。这种组织结构的示意图如图 1-6 所示。

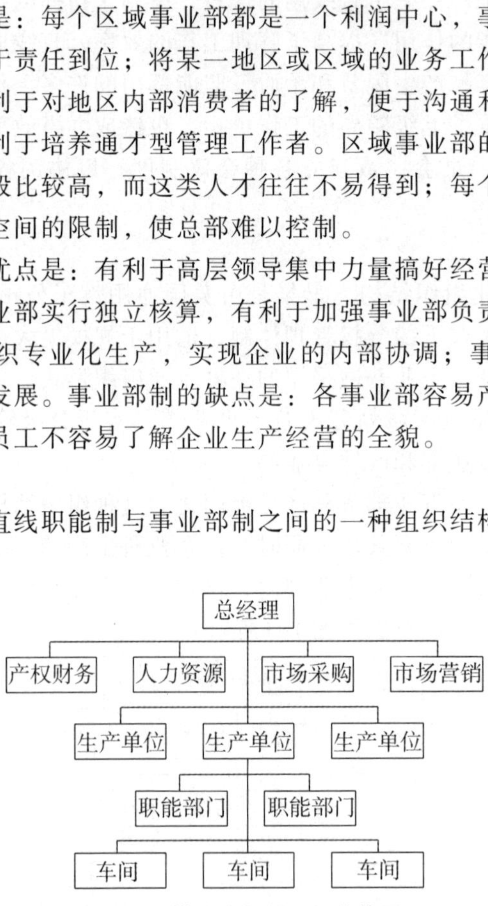

图1-6　模拟分权制组织结构图

模拟分权制适用于生产过程很难截然分开、连续性强的大型企业。这些企业由于规模大，不易于采用集权的直线职能制，而由于企业生产过程的连续性，又不易于采用分权的事业部制，因此，借用模拟的概念，把企业分成若干“生产单位”，实行模拟独立经营、独立核算。这些“生产单位”可以被称为工厂，但不是独立的法人单位。

模拟分权制的优点是：企业最高领导层也能像事业部制一样超脱日常行政事务性管理，而集中考虑战略性问题；各组织单位负有模拟性的盈亏责任，能比直线制易于调动各单位的积极性。模拟分权制的缺点是：各组织单位的职责权限不如直线职能制和事业部制清晰。

6.矩阵制

矩阵制又称规划-目标结构组织。这种组织结构既有按职能划分的垂直领导系统，又有按产品或项目划分的横向领导关系的结构。其组织结构示意图如图1-7所示。

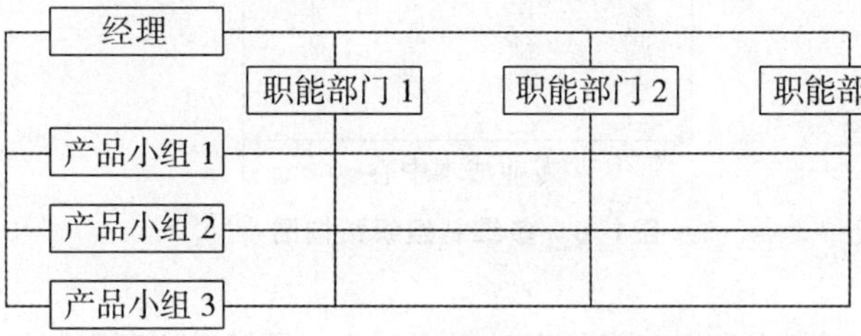

图1-7　矩阵制组织结构图

矩阵制是为了改进直线职能制横向联系差、缺乏弹性的缺点而形成的一种组织结构形式。这种组织结构的形式是固定的，但人员是变动的，需要谁，就安排谁，任务完成后就可以离开。产品小组和负责人也是临时组织的，任务一旦完成就解散回原部门。因此，这种组织结构非常适用于横向协作项目和攻关项目。

矩阵制组织结构的优点是：机动、灵活，打破了一个管理人员只受一个部门领导的管理原则，使企业中横向和纵向联系紧密；职能部门之间相互沟通，共同决策，提高了工作效率；不同的专业人员组织在一起，有助于激发他们工作的积极性。矩阵制组织结构的缺点是：项目小组的成员一般来自不同的部门，隶属关系仍在原部门，因此项目负责人对成员的管理困难，指挥上的双重性，是矩阵制的一个重要缺陷；项目小组的成员是临时组成的，容易产生临时观念，对工作产生一定的不利影响。

7.多维制

多维制又称立体组织，是矩阵制的进一步发展。这种组织结构的形式由三个方面的管理系统组成：一是按产品划分的事业部，是产品利润中心；二是按职能划分的专业参谋机构，是专业成本中心；三是按地区划分的管理机构，是地区利润中心。其组织结构示意图如图1-8所示。

这种组织结构的特点是：任何决策都必须由产品事业部经理、专业参谋机构代表、地区管理机构代表三方面共同组成的“产品事业委员会”作出，这样有助于及时互通情报，集思广益，作出正确的决策。这种组织结构适用于跨国公司或规模巨大的跨地区公司。

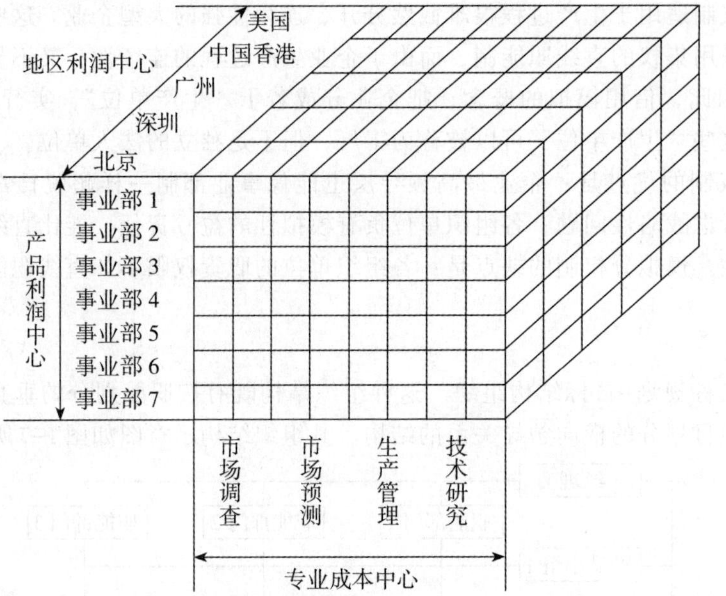

图1-8 多维制组织结构图

8.网络型①

网络型组织结构是近年来发展起来的一种组织形式，是解决资源限制性问题的一个强有力的途径——企业不必再需要具备创新所需要的全部资源，尤其是专业技术，只要知道哪里有这些资源和如何与这些资源发生联系即可。网络结构是一种很小的中心组织，是依靠其他组织以合同为基础进行制造、分销、营销或其他关键业务的经营活动结构。在网络型组织结构中，组织的大部分职能从外部购买，这为管理当局提供了高度的灵活性，并使组织集中精力做它们最擅长的事。被联结在网络型组织结构中的各经营单位之间并没有正式的资本所有关系和行政隶属关系，只是通过相对松散的契约纽带，通过一种互利互惠、相互协作、相互信任和支持的机制进行密切合作。采用网络型结构的组织，通过公司内联网和公司外联网，创设一个物理和契约关系网络，与独立的制造商、销售代理商及其他机构达成长期协作协议，使它们按照契约要求执行相应的生产经营功能。网络型组织结构如图1-9所示。

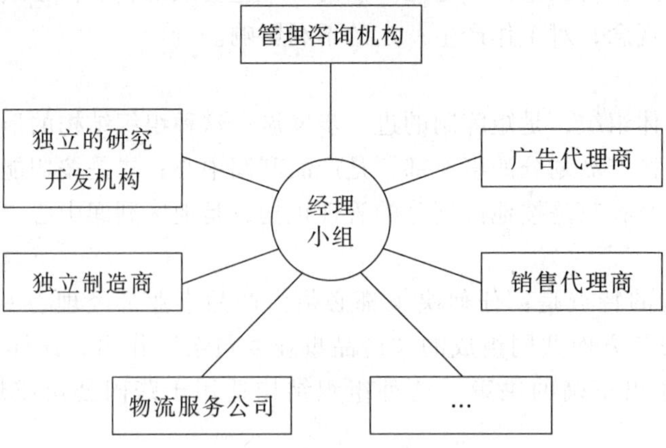

图1-9 网络型组织结构

① 根据MBA智库百科（mbalib.com）相关资料和南京邮电大学刘宁老师相关课件整理而来。

其优点有：能够在组织内部和外部环境发生变化时，持续地适应环境并不断地自我改进，因而有利于构建学习型组织；通过减少行政层次来减少信息失真，增加上下级的直接联系；能够通过无边界地整合资源，充分调动员工的合作和自主意识，激发员工积极性和能动性，通过信任和开诚布公来促进员工的合作；各组织单元建立在现代信息网络技术平台上，彼此之间合作紧密，信息处理速度大大提高。其缺点有：每一个组织单元都可以自主管理，但又要接受核心权力的控制，加剧了企业资源规划的难度；各个节点相对独立，如果某些节点发生问题，网络组织的扩散速度非常快，且不容易受到管理层的控制，企业的管理风险增加；复杂信息处理过程中可能无法对全过程进行检测和控制，信息源汇集到一起导致信息过载风险，工作效率的提高存在瓶颈。

二、企业组织结构影响因素与变化发展

（一）影响企业组织结构的因素

影响组织结构形式的因素有很多，其中环境是最重要的因素，其他较重要的因素有企业规模、工作任务、技术特征等。

1.环境

企业所面临的环境分为两大类：一类是社会环境；另一类是工作环境。社会环境和工作环境对企业组织结构的影响是不同的，工作环境更具直接性。社会环境是指企业所面临的一般环境，涉及领域较广泛，包括政治环境、经济环境、文化环境、技术环境等。社会环境对所有的企业都是共同的，没有差异。社会环境对组织结构的影响，就是通过上述具体方面产生的。与社会环境相对的工作环境，是指与个别企业相关联的、更为具体的因素，包括消费者、供应者、竞争者、社会政治和技术因素等。这里所讲的社会政治因素是指对本行业产生直接影响的社会政治因素，技术因素是指与本行业有关的技术以及运用这些新技术改进或研制新产品的状况。对企业来讲，工作环境不是完全不能改变的，而是在一定程度上受企业的影响。例如，企业为自己的产品或劳务确定市场，与新的供应商建立关系等都会改变自己的工作环境。因此，工作环境通常可以划分为稳定的环境、变化的环境和剧变的环境三种。不同的工作环境对企业结构的影响是不同的。稳定的工作环境适合采用正式的和集权化的组织结构，只要环境稳定，这种组织结构便会发挥较高的效率；变化的工作环境仍适合于采用正式的和集权化的组织结构，但必须辅以更多类型的参谋人员，使高层管理人员有机会分析环境；剧变的工作环境适合采用相对分权化的组织结构，并广泛地运用各种类型的参谋专家，经常对环境做出分析，使企业始终保持对环境的敏感性。

2.企业规模

企业规模对组织结构的影响直接表现在部门化的过程。随着企业规模的扩大，部门化的需要不断增加。对小企业来讲，几乎不需要部门化，小企业适合采用直线制组织结构形式；对于大规模的企业，由于部门增多，管理层次增加，部门之间的协调困难，因此适合采用事业部制、模拟分权制、多维制等较复杂的组织结构。

3.工作任务

工作任务与组织结构有密切联系。对于重复、呆板和简单的工作，采用正式的集权组织结构有利于指挥和管理；反之，对于有创造性的工作，则适合采用分权化的组织结构，

如新产品开发工作可以采用矩阵制组织结构。

4.技术特征

技术的形态决定生产的类型，对于大批量的生产，往往应用专业化的技术，产品生产也实行专业化和流水作业，组织结构适合采用集权式；而对单件小批量的生产，应用的是变化的技术，产品生产的专业化程度低，组织结构适合采用分权式。此外，生产技术本身的特性也决定组织结构的形式，如化学工业公司等对生产过程的连续性要求较高，适合采用集权化的组织结构形式。

（二）企业组织结构的变化发展

企业组织结构是随着企业外部环境和内部条件的变化而不断变化发展的。因为任何事物都在变化，维持现状，就不能在变化了的明天生存。随着经济全球化、市场化和信息化时代的到来，企业组织结构发生了很大变化，出现了很多新的趋势，具体表现包括扁平化、网络化、柔性化、虚拟化、平台化等。

1.扁平化

组织结构的扁平化，就是通过减少管理层次、裁减冗余人员来建立一种紧凑的扁平组织结构，使组织变得灵活、敏捷，提高组织效率和效能。随着信息处理及传输技术的发展，管理者的管理幅度大幅增加，这必然导致组织的管理层次减少，使组织结构趋于扁平化。据报道，美国运通公司从董事长到最低一层职员，总共只有五个层次；SUN公司的层级结构更是不可思议地只有总裁、副总裁（兼事业部长）、工程师三个层次。组织扁平化使组织的信息传递加快、信息失真可能性变小、管理成本降低、成员积极性提高，因此，未来的组织结构将越来越趋向扁平化。

2.网络化

网络化组织最本质的特征在于强调通过全方位的交流与合作实现创新和双赢。全方位的交流与合作既包括企业之间超越市场交易关系的密切合作，也包括企业内部各部门之间、员工之间广泛的交流与合作关系，而且这些交流与合作是以信息技术为支撑的，并将随着信息技术的发展而得到不断的强化。

随着市场竞争日趋激烈，企业认识到臃肿的组织结构不利于企业竞争力的提升。因此，许多企业进行精简机构，组建以小型、自主和创新为特征的经营单元，构成以横向一体化为特征的网络化组织。同时，为了提高竞争能力，抵御经营风险，不同的利益集团以网络化的形式联合起来，形成战略同盟。网络化组织将提高企业的整体应变能力和收益。

3.柔性化

组织结构的柔性化是指在组织结构上，根据环境的变化，调整组织结构，建立临时的以任务为导向的团队式组织。组织柔性的本质是保持变化与稳定之间的平衡，它需要管理者具有很强的管理控制力。它表现为集权与分权及稳定与变革的统一。柔性化的组织主张分权但又避免过度分权带来的消极影响。柔性化的组织强调变革，但追求动态中的稳定。

4.虚拟化

组织结构的虚拟化是指用技术把人、资金、知识或构想集成在一个无形的组织内，以实现一定的组织目标的过程。虚拟化的企业组织不具有常规企业所具有的各种部门或组织结构，而是通过网络技术把实现目标所需要的知识、信息、人才等要素联系在一起，组成一个动态的资源利用综合体。虚拟组织的典型应用是创造虚拟化的办公空间和虚拟化的研究机构。

虚拟化的组织是在市场、技术变化飞速的时代，新产品开发难度加大的背景下企业的生存发展模式，它可以最大限度地利用市场资源，并实现高效协作。

5.平台化

当今新兴信息技术及它们引起的整体环境的变化，会给消费者行为以及企业的生产经营方式带来全新的冲击，从而导致企业组织结构的根本性改变。这些新兴的信息技术，以有机的形式相互组合、协同运作、交互影响，从而形成一体化的物联网智能系统。它们在企业组织中被逐步采用并不断升级，其精准实时的对人和“物”的追溯特性和万“物”互联的平台特性，弥补了现有企业组织尤其是大规模联盟组织的结构缺陷，对联盟组织的结构特征及运作模式产生了全面而深刻的影响。①

外部环境与内在环境的变化，都将引起组织结构的变革。随着市场全球化、技术飞速发展、人的素质不断提高等因素的影响，组织结构的变革已经成为经常性的管理工作。

课后案例

海尔的组织结构演变

企业在发展过程中会随着外界环境的变化而制定不同的战略。企业需要不断地对组织结构进行变革，使组织结构形式能够更好地为企业战略服务。采取怎样的组织结构，很大程度上也跟企业发展的规模有关。规模较小的企业一般组织结构形式都比较简单，管理幅度小，整个组织的执行力会比较强，企业领导层对市场变化有较好的掌握；规模比较大的企业容易出现“大企业病”症状，整个企业的发展可能会陷入停滞状态，组织效率非常低，这时大多数企业采取的是组织扁平化形式。目前，组织结构常见的形式主要是正三角结构、事业部制结构、矩阵结构、扁平化结构、网络化结构、平台型结构，要根据企业自身的发展来选取合适的组织结构形式。

海尔集团（以下简称海尔）是一家传统的制造业企业，连续10多年在全球白色家电领域获得市场份额第一的荣誉。它每7年左右制定一个新的战略方向，现在是第六个战略阶段，即生态化战略阶段。经过30多年的发展，海尔从一个濒临倒闭的工厂变成了一个平台型的企业，其中一个重要的动力就是进行了多次组织变革，每次组织变革都为企业的发展提供了强大的原动力。

1.传统正三角组织结构（1984—1996年）

海尔成立初期，也就是在品牌战略阶段和多元化战略阶段早中期，组织结构形式主要是传统的正三角结构。一般企业成立初期，由于业务和部门构成都比较简单，此时比较有效率的组织形式为正三角结构。

海尔成立初期，员工工作积极性不高，工作状态懒散，而且经常出现员工偷拿企业物品回家的现象。张瑞敏进入海尔的第一件事就是建立企业制度，利用制度的力量来约束员工行为，并希望能提高员工的积极性，著名的“十三条”就是在这种情况下诞生的。通过建立企业规章制度，可以把责任落实到每一位员工的身上，工作上的每一个环节都可以得到有效控制。

① 胡斌，王莉丽. 物联网环境下的企业组织结构变革［J］. 管理世界，2020，36（8）：202-211；232.

针对员工做事不积极的状态，张瑞敏提出了“斜坡球定律”，即企业如同一个在斜坡上的圆球，发展需要两个动力：“止动力”和“创新力”。圆球在斜坡上，如果下面没有物体挡着肯定会掉下来，而企业严格的管理制度就是阻止圆球下滑的“止动力”。虽然在品牌战略阶段海尔的创新力表现并不明显，但后期创新能力的提升也是建立在这个“止动力”基础上的。在1984—1996年这段时期，海尔陆续制定了多项规章制度，如全面质量管理等，且每次制度的推行都是命令式的，都是从高层开始逐层往下传递，最后传达到一线员工。

海尔凭借着传统正三角组织结构的优势特点，如下级执行力强、等级明显、管理幅度小等，企业制度逐步得到完善，企业也实现了扭亏为盈，员工的积极性有了明显提高。在此基础上，海尔还提出了“要么不干，要干就要干第一”的理念，在注重产品质量的同时，还要创造出自己的品牌。这些理念提出来以后，通过管理层推动，很快得到了海尔员工的认同。理念能够得到全体员工的认同，同样得益于海尔的正三角组织结构。

2.事业部制组织结构（1997—2004年）

海尔进入多元化后期的时候，产品的种类越来越丰富，组织的部门和员工的数量都比之前有了明显的增加，但管理层感觉到组织的效率越来越低，企业发展跟不上市场速度。海尔管理层决定进行一项特殊的活动：砸组织，即改变原来传统正三角的组织结构形式，使整个组织结构能够适应市场。

（1）海尔进行“三流”变革

张瑞敏认为，传统正三角组织结构已经不能适应新时代的发展要求。从1997年开始，海尔设立了多个事业部，如冰箱事业部、洗衣机事业部、电视机事业部等，且每个事业部都有自己的市场和产品，并且进行独立核算。

海尔认识到组织效率降低的原因主要有信息沟通不流畅、管理层远离市场、分工不明确等，为此海尔进行了“三流”变革，企业的资金流、信息流、物流被整合在一起。“三流”的整合有效破除了职能制的金字塔体制，企业信息的流程不再是以前的逐层传递，而变成了横向流动，全体员工都是直接面对市场。“三流”变革完全打破了原来企业内外信息传递的路径，缩短了信息传递的中间距离，根据市场的需求获取订单信息流，进而带动物流和资金流的运转。同时，海尔在“三流”改革的基础上引入了市场链，进行了以市场链为核心的流程再造，企业目标在“三流”变革的影响下也发生了改变：过去企业都是以利润最大化为中心，现在主要目标是快速满足市场上用户的需求，要以用户和市场需求为中心。

（2）事业部制的局限

事业部制组织结构最鲜明的一个特点是集中决策、分散经营，向事业部制转型是集权向分权转化的一种改革，是多元化和一元化的关系，各个事业部是独立经营的。但这种组织结构的弊端也是非常明显的。虽然海尔强调各个事业部不能各自为政，不能各自为战，但由于各事业部都是独立核算的主体，每个事业部都要为了盈利而经营，所以有时候难免会面临一些冲突。当时，海尔设有六个事业部，而每个事业部下面都有自己的财务部门、人力部门、生产部门、营销部门、文化部门、技术部门、法律部门等，这样就造成了整个集团资源的严重浪费。

如果某家商场选择了海尔不同种类的产品，而这些产品又分属于海尔不同的事业部，将导致该商场要与海尔多名产品经理打交道。各个产品事业部的营销策略不同，集团总部也没有对其进行总体协调，导致很多市场资源投入上的浪费，出现了各自为政的现象。海尔总部就像是一个“火车头”，后面如果挂的车厢太多，必然会拖慢整个火车的速度。事业部制虽然在海尔的国际化扩张战略上起到了推进作用，但它仍然保持着垂直领导的行政色彩，金字塔式管理体制仍然存在，整个集团的业务流程由于缺乏灵活性而变得僵硬。

3.倒三角组织结构（2005—2012年）

（1）人单合一双赢模式的提出

随着海尔规模的扩大，“大企业病”的症状凸显。为了让前期推行的市场链形成稳定的机制，2005年9月，张瑞敏提出了全球化竞争的海尔模式：人单合一双赢模式。其中，“人”包括企业里的每个员工，也就是每一个能够进行自主创新的独立主体；“单”不是指以前的那种简单的订单，而是有竞争力的市场目标，是市场上用户没能被满足的需求；“双赢”指员工既可以满足用户的需求，又体现了自身的价值。人单合一最终的目标，是要实现企业里每个员工的价值，发挥自己的潜能，让每个创新主体都能找到自己的市场用户，找到有竞争力的市场目标。

在国际化战略阶段开展的流程再造并没有打造出完整对接市场的信息化系统，局限于具体的运营细节，导致企业内部很多小的系统之间不能兼容，形成了单独的“信息孤岛”，而这种状况不利于人单合一模式的推广。2007年，海尔再一次开始了“1 000日流程再造”。经过1 000天的信息化再造，完成了2 000多个子流程的构建，打造了海尔的核心竞争力。人单合一模式在这套完整的信息化体系中得到了很好的推广。人单合一模式的提出，为海尔集团后期的发展作出了巨大的贡献，被誉为21世纪中国式的管理模式。

（2）自主经营体制的诞生

人单合一双赢模式要求发挥每个员工的创新能动性，那么员工就必须拥有一定的自主权，原来的事业部制组织结构仍然没有摆脱自上而下的管理体系机制，员工只是命令的被动接受者，基本没有空间去发挥自己的创新力。为了坚定不移地推行人单合一双赢模式，组织结构形式还需进一步改革，让员工从被动的执行者变成主动参与者，让用户“倒逼”企业作出改变。为此，海尔把事业部制组织结构变革成倒三角组织结构形式。

在这种组织结构中，用户处于最高层，企业原来的管理层到了组织的最底层，整个组织结构由三级经营体构成：一级经营体最贴近用户，二级经营体次之，三级经营体离用户比较远。各级经营体的职责有明确的分工，各司其职，保证整个倒三角组织能够平稳运行。

一级经营体也称为一线经营体，主要是由企业的一线工人构成，他们对市场用户的需求变化非常敏锐，不仅可以快速地响应用户需求，还可以提供差异化的产品来创造用户需求或引领用户需求，而且还为用户提供良好的售前和售后供应链服务。

二级经营体也叫平台经营体，主要的职责是为一线经营体创造良好的工作环境，使一线经营体工作没有后顾之忧，为他们提供资源保障，全力支持他们的工作。同时，也会定期检查一线经营体的工作状况，一旦发现与既定目标有差距，就会马上提醒他们纠正偏差，即关闭“差距”。另外，二级经营体还有一项任务或者权力是对三级经营体进行评价，根据三级经营体为自己提供的各项服务打分。

三级经营体更多的时候称其为战略经营体，这个经营体主要是由海尔原来的领导高层构成，主要负责制定企业的发展战略。当然，这个战略的制定有很强的事实依据，是建立在一线经营体和平台经营体反馈的基础上，也是建立在长期的市场调查基础上，而不是脱离市场在那里空想而制定出战略。三级经营体有时候也会为前面的两类经营体创造市场机会，且提供必要的资源帮助其实现目标。

海尔在人单合一双赢模式推动下建立的倒三角组织结构，完全颠覆了传统的正三角组织结构，此时的领导者不再是命令的发布者，而变成了资源提供者、员工服务者，角色发生了根本性的变化。而企业员工的积极性也变得更高了，因为他们已经具有一定的自主权，不用再事事都听命于组织的管理者。

4.平台型组织结构（2013年至今）

实现平台型组织结构，使整个海尔集团变成了若干个大的平台，每个平台上都存在大量的“小微”，在倒三角组织结构中的自主经营体全部升级成为“小微”，一个“小微”基本上由8个左右的成员构成，实行竞聘上岗、动态合伙人机制，可以满足互联网时代大规模生产到个性化定制的转变要求。而且“小微”进行独立核算，拥有决策权、分配权、用人权。海尔认为，“小微”相比于前面的经营体模式更加灵活，更容易根据市场的变化作出战略调整，可以吸引更多优秀的人才加入。

“小微化”将原来封闭的扁平化组织进一步化解为松散的、开放的平台型组织，所有的利益相关者都变成了网络平台上的节点。这张网络既是利益相关者的社会关系网络，也是海尔为“小微”提供创业资源链接的网络。创业者在这张网络中可以找到意气相投的合作伙伴，也能找到创业需要的物质、技术等资源。“小微”的成功典范是“家哇云”，这个创业团队的创业项目主要是做线上泛家居业务的“信息高速公路”，为家居用品企业提供流通体服务。项目最初的“创客”是一位在海尔工作了13年的员工，在其加入海尔的第10年开始在海尔平台尝试创业；第二个合伙人是知名家居行业创二代；第三位合伙人具有金融行业背景。团队成员各有所长，覆盖创业企业在战略规划、品牌建设、运营管理、资本运作等方面的需求，而且他们都具有很强的资源整合能力。在海尔这样一个“有根创业”的平台上，创业团队充分利用了海尔的理念，招募了合伙人；团队利用了海尔已成熟的物流体系能力搭建自己的物流云计算平台；创业团队还有海尔的信誉作为背书。这样的“小微”不仅能在创业平台上自给自足、自由发展，还能反哺海尔。他们没有将人才从海尔带走，反而带回了一个团队，他们为海尔开辟了新的业务领域，带来了新的产业模块。一旦创业项目成功，海尔依靠创业初期的少量投资与资源就可获取上万倍的收益。

海尔的平台型组织结构形式已经完全释放了员工的自主创新力，每个员工都成为自己的CEO。在平台型组织上，消除了原来的那种上下级关系，建立了人人平等的企业员工关系，实现了“我的价值我创造、我的增值我分享”的目标。

2012年，海尔正式进入网络化战略发展阶段。张瑞敏提出，企业不触网就会死亡，在互联网快速发展的时代，企业要么拥有平台，要么被平台所拥有。但海尔的目标很明确，要建立起属于自己的平台。因此，海尔进一步变革组织结构形式，从倒三角组织结构向平台型组织结构转变。在平台型组织上只存在四种人：大平台主（也叫领域主，如白色家电领域主、金融地产领域主等）、提供资源和服务的中平台主、组建自己团队的小平台主（也称为小微主）、进行自主创业的创客。

海尔每一次的组织结构变革都是为了更好地服务于其战略，充分体现了企业战略决定组织结构、组织结构服务于企业战略。

资料来源 邵天舒. 传统制造业企业组织结构演变历程——基于海尔集团的案例研究［J］. 经营与管理，2021，442（4）：35-38.有改动。

案例思考题：

1.组织结构有哪些形式？各有什么优缺点？

2.从海尔组织结构的发展能获得哪些启示？

本章小结

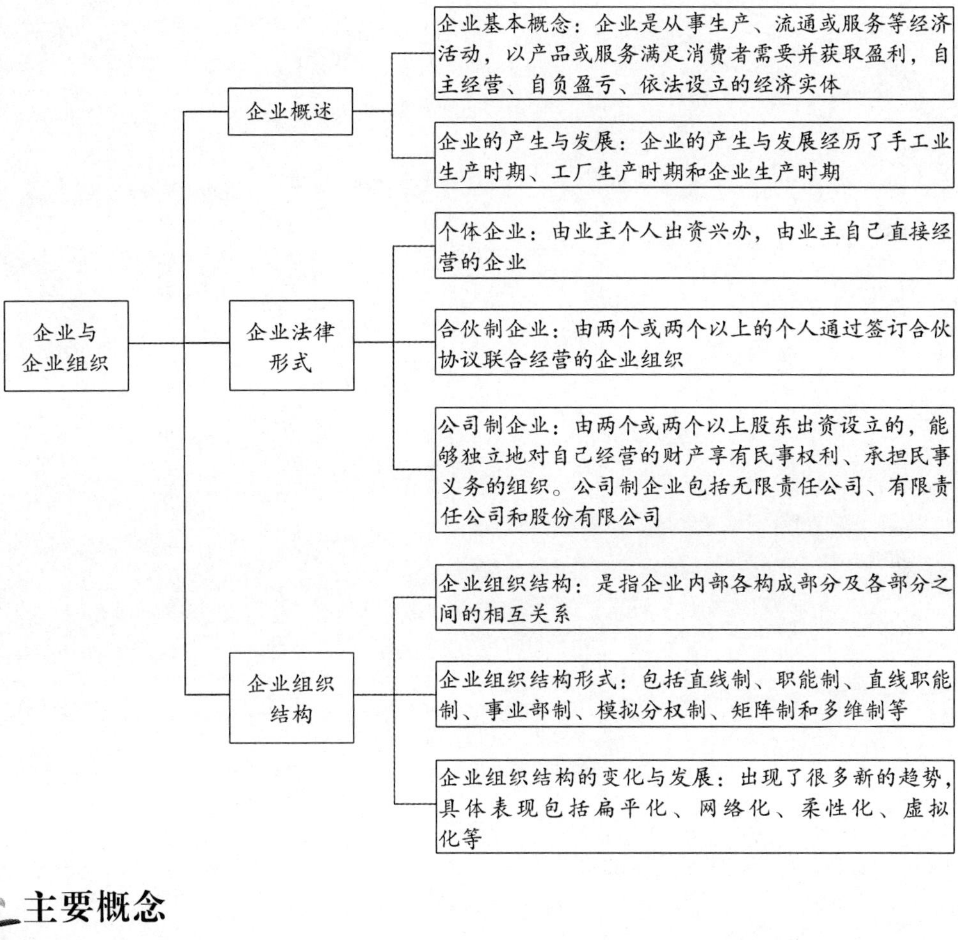

主要概念

企业　个体企业　合伙制企业　公司制企业　无限责任公司　有限责任公司　股份有限公司　企业组织结构

练习思考题

1.企业的基本概念是什么？简述企业产生与发展的三个阶段。

2.什么是个体企业、合伙制企业？

3.公司制企业有哪些类型？各有什么特点？

4.什么是企业的组织结构？企业组织结构的形式有哪些？各有哪些优缺点？

5.简述未来组织结构变化的发展趋势。

第一章练习思考题参考答案

第二章

管理与企业管理

学习目标

1. 掌握管理的含义、管理的二重性、管理的职能；
2. 了解西方早期管理思想；
3. 掌握科学管理理论；
4. 了解一般管理理论；
5. 掌握人际关系学说的主要内容；
6. 理解现代管理理论的主要学派及其观点；
7. 掌握企业管理的概念、任务、内容。

价值引领

从中国传统文化出发构筑中国管理之基

虽然学科意义上的管理学发展历程不过百余年，但管理思想可以追溯到人类文明起源。在数千年中国古代社会发展的历史进程中，人们对以自然经济为主要经济形态、以家庭为基本生产单位的管理实践进行了长期思考，不断总结具有民族特色的对于管理活动的哲学认知、实施策略、操作法则，从而形成了丰富的管理思想遗产。

习近平总书记在2013年8月的全国宣传思想工作会议上指出，“讲清楚中华优秀传统文化是中华民族的突出优势，是我们最深厚的文化软实力”。2021年，习近平总书记在庆祝中国共产党成立100周年大会上的重要讲话中指出，“坚持把马克思主义基本原理同中国具体实际相结合、同中华优秀传统文化相结合”。从中国传统文化出发，加快构建中国特色、中国风格、中国气派的管理学体系，为丰富世界管理学研究积极贡献中国理论与中国智慧，是中国管理理论研究者的时代使命。

从历史文献来看中文“管理”的概念。根据《说文解字》对管理的“管”字的解释，“管，如篪，六孔，十二月之音，物开地牙，故谓之管”。可见，“管”本义是指一种有六个孔的、可以发出特定音律的管状乐器，它发出的声音还有特殊的引申意——“十二月之音，物开地牙”。清代段玉裁解释说，“牙”通“芽”，十一月物萌，十二月物芽，正月物见也。“管”发出的声音象征植物经过了萌发阶段之后，开始从地面上长出嫩芽的过程。可见，“管”象征事物萌发到展现的中间过程，因此，“管”，有促进和协调某种事物向着良好的方向不断前进和发展的含义。

再看“理”字。《说文解字》说，“理，治玉也”；清代段玉裁解释说，“玉之未理者为璞，是理为剖析也。玉虽至坚，而治之得其理以成器不难”。他又引先贤的话说，“理者，察之而几微必区以别之名也，是故谓之分理，在物之质曰肌理，曰腠理，曰文理。得其分则有条而不紊谓之条理”。可见，在中国传统文化中，“理”是考察事物发展的内在规律，根据其规律采取不同方法使得事物向良好方向发展的活动。此外，“理”不仅可以指自然事物之理，还可以指社会与人性之理，当“理”是社会与人性之理时，理和情是紧密结合在一起的，按照“理”来处理与人相关的问题时，要由情入理，不能只讲理性不顾感性。因此，中文“理”字，并非仅仅指理性，它也包含着人的感性在内，即人性的全部。

资料来源　吴照云. 从中国传统文化出发构筑中国管理之基［J］. 经济管理，2021，43（9）：5-15.

第一节　管理概述

一、管理的含义

管理是随着社会生产力和科学技术的发展而产生和发展的。人类进行管理的历史可以追溯到远古。纵观国内外历史，无论是公元前2 800年前古埃及建造的金字塔，还是公元前200多年，秦始皇命大将蒙恬“役四十万众”建造6 700多千米长的万里长城；无论是战国时期李冰父子在成都岷江建造的都江堰水利工程，还是隋朝开凿的全长2 000千米的京杭大运河；无论是美国耗资20亿美元，耗时3年多，制造出第一颗原子弹的“曼哈顿工程”，还是投资360亿美元，400多万科研人员参加，历时8年，迄今世界上最大的工程“阿波罗登月计划”，都得有统一的组织管理。

那么究竟什么是管理？可以说众说纷纭，仁者见仁，智者见智，主要有以下几种解释：

（1）世界百科全书的解释是：管理就是对工商企业、政府机关、人民团体，以及其他各种组织的一切活动的指导。它的目的是使每一行为或决策有助于实现既定的目标。

（2）重视管理者个人领导艺术的管理学家认为：组织中一切有目的的活动都是在不同层次的领导者的领导下进行的，管理就是领导。

（3）重视决策作用的管理学家认为：组织中任何有目的的活动都是通过一系列决策完成的，管理就是决策。

（4）重视管理职能的管理学家认为：管理就是对被管理对象实施一系列管理职能的过程。

（5）重视工作效果的管理学家认为：管理就是由一个或更多的人来协调他人的活动，以便收到个人单独活动不能收到的效果的活动过程。

（6）重视协调工作的管理学家认为：管理就是为了实现组织目标而从事的对人与物质资料协调的活动过程。

综合各种观点，管理应该是指一个组织通过决策、计划、组织、领导、控制和创新等工作，对组织所拥有的资源进行合理配置和有效使用，以实现组织的预定目标。具体理解如下：

（1）管理是一种有目标的活动，管理的核心就是实现组织的目标。

（2）管理是一个过程，是实施决策、计划、组织、领导、控制和创新的过程。

（3）管理实现目标的手段是通过合理配置和使用资源。

专栏2-1

中国古代的管理实践

中国是世界上公认的四大文明古国之一。中华民族悠久的历史积累了丰富的管理实践，这些实践活动对人类社会的进步与管理的发展作出了重要贡献。

中国有许多世界历史上伟大的工程，如长城、大运河和都江堰工程等。其中长城总长达6 700多千米，从公元前7世纪春秋战国时开始修建，一直延续到明朝万历年间（1573年）。在科学技术与生产力均不发达的古代，我国人民能完成如此巨大的工程，工程管理的计划、组织、领导与控制进行得如此周密细致，使世人感到惊叹。

在漫长的封建社会中，我国建立了高度集权的行政管理体制，特别是在人才的选拔和录用方面，建立了比较完善的科举制度。从现代的观点看，尽管科举制度在考试内容和选聘标准上存在着许多问题，但是通过考试和平等竞争的方法选用人才，在人类历史上可以说是开辟了人力资源管理的先河。

中国古代重视对产品质量的管理，历史上的赵州桥、应县木塔和兵马俑等伟大的建筑和艺术，都是质量管理和工艺管理上的杰作。近千年来，中国的陶瓷制器一直享誉世界，传统的瓷器工业在世界上独占鳌头，也体现它在技术、工艺、管理上的完美结合。

资料来源　根据史实资料整理而来。

二、管理的二重性

马克思在分析资本主义管理的性质和职能时指出：凡是直接生产过程具有结合过程的形态，而不表现为独立生产者的孤立劳动的地方，都必然会产生监督劳动和指挥劳动。不过它具有二重性。

马克思论述的管理的二重性的主要内容是：

（1）任何社会的管理都具有二重性：管理的自然属性和管理的社会属性。

（2）管理的二重性表现为合理组织生产力和维护生产关系两种管理职能。

（3）“指挥劳动”是同生产力直接相联系的，是由共同劳动的社会化性质产生的，是进行社会化大生产的一般要求和组织劳动协作过程的必要条件，它表现了管理的自然属性。

（4）“监督劳动”是同生产关系直接相联系的，是由共同劳动所采取的社会结合方式的性质产生的，是维护社会生产关系和实现社会生产目的的重要手段，它表现了管理的社会属性。

管理二重性是相互联系、相互制约的。一方面，管理二重性是相互联系的。管理的自然属性不可能孤立存在，它总是在一定的社会形式下、一定的社会生产关系条件下发挥作用；同时，管理的社会属性也不可能脱离管理的自然属性而存在，否则管理的社会属性就成了没有内容的形式。另一方面，管理二重性又是相互制约的。管理的自然属性要求具有一定“社会属性”的组织形式和生产关系与之相适应；同样，管理的社会属性也必然对管理的科学技术等自然方面产生影响和制约作用。

马克思关于管理二重性的理论是指导人们认识和掌握管理特点和规律，实现管理目标的有力武器。只有认识和掌握管理二重性的原理，才能分清不同社会制度下管理的共性和个性，正确处理学习与创新的关系。管理二重性的分析如图2-1所示。

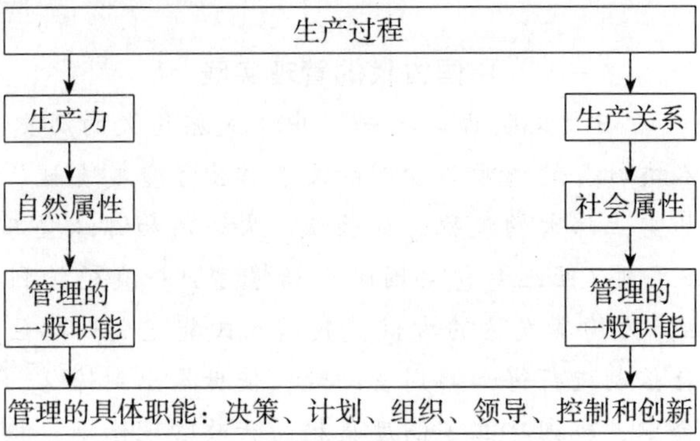

图2-1 管理二重性示意图

三、管理的职能

按照马克思关于管理二重性的学说，管理具有合理组织生产力和维护生产关系两个基本职能，基本职能是通过具体职能体现的，根据对管理工作基本内容或基本过程的理论概括，可将管理划分为若干具体职能。

人类的管理活动究竟具有哪些具体职能？这是一个至今还是众说纷纭的问题。法约尔在1916年出版的《一般管理与工业管理》一书中首次提出了管理具有五种基本职能，即计划、组织、指挥、协调和控制。在法约尔之后，许多管理学者都对管理的具体职能进行了探讨，出现了不同的学派，特别是1925年梅奥等人进行了著名的“霍桑试验”以后，行为学派的出现使人们在管理中从重视“技术”因素转向重视“人”的因素，提出了正确处理人群关系的问题，把“人”的管理提高到比较重要的位置，从而提出了人事、用人、领导、激励等职能。20世纪60年代之后，随着市场经济的发展，科学技术的突飞猛进，决策问题在管理中的作用更加突出，出现了许多科学的决策方法和决策手段，从而逐渐将决策职能从计划职能中划分出来。

实际上，至今关于管理职能的提法各有不同，有的认为管理有二、三种职能，有的认为管理有四、五种职能，甚至八、九种职能。随着管理理论、管理实践活动的发展，管理的基本职能也在不断适应新的形势而有所变化。管理的基本职能可以总结为决策、计划、组织、领导、控制和创新。

有关管理职能的古典提法和常见提法以及本书提法见表2-1。

（一）决策

决策是指组织或个人为了实现某种目标而对未来一定时期内有关活动的方向、内容及方式的选择或调整过程。决策是针对未来的行动制定的，未来的行动往往受到行动者所处的环境的影响，包括内部环境和外部环境。因此，决策前首先要分析组织所处的内外部环境，并在此基础上采用一定的科学方法进行预测，对事物今后的发展趋势作出描述。

表2-1 管理职能表

管理的职能	古典提法	常见提法	本书提法
决策（decision making）			○
计划（planning）	○	○	○
组织（organizing）	○	○	○
用人（staffing）			
指导（directing）			
指挥（commanding）	○		
领导（leading）		○	○
协调（coordinating）	○		
沟通（communication）			
激励（motivating）			
代表（representing）			
监督（supervising）			
检查（checking）			
控制（controlling）	○	○	○
创新（innovating）			○

市场经济是一个开放的系统，市场需求的迅速变化和竞争的加剧，使决策成为管理的核心和首要职能。任何组织的管理活动都具有决策职能，决策职能分布在各项管理活动中，决策贯穿于一个组织管理活动的始终。同样，任何组织的管理工作者也都具有决策职能，从高层的管理工作者到基层管理工作者的管理活动始终都贯穿着决策职能。高层管理者的决策一般是战略性的、非程序化的决策，难度比较大；基层管理工作者的决策一般是业务性的、程序化的决策，难度相对较小。

（二）计划

计划是指将实施决策所需完成的活动任务进行时间和空间上的分解，以便将决策任务具体落实到组织中的不同部门和个人。计划实际上是决策的展开和具体化，因为决策的最大特点是实践性，为了保证决策的实施，必须有相应的计划以及实施计划的措施，从而把组织的一切活动纳入统一的预定目标、统一的工作程序上来。

计划是对未来行动方案的一种说明，它告诉管理者和执行者未来的目标是什么，要采取什么样的活动来达到目标，要在什么时间范围内达到这种目标，以及由谁来进行这种活动等。计划职能是一个非常重要的职能，它不仅是管理活动的依据，也是组织合理配置资源的手段，还是降低风险、掌握主动的依据以及实施控制的依据。

（三）组织

组织作为管理的一项基本职能，其含义是静态的人的集合组成的机构和动态的组织活动过程的统一。静态的组织是指为了达到某种目标，由分工与合作及不同层次的权力和责任制度构成的人的集合。动态的组织是指根据工作的要求、人员的特点，设计岗位，通过授权和分工，将适当的人员安排在适当的岗位上，并用制度规定各个成员的职务、责任和权力，以及各成员之间的相互关系，形成一个有机的组织结构，使整个组织协调运转。

组织职能和决策、计划职能之间存在着相互联系，首先组织职能在很大程度上决定着决策目标的实现和管理活动的成败，任何一项决策和计划的实施，都需要做大量的组织工作，因此组织职能是管理活动的根本保证。同时，决策目标对组织结构的形式又起一定的决定作用。决策目标不同，组织结构的形式也不同，并显示出不同的特点。

（四）领导

领导的本质是一种影响力，是对组织为确立目标和实现目标所进行的活动施加影响的过程。领导和领导者是两个不同的概念。领导是一种影响并感召人们和群体去追求某些目标的行为与过程，领导的实质体现在感召和追随上。领导者是实施领导的人，是利用影响力带领人们或群体实现组织目标的人。

决策和组织工作做好了，并不能保证组织目标的实现，因为组织目标的实现要依靠全体成员的共同努力，而位于不同岗位上的人员由于各自的人生目标、价值观、需求等各不相同，合作中必然会产生矛盾和冲突。因此，就需要有权威的领导者进行领导。

领导的具体内容是指导人们的行为，沟通人们之间的信息，激励每个成员自觉地为实现组织目标而努力。沟通是指将信息在两个或两个以上人群中的传播或交换。沟通不仅可以协调各成员之间的关系，使组织成为一个有机的整体，而且是领导者激励下属，实现领导职能的基本途径。激励就是指创设满足职工各种需要的条件，激发职工的工作动机，使之产生实现组织目标的特定行为的过程。因为人的行为是由动机决定的，而动机是由需要支配的。

（五）控制

控制就是按照预定的决策目标、计划和标准，对管理活动的各个方面的实际情况进行检查，发现差距，分析原因，采取措施，予以纠正，使管理活动能按计划进行，保证预定决策目标的实现。人们在执行计划的过程中，由于受到各种内外部因素的影响，常常使管理活动偏离预定的决策目标和计划。为了保证预定的决策目标以及所制订的计划得以实现，就需要有控制职能。

控制职能与决策和计划职能是密不可分的。首先，决策和计划是控制的前提。决策和计划为控制职能提供目标和标准，管理者必须及时取得决策和计划执行情况的信息，并将有关信息与决策目标和计划进行比较，发现实践活动中存在的问题，分析原因并采取措施。因此，没有决策以及在决策基础上制订的计划就不存在控制。同时，控制又是实现决策目标和计划的手段。从管理活动的纵向看，各级管理层次都要重视控制职能；从管理活动的横向看，各项管理活动、各个管理对象都要进行控制。没有控制工作，决策目标和预先制订的计划就不可能实现。

（六）创新

创新首先是一种思想以及在这种思想指导下的实践，是一种原则以及在这种原则指导下的具体活动，是管理的一项基本职能。将创新作为一种管理职能是一种新的认识，20世纪50年代以来，随着科学技术的飞速发展，市场需求瞬息万变，社会关系也日益复杂。

作为管理者经常遇到新情况、新问题。如果没有创新，就无法应对新的形势，也就无法完成所肩负的管理任务。

创新职能不同于其他职能的表现形式，决策、计划、组织、领导和控制等职能都是通过自身特有的表现形式行使的。例如，决策职能是通过方案的形式表现的；计划职能是通过计划的形式表现的；组织职能是通过组织结构的设计和人员的配备表现的；领导职能是通过领导者和被领导者的关系表现的；控制职能是通过信息反馈和纠正措施表现的。但是，创新职能是通过其他管理职能的活动表现出自身的存在和价值。创新体现在决策方案的制订中；创新体现在计划形式的表现中；创新体现在组织结构的设计和人员的配备中；创新体现在领导者和被领导者的关系表现中；创新体现在信息反馈和纠正措施中。可以说，创新无处不在、无时不在，事事皆可创新。

管理职能关系如图2-2所示。

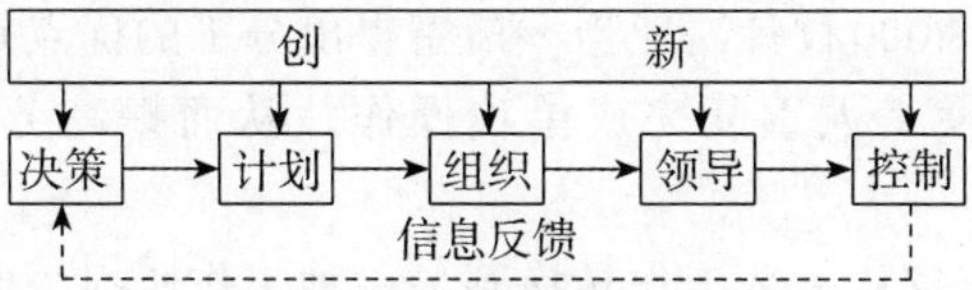

图2-2　管理职能关系图

第二节　管理理论的产生与发展

自从有了人类历史就有了管理，管理思想是随着生产力的发展而发展起来的。但从管理实践到形成一套完整的管理理论是一段漫长的历史过程。

管理理论的产生与发展可以分为五个阶段。管理学形成之前分为两个阶段，即早期管理实践与管理思想阶段和管理理论产生的萌芽阶段。管理学形成之后分为三个阶段，即古典管理理论阶段、现代管理理论阶段和当代管理理论阶段。

一、早期管理实践与管理思想阶段

自从有了人类集体劳动就有了管理实践与管理思想，该阶段一直持续到18世纪。该阶段人们仅凭经验去管理，尚未对经验进行科学的抽象和概括，没有形成科学的管理理论。

世界上一些文明古国如希腊、埃及、巴比伦等都对管理思想有突出的贡献。公元前2800年左右，古埃及人建造的大金字塔被誉为世界七大奇迹之一，其中包含了大量的组织管理工作。公元前2000年左右，古巴比伦国王汉穆拉比曾经颁布过一部法典，全文共有280条，其中对人的活动作了许多规定，包含着许多管理思想。公元前370年，古希腊学者瑟诺芬曾经对劳动分工作了详细的论述，其中的一些思想与科学管理时期的泰勒的思想非常接近，尽管两者之间相差2 000多年。15世纪，意大利著名的思想家和历史学家尼克罗·马基埃维利提出了四项领导原理：领导者必须得到群众的拥护；领导者必须维持组织的内聚力；领导者必须具有坚强的精神意志；领导者必须具有崇高的品德和非凡的能力。这些原理与现代领导理论中的一些原理非常相似。

二、管理理论产生的萌芽阶段

18世纪到19世纪的工业革命使以机器为主的现代意义上的工厂成为现实，工厂以及公司的管理越来越突出，管理方面的问题越来越多地被涉及，管理学开始逐步形成。

对西方早期管理思想贡献最大的是英国经济学家亚当·斯密和英国数学家、科学家查尔斯·巴贝奇。

（一）亚当·斯密的管理思想

亚当·斯密（Adam Smith，1723—1790）于1776年出版其代表作《国民财富的性质和原因的研究》，系统地阐述了劳动价值论和劳动分工的理论。

亚当·斯密在分析增进劳动生产力的因素时，以制针为例，特别强调了劳动分工的作用。他指出，如果不进行分工协作，一个工人每天最多只能生产20枚针，进行分工协作后，平均每天可以生产48 000枚针。亚当·斯密提出分工的优点是：

（1）劳动分工可以使工人重复完成单项操作，从而提高劳动熟练程度，提高劳动效率。

（2）劳动分工可以节省从一种工作转换到另一种工作所损失的时间。

（3）劳动分工可以使劳动简化，使劳动者的注意力集中在一种特定的对象上，有利于创造工具和改进机器。

亚当·斯密在研究经济现象时，还提出了“经济人”的观点，认为人都是追求自己的经济利益的：资本家追求最大利润，工人追求最高工资。每个人的经济利益都会受到其他人经济利益的制约，因而形成了相互的共同利益和社会利益。这种认为人都追求自己的经济利益的“经济人”的观点，是资本主义生产关系的反映，也是早期管理思想的重要表现。

专栏2-2

亚当·斯密简介

亚当·斯密是经济学的主要创立者。他于1723年出生于苏格兰的克科底，青年时就读于牛津大学。1751年到1764年在格斯哥大学担任哲学教授。在此期间出版了他的第一部著作《道德情操论》，确立了他在知识界的威望。但是他的不朽名声主要在于他在1776年出版的著作《国民财富的性质和原因的研究》（简称《国富论》）。该书一举成功，使他在余生中享受着荣誉和爱戴。斯密一生未娶，没有子女。

亚当·斯密并不是经济学说的最早开拓者，他最著名的思想中有许多也并非新颖独特，但是他首次提出了全面系统的经济学说，为该领域的发展打下了良好的基础，因此完全可以说《国富论》是现代政治经济学研究的起点。该书的成就之一是摒弃了许多过去的错误概念。斯密驳斥了旧的重商主义学说，这种学说片面强调国家贮备大量金币的重要性。他否定了重农主义者关于土地是价值的主要来源的观点，提出了劳动的重要性。斯密重点强调劳动分工会引起生产的大幅增长，抨击了阻碍工业发展的一整套腐朽的、武断的政治限制。

资料来源　佚名．亚当·斯密简介［EB/OL］．［2023-05-30］．https：//www.gerenjianli.com/Mingren/02/na4i1sro3o113np.html.有改动。

（二）查尔斯·巴贝奇的管理思想

查尔斯·巴贝奇（Charles Babbage，1791—1871）是产业革命后期对西方早期管理思想贡献最大的人物之一。1832年，巴贝奇出版了《机器与制造业经济学》，阐述了他的主要思想。

巴贝奇在亚当·斯密的基础上，对劳动分工和专业化问题进行了更为系统的研究，认为劳动分工可以提高生产效率的原因是：

（1）劳动分工节省了胜任工作所需要的学习时间。

（2）劳动分工节省了学习期间所耗费的材料。

（3）劳动分工节省了从一道工序转移到下一道工序所需要的时间。

（4）劳动分工使人们经常从事某一工作，肌肉能够得到锻炼，不易引起疲劳。

（5）劳动分工节省了改变工具、调整工具所需要的时间。

（6）劳动分工使人们重复同一操作，技术熟练，工作速度较快。

（7）劳动分工使人们的注意力集中于单项作业，便于改进工具和机器。

巴贝奇为了调动劳动者的积极性，还提出了一种工资利润分享制。这种制度认为工人除了得到工资外，还应按工厂所创造利润的百分比额外地得到一部分奖金作为报酬。这样做的优点是：

（1）每个工人的利益同工厂的发展及所创造的利润的多少直接相关。

（2）每个工人都会关心浪费和管理不善等问题。

（3）能促使每个部门改进工作。

（4）有助于激励工人提高技术和品德。

（5）工人同雇主的利益一致，可以消除隔阂，共求企业的发展。

巴贝奇的这种工资奖金制度虽然有其阶级性，但他的这种管理思想对我们今天的工作仍然有一定的参考价值。

巴贝奇的这些管理思想无论在深度和广度上，都较前人甚至同代人有较大的进步。

这一时期除了亚当·斯密和查尔斯·巴贝奇外，还有英国的空想社会主义者罗伯特·欧文（Robert Owen）。罗伯特·欧文在人事管理方面做了许多试验，首先提出了在工厂中要重视人的因素，要缩短工人工作的时间，提高工资，改善工人的居住条件。他的改革实践证明，重视人的作用和尊重人的地位，也可以使工厂获得更多的利润。因此，罗伯特·欧文被认为是人事管理的创始人。

三、古典管理理论阶段

古典管理理论阶段是管理理论最初形成阶段，在这一阶段，侧重于从管理职能、组织方式等方面研究企业的效率问题，对人的心理因素考虑很少或根本不去考虑。该阶段的主要代表人物是科学管理之父泰勒、管理过程理论之父法约尔以及组织理论之父马克斯·韦伯。

（一）泰勒的科学管理理论

弗雷德里克·温斯洛·泰勒（Frederick Winslow Taylor，1856—1915）是美国著名的发明家和管理工程师，曾获宾夕法尼亚大学理科名誉博士学位和霍巴特学院文科名誉博士学位。泰勒既有从事科学研究和发明的才能，又有从事社会活动和领导工作的才能，被称为“科学管理之父”。泰勒是管理学的先驱，他在管理学上的作用是任何人都无法替代的。他的主要贡献就是将管理学发展成为一门新兴的独立学科。泰勒注重将理论知识运用于管理的实践中，将以前的纯理论而不实用的管理学发展成为切合实际的管理学。“泰勒制”是泰勒的又一个贡献，是管理学发展史上的一个里程碑式的理论。

专栏2-3

泰勒简介

泰勒于1856年3月20日出生在美国宾夕法尼亚州杰曼顿的一个富有的律师家庭，父亲是律师，母亲是清教徒。泰勒自幼受到了不寻常的教育，这为他后来成为美国著名的发明家和管理工程师奠定了基础。

1872年，泰勒被送入新罕布什尔州的埃塞克特中学学习，随后考上了哈佛大学法律系。但由于他十分刻苦，以致得了眼疾而不得不辍学。1875年，泰勒放弃了学习法律的计划，离开哈佛大学，进入费城恩特普赖斯水压工厂的金工车间当模型工及机工学徒。1878年，3年学徒期满后，泰勒进入费城的米德维尔钢铁公司当一名普通工人，由于工作努力，表现突出，很快升为职员，后又被提拔为机工、机工班长、车间工长、厂总技师。1883年，泰勒通过业余学习班的学习获得了新泽西州斯蒂芬斯理工学院的机械工程学学士学位。1884年，泰勒升任米德维尔钢铁公司的总工程师。1890年，泰勒辞去了米德维尔钢铁公司中的职务，开始担任一家机械制造投资公司的总经理。1893年，泰勒又辞去机械制造投资公司总经理的工作，开始亲自从事管理咨询顾问工作。1898年，泰勒受雇于宾夕法尼亚州的贝瑟利恩钢铁公司继续从事管理方面的工作，并进行了著名的“生铁搬运试验”和“铲运标准化试验”。1901年，泰勒从贝瑟利恩钢铁公司退休，转向通过撰写文章和发表演讲来宣传他的科学管理制度。从1903年开始，泰勒每周都去哈佛大学讲课，一直到1914年，为推进科学管理而无偿地工作。1910年，美国东部铁路公司因亏损申请提高运费，这促使当局举行了一系列的意见听证会，由于泰勒的科学管理方法能在不提高运费的情况下大大地提高生产率，从而使泰勒的名字和科学管理方法大为盛行，引起了社会公众的广泛关注。1915年，泰勒在外出发表演讲途中，由于着凉而患了肺炎，于同年3月21日在费城医院去世，时年59岁。

资料来源　佚名. 弗雷德里克·温斯洛·泰勒生平［EB/OL］.［2023-05-30］. https：//www.gerenjianli.com/Mingren/02/a76ndgoa8d9gr0b.html？ r=topc.有改动。

泰勒的理论主要出现在他发表和出版的论文和著作中，其中主要作品有1895年在全美机械工程师协会上发表的第一篇论文《计件工资制》、1903年出版的代表作之一《工场管理》、1911年出版的另一代表作《科学管理原理》、1912年发表的《在美国国会听证会上的证词》等。

泰勒的科学管理研究的内容涉及范围很广，主要可以概括为工作定额、标准化、差别工资制、科学选择和培训工人、管理和执行相分离等。

1.工作定额

泰勒在试验中发现，提高劳动效率的潜力是很大的。因为工人们认为，劳动的总量是有限的，因此，如果加快工作速度，就可能会造成自己和其他工人失去工作。为了保护自身利益，他们就有意推延工作，即通常所讲的“磨洋工”。泰勒认为，工作效率低是以经验为主的管理制度造成的，并且进一步造成资源的浪费。为了提高工作效率，首先应制定出具有科学根据的工作定额。泰勒在制定科学的工作定额方面做了大量研究，主要包括时间研究和动作研究。

（1）时间研究。时间的浪费是造成工作效率低的主要原因，为了提高时间利用率，必须进行时间研究。时间研究主要包括工作日活动写实和测时。所谓工作日活动写实就是将工人工作一天的活动按照时间顺序记录下来，然后进行分析。通过分析，准确了解工人在一天工作中对时间的利用情况，包括哪些活动是必要的，这些活动占多少时间是合理的，哪些活动是不必要的，浪费了多少时间，等等。通过长期的试验和研究，泰勒根据工作日活动写实记录，提出了改进措施，保留必要时间，去掉不必要时间，达到了提高工作效率的目的。所谓测时是指以工序为研究对象，测量工序中具体的操作步骤所消耗的时间，通过实地测量，研究工时的消耗方式。通过测时研究可以总结先进工人的操作经验，并推广先进的操作方法，为制定工作定额提供依据。

（2）动作研究。动作研究是研究工人在工作时各种动作的合理性，通过动作分析，去掉不必要的动作，保留和改善必要的动作，使工作效率得以提高。泰勒认为，工作效率的高低除与时间因素有关以外，还与工人在工作时身体各部位的动作有关，合理的动作不仅可以提高工作效率，而且可以减少工人的体力消耗和不必要的身体损害。

专栏2-4

泰勒的生铁搬运试验

生铁搬运试验是泰勒在米德维尔钢铁公司从事动作研究时做的一项试验。泰勒在动作研究中发现，公司搬运钢铁的工作量非常大，有75名工人负责这项工作，工作任务是把40多千克的生铁块搬到30米远的车上以便运走。尽管每个工人都十分努力，但是工作效率并不高，每个工人每天只能搬运12.5吨的铁块。泰勒经过认真分析搬运工作的动作，进行动作改进。泰勒精心挑选了一名工人进行培训，泰勒的一名助手按照泰勒事先设计好的时间表和动作对这名工人发出搬起铁块、开始走、放下铁块、坐下休息等指令，结果这名工人每天的搬运量从12.5吨增加到47.5吨。自此，搬运工作的定额就提高到47.5吨。泰勒的这项动作研究将工作定额提高了将近3倍，工人的工资也有所提高。

资料来源　佚名. 泰勒的三大实验［EB/OL］.［2023-05-31］. https：//max.book118.com/html/2016/0223/35637601.shtm.有改动。

2.标准化

劳动定额的制定是科学管理的基础，实际上也属于标准化的范畴。劳动定额中的时间研究和动作研究实际上就是劳动时间和操作动作的标准化。所谓标准化，是指工人在工作时，不仅要采用劳动定额，还要采用标准的操作方法、规定和条例，而且工人所使用的工具、机器、材料和所在工作现场环境等都应该标准化，以利于提高劳动生产率。科学管理是以提高工作效率为中心的，由于标准化可以大幅度提高生产效率和工作效率，因此，标准化是泰勒研究的一个重要方面。

专栏2-5

泰勒的铲运标准化试验

泰勒在米德维尔钢铁公司做过一项铲运标准化试验。钢铁公司有很多铲运工作，炼钢、炼铁所需的铁矿石，冶炼时所需的煤粉、焦炭等都需要工人人工运输，铲运工作量非常大，工人也很辛苦。由于铲运时所用的铲子是工人自己从家里带的，铲子的形状大小各异，参差不齐，泰勒认为这种做法很不合理。经过观察，泰勒发现铲运的效率取决于两个方面：重量和频率。由于铲子的形状大小不一，工人每天铲运的物料不同，在铲子的体积相同时，造成每铲的负荷重量相差很大，直接影响工人铲运的频率。为了研究每铲究竟多大载荷时生产效率最高，泰勒进行了试验，他无数次改变一次铲上的载荷，最后，泰勒发现，对于第一流的铲运工人，铲上的载荷大约在21磅时生产效率最高。根据这项试验所得的结论，泰勒依据不同物料设计了几种规格的铲子，小铲用于铲运重物料，如铁矿石等。大铲用于铲运轻物料，如焦炭等。这样使每铲的载荷都在21磅左右。自此之后，工人上班都不再自带铲子，而是根据物料从公司领取特制的标准铲子，这种做法大大提高了工作效率。

资料来源　佚名. 泰勒的三大实验［EB/OL］.［2023-05-31］. https：//max.book118.com/html/2016/0223/35637601.shtm.有改动。

3.差别工资制

长期以来，各大企业实行的是计件工资制，这是一种按产品数量来确认职工业绩的付酬方式。这种付酬方式存在很多缺点：一是不能提高生产效率，主要表现在工人中有能力者的积极性没有得以充分发挥；二是会导致雇主与工人之间的矛盾，主要表现在计件工资制使雇主和工人双方都不能真正满意。为了发掘工人们劳动生产率的潜力，应该在工作定额研究的基础上，对工人采用差别工资制：对工作水平高的工人所付报酬就高；反之，对工作水平低的工人所付报酬就低。其具体方法是：如果工人完成或超额完成定额，按比正常单价高出25%领酬。如果工人完不成定额，按比正常单价低20%领酬。泰勒认为，这种差别工资制可以体现多劳多得，大大提高工人工作的积极性。同时，产量增加使利润增加的幅度超过了工资提高的幅度，对资本家也是有利的，从而缓解了劳资矛盾。

4.科学选择和培训工人

在选择工人方面，过去通常的做法是只考虑数量问题，哪儿缺人，缺多少，补充多少，很少考虑工作性质问题，即一个工作岗位究竟需要什么样的工人。这种做法使工人与工作不相适应，不仅造成人力资源的浪费，而且降低了工作效率。泰勒认为，由于每个人的能力各不相同，因此，他们所适合的岗位也各不相同，应使工人的工作能力与工作岗位相适应，改变过去工人挑选工作的传统做法，坚持以岗位挑选工人，每一个岗位都挑选最合适的工人，以确保较高的工作效率。例如，身强力壮的人干体力活是合适的，但算账、统计和质量检验这些活，他们就不合适；相反，心灵手巧的人干精细的活是合适的，但干体力活是不合适的。选择工人除了考虑工作能力外，泰勒还主张考虑工人的工作态度，因为，即使工作能力适合工作岗位，但如果工人不愿意做，同样不会提高工作效率。泰勒在选择工人方面的这种做法，使人的能力、态度与工作岗位得到了合理的配合。

在培训工人方面，泰勒主张对上岗的工人要进行教育和培训，要教会他们科学的工作方法，使工作效率大大提高。

5.管理和执行相分离

泰勒认为，应该对企业中各项工作的性质进行认真仔细的研究，用科学的工作方法取代经验工作方法。当时，企业是没有专门的管理部门的，诸如计划、统计、质量检验、控制等管理工作都混杂在执行工作中。泰勒认为应该把管理工作和执行工作分开，建立专门的管理部门，配备专门的管理人员。这里的管理职能包括三方面的内容：时间和动作研究；制定劳动定额和标准的操作方法，并选用标准工具；比较标准和执行的实际情况，并进行控制。管理工作与计划工作的分离在管理史上具有重要的意义，不仅促进了劳动分工的发展，实现了管理工作的专门化，而且为科学管理理论的形成奠定了基础。

泰勒的科学管理是有一定局限性的，正如列宁所说：泰勒制也同资本主义其他一切进步的东西一样，有两个方面，一方面是资产阶级剥削的最巧妙的残酷手段，另一方面是一系列丰富的科学成就，即按科学来分析人在劳动中的机械动作，省去多余的、笨拙的动作，制定最精确的工作方法，实行最完善的计算和监督制度等。泰勒科学管理的局限性主要表现在以下几个方面：

（1）泰勒对工人的看法是错误的，他认为工人的主要动机是经济的，工人最关心的是提高自己的金钱收入，即坚持“经济人”假设。

（2）泰勒的科学管理只重视技术因素，不重视人群社会的因素。

（3）泰勒制只解决了个别具体工作的作业效率问题，而没有解决企业作为一个整体如何经营和管理的问题。

泰勒的科学管理理论在20世纪初得到了广泛的传播和应用，影响很大，因此在他同时代和他以后的年代中，有许多人也积极从事管理实践与理论的研究，丰富和发展了科学管理理论。其中比较著名的有：

卡尔·乔治·巴思（Carl George Barth）。美籍数学家巴思是泰勒最早、最亲密的合作者，为科学管理工作作出了很大贡献。他是个很有造诣的数学家，其研究的许多数学方法和公式，为泰勒的工时研究、动作研究、金属切削试验等研究工作提供了理论依据。

亨利·甘特（Henry L. Gantt）。美国管理学家、机械工程师甘特是泰勒在创建和推广科学管理时的亲密合作者，他与泰勒密切配合，使科学管理理论得到了进一步的发展。甘特的主要贡献有：发明了“甘特图”（Gantt Chart），甘特图是当时计划和控制生产的有效工具，并为当今现代化方法PERT（计划评审技术）奠定了基石；提出了“计件奖励工资制”，即除了按日支付有保证的工资外，超额部分给予奖励，完不成定额的，可以得到原定日工资，这种制度补充了泰勒的差别计件工资制的不足；重视管理中人的因素，强调“工业民主”和更重视人的领导方式，这对后来的人际关系理论有很大的影响。

吉尔布雷斯夫妇（Frank B. Gilbreth and Lillian M. Gilbreth）。美国工程师弗兰克·吉尔布雷斯与夫人（莉莲·吉尔布雷斯，心理学博士）在动作研究和工作简化方面作出了特殊贡献。他们采用两种手段进行时间与动作研究：一种是将工人的操作动作分解为17种基本动作，吉尔布雷斯夫妇称之为“therbligs”；另一种是用拍影片的方法，记录和分析工人的操作动作，寻找合理的最佳动作，以提高工作效率。通过这些手段，他们纠正了工人操作时某些不必要的多余动作，形成了快速准确的工作方法。与泰勒不同的是，吉尔布雷斯夫妇在工作中开始注意到人的因素，在一定程度上试图把效率和人的关系结合起来。吉尔布雷斯夫妇毕生致力于提高效率，即通过减少劳动中的动作浪费来提高效率，被人们称为“动作专家”。

哈林顿·埃默森（Harrington Emerson）。埃默森是美国早期的科学管理研究工作者，从1903年起就同泰勒有紧密的联系，并独立地发展了科学管理的许多原理。如他对效率问题做了较多的研究和实践，提出了提高效率的12条原则：明确的目的；注意局部和整体的关系；虚心请教；严守规章；公平；准确、及时、永久性的记录；合理调配人、财、物；定额和工作进度；条件标准化；工作方法标准化；手续标准化；奖励效率。另外，在组织结构方面，他提出了直线和参谋制组织形式等。他还在职工的选择和培训、心理因素对生产的影响、工时测定等方面作出了贡献。

尽管泰勒的追随者在许多方面不同程度地发展了“科学管理”理论和方法，但总的来说，他们和泰勒一样，研究的范围始终没有超出劳动作业的技术过程，没有超出车间管理的范围。

（二）法约尔的一般管理理论

亨利·法约尔（Henry Fayol，1841—1925）是西方古典管理理论在法国最杰出的代表。法约尔关于管理过程和管理组织理论的开创性研究，其中特别是关于管理职能的划分以及管理原则的描述，对后来的管理理论研究具有非常深远的影响。此外，他还是一位概括和阐述一般管理理论的先驱者，是伟大的管理教育家，后人称他为“管理过程理论之父”。

专栏2-6

法约尔简介

法约尔1841年出生于法国的一个资产阶级家庭。1860年，法约尔毕业于圣艾蒂安国立矿业学院，同年进入法国康门塔里·福尔香堡采矿冶金公司担任采矿工程师。

刚进入公司时，法约尔作为一个年轻的管理人员和技术人员，主要关心采矿工程方面的工作。1866年，法约尔被任命为康门塔里矿井矿长。1872年之后，法约尔被提升为领导一批矿井的经理，开始主要关心影响矿井经济情况的各种因素。此时，法约尔不仅要从技术方面考虑问题，更要从管理和计划方面来考虑问题，这促使法约尔对管理进行研究。1888年，法约尔被任命为公司的总经理，当时公司正处于破产的边缘，法约尔按照自己的管理思想对公司进行了改革和整顿，关闭了一些经济效益不好的工厂，吸收资源丰富的新矿代替资源枯竭的老矿，并于1891年和1892年吞并了其他一些矿井和工厂，把新的联合公司命名为康曼包公司。法约尔克服了重重困难，把原来濒于破产的公司整顿得欣欣向荣。1918年，法约尔退休。退休后，法约尔创建了一个管理研究中心，并担任领导工作，致力于宣传他的管理理论。1925年，法约尔去世，时年84岁。

资料来源　佚名．法约尔［EB/OL］．［2023-05-31］．https：//www.gerenjianli.com/Mingren/08/1tlbt0i7io.html.有改动。

法约尔在管理方面的著作很多，主要有1908年的《管理的一般原则》、1916年的《工业管理与一般管理》、1923年的《国家管理理论》、1927年的《公共精神的觉醒》等。其中，1916年问世的名著《工业管理与一般管理》是他一生管理经验和管理思想的总结。

法约尔的理论概括起来大致包括以下内容：

1.企业的基本活动

法约尔指出，任何企业都存在六种基本活动，管理只是其中之一。这六种基本活动是：

（1）技术活动，指生产、制造、加工等活动。

（2）商业活动，指购买、销售、交换等活动。

(3) 财务活动，指资金的筹措和运用。

(4) 安全活动，指设备维护和职工安全等活动。

(5) 会计活动，指货物盘存、成本统计、核算等。

(6) 管理活动，包括计划、组织、指挥、协调和控制五项职能活动。

在这六种基本活动中，管理活动处于核心地位。因为企业本身需要管理，其他五项属于企业的活动，当然也需要管理。

2.管理的基本职能

法约尔一般管理理论的一个重要内容是他首次提出管理活动可以划分为五大职能，并对五项职能进行了分析。

(1) 计划。计划是指探索未来和制订行动方案。

(2) 组织。组织是指建立企业的物质和社会的双重结构。

(3) 指挥。指挥是指使其人员发挥作用。

(4) 协调。协调是指连接、联合、调和所有的活动和力量。

(5) 控制。控制是指注意一切是否按已制定的规章和下达的命令进行。

法约尔认为，管理的这五大职能并不是企业经理的个人责任，它同企业其他工作一样，是企业领导人和整个组织成员共同的职能。

3.管理的原则

法约尔根据自己的工作经验，归纳出简明的十四条管理原则。

(1) 劳动分工原则。法约尔认为，劳动分工是组织和机构发展的必要手段。劳动分工不仅可以提高生产效率，而且使大规模生产和成本降低成为可能，同时劳动分工使每个工人的工作范围减小，从而可以减少工人的培训费用。

(2) 权力与责任原则。法约尔认为，在一个企业中，一个人的权力和责任应当相符。所谓权力是指“指挥他人的权以及使他人服从的力”。权力分为管理人员的职务权力和个人权力，职务权力是指由职位产生的，个人权力是指由担任职务的个性、经验、品质等个人特性产生的。法约尔认为，权力与职责是相互联系的，在行使权力的同时，必须承担相应的责任，有权力而无责任，或者有责任而无权力都是组织上的缺陷。为了贯彻权力与责任相符的原则，应建立有效的奖惩制度，以鼓励好的行为，制止不好的行为。

(3) 纪律原则。法约尔认为，纪律是企业领导人同下属之间在服从、勤勉、举止和尊重等方面所达成的一种协议。纪律是管理所必需的，是维系企业生存和发展的关键。一个企业要有良好的纪律，应该做到以下三点：一是要有明确和公平的纪律协议；二是在维护纪律上，要合理执行奖惩；三是各级领导要称职，因为组织的纪律往往取决于领导人的道德状况。

(4) 统一指挥原则。法约尔认为，组织中每一个人只能接受一个上级的命令。这是一项非常重要的管理原则，如果这项原则遭到破坏，那么权力将遭到损害，纪律将受到破坏，秩序和稳定将受到威胁。因此，无论什么情况下，一个下属只应接受一个上级的指挥命令；否则，将会使下属无所适从，组织的活动将会出现混乱。

(5) 统一领导原则。法约尔认为，一个组织对于目标相同的活动，只能有一个领导和一个计划。他认为“人类社会和动物一样，一个身体如果有两个脑袋就是一个怪物”。统一指挥原则和统一领导原则既有区别又有联系：一方面，两者之间是不同的，统一指挥原则是指一个下级只能接受一个上级的命令，这项原则主要取决于人员如何发挥作用；统一领导原则是指具有相同目标的活动只能有一个领导和一个计划，这项原则可以通过建立完善的组织机构来实现。另一方面，两者之间又有联系，统一指挥必须在统一领导下才能实现，违反了统一领导的原则，就必然会违反统一指挥的原则。

（6）个人利益服从整体利益原则。法约尔认为，企业的整体利益高于任何个人利益，任何个人利益不能超越企业的整体利益。为了贯彻好这一原则，必须做到以下几点：一是企业的目标应尽可能地包含个人目标，这样可以使企业目标实现的同时也能实现个人的目标。二是企业的领导人应以身作则，以企业整体利益为重。三是要对员工进行教育和约束，使他们在个人利益与企业整体利益相矛盾时，能以企业整体利益为重。

（7）员工报酬原则。法约尔认为，员工的报酬应与他的付出相适应，一个员工得不到应有的报酬，就会失去工作的积极性。为了制定一个合理的报酬制度，首先应考虑报酬能维持员工最低的生活消费；其次，要考虑企业的基本经营状况，同时，要考虑员工贡献的多少。对工作成绩好的员工应给予奖励，但是奖励要适当，不能超过一定限度；否则，可能会出现副作用。

（8）集中原则。集中原则主要是指权力的集中或分散的程度问题。法约尔认为，管理应保持一定的集权和分权，提高下属的重要性就应分权，降低下属的重要性就应集权。一个组织机构，必须具有某种程度的集权，对于集权的程度，应根据组织的性质、人员的能力、企业的条件和环境等来决定，并随着组织实际情况的改变，适时改变集权与分权程度。

（9）等级原则。法约尔认为，为了进行有效的管理，需要在组织中建立等级原则，等级原则就是指在组织机构中，从最高权力机构到最基层管理人员应该建立关系明确的职权等级系列。等级原则一方面表明组织中执行权力的路线，另一方面也表明信息传递的渠道。在组织中，通常信息的传递是按照等级原则进行的，贯彻等级原则有利于组织加强统一指挥原则。但是，依据等级原则传递信息可能造成信息路线太长，进而延误信息传递的时间，并且可能出现信息在传递中的失真现象。为了维护统一指挥原则，又避免信息传递的时间延误和失真问题，法约尔设计出一种“跳板”，也叫“法约尔桥”（Fayol bridge），以这个桥做跳板，就可以建立沟通的渠道。

（10）秩序原则。法约尔认为，秩序是指“凡事各有其位”。这一原则既适合于物质资源的管理，如设备、机器、工具应排列有序，也适合于人力资源的管理，如组织中的每个成员应该根据自身的能力、意愿确定自己的位置，每个人都应被安排在最能充分发挥作用的工作岗位上。

（11）公平原则。法约尔认为公平是由“公道”和“善意”产生的。公道是执行已订立的协定。但是协定在制定时，人们对未来是无法完全预料的，随着外界因素的变化，应对已制定的协定根据具体情况经常进行说明，并补充其不足之处。为了保证公平，在公道的基础上，还必须善意对待下属，目的是激励下属对组织忠诚并能全心全意做好本职工作。总之，作为领导人，要特别注意职工在工作中希望公平的愿望，如果不公平，往往会导致下属工作积极性的下降。

（12）人员稳定原则。法约尔认为，职工和管理人员要想有效地履行某个岗位的职责，需要相当长的时间。如果人员不断变动，工作将得不到良好的效果。因此，一个成功的企业的职工和管理人员是相对稳定的，人员频繁变动的组织是很难成功的。当然人员的稳定是相对的，由于职工提升、退休、死亡等原因也会造成人员的流动，一个组织关键是要掌握好人员流动的合适尺度，保持组织中人员工作的稳定性。

（13）首创精神原则。法约尔认为，首创精神是创立和推行一项计划的动力。一个组织中，不仅领导人需要首创精神，全体成员也需要有首创精神，这是提高组织中各级人员工作热情的主要源泉。

（14）团结合作原则。法约尔认为，团结合作可以使组织产生巨大的力量。但是，人们由于缺乏管理能力，存在私心，追求个人利益而忽视了组织的团结。为了加强组织的团结，应严守统一指挥原则，加强内部交流，尽一切可能保持和巩固组织内部人员的团结。

法约尔强调指出，以上十四条原则在管理工作中不是死板和绝对的东西，这里全部是尺度问题，应当注意各种可变因素的影响。因此，这些原则是灵活的，是可以适应于一切需要的，但其真正的本质在于懂得如何运用它们。这是一门很难掌握的艺术，它要求智慧、经验、判断和注意尺度。

法约尔认为他的管理理论虽然是以大企业为研究对象的，但除了可应用于工商企业之外，还适用于政府、教会、慈善团体、军事组织以及其他各种事业。所以，人们一般认为法约尔是第一个概括和阐述一般管理理论的管理学家。

（三）韦伯的行政组织体系理论

马克斯·韦伯（Max Weber，1864—1920）是德国著名古典管理理论学家、经济学家和社会学家，19世纪末20世纪初西方社会科学界最有影响的理论大师之一，与古典管理理论学家泰勒、法约尔并称为西方古典管理理论的三位先驱，并被尊为“组织理论之父”。韦伯的代表作有《新教各教派与资本主义精神》《一般经济史》《社会和经济组织的理论》等。

专栏2-7

韦伯简介

韦伯于1864年出生于德国图林根的埃尔富特的一个富有的中产阶级家庭，父亲是一位法学家。1869年，韦伯随父母迁往柏林居住。1882年，韦伯就读于德国海德堡大学法学院，专攻法律并兼攻历史、哲学、经济和神学。1883年，韦伯应征入伍，服兵役一年后即转入柏林大学和哥丁根大学继续学习。1889年，韦伯通过了博士论文《中世纪商业企业史》的答辩并获得法学博士学位，同年注册为开业律师。1891年，韦伯发表了有关罗马农业及其法律意义的论文，并通过答辩成为柏林大学的法学讲师。1892年，韦伯升为副教授，其学术研究中心也转向政治经济学。1894—1896年，韦伯先后任弗里堡大学和海德堡大学的经济学教授。1897年，韦伯因与前来探望他的父亲发生争吵，而使其父去世，这次精神和心理创伤使得韦伯患上神经官能症，为此，韦伯赴欧美各地治疗、休息达四年之久。1902年，韦伯重新担任海德堡大学教授。1903年，韦伯与W.桑巴特和E.亚菲等人共同创办了学术杂志《社会科学和社会政策文献》并担任编辑，该杂志是20世纪初至30年代德国最有影响的社会学期刊之一。从1904年起，韦伯的学术创作进入极盛期，以惊人的速度发表和出版了大量学术论文和专著。1907年，韦伯继承了一笔可观的遗产，使他能脱离大学教职专心从事社会科学研究。1910年，韦伯与滕尼斯、齐美尔等人共同发起成立德国社会学学会，开创了德国社会学发展的新时代。从1911年起，韦伯的研究方向由以往的经济学、历史学转向宗教社会学、政治社会学、法律社会学、音乐社会学以及社会学理论与文化论。第一次世界大战期间，韦伯站在民族主义的立场上支持自己的国家，自愿入伍并担任后备野战医院管委会成员。1916—1918年，韦伯为《法兰克福报》撰稿，发表多篇有关时政的文章。1918年，第一次世界大战结束后，韦伯再返大学讲坛任维也纳大学社会学讲座教授。1919年5月，韦伯以专家的身份作为德国政府代表团成员出席巴黎和会，会上他反对德国签署《凡尔赛和约》。1919年6月，韦伯迁居慕尼黑，在慕尼黑大学任经济通史教授。1920年，韦伯去世，时年56岁。

资料来源　马克斯·韦伯［EB/OL］.［2023-05-31］. https://wiki.mbalib.com/wiki/%E9%A9%AC%E5%85%8B%E6%96%AF%C2%B7%E9%9F%A6%E4%BC%AF.有改动。

韦伯毕生从事学术研究，对社会学、政治学、经济学、法学、哲学、历史学和宗教学等领域都有较深的造诣。他在管理理论上的研究主要集中在组织理论方面，主要贡献是提出了理想的行政管理体制，或称官僚体制，这集中反映在他的代表作《社会和经济组织的理论》一书中。

韦伯提出的关于“理想的行政管理体制”主要涉及以下几个方面的内容：

1.对官僚体制的理解

韦伯提出的理想的行政管理体制，也就是官僚体制。在这里，官僚体制中的“官僚”并不像官僚主义所理解的官僚带有贬义，并意味着脱离实际，低效率。这里的官僚体制是指组织通过职务和职位进行管理。这里的理想的行政管理体制，也不是指最好的或是符合人们某种需要的管理体制，而是指代表一种“纯粹的”“在现实中没有例证的”组织形态，以区别那种在现实中实际存在的具有各种形态的组织。

韦伯认为，官僚体制是一种严密的、合理的、形同机器那样的社会组织，具有熟练的专业活动、明确的职责划分、严格的规章制度，以及金字塔式的等级关系等特征，从而使其成为一种系统的管理技术体系。

官僚体制即使从技术角度观察，也比其他管理体制具有明确的优越性，主要表现在：准确性、迅捷性、明确性、简单性、连续性、严肃性、同一性、严密的服从关系、防止摩擦以及人力和物力的节约等。由于官僚体制具有上述优点，就可以保证它能够像机器一样灵活运转。韦伯认为，资本主义社会化生产的发展，要求出现一种更严密的管理体制与之相适应，这就是官僚体制，正是这种官僚体制的管理，真正显示出资本主义社会化生产管理同家族制管理的区别。这种管理体制不仅适用于经济领域，而且适用于社会生活的各个领域。

2.对权力的划分

韦伯认为，任何社会组织都必须以某种形式的权力为其存在的基础，社会及社会组织更多的不是通过契约关系或者道德一致，而是通过权力的行使凝聚在一起，没有一定形式的权力，一切社会组织的活动都不可能正常运行，也就不可能达到预期的目标。韦伯认为存在以下三种纯粹形态的合法权力：

（1）传统性权力。传统性权力是以不可侵犯的古老传统和行使这种权力者的统治地位为依据的。对传统性权力的服从实际上是对拥有这种不可侵犯的统治地位的个人的服从。

族长制和世袭制都是传统性权力的最重要的表现形式。

（2）超凡性权力。超凡性权力是以对某个具有模范品质的英雄或某个具有特定天赋的天才的崇拜和热爱为依据的。对超凡性权力的服从实际上是基于追随者对领袖人物的信仰，而不是基于某种强制力量。

（3）法理性权力。法理性权力是以合理性、合法性为依据或以被提升为管理者的权力为依据的。对法理性权力的服从实际上是对合法建立起来的客观秩序的服从，即使将这种服从延伸到管理者个人，也只是基于管理者在组织内所处的地位，而管理者在组织内所处的地位也是依据合理性和合法性形成的，实际上是对依法建立起来的等级制度所规定的职位的服从。

3.官僚体制的特点

理想的行政管理体制，即官僚体制，既不同于凭借传统力量建立起来的管理体制，也不同于依据超凡力量建立起来的管理体制，它是一种依据权力的合理性、合法性建立起来的管理体制。这种管理体制具有以下特点：

（1）明确的职能分工。对组织的全部活动进行专业化的职能分工，并依据这种职能分工确定管理职位，详细规定各个职位的权力和责任范围。对组织内人员职位的确定有以下规定：一是组织内所有人员都必须担任一项职务；二是管理人员的职位是任命的，个别必须由选举产生的除外；三是所有管理人员的任职都不是终身的，是可以撤换的。

（2）自上而下的等级系统。组织内的各个职位，按照等级原则进行法定安排，并共同服从于一个指挥决策中心，从而形成一个严密的、自上而下的行政管理的等级系统。在这个等级系统中，为了保证组织的稳定，每个成员都要为自己的决定和行动对上级负责并受上级的控制和监督；同时，为了使每个管理人员都能完成本职工作，应给予管理人员相应的权力，使其有权对其下属发号施令。

（3）建立相关的法规和制度。在组织中建立有关职权和职责的法规和制度，将组织中的各项业务的运行都纳入这些相关的法规和制度中，要求组织内的每个成员在从事职务活动时，都必须遵循这些法规和制度。这样，不仅使组织中一切人员的职务行为规范化，而且排除了各项职务活动中个人的随意判断，从而保证了各项业务处理的统一性和一贯性。

（4）业务的处理和传递以书面文件为准。组织中在进行业务的处理和传递时，必须以诸如指示、申请、报告等各种符合规范的书面文件为依据，即使对可以通过口头方式联系的业务，也不能以个人之间的口头联系方式作最后处理，而必须以书面文件为准。这样，不仅能保证业务处理的准确性，而且还可以防止个人处理业务的随意性，从而保证组织中各项业务活动的规范性。

（5）人员的任用。组织中所有职务都是按职能分工的原则确定的，这就要求每个职位的人员应具有相应的技术能力。因此，在选拔和提升人员时，必须通过公开考试，以是否具有必要的技术能力作为选拔和提升人员的客观标准。由于组织中分工明确，各职位都配备具有相应技术能力的专业人员各司其职，从而保证组织的各项业务活动都能准确、高效地运行。

（6）职业管理人员。一切职业管理人员都是根据一定的标准聘用的，其升迁和报酬都有明文规定，以工作业绩和工作年限为标准。这样，能够激励管理人员尽心尽力工作，为组织的发展和利益作出贡献。

（7）组织中成员间的关系。组织中每个成员都必须恪守尽职，以主人翁的态度忘我工作，他们必须排除个人感情的干扰，以冷静的态度办事，从而保证组织内成员之间的关系都是业务关系，而不是个人之间的私人关系。这样，就能保证组织内成员的一切行为都服从统一的理性准则，防止组织内成员之间可能发生的摩擦，保证组织活动的协调、准确和高效。

韦伯认为，由于这种理想的行政管理体制具有上述特点，因而，它能适应一切现代的大规模社会组织的需要。韦伯的这一理论，对泰勒、法约尔的理论是一种补充，对后来的管理学家，尤其是组织理论学家有很大的影响。

四、现代管理理论阶段

现代管理理论阶段主要指行为科学学派及管理理论丛林阶段。

（一）行为科学学派

1.人际关系学说

人际关系学说是行为科学学派的早期思想，其代表人物是乔治·埃尔顿·梅奥（George Elton Mayo，1880—1949），曾参加1927—1932年在芝加哥西方电气公司霍桑工厂进行的霍桑试验。梅奥等人在对霍桑试验的结果进行研究的基础上，创立了人际关系学说。梅奥的主要著作为1933年出版的《工业文明的人类问题》和1945年出版的《工业文明的社会问题》。人际关系学说的主要内容可以概括为以下四点：

（1）应把工人看作“社会人”而不是单纯的“经济人”。科学管理把工人看成是仅仅为了追求经济利益而进行活动的“经济人”，认为金钱是刺激工人工作积极性的唯一动力。梅奥认为，影响工人生产积极性的因素，除了物质方面的因素外，还有社会和心理方面的因素，工人是“社会人”。同时，梅奥提出了十三条具体原则以调动工人的积极性：让工人体会到成功的喜悦；对工人进行精神和物质奖励；让工人感到自己重要；要乐于捍卫下属的利益；鼓励一定要真诚；主动关心别人；关心工人的成长；同工人交朋友；不当不受欢迎的老板；激发工人的积极性；协调与下属的关系；了解下属之间的矛盾；让下属尽心尽职。

（2）生产率的高低主要取决于士气和工作态度，而士气又取决于人际关系。梅奥认为，工资报酬、工作条件等不是影响生产率的第一因素，提高生产效率的主要途径是提高工人的满足感，新型管理者必须善于处理人际关系。同时，梅奥指出了决定工作满意度的六个主要因素：报酬、工作本身、提升、管理、人际关系及工作条件。

（3）企业中存在着非正式组织。梅奥认为，任何一个企业，存在正式组织的同时，还存在非正式组织。正式组织是指为了实现企业目标而形成的有明确职能的机构。正式组织是企业组织体系中的一个环节，其成员之间有明确的职责范围。正式组织以效率和成本为主要标准，要求成员为了提高效率，降低成本进行协作。非正式组织是指人们在共同的工作中，由于相同的兴趣、爱好或利益等形成的一种人际关系。非正式组织可以分为感情型、兴趣型、利益型等不同类型。非正式组织是以感情为主要标准，要求成员遵守人群关系中形成的非正式的、不成文的行为准则。非正式组织能够维系和增强成员间的文化交流，满足人们社会交往的需要。但是，非正式组织容易产生阻碍变革、角色冲突、谣传等不利作用，因而管理者必须重视非正式组织的存在，并对非正式组织及其成员的行为进行引导，使之有利于正式组织目标的实现。

(4) 企业领导者要善于正确处理人际关系。梅奥认为，企业的领导者要善于听取职工的意见，能够通过提高职工的满意度来提高士气，使企业中的每个成员能与其真诚持久地合作，从而提高企业的生产效率。

梅奥创立的人际关系学说，使西方的管理思想进入到行为科学管理理论阶段，对企业管理的发展有着重要的影响。

2.行为科学学派

人际关系学说是行为科学学派的早期思想，它只强调重视人的行为。行为科学还要求进一步研究人的行为规律，找出影响行为的因素，探讨如何控制人的行为以达到预期目标。

关于行为科学的含义分广义和狭义两种理解。

广义的行为科学是指研究人的行为和动物的行为的多种学科，是一个学科群，而不是一门学科。如1982年美国出版的《管理百科全书》第3版的解释为："行为科学包括用类似于其他自然科学的实验和观察的方法对人（和低级动物）在自然和社会环境中的行为进行研究的任何学科，得到公认的行为科学有心理学、社会学、社会人类学以及在观点和方法上与之类似的其他学科的部分。"

狭义的行为学科是指运用心理学、社会学等学科的理论和方法来研究工作环境中个人和群体的行为的一门综合性学科，是一门学科，而不是一个学科群。如1980年英国出版的《国际管理词典》的解释为："行为科学主要是有关对工作环境中个人和群体的行为进行分析和解释的心理学和社会学学说，其应用包括信息交流、创新、变革、管理风格、培训和评价等领域。它强调创造一种最优环境，以便每个人既能为实现公司目标作出贡献，又能为实现个人目标有所成就。"西方管理学中所讲的行为科学就是指狭义的行为科学。20世纪60年代中期为了避免与广义的行为科学混淆，提出了"组织行为学"这一名词，用以专指狭义的行为科学。

行为科学学派在第二次世界大战以后的发展主要集中在以下四个领域：①有关人的需要、动机和激励的理论；②与管理有关的"人性"理论；③关于企业中非正式组织以及人与人关系的理论；④关于领导方式的理论。与此相关的著名理论主要有：

(1) 需要层次理论。由美国心理学家亚伯拉罕·马斯洛（Abraham H. Maslow）提出的一种研究需要与行为动机关系的理论。

(2) X理论与Y理论。由美国社会心理学家道格拉斯·麦格雷戈（Douglas Mcgregor）提出的一种研究管理思想合乎人性假设的理论。

(3) 双因素理论。由美国行为科学家弗雷德里克·赫兹伯格（Frederick Herzberg）提出的一种研究需要对行为积极性影响的理论。

(4) 期望理论。由美国心理学家威克特·弗隆（Victor H. Vroom）提出的一种研究人的期望与行为积极性关系的理论。

(5) 强化理论。由美国心理学家斯金纳（B. F. Skinner）提出的一种研究控制行为的理论。

(6) 连续统一体理论。由美国管理学家罗伯特·坦南鲍姆（Robert Tannenbaum）和施米特（Warren H. Schmidt）提出，研究在一个连续统一体的示意图上描绘出从专权式领导到极度民主式领导的各种模型，并列举了七种代表性模型。

（7）管理方格理论。由美国行为科学家罗伯特·布莱克（Robere R. Blake）和简·莫顿（Jane S. Mouton）提出的用方格图来表示和研究领导方式的一种理论。

（二）管理理论丛林

20世纪40年代以来，西方发达国家的经济规模不断扩大，涌现出大批的跨国公司，经济组织中的竞争，尤其是国际市场竞争更加激烈，原来的经营管理理论和方法已不能完全适应新的形势，因而又出现了许多新的管理学派，并且这些学派在历史渊源和内容上又相互影响、盘根错节，呈现出管理学派林立的局面，因此，有人形象地称之为“管理理论丛林”。其中影响较大的主要有以下几个学派：

1.管理科学学派

管理科学学派又称数理学派，是泰勒科学管理理论的继续和发展，其代表人物是美国的伯法（E. S. Buffa）等人，伯法的代表作为《现代生产管理》。管理科学学派有如下要点：

（1）强调使用先进的科学理论和管理方法，减少决策的个人艺术成分。依靠建立一套决策程序和数学模型以增进决策的科学性，将众多方案中的各种变数或因素加以量化，利用数学工具建立数学模型，研究各变数和因素之间的相互关系，寻求一个用数量表示的最优化答案。

（2）以经济效果作为评价的依据。各项管理活动都以经济效果的好坏作为评价依据，要求所采取的行动方案能以最小的消耗获得最大的经济效益。

（3）广泛使用电子计算机。随着企业经营范围的扩大，影响某一事物的因素错综复杂，使决策问题复杂化，方案选择时计算任务相当繁杂，依靠传统的计算方法获得结果往往需要很长时间，为了及时处理信息数据并提供准确信息，只有借助于计算机才能做到。

2.社会系统学派

社会系统学派是从社会学的观点来研究各种组织和组织理论的，其代表人物是美国的管理学家巴纳德（Chester I. Barnard），他将社会学用于管理学的研究，在组织理论方面作出了杰出的贡献，其代表作是《经理人的职能》。社会系统学派有如下要点：

（1）组织是一个社会协作系统。这个社会协作系统是否继续存在主要取决于：①协作的效果，即能否顺利实现协作目标；②协作的效率，即在实现目标的过程中，是否使协作的成员损失最小、心理满足较高；③协作目标能适应协作环境。

（2）正式组织存在的条件。正式组织存在须具备三个条件：①有一个统一的共同目标；②每一成员都能够自觉自愿地为组织目标的实现作出贡献；③组织内部有一个能够彼此沟通的信息联系系统。此外，在正式组织内部还存在非正式组织。

（3）对经理人员的职能提出要求。对经理人员提出三个方面的要求：①建立和维持一个信息联系的系统；②善于使组织成员能够作出为实现组织目标所不可缺少的贡献；③规定组织目标。

3.管理过程学派

管理过程学派，又称为管理程序学派或管理职能学派，通常认为管理过程学派是在法约尔管理思想的基础上发展起来的，该学派的代表人物有美国的哈罗德·孔茨（Harold Koontz）和西里尔·奥唐奈（Cyril O′ Donnell），其代表作为两人于1955年合著的《管理学》。管理过程学派具有如下要点：

（1）用管理的职能组织管理的知识。按管理的职能可以组成一个具有延续性和可拓展性的理论框架，以便将各种管理知识安放到此框架中。

（2）用管理的职能组织管理工作。不同组织、不同部门和不同职位的管理人员的各项管理工作，均可以由若干相互关联的管理职能程序来组织。

（3）用实施管理职能的经验推断管理原则。通过对实施各项管理职能的经验进行科学分析，就可推断出各种管理原则。例如，在对计划、组织和控制职能进行分析的基础上，提出了以下原则：①计划为首的原则，即计划职能居其他职能之首，经理人员在从事管理工作时，首先应做好计划；②责任绝对性原则，即经理人员可以将权力授予下属，但不能将责任授予下属，当出现错误时，上级经理人员应负责任；③例外原则，即经理人员关心的应是例外事情，不是寻常事情。

（4）通过执行管理职能形成管理法则。每个管理人员只要遵循和执行各项管理职能，就可形成一套各自实施这些职能的"法则"，这套法则可以把经理人员的基本想法、概念和信念等相互连接起来，形成各自的管理哲学，这种管理哲学可以使管理人员获得下属的支持和实现组织的目标。

4.决策理论学派

决策理论学派是从社会系统学派发展而来的，代表人物是美国的卡内基-梅隆大学教授赫伯特·西蒙（H. A. Simon），其代表作为《管理决策新学科》。西蒙由于在决策理论方面的贡献，荣获1978年诺贝尔经济学奖。决策理论学派有如下要点：

（1）管理就是决策。传统观点认为，决策是企业高层管理人员的事，是用来解决企业管理中的发展目标和经营方针等重大问题。决策理论学派认为，管理活动的全部过程都是决策的过程，管理的关键在于决策，决策贯穿于整个管理过程，管理就是决策。

（2）决策是一个复杂的过程。决策理论学派认为，决策是一个复杂的过程，包括找出决策的理由、提出可能的行动方案、对诸方案进行选择、对已选择的方案进行评价等四个阶段。决策的四个阶段在管理中是循环往复、没有休止的，同时，决策四个阶段中的每一阶段本身也是一个复杂的决策过程，每一阶段又包含着决策的四个阶段。

（3）决策分为程序化决策和非程序化决策。根据决策的性质可以将决策划分为程序化决策和非程序化决策。程序化决策是指按规定的程序、规定的处理方法和标准，去解决企业管理中经常重复出现的问题。非程序化决策是指对那些没有出现过的，或不经常出现的问题所进行的决策。

（4）决策应该采用满意的行为准则。决策理论学派认为，由于企业所处的外界环境不断变动，因此，要想搜集到决策所需的全部资料是非常困难的，而要列举出所有的行动方案就更加困难，同时，由于决策人的能力和知识都是有限的，因此，在制定决策时，很难求得最佳方案。即使能求得最佳方案，也可能受经济方面的影响而放弃。因此，决策应该采用满意的行为准则，即制定出一套令人满意的标准，只要达到或超过了这个标准，就是合意的行动方案。

5.系统管理学派

系统管理学派，也称为系统理论学派。系统管理学派侧重于用系统的观念来考察组织结构及管理的基本职能，它来源于一般系统理论和控制论，代表人物为弗里蒙特·卡斯特

（Fremont Kast）等人，卡斯特的代表作为《系统理论和管理》。系统管理学派有如下要点：

（1）企业是一个开放的系统。企业是一个由相互联系的若干要素组成的系统，由于企业与社会环境相互作用，因此，企业又是一个开放的动态系统。企业作为系统，具有系统的集合性、相关性、目的性和动态环境适应性等特点。

（2）按照系统的观点对企业进行管理。系统管理学派强调系统的综合性、整体性，强调构成系统各部分之间的联系，认为只有把企业中各个部门、各种资源按系统的要求进行组织和利用，才能提高企业的整体效益。

6.权变理论学派

权变理论学派是20世纪70年代在西方形成的一种较新的管理思想学派，其代表人物是英国的伍德沃德（Joan Woodward）等人，伍德沃德的代表作为《工业组织：理论和实践》。权变理论学派具有如下要点：

（1）没有一成不变的管理方法。在管理领域，没有一种适合于任何时代、任何组织和任何人的普遍行之有效的管理方法。

（2）根据实际采用不同的管理方法。组织和组织成员的行为是复杂的、不断变化的，对组织的管理应依据所处的内外环境的变化，因地制宜、因时制宜地采用不同的管理方法。因此，对于管理人员，在任何形势下，都必须对各种变动的环境因素进行具体分析，然后采用适用于某种特定环境的管理方法，从而获得良好的经济效益。

（3）制定管理方法时应主要考虑的因素。制定管理方法时应考虑以下因素：①组织的规模；②工艺技术的模糊性和复杂性；③管理者位置的高低；④管理者的权力；⑤下级成员之间的差别；⑥环境的不确定程度等。上述因素的影响是具体而实际的，只有根据这些因素的动态变化制订和调整管理方案，才能保证管理的成功。

7.经验主义学派

经验主义学派，又称为案例学派。经验主义学派最有名的代表人物有欧内斯特·戴尔（Ernest Dale）和彼得·德鲁克（Peter Drucker），戴尔的代表作有《伟大的组织者》《管理：理论和实践》，德鲁克的代表作主要有《管理实践》《有效的管理者》《管理：任务、责任、实践》《成果管理》等。经验主义学派有如下要点：

（1）通过实例研究管理经验。通过对大量管理实例的研究，来分析管理人员在个别情况下成功与失败的经验。

（2）将管理经验理论化。重点分析管理人员成功的经验，然后加以概括，找出成功经验中具有共性的东西，使其系统化、理论化。

（3）成功的经验是可以借鉴的。通过实例研究总结出的带有规律性的结论是最值得借鉴的，可以使管理人员学习到更多的管理知识和管理技能。

五、当代管理理论阶段[①]

20世纪80年代以来，随着科技的发展、世界经济一体化进程的加快，管理理论的发展也出现了新的趋势：由过程管理向战略管理转变；由内向管理向外向管理转变；由产品市场管理向价值管理转变；由行为管理向文化管理转变。在这样的变化趋势中，涌现出了

---

① 厉伟，等. 管理学［M］. 南京：南京大学出版社，2017.

一些较有影响力的管理理论流派，如威廉·大内的Z理论、迈克尔·波特的竞争战略理论、彼德·圣吉的学习型组织理论以及迈克尔·哈默的企业再造理论等。

（一）战略管理理论

1.企业战略研究的起源及两大主要流派

20世纪60年代初，美国著名管理学家钱德勒出版了《战略与结构：工业企业史的考证》，开企业战略问题研究之先河。钱德勒在这本著作中，分析了环境、战略和组织之间的相互关系，提出了“结构追随战略”的论点。他认为，企业经营战略应当适应环境，满足市场需求，而组织结构又必须适应企业战略，随着战略的变化而变化。

在此基础上，关于战略构造问题的研究，形成了两个相近的学派：“设计学派”和“计划学派”。“设计学派”以哈佛商学院的安德鲁斯教授为代表。设计学派认为：首先，在制定战略的过程中要分析企业的优势与劣势以及环境带来的机会与威胁；其次，高层经理人应是战略制定的设计师，并且还必须督导战略的实施；最后，战略构造模式应是简单而又非正式的，关键在于指导原则，优良的战略应该具有创造性和灵活性。“计划学派”以安索夫为杰出代表。安索夫在1965出版的《公司战略》一书中首次提出了“企业战略”这一概念，并将战略定义为“一个组织打算如何去实现其目标和使命，包括各种方案的拟订和评价，以及最终将要实施的方案”。计划学派主张，战略构造应是一个有控制、有意识的正式计划过程；企业的高层管理者负责计划的全过程，而具体制订和实施计划的人员必须对高层负责；通过目标、项目和预算的分解来实施所制订的战略计划等。

尽管这一时期学者们的研究方法和具体主张不尽相同，但从根本上说，其核心思想是一致的，主要体现在三个方面：①企业战略的出发点是适应环境；②企业战略的目标是提高市场占有率；③企业战略的实施要求组织结构与之相适应。

2.竞争战略理论

20世纪80年代初，以哈佛商学院迈克尔·波特为代表的竞争战略理论取得了战略管理理论的主流地位。波特认为，企业战略的核心是获取竞争优势，而影响竞争优势的因素有两个：一是企业所处产业的盈利能力，即产业的吸引力；二是企业在产业中的相对竞争地位。因此，竞争战略的选择应基于以下两点考虑：①选择有吸引力的、潜在利润高的产业。不同产业所具有的吸引力以及带来的持续盈利机会是不同的，企业选择一个朝阳产业，要比选择夕阳产业更有利于提高自己的获利能力。②在已选择的产业中确定自己的优势竞争地位。在一个产业中，不管它的吸引力以及提供的盈利机会如何，处于竞争优势地位的企业要比劣势地位的企业具有较大的盈利可能性。而要正确选择有吸引力的产业以及给自己的竞争优势定位，必须对将要进入的一个或几个产业结构状况和竞争环境进行分析。

迈克尔·波特所提出的行业竞争结构分析理论在过去30多年里受到企业战略管理学界的普遍认同，并且成为进行外部环境分析和进行战略选择最为重要和广泛使用的模型。

3.核心竞争力理论

1990年，普拉哈拉德和哈默在《哈佛商业评论》上发表了《企业核心能力》一文，形成了战略管理理论中的“核心能力学派”。

在普拉哈拉德和哈默看来，核心竞争力首先应该有助于公司进入不同的市场，它应成为公司扩大经营的能力基础；其次，核心竞争力对创造公司最终产品和服务的顾客价值贡献巨大，它的贡献在于实现顾客最为关注的、核心的、根本的利益，而不仅仅是一些普通的、短期的好处；最后，公司的核心竞争力应该是难以被竞争对手所复制和模仿的。

该理论认为，公司的竞争优势取决于其拥有的有价值的资源。价值的评估不能局限于企业内部，要将企业置身于所在的产业环境，通过与其竞争对手的资源进行比较，从而发现企业拥有的有价值的资源。

该理论强调企业内部条件对于保持竞争优势以及获取超额利润的决定性作用。表现在战略管理实践上，它要求企业从自身资源和能力出发，在自己拥有一定优势的产业及其相关产业进行经营活动，从而避免受产业吸引力诱导而盲目进入不相关产业进行多元化经营。

（二）企业文化

企业文化研究发起于日本，形成于美国。1981年，威廉·大内所著的《Z理论——美国企业如何迎接日本的挑战》的出版标志着企业文化研究的诞生。随后，一系列研究企业文化的著作问世，比较有影响力的有：理查德·帕斯卡尔和安东尼阿索斯的《日本企业管理艺术》，特伦斯·迪尔和艾伦·肯尼迪的《公司文化——现代企业的精神支柱》，托马斯·彼得斯的《寻求优势——美国最成功公司的优势》等。

企业文化研究者认为，企业管理的基本原则是以人为本，即以尊重人的人格、促进人的发展为中心。成功企业之所以取得成功，不在于它们的资金、技术、设备、建筑物和销售网络等硬件，而在于有致力于人的发展的企业文化。

企业文化从层次结构上看可以概括为三个层次：

（1）物质层：是企业文化的表层部分，是形成制度层和精神层的条件，主要指企业形象环境、产品的外观包装和企业技术设备特征等。

（2）制度层：是企业文化的中间层次，主要是指企业的各种规章制度，企业职工对规章制度的认同程度和执行情况，还包括企业的组织结构。

（3）精神层：主要指企业宗旨、企业目标、企业理念、企业道德和企业精神等，是企业文化深层次的东西，具有隐性的内核，它决定了制度文化和物质文化，是形成企业文化制度层和物质层的基础和原则。

企业文化的作用主要有：

（1）导向作用。企业文化反映了整体的共同追求、共同的价值观和共同的利益，对企业管理层和操作层的思想和行为产生导向作用。

（2）凝聚作用。在特定的文化氛围之下，全体员工通过自己的切身感受，产生出对本职工作的自豪感和使命感，对本企业的宗旨、目标和理念的认同感和归属感，员工把自己的思想、感情和行为与整个企业联系起来，使企业产生了强大的向心力和凝聚力，发挥出整体优势。

（3）激励作用。在企业文化创造的尊重人、理解人、关心人的氛围中，激发和调动全体成员的积极性和创造性，团结在一起为实现企业目标而拼搏。

（4）约束作用。通过企业文化所带来的制度文化和道德规范，员工们自觉接受文化的规范和约束，按照企业价值观的指导进行自我管理和控制，使其行为符合企业价值观念和企业发展的需要。

（三）学习型组织

随着知识经济时代的到来，知识已不是企业经济增长的“外生变量”，而是内在核心因素，知识资源关系到企业的兴衰存亡。因此，创建学习型企业，已成为每一个企业不断适应变化、战胜挑战、在竞争中赢得有利地位的必然选择。1992年，麻省理工学院学者彼德·圣吉出版了《第五项修炼》，首次提出了学习型组织概念，并对这一理论进行了阐述和推广。

圣吉认为，学习型组织有五个主要特征：一是人员精简。每个员工都具有一专多能的本领，能创造出组织的高效率和高效益。二是结构扁平。学习型组织结构是扁平的，从最上决策层到最下操作层，中间相隔层次极少，能够形成一个互相学习、互相思考、协调合作的群体。三是富有弹性。企业对瞬息万变的环境具有极强的适应能力，能够迅速地调整自己。四是能不断地创造自我，创造未来，即有能力超越自我，不断提升组织和员工的境界，使员工活出生命的意义。五是善于不断地学习。这是学习型组织的本质特征。学习不仅是读书、培训等狭义上的学习，而是在系统研究组织、作业项目或产品基础上的广义上的学习。

在该书中，圣吉还论述了创建学习型组织的“五项修炼”：

（1）建立共同愿景。愿景可以凝聚公司上下的意志力，透过组织共识，大家努力的方向一致，个人也乐于奉献，为组织目标奋斗。

（2）团队学习。团队智慧应大于个人智慧的平均值，以作出正确的组织决策，透过集体思考和分析，找出个人弱点，强化团队向心力。

（3）改变心智模式。组织的障碍，多来自个人的旧思维，例如固执己见、本位主义，唯有通过团队学习，以及标杆学习，才能改变心智模式，有所创新。

（4）自我超越。个人有意愿投入工作，个人与愿景之间有种“创造性的张力”，这正是自我超越的来源。

（5）系统思考。应通过资讯搜集，掌握事件的全貌，以避免见树不见林，培养纵观全局的思考能力，看清楚问题的本质，有助于清楚了解因果关系。

（四）企业再造

1993年，美国学者迈克·哈默与詹姆斯·钱皮出版了《再造企业》。1995年，钱皮又出版了《再造管理》，较早地提出了“企业再造”理论。“企业再造”就是重新设计和安排企业的整个生产、服务和经营过程，使之合理化。通过对企业原来生产经营过程的各个方面、每个环节进行全面的调查研究和细致分析，对其中不合理、不必要的环节进行彻底的变革。

哈默和钱皮认为，企业再造可以按以下程序进行：

（1）对原有流程进行全面的功能和效率分析，发现其存在的问题。一般地说，原来的作业程序是与过去的市场需求、技术条件相适应的，并由一定的组织结构和作业规范作为其保证的。当市场需求、技术条件发生的变化使现有作业程序难以适应时，作业效率或组织结构的效能就会降低，因此必须深入分析现行作业流程的问题。

（2）设计新的流程改进方案，并进行评估。为了设计更加科学、合理的作业流程，必须群策群力、集思广益以及鼓励创新。

（3）制定与流程改进方案相配套的组织结构、人力资源配置和业务规范等方面的改进规划，形成系统的企业再造方案。

(4) 组织实施与持续改善。实施企业再造方案，必然会触及原有的利益格局，必须精心组织，谨慎推进。既要态度坚定，克服阻力，又要积极宣传，形成共识。企业再造方案的实施并不意味着企业再造的终结。在社会发展日益加快的时代，企业总是不断面临新的挑战，这就需要对企业再造方案不断地进行改进。企业再造理论顺应了通过变革创造企业新活力的需要，这使越来越多的学者加入到流程再造的研究中来。有学者通过大量研究流程重建的实例，针对再造工程的理论缺陷，发展出一种被称为“MTP”(manage through process) 即流程管理的新方法。其内容是以流程为基本的控制单元，按照企业经营战略的要求，对流程的规划、设计、构造、运转及调控等所有环节实行系统管理，全面考虑各种作业流程之间的相互配置关系，以及与管理流程的适应问题。可以说，“MTP”是再造工程的扩展和深化，它使企业经营活动的所有流程实行了统一指挥、综合协调。

第三节 企业管理

一、企业管理的概念

所谓企业管理，就是企业的管理人员或管理机构对企业的经营活动进行决策、计划、组织、领导、控制和创新，以实现企业的经营目标，提高企业的经济效益的活动的总称。

企业的生产经营活动包括两大部分：一部分是属于企业内部的活动，即以生产为中心的基本生产过程、辅助生产过程以及生产前的技术准备过程和生产后的服务过程，对这些过程的管理统称为生产管理；另一部分是属于企业外部的，涉及社会经济的流通、分配和消费等过程，包括经营决策、市场预测、物资的供应、产品的销售以及售后服务等，对这些过程的管理称为经营管理，是生产管理的延伸。

二、企业管理的任务

企业管理的任务涉及两个方面：一是合理组织生产力；二是维护和不断改善社会生产关系。

(一) 合理组织生产力

合理组织生产力是企业管理最基本的任务。合理组织生产力有两个方面的含义：一是使企业现有的生产要素得到合理配置与有效利用。具体来讲，就是要把企业现有的劳动资料、劳动对象、劳动者和科学技术等要素合理组织在一起，恰当地协调它们之间的关系和比例，使企业生产组织合理化，实现物尽其用、人尽其才。二是不断开发新的生产力。首先要不断改进劳动资料，并不断采用新的更先进的劳动资料；其次要不断改进生产技术，并不断采用新的技术来改造生产工艺、流程；再次要不断地发展新的原材料或原有材料的新用途；最后要不断地对职工进行技术培训，并不断引进优秀科技人员和管理人员。

(二) 维护和不断改善社会生产关系

企业管理总是在某种特定的社会生产下进行的，一定的社会生产关系是企业管理的基础，它从根本上决定着企业管理的社会属性，从全局上制约着企业管理的基本过程。因此，企业管理的重要任务之一就是要维护其赖以产生、存在的社会关系。另外，由于生产关系具有相对稳定性，在相当长的一个历史阶段内，其基本性质可以保持不变，而生产力却是非常活跃、不断变革的因素，必然会与原有的生产关系在某些环节、某些方面发生矛盾。这时为了保证生产力的不断发展，完全有必要在保持原有生产关系基本性质不变的前提下，通过改进企业管理手段、方法的途径对生产关系的某些环节、某些方面进行调整、改善，以适应生产力不断发展的需要。

三、企业管理的内容

企业管理涉及的内容很多，本书主要从以下几个方面讨论企业管理的内容：

（一）企业管理总论

企业管理总论包括企业与企业组织、管理与企业管理等主要内容。其中企业与企业组织主要阐述企业的基本概念、企业的产生与发展、企业的法律形式、企业组织结构的概念和形式等。管理与企业管理主要阐述管理的含义、性质、职能，管理理论的产生与发展，企业管理的概念、任务等。

（二）企业经营管理

企业经营管理包括企业经营战略、企业经营决策等主要内容。其中企业经营战略主要阐述企业经营战略概念、企业战略环境分析、企业总体战略和企业竞争战略等。企业经营决策主要阐述经营决策的含义、类型、原则和程序，企业经营决策的方法。

（三）企业营销管理

企业营销管理主要包括市场营销基础和市场营销策略等主要内容。其中市场营销基础主要阐述市场与市场营销、市场调查与预测、市场细分与目标市场选择、市场购买行为分析。市场营销策略主要包括产品策略、价格策略、销售渠道策略和促销策略等。

（四）企业要素管理

企业要素管理主要包括人力资源管理、财务管理和物资管理等主要内容。其中人力资源管理主要阐述人力资源管理的含义与演变、人员招聘、人员培训、人员激励和人员考核等。财务管理主要阐述财务管理的概念、特点、内容和任务，筹资管理，资产管理，投资管理，成本费用管理，利润管理和财务分析等内容。物资管理主要阐述物资管理的概念、物资管理的内容、物资消耗定额、物资储备定额、物资供应计划、库存控制与管理等。

（五）企业生产管理

企业生产管理主要包括生产与运作管理和质量管理。其中生产与运作管理主要阐述生产与运作管理的概念、生产与运作系统的设计、生产与运作系统的运行与控制、生产与运作管理新趋势。质量管理主要阐述质量管理的概念、全面质量管理、质量认证与质量标准体系、质量统计方法等。

（六）企业创新管理

企业创新管理主要包括设备管理和企业管理创新。其中设备管理主要阐述设备管理的概念，设备的选择、评价与使用，设备的维护、检查与修理，设备的更新与改造，设备的综合管理。企业管理创新主要阐述管理创新的概念、管理创新的基本内容、管理创新的过程及技法等。

课后案例

管理移植视角下物美集团管理能力的提升

市场环境的动荡与竞争的日趋激烈，对中国企业的全方位创新提出了更高要求。中国企业不仅需要开展科技创新，增强科技实力，破解“卡脖子”难题，还需要引入新的管理方式方法，开展管理创新，提升企业管理能力，以便在竞争中获取有利位置。目前，中国许多企业都在对标世界一流企业，引入先进的管理方式方法，并实现消化吸收再创新，通过加强管理体系与管理能力建设，以期创造并获取竞争优势。

管理移植是组织通过引进和吸收某些管理知识来提高管理水平并实现管理创新的动态过程。组织进行管理移植的目的往往是针对性地解决某些问题，或通过管理移植实现管理创新，以提高管理的竞争优势。管理移植的实质是管理知识的转化、传播与创新。

物美集团在成长与发展过程中共移植了零售超市、大卖场和仓储会员3种零售业态，每种业态的移植又经过导入、融合和创新3个阶段。

第一阶段：零售超市阶段（1994—1999年）

（1）导入阶段。1994年，物美集团借鉴国际上平价超市模式，开创了北京首家规范性综合超市，通过引进国外优秀的零售人才，使物美集团快速获得了零售超市的管理经验。同时，通过借鉴Costco的预算体系，建立了一套严格的预算制度，并推行Costco的“可比较店铺销售”模式；通过借助于微软公司的Windows NT和SQL Sever数据库，物美集团建立了局域网管理系统，既满足了基本的进、销、调、配、存的管理，又可及时准确地完成结款、盘存及销售管理的任务，为今后的商品定位管理打下基础。

（2）融合阶段。20世纪90年代，我国与发达国家在经济发展水平、城乡分布上存在明显差异，物美集团综合超市移植的经营模式并没达到预期的效果，顾客提出了许多意见。物美集团意识到，完全照搬国外的管理经营模式是行不通的，故在学习、吸收国外零售经验的同时，物美集团结合中国的实际情况，对经营模式与策略进行了调整与融合。同时，物美集团在快速扩张之时，对店铺经营运作进行优化，通过严格预算制及内审制度，采取进销分离措施，使企业发展有了稳固保障。此时，物美集团通过与北京网商世界合作实现管理系统全面联网，优化了管理系统，对企业现有资源进行整合，使物美集团的异地开店更加便捷。

（3）创新阶段。通过对经营模式和管理制度、技术的优化，物美集团综合超市取得了优异的成绩，为实现快速扩张，物美集团主动寻求创新，开创了“托管”国有企业的模式。从承租国有工业企业的旧厂房，到托管国有商业企业，安置下岗职工，物美集团在改造国有商业企业的历程中，实现了企业的快速发展。自1998年起，物美集团开始运用总部集中管理技术，实现统一采购、统一结算，以及科学的品项管理和库存管理，所有采购信息全部由总部发给供应商，所有验收商品信息都统一发给总部。此外，物美集团还创新性地建立了三重盘点制度、综合巡检制度等，使企业的管理水平不断提升。

物美集团发展零售超市业态阶段，我国国内零售企业的销售模式较为落后，许多零售企业没有认识到国外零售超市模式的先进性，忽视企业销售模式的变革。此时，处于初创期的物美集团开发了一套零售业管理信息系统和POS系统，但国内没有零售企业愿意使用。物美集团的创始团队意识到零售超市模式的先进性，而且断定这一模式必将是中国未来零售业的发展方向。由此，物美集团调整企业发展方向，选择进入零售业，开始直接导入国外领先零售企业的零售超市经营模式，直接引入管理制度与管理技术，并通过直接聘用国外领先零售企业的管理人员，为企业带来了零售超市的管理经验。这一阶段物美集团的管理移植，具有非常明显的"直接移植"特征。随后，通过改进平价超市模式、完善预算收支制度、实现管理系统全面联网等，物美集团将导入的管理方式方法进行了融合，并在此基础上，采用"托管"式开店、建立多种管理制度、创新总部集中管理技术等，优化创新了经营模式、管理制度和管理技术，使物美集团零售超市运营管理能力、财务管理能力和技术管理能力都有了较快提升。

第二阶段：大卖场阶段（2000—2014年）

（1）导入阶段。经过零售超市阶段的发展，物美集团已经成为北方地区最具实力的零售企业之一，并开始发展大卖场业态。物美集团借鉴家乐福和沃尔玛等零售企业的大卖场模式，开设自己的大卖场，并借鉴国内外先进零售企业的管理信息系统，在已有零售超市和便利店的管理系统上嫁接大卖场系统。同时，物美集团还采用严格的国际质量标准经营，通过了质量管理体系认证，并借鉴了沃尔玛等零售企业大卖场的品项管理、库存管理和预算制度等，为物美集团大卖场的发展建立起制度保障。

（2）融合阶段。2001年，物美集团成立自有品牌研发部，成为国内率先开展自有品牌的开发、销售的零售商之一。通过改进品控方式，优化经营模式，物美集团大卖场降低了运营成本，为公司带来了价格优势。同时，物美集团将零售超市阶段发展成熟的物流系统、预算体系和扩张方式等应用到大卖场的管理中，实现大卖场管理系统与零售超市系统的整合。此外，物美集团对所有店铺进行了品牌系统整合，通过统一的店面标志、店内装修和环境、促销方式、价格政策和售后服务规范等，形成统一的形象，强化了消费者对物美品牌的认知。

（3）创新阶段。随着零售业态多样化、店铺数量增多，老旧的管理系统经常出现故障，第三方物流的配送压力和成本不断增加，为解决这些问题，物美集团与日本冈村合作建造自有物流中心。物美集团成为首个自建物流体系的中国零售商，这不仅使其与企业发展相匹配，充分发挥规模效应，而且还可以提高配送效率，降低配送成本。同时，公司管理层察觉到当时的管理系统操作繁琐、功能单一等弊端，经过商讨，公司决定与SAP合作，建立自己的ERP系统。此外，在实施"厂超对接"的基础上，物美集团开创了"农超对接"新模式，通过与农产品生产基地和当地知名品牌方合作，减少中间经销商，进一步降低产品价格，提高企业竞争力。物美集团通过建立由总部统一管理和控制的高度集中的业务管理体系，提高了企业对日益激烈的市场竞争的灵敏度和反应度。

物美集团发展大卖场业态阶段，中国零售市场逐渐对外开放，国外大型零售企业纷纷在国内建立大卖场，并应用了许多先进的管理技术，使得零售市场的竞争日趋激烈。处于成长期的物美集团，经过零售超市阶段的发展，零售超市管理系统相对完善，但对大卖场的管理能力较弱。感受到外部压力的物美集团通过整合移植模式，积极引入大卖场零售业态以及大卖场管理制度，并且将零售超市模式中比较成熟的管理系统、预算体系等导入到大卖场管理中。然而，移植大卖场模式后，物美集团出现管理混乱、效益低下等问题，迫使其对多业态进行整合。通过改进品控、整合零售与卖场管理系统、统一品牌管理等策略，物美集团实现了多业态整合，创新了大卖场经营模式，创建了自己的ERP系统，实现了零售超市和大卖场业务的快速增长。这一阶段，通过对零售超市和大卖场的整合，物美集团在多业态融合能力、制度优化能力和系统整合升级能力方面都有了显著提升。

第三阶段：仓储会员阶段（2015年至今）

（1）导入阶段。经过零售超市阶段和大卖场阶段的发展，物美集团的综合实力得到显著提高，在西北、东南沿海地区都有经营网点布局。随着国内经济发展和消费水平的提高，仓储会员店模式逐渐获得企业以及新中产阶级的认可，为满足消费者对商品更高的要求，物美集团与沃尔玛开展合作交流，开发本土会员制商店模式。2015年，物美集团借鉴沃尔玛旗下山姆会员店的经营模式，并引入其管理信息系统，开设了自己的第一家仓储会员店。然而，物美集团缺乏对仓储会员店的管理经验，通过引进大量山姆会员店的管理人员和技术人员，利用他们在会员店的管理和商品采购上的经验，发展自己的会员店。

（2）融合阶段。物美集团会员店很快进入正式营业阶段，由于处于对新业态的探索阶段，其仓储管理和供应链体系出现了许多弊端，仓库货物摆放混乱、采购受贿等问题频出。为提高分拣配送效率，物美集团建立前置仓模式，通过大数据分析将网络热卖商品从后仓直接发货，实现分仓管理，提高配送效率。同时，物美集团对并购企业供应链体系进行整合，构建产地直采、商超直销的供应链体系，实现管理系统优化，提高了商品质量，降低了采购和物流成本。此外，随着年轻人对品牌及服务的追求，传统消费模式发生巨大转变，物美集团仓储会员店逐渐向“小而美”模式转变，通过优化商品品类、提高购物服务水平和便捷度，让会员店更好地满足年轻消费者的需求。

（3）创新阶段。物美集团主动进行管理创新，仓储会员店首先实施“物美+多点”的解决方案。通过与多点等公司合作，物美集团实现全产业链和全渠道整合，创新性地实现管理系统数字化，让会员店实现统一协调管理，大幅提高了管理效率。同时，仓储会员店率先开启生鲜直播，通过打造超特价商品来激发顾客的购物欲。物美集团研发了自动补货系统，通过大数据分析，网络后台实时监控商品信息，精准计算商品从物流中心到门店的数量和批次，既为会员店节省了人力成本，又提高了库存管理效率。然而，物美集团首次对仓储会员店业态的创新探索并没有获得很好的效果，经营业绩远不如预期，尝试以失败告终。虽然自建仓储会员店不顺利，但物美集团没有放弃这一零售业态，物美集团积极寻求与麦德龙等国际企业合作，最终选择收购麦德龙（中国），进一步发展仓储会员店。

物美集团发展仓储会员店业态阶段，国内零售市场竞争异常激烈，零售企业间的竞争不仅是资本实力的较量，更是管理能力和技术能力等综合实力的较量。随着国内经济的不断发展，以及国外零售企业仓储会员店模式的多年深耕，中国消费者有了更高的消费需求，并且逐渐接受了仓储会员店这种销售模式。经过零售超市和大卖场业态的发展，物美集团的实力得到一定积累，也拥有了比较强的渠道掌控能力，但物美集团在仓储会员店模式上的管理能力较弱。此时，物美集团认为发展仓储会员店业态时机已经成熟，制定了全业态发展的战略方向，通过交互移植模式与国外领先零售企业进行互动学习，将仓储会员店业态逐渐导入企业中。同时，物美集团还将企业内部发展成熟的管理系统导入新业态中，并利用数字信息技术实现企业管理数字化，进一步提高了企业的技术管理能力。这一阶段，通过移植仓储会员店业态，物美集团的全业态战略发展能力、全业态数字化管理能力与持续升级技术创新能力都得到显著提升。

资料来源　冯永春，皇甫云峰. 管理移植视角下企业管理能力提升过程与模式研究——基于物美集团的探索性案例分析 [J]. 管理学报，2022，19（2）：169-179.有删减。

案例思考题：

1.结合案例说明管理移植对企业管理能力提升带来的影响。

2.物美集团的管理移植对你有什么启示？

本章小结

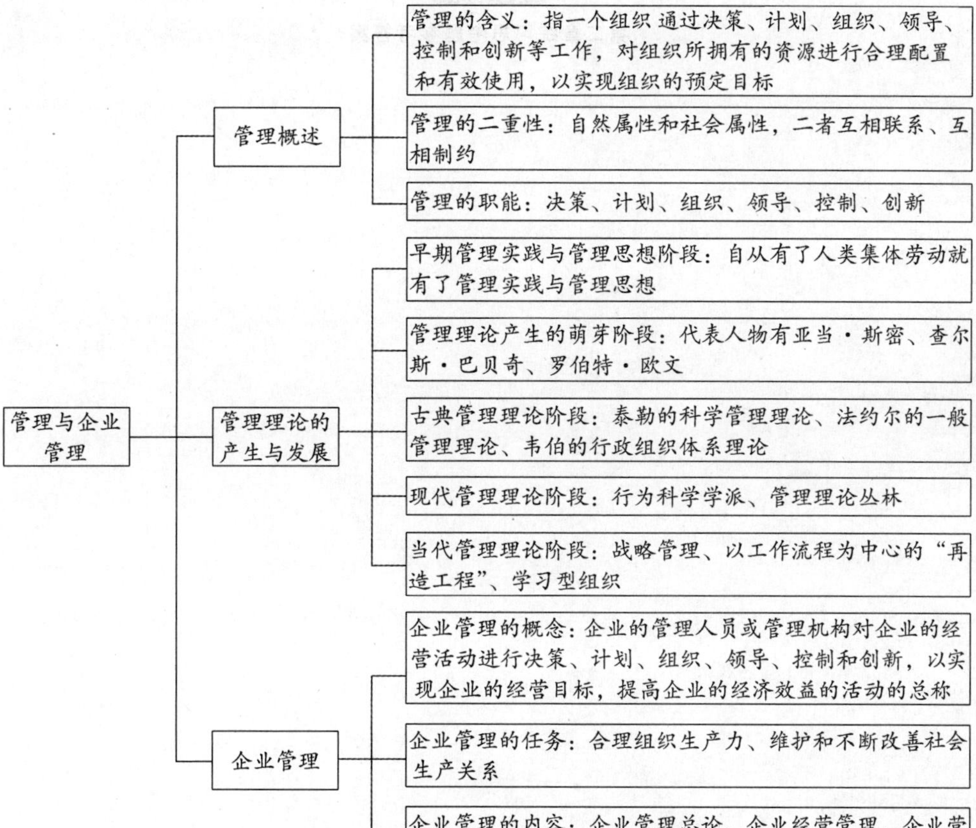

主要概念

管理　决策　计划　组织　领导　控制　创新　企业管理

练习思考题

1.试述管理的基本概念。

2.如何理解管理的二重性？管理的职能有哪些？

3.泰勒的科学管理理论的主要内容有哪些？

4.法约尔提出的管理职能有哪些？

5.简述韦伯对权力的划分。

6.人际关系学说的主要内容是什么？

7.现代管理理论丛林包含哪些学派？各学派的观点是什么？

8.企业管理的概念与任务是什么？

第二章练习思考题参考答案

第二篇　经营篇

第三章

企业战略

学习目标

1.理解企业战略的含义、层次；
2.掌握战略管理的含义、特点和过程；
3.了解企业宏观环境分析涉及的因素；
4.掌握行业竞争分析的内容；
5.掌握企业内部环境分析的内容；
6.掌握企业总体战略的选择；
7.掌握企业竞争战略的选择。

价值引领

增强战略的前瞻性全局性稳定性

无论对于一个国家、一个政党来说，还是对于一个地区来说，战略问题都是根本性问题。习近平总书记高度重视战略策略问题。在学习贯彻党的二十大精神研讨班开班式上，习近平总书记强调，要“增强战略的前瞻性”“增强战略的全局性”“增强战略的稳定性”。这为我们深刻理解和正确把握战略的内涵与本质指明了方向、提供了根本遵循。

前瞻性是战略思维的重要特征。习近平总书记指出：“准确把握事物发展的必然趋势，敏锐洞悉前进道路上可能出现的机遇和挑战，以科学的战略预见未来、引领未来。”增强战略的前瞻性，就要深刻认识和把握事物发展变化的规律，站在时代前沿观察思考问题，把谋事和谋势、谋当下和谋未来统一起来，在掌握历史发展大势的主动中确定战略、确立方针、制定政策。党的二十大报告既立足当前又放眼长远，提出到2035年我国发展的总体目标和未来五年的主要目标任务，是彰显战略前瞻性的纲领性文献。增强前瞻性，既要看大势，也要看风险。推进中国式现代化是一项前无古人的开创性事业，必然会遇到各种可以预料和难以预料的风险挑战、艰难险阻甚至惊涛骇浪。这就要求我们增强忧患意识，坚持底线思维，居安思危、未雨绸缪，下好防范化解风险的先手棋，打好主动仗。

不谋全局者，不足以谋一域。我国是一个发展中大国，正在经历广泛而深刻的社会变革，推进改革发展、调整利益关系往往牵一发而动全身。增强战略的全局性，就要从事物存在的整体性出发，抓住事物的根本性矛盾和全局性问题，立足全局、统筹局部，以根本性矛盾和全局性问题的有效解决，带动推进局部性矛盾和问题的化解，推动事物向更好的方向发展。以中国式现代化全面推进中华民族伟大复兴，需要牢固树立全国一盘棋思想，自觉在大局下行动。谋划和推动本地区本部门工作要以贯彻党中央决策部署为前提，坚持算大账、算长远账，不打小算盘、不搞小聪明，创造性开展工作，做到既为一域增光，又为全局添彩。始终围绕中华民族伟大复兴这一历史主题，着眼于解决事关党和国家事业兴衰成败、牵一发而动全身的重大问题，不断推进我国经济社会全面发展和各项事业全面进步。

政贵有恒，治须有常。稳定性是保证战略顺利推进、如期实现的必要条件。习近平总书记指出："战略一经形成，就要长期坚持、一抓到底、善作善成，不要随意改变。"增强战略的稳定性，就要深刻认识到战略本身不是一时的、一隅的，而是立足长远、着眼全局的，需要持之以恒地贯彻落实。党的二十大擘画了全面建成社会主义现代化强国、以中国式现代化全面推进中华民族伟大复兴的宏伟蓝图，深刻阐述了中国式现代化的中国特色、本质要求和重大原则，对全面建成社会主义现代化强国两步走战略安排进行宏观展望，吹响了奋进新征程的时代号角。无论国际风云如何波谲云诡、国内形势如何复杂严峻，我们都要保持历史耐心，坚持稳中求进、循序渐进、持续推进。只要我们全面贯彻习近平新时代中国特色社会主义思想，深入贯彻落实党的二十大精神，认真贯彻落实党中央决策部署，就能把中国式现代化的宏伟蓝图一步步变成现实，以中国式现代化全面推进中华民族伟大复兴。

资料来源　胡长栓. 增强战略的前瞻性全局性稳定性［EB/OL］.［2023-03-29］. https：//www.xuexi.cn/lgpage/detail/index.html？ id=5938468508202676400&amp；item_id=5938468508202676400.

第一节　企业战略概述

一、企业战略的含义

战略一词来源于希腊语"stratege"，其含义是"将军指挥军队的艺术"。"战略"一词与企业经营联系在一起并得到广泛应用的时间不长，最早出现在管理学家巴纳德的著作《经理的职能》一书中。之后，1965年美国经济学家安索夫所著《企业战略论》一书问世后，战略一词便被广泛应用。

关于企业战略的含义至今尚无统一的、规范的定义，归纳起来有以下三种：

第一种观点认为企业战略就是企业经营战略决策，其内容包括企业长远发展的目标、为达到目标所制定的经营方针及对企业资源的分配等战略决策。这种看法指出了企业战略管理的基本性质。

第二种观点认为企业战略就是企业的战略规划，包括规划企业经营目标以及为达到目标所必需的资源的取得、使用及处理方针。这种看法指出了企业战略的基本内容。

第三种观点认为企业战略就是企业的产品-市场战略。这种看法指出了企业战略的基本要素。

在战略管理的发展过程中，不同的管理学家或企业家从不同的认识角度赋予企业战略以不同的内涵。下面列举几个例子：

美国哈佛商学院教授安德鲁斯关于企业战略的定义。他认为企业总体战略是一种决策模式，决定和揭示企业的目的和目标，提出实现企业目的和目标的重大方针与计划，确定企业应该从事的经营业务，明确企业的经济类型与人文组织类型，以及决定企业应对员工、顾客和社会作出的经济与非经济贡献。

美国达特茅斯大学管理学教授魁因（J. B. Quinn）关于企业战略的定义。他认为战略是一种模式或计划，它将一个组织的主要目的、政策与活动按照一定的顺序结合成一个紧密的整体。一个制定完善的战略有助于企业组织根据自己的内部能力与弱点、环境中的预期变化，以及竞争对手能够采取的行动而合理地配置自己的资源。

美国著名管理学家安索夫（H. I. Ansoff）关于企业战略的定义。他认为企业战略是贯穿于企业经营与产品和市场之间的一条“共同的经营主线”，决定着企业目前所从事的或者计划要从事的经营业务的基本性质。

加拿大麦吉尔大学管理学教授明茨伯格（H. Mintzberg）关于企业战略的定义。他认为在生产经营活动中，人们在不同的场合以不同的方式赋予企业战略不同的内涵，说明人们可以根据需要接受各种不同的战略定义。只不过在正式使用战略的定义时，人们只引用其中的一个罢了。在这种观点的基础上，明茨伯格提出了企业战略是由五种规范的定义阐明的，即计划（plan）、计策（ploy）、模式（pattern）、定位（position）和观念（perspective），构成了企业战略的“5P”。值得强调的是，这五个定义只是从不同角度对战略加以阐述，企业战略仍只有一个。

综上所述，企业战略是企业根据内外部环境及可取得的资源情况，为求得企业生存和长期稳定发展，对企业发展目标、达到目标的途径和手段的总体谋划，是企业经营思想的集中体现。

二、企业战略的层次

企业在生产经营过程中，目标是多层次的，不仅有企业的总体目标，而且还应有企业内各个层次以及各经营项目的目标，形成一个完整的目标体系，以便保证企业使命的实现。因此，企业的战略不仅要说明企业整体目标以及实现这些目标所用的方法，而且要说明企业内每一层次、每一类业务以及每一部分的目标及其实现方法。企业的战略由此可以划分为三个重要的层次：公司战略、经营战略和职能战略。

（一）公司战略

公司战略是企业总体的、最高层次的战略。公司战略的侧重点在两个方面：一是从公司全局出发，根据外部环境的变化及企业的内部条件，选择企业所从事的经营范围和领域。二是在确定所从事的业务后，要在各项事业部门之间进行资源分配，以实现公司整体的战略。

（二）经营战略

经营战略又叫竞争战略，经营战略是战略经营单位、事业部或子公司的战略。这种战略所涉及的决策问题是在选定的业务范围内，各经营单位应如何进行竞争，以取得超过竞争对手的竞争优势。

（三）职能战略

职能战略是指企业中的各职能部门制定的指导职能活动的战略。职能战略一般可分为市场营销战略、人力资源战略、财务战略、生产战略、研究与开发战略等。职能战略是为公司战略和经营战略服务的，所以必须与公司战略和经营战略相配合。

公司战略、经营战略和职能战略构成了一个企业的战略层次，它们之间相互作用、紧密联系。高一层次的战略构成下一层次战略的战略环境，同时，低一层次的战略为上一层次战略目标的实现提供保障和支持。

三、战略管理的含义

战略管理是指企业确定其使命，根据组织外部环境和内部条件设定企业的战略目标，为保证目标的正确落实和实现进行谋划，并依靠企业内部能力将这种谋划和决策付诸实施，以及在实施过程中进行控制的一个动态管理过程。

从上述战略管理的含义可以看出，战略管理具有如下特点：

（1）战略管理是全局性的管理。战略管理不是强调企业某一事业部或某一职能部门的重要性，而是通过制定企业的使命、目标和战略来协调企业各部门的活动。在评价和控制过程中，战略管理重视的不是各个事业部或职能部门自身的表现，而是它们对实现企业使命、目标、战略的贡献大小。

（2）战略管理的主体是企业的高层管理人员。战略管理中起决定作用的是企业高层管理人员。尽管战略管理过程中需要企业中各层管理者的参与，但高层管理人员无疑是最重要的。这是因为他们能够统观全局，了解企业全貌，更重要的是他们拥有对企业的战略资源进行分配的权力。

（3）战略管理涉及企业大量资源的配置问题。战略决策需要在相当长的时间内进行一系列的活动，这些活动需要有充足的资源作为保证。因此，需要为保证战略目标的实现，对企业的资源进行统筹规划、合理配置。

（4）战略管理具有长远性。战略管理是在未来较长时期内，对企业生存发展问题进行统筹规划。战略管理是面向未来的管理，战略决策要以经理人员所期望或预测将要发生的情况为基础。在迅速变化和竞争性的环境中，企业要取得成功，必须作出长期性的战略规划。

（5）战略管理需要考虑企业外部环境等诸多因素。企业都存在于一个开放的系统中，受许多不能由企业自身控制的因素的影响。因此，在未来竞争性的环境中，企业要使自己占据有利地位并取得竞争优势，就必须考虑与其相关的因素，包括竞争者、顾客、资金供给者、政府等外部因素，以使企业的行为适应不断变化的外部力量，保证企业生存和发展。

四、战略管理的过程

战略管理是对一个企业的未来发展方向制定决策和实施这些决策的动态管理过程。一个规范的、全面的战略管理过程可大体分为三个阶段，它们分别是战略分析阶段、战略选择及评价阶段、战略实施及控制阶段。但在进行战略分析之前，首先要确立或审视企业的使命。

（1）战略分析。战略分析是指对企业的战略环境进行分析、评价，并预测这些环境未来发展的趋势，以及这些趋势可能对企业造成的影响及影响方向。战略分析包括企业外部环境分析和企业内部条件分析两部分。企业外部环境分析的目的是适时地寻找和发现有利于企业发展的机会，以及对企业来说所存在的威胁，做到知彼，以便在制定和选择战略中能够利用机会而避开威胁。企业内部环境分析的目的是发现企业所具备的优势或弱点，以便在制定战略和实施战略时能扬长避短、发挥优势，有效地利用企业的资源。

（2）战略选择及评价。战略选择及评价过程实质就是战略决策过程，即对战略进行探索、制定以及选择。一个企业可能会制订出达成目标的多种方案，这就需要对每种方案进行鉴别和评价，以选择出适合企业自身的适宜方案。

（3）战略实施及控制。一个企业的战略方案确定后，必须通过具体化的实际行动，才能实现战略及战略目标。在战略的具体化和实施过程中，为了使实施中的战略达到预期目的，实现既定的战略目标，必须对战略的实施进行控制。这就是将经过信息反馈回来的实际成效与预定的目标进行比较，如两者有显著的偏差，就应当采取有效的措施进行纠正。当由于原来分析不周、判断有误，或是环境发生了预想不到的变化而引起偏差时，甚至要重新审视环境，制订新的战略方案，进行新一轮的战略管理过程。

第二节 企业战略环境分析

一、企业宏观环境分析

宏观环境是指那些给企业带来市场机会或环境威胁的主要社会力量，直接或间接地影响企业的战略管理。宏观环境的主要因素有政治环境、法律环境、经济环境、科技环境、社会文化环境和自然环境等。

（1）政治环境。政治环境是指对企业经营活动具有现实的和潜在作用与影响的政治力量。具体来说，政治环境分析包括国家和企业所在地区的政局稳定状况，执政党所要推行的基本政策以及这些政策的连续性和稳定性。这些基本政策包括产业政策、税收政策、政府采购及补贴政策等。

（2）法律环境。法律环境包括对企业经营活动加以限制和要求的法律和法规等。通常一个国家的政府要通过制定一些法律和法规来间接地影响企业的活动。为了促进和指导企业的发展，国家颁布的公司法、企业破产法、商标法、产品质量法、专利法等法律以及对污染程度的规定、卫生要求、产品安全要求等规定对企业的经营行为产生很大的影响。

（3）经济环境。经济环境是指国民经济发展的总体状况及发展趋势，企业所面临的产业环境，利率、汇率等经济杠杆，消费者的收入水平等。

（4）科技环境。科技环境主要指那些引起时代革命性变化的发明，与企业生产有关的新技术、新工艺、新材料的出现及应用前景等。

（5）社会文化环境。社会文化环境包括社会环境和文化环境两个方面，其中社会环境包括社会阶层、相关群体、人口特征、人们生活方式和工作方式等，这些方面必然会影响人们需求的变化，也改变着企业的战略决策。中华民族文化是中国企业生存和发展的基础，构成了企业的文化环境。文化的基本要素包括哲学、宗教、语言与文字、文学艺术等。这些因素影响人们的消费方式和购买偏好，进而影响着企业的经营方式。

（6）自然环境。自然环境是指企业所处的自然资源与生态环境，包括土地、森林、河流、海洋、生物、矿产、能源、水源、环境保护、生态平衡等方面的发展变化。

专栏3-1

企业宏观环境调查方法

常用的企业宏观环境调查方法，主要有以下三种：

（1）间接调查法。间接调查法的主要方式包括：搜集传统媒体和新媒体传播的资讯，如阅读报刊、收看电视、浏览网页、观看网络视频等；查阅各种文献资料，如政府工作报告、统计年鉴等；召开和参与各种会议和会展活动。

（2）直接观察法。直接观察法是指企业派遣专门的人员到信息资源来源现场，通过直接接触、观察而获得第一手资料。

（3）实验法。实验法是将需要了解其特性的事物置于人工建造和选择的环境中，观察在这种环境下该事物的变化情况，从而获取所需信息。

二、行业竞争分析

行业竞争分析主要分析本行业中的企业竞争格局以及本行业和其他行业的关系。行业的结构及竞争性决定着行业的竞争原则和企业可能采取的战略，因此，行业竞争分析是企业制定战略最主要的基础。

按照战略管理学家迈克尔·波特的观点，一个行业中的竞争，远不只在原有竞争对手中进行，而是存在五种基本的竞争力量，它们是潜在的行业新进入者、替代品的威胁、购买商讨价还价的能力、供应商讨价还价的能力以及现有竞争者之间的竞争，如图3-1所示。

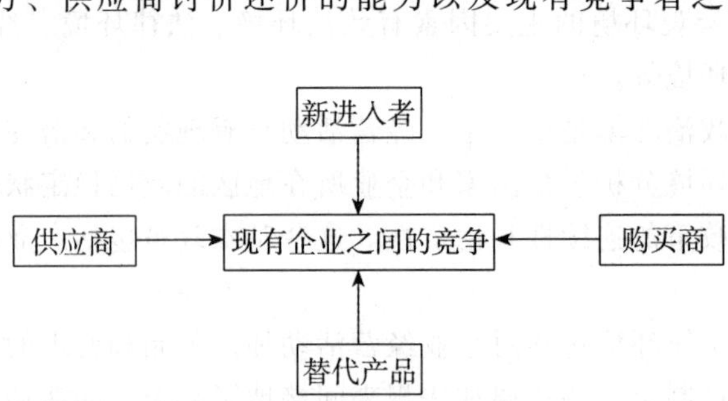

图3-1　波特的五种竞争力模型

上述五种基本竞争力量的状况及其综合程度，决定着行业的竞争激烈程度，从而决定着行业中获利的最终潜力。

（1）新进入者的威胁。所谓新进入者，是指一个新办的企业或者是一个采用多角化经营战略的原来从事其他行业的企业。新进入者将给行业带来新的生产能力，并要求取得一定的市场份额。新进入者威胁状况取决于进入障碍和原有企业的反击程度。如果进入障碍高，原有企业激烈反击，潜在的加入者难以进入该行业，加入者的威胁就小。进入障碍大小主要取决于规模经济、产品的差异优势、资金需求、转换成本、销售渠道以及与规模经济无关的成本优势。

（2）现有企业之间的竞争。现有企业之间的竞争主要采用的手段有价格战、广告战、引进产品以及增加对消费者的服务和保修等。当出现以下情况时，现有企业之间的竞争会变得很激烈：有众多势均力敌的竞争者；行业增长缓慢；行业有非常高的固定成本或库存成本；行业的产品没有差异或没有行业转换成本；行业中总体生产规模和能力大幅度提高；竞争者在战略、目标和组织形式等方面千差万别；退出行业的障碍很大。

（3）替代产品的威胁。替代产品是指那些与本行业的产品有同样功能的其他产品。替代产品的价格比较低，它投入市场就会使本行业产品的价格上限只能处在较低的水平，这就限制了本行业的收益。替代产品的价格越是有吸引力，这种限制作用也就越牢固，对本行业构成的压力就越大。下述替代产品应引起行业的注意：替代产品在价格和性能上优于该行业的产品；替代产品产自高收益率的行业。

（4）购买商讨价还价能力。购买商（包括消费者）可能要求降低购买价格，要求高质量的产品和更多的优质服务，结果使得行业的竞争者们相互竞争，导致行业利润下降。在下列情况下，购买商有较强的讨价还价能力：购买商相对集中并且大量购买；购买的产品占购买商全部费用或全部购买量中很大的比例；从该行业购买的产品属于标准化或无差异的产品；购买商的转换成本低；购买商的利润很低；购买的产品对购买商的产品质量或服务无关紧要；购买商掌握了供应商充分的信息等。

（5）供应商讨价还价能力。供应商的威胁手段有两个方面：一是提高供应价格；二是降低供应产品或服务的质量。无论哪个方面都使下游行业利润下降。在下列情况下，供应商具有较强的讨价还价能力：供应行业由少数几家公司垄断；供应商无须与替代产品竞争；供应商所供应的产品与供应的行业无关；供应商的产品对购买者来讲是很重要的生产投入要素；供应商的产品是有差异的，使购买者建立起了高转换成本等。

三、企业内部环境分析

企业内部环境分析主要包括组织结构、人员数量及素质、财务状况、生产设备状况、市场营销能力、研究与开发能力以及企业过去的目标和战略。

（一）组织结构

企业组织结构主要分析以下方面：现有的组织结构的类型、组织结构中的责权关系是否明确、现有的组织结构能否有效地实现企业的目标、每个组织结构的计划和控制工作是否充分等。

（二）人员数量及素质

人力资源是企业最重要的内部资源，企业内部各层次人员数量是否充足、素质是否满足要求将直接关系到战略的选择。人员数量和素质主要分析以下内容：

（1）最高层管理人员的知识结构、年龄结构、管理风格、管理模式、价值体系。

（2）在涉及完成计划、降低成本和提高质量等实施和控制方面，中层管理人员和作业管理人员的数量和素质。

（3）职工的数量、技能和熟练程度、工作态度，职工的激励水平。

（4）本企业的工资政策，职工遴选、培训及晋升系统。

（三）财务状况

企业经营活动的目的是获得经济效益，因此，一个企业的财务状况分析在战略选择中是非常重要的一个方面。财务状况主要分析以下方面：

（1）企业的利润来源，企业对提高投资收益率的规划情况。

（2）企业的筹资渠道是否畅通。

（3）企业的资产负债表、现金流量表和利润表等。

（4）企业的财务指标，从财务指标的变化趋势分析企业所处的财务状况。财务指标一般包括销售利润率、资产利润率、资本利润率、每股平均收益、流动比率、速动比率、存货周转率、资本结构等。

（5）企业是否具备一个严密的现金管理系统和成本控制系统。

（四）生产设备状况

生产设备对多数企业来讲是非常重要的，主要考虑以下因素：

（1）生产设备的数量、构成。

（2）生产设备的自动化程度。

（3）生产设备有无过剩的能力和扩充的可能，生产设备的效率如何。

（4）所有生产设施（包括厂房）的效率，有无扩充的余地。

（五）市场营销能力

在市场经济体制下，尤其是在当前买方主导的市场中，市场营销已经成为每个企业面对的重要问题，在市场营销能力的分析中，主要考虑以下方面：

（1）市场营销队伍建设情况、人员素质，营销工作的有效性。

（2）通过市场调查，了解市场的需求状况。

（3）分析消费者或用户对企业的产品和服务是否满意。

（4）分析企业采取的价格策略是否合适。

（5）分析企业采取的销售渠道是否合理。

（6）分析企业采取的促销策略是否合适。

（六）研究与开发能力

研究与开发能力直接关系到企业发展的后劲，进而影响企业对战略的选择。研究与开发能力主要分析以下几个方面：

（1）各类研究与开发人员的数量、构成、知识结构。

（2）研究与开发人员的研究能力、技术创新与改造的能力。

（3）研究试验设备的数量、构成及装备程度。

（4）研究经费是否充足。

(5) 研究与开发的组织管理能力。

(七) 企业过去的目标和战略

企业过去的目标和战略对企业战略的选择影响很大，因此，要分析企业过去几年中的主要目标和采取的主要战略，这些目标和战略是否都已达到或实现，这些目标和战略是否适合企业自身的情况等。

专栏3-2

SWOT分析法

SWOT分析法又称为态势分析法，它是由旧金山大学的管理学教授于20世纪80年代初提出来的，是一种能够较客观而准确地分析和研究外部与内部环境的方法。SWOT四个英文字母分别代表：优势（strength）、劣势（weakness）、机会（opportunity）、威胁（threat）。从整体上看，SWOT可以分为两部分：第一部分为SW，主要用来分析内部条件；第二部分为OT，主要用来分析外部条件。利用这种方法可以从中找出对自己有利的、值得发扬的因素，以及对自己不利的、要避开的东西，发现存在的问题，找出解决办法，并明确以后的发展方向。根据这个分析，可以将问题按轻重缓急分类，明确哪些是目前急需解决的问题，哪些是可以稍微拖后一点儿的事情，哪些属于战略目标上的障碍，哪些属于战术上的问题，并将这些研究对象列举出来，依照矩阵形式排列，然后用系统分析的思想，把各种因素相互匹配起来加以分析，从中得出一系列相应的结论，而结论通常带有一定的决策性，有利于领导者和管理者作出较正确的决策和规划。

资料来源　王家彬. 企业竞争力分析进化论［M］. 北京：企业管理出版社，2019.

第三节　企业战略选择

任何企业在战略的选择上通常有三种：稳定发展战略、发展战略和防御战略。

一、稳定发展战略

稳定发展战略是指投入少量和中等程度的资源，保持现有产销规模和市场占有率，稳定和巩固现有竞争地位的一种偏离战略起点最小的战略。

(一) 稳定发展战略的特征

稳定发展战略具有以下特征：

(1) 企业满足于过去的业绩，继续追求与过去相同或相似的战略目标。这里的业绩可以是增长的利润、领先的市场地位等。

(2) 企业期望保持与过去大体相同的增长速度。这里的增长是指常规增长，而不是大规模增长或非常规增长。

(3) 企业继续向市场提供与过去基本相同的产品或服务。采用稳定发展战略的企业不寻求产品或服务的较大变化，而是基本沿用过去的产品或服务来满足市场的需求，因此，不会在开发新产品和新服务上有重大行动。

(二) 采用稳定发展战略的原因

采用稳定发展战略有以下几种原因：

(1) 企业的高层管理者不希望承担改变现行战略带来的风险。通常战略的改变需要现有的人员掌握新的技能，这对掌握现有技能的人员将产生一定的威胁，这种威胁会产生一定的不稳定因素，对企业高层管理者来讲，将承担一定的风险。

(2) 战略的改变将对现有资源进行重新配置。改变资源配置是非常困难的，并且需要较长的时间。

(3) 企业发展太快会使企业规模超出其管理资源，导致效率低下。企业规模的迅速扩张，将超出企业的管理能力，管理跟不上，会导致企业效率下降。

(三) 稳定发展战略利弊分析

采用稳定发展战略具有很多优点：能够保持战略的连续性，经营风险相对较小；不会由于战略的突然改变而引起公司在资源分配、组织机构、管理技能等方面的变动；避免因发展过快而导致的弊端，保持公司的平稳发展。

但稳定发展战略也存在一些缺点：一是由于公司只求稳定发展，可能会丧失外部环境提供的一些可以快速发展的机会；二是采用稳定发展战略可能会导致管理者因循守旧的懒惰行为。

二、发展战略

发展战略是指充分利用外界环境中的机会，同时充分发掘和运用企业内部的资源，以求得企业的发展从战略起点向更高水平、更大规模提升的战略。发展战略主要包括密集型发展战略、一体化战略和多角化战略。

(一) 密集型发展战略

密集型发展战略是指以快于以往的增长速度增加一个企业目前的产品或服务的销售额和市场份额的一种战略。企业实施密集型发展战略可以采用以下方法：

(1) 充实现有生产线。

(2) 在现有生产线内开发新产品。

(3) 扩大实体分配及销售范围，向国内外市场扩张。

(4) 在一个地域内扩充分配及销售网点。

(5) 在现有销售网点内，扩充货架，改善产品的陈列地点与陈列方式。

(6) 通过广告、促销和特殊的定价方法来鼓励顾客使用本企业的产品。

(7) 通过定价策略、产品差别化和广告手段，向竞争对手的市场渗透。

(二) 一体化战略

1.纵向一体化战略

纵向一体化战略是指企业在两个可能的方向上扩展现有经营业务的一种战略，包括前向一体化战略和后向一体化战略。前向一体化战略是指企业自行对本企业产品做进一步深加工，或对资源进行综合利用，或建立自己的销售组织来销售本企业的产品或服务的一种战略。后向一体化战略是指企业自己供应生产现有产品或服务所需要的全部或部分原材料或半成品。

纵向一体化战略的益处在于：

(1) 前向一体化可以使企业控制销售和分配渠道，有助于消除企业的库存积压和控制生产下降的局面。

（2）当企业的经销商具有很大毛利时，前向一体化能够将经销商的毛利转化为自己的利润。

（3）后向一体化战略可以使企业对原材料的成本、可获得性以及质量等具有更大的控制权，同时提高潜在进入者的进入障碍。

（4）后向一体化能够将原材料成本转化为利润，特别是原材料供应商利润潜力大时，这种转化更为明显。

（5）采用纵向一体化战略，扩大市场或行业的规模和实力，可以达到某种程度的垄断，并从规模经济中获利。

纵向一体化战略的风险有：

（1）纵向一体化使企业规模变大，因此，要想脱离这些行业就非常困难。同时，由于规模大，要想使企业效益有明显改善，需要投入的资金量就大。

（2）纵向一体化要求企业掌握多方面的技术，从而带来企业管理上的复杂化。

（3）纵向一体化使生产上相互关联、相互牵制，不利于新产品的开发。

（4）纵向一体化使纵向规模扩大，可能导致生产过程中各个阶段生产能力的不平衡。

2.横向一体化战略

横向一体化战略是指企业增加或生产与现有产品或服务相类似的新产品或服务，或者将性质相同、生产或提供同类产品的企业联合起来组成联合体的一种战略。

横向一体化战略的益处在于：

（1）横向一体化可以使企业获得规模经济，从而降低企业成本，取得企业竞争优势。

（2）横向一体化可以减少竞争对手的数量，降低产业内企业之间的相互竞争，可以为企业创造宽松的环境。

横向一体化战略的风险在于：

（1）企业规模的扩大，使企业管理变得复杂，提高了管理的难度。

（2）横向一体化能够增加企业的市场份额，减少竞争者的数量，容易导致产业内垄断的形成。

（三）多角化战略

多角化战略，又称多元化战略，是指企业增加与现有的产品或服务、技术或市场都没有直接或间接联系的大不相同的新产品或服务。

在当今竞争激烈的市场环境下，众多大型企业采用多角化战略已经成为一种发展趋势，其原因可以归纳为外部和内部两个方面。

采用多角化战略的外部原因主要有：

（1）企业原有的产品市场需求处于长期停滞甚至下降趋势时，企业就可以考虑进入新领域开展多角化经营。

（2）企业所处的产业集中程度高，企业之间的相互依赖性强，竞争激烈，为了追求较高的增长率和收益率，企业就要考虑进入本产业之外的新领域。

（3）在激烈的市场竞争中，企业会遇到很多不确定性因素，为了保持企业长期收入的稳定性，企业可以考虑采用多角化战略。

采用多角化战略的内部原因主要有：

(1) 当企业实际完成收益率、增长率等指标与原定目标产生差距时，往往采用多角化战略进行弥补，以实现企业的预期目标。

(2) 企业在日常生产经营活动中经常有未能充分利用的资源，为了充分利用企业资源，可以考虑采用多角化战略。

(3) 当企业为了实现规模经济时，可以考虑采用多角化战略，从而使企业在质量和数量上占有丰富的经营资源，享受规模经济效益。

三、防御战略

防御战略是指当企业的外部环境和内部条件的变化都对企业不利时，企业采取撤退措施，抵住对手进攻，保住企业的生存，转移阵地或积蓄力量的一种战略。防御战略主要包括抽资转向战略、调整战略、放弃战略和清算战略等。

(一) 抽资转向战略

抽资转向战略是指减少企业在某一特定领域内的投资，并将从这种战略获得的资金投入到企业中更需要资金的发展领域中的一种战略。

在下列情况下，企业可以采用抽资转向战略：

(1) 企业的某些领域正处于稳定或日益衰退的市场中。

(2) 企业某领域的市场占有率小，且扩大市场占有率的费用又高，或者市场占有率虽然很高，但是要维持需要花费越来越多的费用。

(3) 企业的某些领域不能带来满意的利润，甚至还带来亏损。

(4) 企业的某些领域如减少投资，该领域销售额下降幅度不大。

(5) 企业如减少该领域的投资，能更好地利用闲散资源。

(6) 企业的某些领域不是其经营的主要部分。

(二) 调整战略

调整战略是指企业为了扭转财务状况欠佳的局面，提高运营效率，而采取诸如更换管理人员、削减资本支出、减少广告支出等措施的一种战略。在实施调整战略时，可以采取下面一些措施和行动：

(1) 更换高层和中低层的管理人员，减少新人员的录用，适当的时候可以解雇一些人员。

(2) 削减资本支出，减少广告和促销支出，减少其他一般性支出。

(3) 催收应收账款，强调成本控制和预算，实行决策集中化以控制成本。

(4) 变卖一些资产。

(5) 加强库存控制等。

(三) 放弃战略

放弃战略是指对企业的一个或数个主要部门，包括战略经营单位、生产线或事业部等进行变卖的一种战略。实施放弃战略对任何一个管理者来说都是一个困难的决策，阻止采用放弃战略的障碍主要来自以下三个方面：

(1) 结构上的障碍。一项业务的技术以及固定资产和流动资产的特点阻止采用放弃战略。

（2）内部依存关系上的障碍。企业中各种经营单位之间的联系阻止放弃某一特定的经营单位。

（3）管理方面的障碍。企业在决策过程中，因为管理者的荣耀、管理人员的前途、与管理人员的激励机制相违背以及与社会目标相冲突等原因阻止放弃一项不盈利的业务。

（四）清算战略

清算战略是指通过拍卖资产或停止全部经营业务来结束企业存在的一种战略。对任何企业的管理者来讲，清算战略是最无吸引力的战略，只有无法采用其他战略时才加以采用。但是，及早进行清算较之继续亏损是更为有利的选择。

第四节 经营战略选择

一、成本领先战略

（一）成本领先战略的概念

成本领先战略是指使企业的全部成本低于竞争对手的成本，甚至是同行业中的最低成本的一种竞争战略。实施成本领先战略需要一整套具体政策：经营单位要有高效率的设备；积极降低经验成本；紧缩成本开支；控制间接费用；降低研究与开发、服务、销售、广告等方面的成本，等等。

成本领先战略的理论基石是规模效益和经验效益，规模效益是指单位产品成本随着生产规模增大而下降，经验效益是指单位产品成本随累积产量增加而下降。成本领先战略要求产品必须具有较高的市场占有率，如果市场占有率很低，则大量生产没有意义。

（二）成本领先战略的益处

成本领先战略具有以下益处：

（1）成本领先企业拥有低于竞争对手的低成本，增强了与现有竞争者竞争的能力。

（2）拥有成本优势的企业能够抵御潜在进入者的进入威胁，提高产业的进入壁垒。

（3）成本领先企业增强了与原材料供应者以及购买者讨价还价的能力。

（4）成本领先企业可以通过降价有效抵御替代品的威胁。

（三）成本领先战略的风险

成本领先战略也有相当大的风险，主要表现在以下几个方面：

（1）一旦竞争对手开发出新的技术体系来取代旧的技术体系，原有成本领先企业的成本优势有可能迅速消失。

（2）企业要想维持成本领先地位，就必须不断降低成本，但成本的降低总是有限度的，这样企业间技术水平与管理水平方面的差距将愈来愈小，企业的成本优势维持将愈加困难。

（3）在市场上，成本领先优势往往表现在价格优势上，但有时追求成本优势将会导致产品缺乏个性，当价格优势无法弥补差异化劣势时，企业将会失去竞争优势。

二、差异化战略

（一）差异化战略的概念

差异化战略是指企业通过品牌形象、技术、经销方式、客户服务等方面在全产业范围内形成独特性的特点，从而去赢得市场的一种竞争策略。

企业通过差异化战略可以建立起稳固的竞争地位，从而使企业获得高于行业平均水平的收益。

（二）差异化战略的益处

差异化战略的益处主要表现在以下五个方面：

（1）能够建立起客户对产品或服务的认识和信赖，当产品或服务的价格发生变化时，客户的敏感度降低，这样可为企业在同行业竞争中形成隔离，避免竞争对手的侵害。

（2）能够建立起客户对商标的信赖和忠实，从而形成强有力的行业进入障碍。

（3）能够产生高边际收益，从而增强了企业对供应商的讨价还价能力。

（4）企业的差异化战略使得购买商缺乏可比较的产品，同时也使购买商具有较高的转换成本，从而削弱购买商的讨价还价能力。

（5）能够建立起客户对产品的信赖，使得替代品无法在性能上与之竞争。

（三）差异化战略的风险

与其他竞争战略一样，实施差异化战略也有一定的风险，主要表现在以下三个方面：

（1）实施差异化战略的企业，生产成本很高，因为差异化战略增加了产品设计、研究费用等。

（2）随着社会经济的发展，购买者越来越精明，对产品差异化的要求逐渐提高。

（3）当企业的差异化被竞争对手模仿，而新的差异尚不明显时，企业将处于非常被动的地位。

三、集中化战略

（一）集中化战略的概念

集中化战略是指企业的经营活动集中于某一特定的购买者集团、某一部分的产品线或某一地域市场。集中化战略可以呈现多种形式，既可以通过差异化战略来满足某一特定目标的需要，又可以通过低成本战略服务于这个目标，所不同的是，成本领先战略和差异化战略寻求的是在整个市场上达到目的，而集中化战略仅仅寻求在某一特定的、较窄的市场目标范围内来取得低成本或差异化。上述关系可以用表3-1表示。

表3-1 三种竞争战略比较

竞争战略	战略目标	战略优势
成本领先战略	全行业	低成本
差异化战略	全行业	独特性
集中化战略	部分市场	低成本或独特性

（二）集中化战略的益处

集中化战略具有以下益处：

（1）集中化战略便于集中使用整个企业的力量和资源，更好地服务于某一特定的目标。

（2）企业将目标集中于特定的部分市场，可以更好地调查研究与产品有关的技术、市场、顾客以及竞争对手等各方面的情况。

（3）集中化战略的战略目标集中明确，经济成果易于评价，战略管理过程也容易控制，从而带来管理上的便捷。

（三）集中化战略的风险

集中化战略也有相当大的风险，主要表现在以下几个方面：

（1）由于企业全部力量和资源都投入到一种产品或服务或者一个特定的市场，当顾客偏好发生变化，技术出现创新或有新的替代品出现时，就会发现这部分市场对产品或服务的需求下降，企业就会受到很大冲击。

（2）如果竞争者打入企业所选定的特定市场，并且采取了优于企业的更集中化的战略，则企业将会处于被动地位。

（3）如果产品销量变少，产品要求不断更新，造成生产费用增加，将会削弱采取集中化战略的企业的成本优势。

专栏3-3

美的：从成本领先到创新驱动

随着人口红利逐渐消失、资源环境约束日益趋紧，我国制造业成本优势正在逐步削弱，美的通过技术创新、体系创新、经营创新、产品创新，实现从成本领先的规模效益型向创新驱动的质量效益型竞争战略转型升级，发展成为集消费电器、暖通空调、机器人与自动化系统、供应链管理、芯片、电梯等产业于一体的科技型企业集团，旗下拥有美的、小天鹅、安得、美芝等十多个知名品牌。2021年前三季度，美的营业收入2 613.42亿元，同比增长20.57%；实现归母净利润234.55亿元，同比增长6.53%。

美的的战略转型历程包括四个阶段。

1.创业阶段——聚焦战略（1968—1997年）

美的前身是创始人何享健于1968年联合23名社员集资5 000元创办的北滘公社塑料生产组，当时我国处于计划经济时期，商品实行“统购统销”，企业没有竞争意识，也缺乏明确的发展战略。改革开放解放了社会生产力，乡镇企业得以快速发展。1981年，北滘公社塑料生产组更名为“顺德县美的风扇厂”，开始进入家电行业并注册使用“美的”商标。此后数十年，美的“咬定家电不放松”，深耕白色家电领域，其空调、电饭煲、洗衣机等主导产品深受消费者青睐，品牌影响力和市场占有率不断提升。

2.规模增长阶段——成本领先战略（1998—2011年）

随着我国加入WTO，家电行业得到长足发展。为扩大再生产，美的实施“一横一纵”发展模式：横向发展饮水机、洗碗机、微波炉等各类终端产品，形成多品类白色家电产品群；纵向将产业链向上游延伸，进军家电产品部件领域，生产空调压缩机、微波炉磁控管等配套产品。此阶段，美的积极对标国内外先进企业，加强关键核心技术研发，提升产品技术竞争力；同时，采用MRPⅡ（制造资源计划）生产管理模式，实施“总成本领先”战略，通过收购小天鹅、荣事达等同行企业完成其在白色家电市场的战略布局，以扩大生产规模、降低成本，产销量快速增长。

3.逆周期增长阶段——差异化战略（2012—2020年）

2012年前后，经过上一轮高速增长之后，我国经济发展形势发生较大变化，处于长周期增长趋势性放缓和短周期总需求紧缩的叠加状态：从长周期看，潜在经济增长率开始逐步趋缓；从短周期看，外需不振和投资放缓拖累GDP增长，经济增速迎来周期性下滑的拐点。作为传统制造业的典型代表，家电产品在质量、成本、技术和营销模式等方面均已趋于同质化，行业开始进入发展瓶颈期。在此轮经济波动周期中，美的采取逆周期策略，在保持企业稳健发展的同时，从注重规模增长转向注重效益增长，从粗放式管理转变为精细化管理，实施“以用户为中心”的差异化竞争战略，实现了质量效益驱动的逆周期增长。一方面，美的通过收购德国库卡机器人、日本东芝家电业务、意大利中央空调公司 Clivet、泰国日立压缩机工厂等一系列海外并购行为，加快国际化产业布局；同时，通过控股菱王电梯，进军电梯业务，使得美的暖通与楼宇业务板块逐步完成了能源、暖通、电梯、楼宇控制等全业务线占位。另一方面，美的通过实施“双智”（智能产品、智能制造）战略，聚焦场景化产品布局，全面推进“服务+互联网”平台化建设，加快企业数字化转型升级，持续推动全价值链优化。这一阶段，美的核心竞争力和品牌影响力得以进一步提升：2013年，美的在深交所上市；2016年，美的首次跻身《财富》世界500强，排名第481位，2020年跃升至第307位。

4.高质量发展阶段——创新驱动发展战略（2021年以来）

2020年以来，疫情、国际经贸摩擦冲击全球产业链、供应链。面对多种不确定性因素叠加的发展环境，2020年12月30日，美的通过官方微信公众号发布公告，决定对集团发展战略及整体业务架构进行战略调整，将原有的消费电器、暖通空调、机器人与自动化系统、创新业务四大业务板块更新迭代为智能家居事业群、机电事业群、暖通与楼宇事业部、机器人与自动化事业部、数字化创新业务部五大业务板块，提出围绕“科技领先、用户直达、数智驱动、全球突破”四大主轴的创新驱动发展战略。这标志着美的在以研发为主导的创新驱动模式基础上，更加重视打造数字驱动的全价值链及柔性化智能制造能力，通过国际化合作、数智驱动、科技创新，进一步增强核心竞争力，推动企业高质量发展。

资料来源　谷增军，马欣蕾.美的：从成本领先到创新驱动［J］.企业管理，2022，487（3）：84-88.有删减。

第五节　职能战略选择

一、市场营销战略

市场营销战略是涉及市场营销活动的整体（包括市场调研、市场预测、确定目标市场、制定营销战略、实施和控制具体营销战略）的方案或谋划。它决定市场营销的主要活动和主要方向。有效的市场营销战略是企业成功的基础。市场营销战略是一个完整的体系，主要包括市场细分战略、市场选择战略、市场进入战略、市场营销竞争战略和市场营销组合战略。

专栏3-4

准者体育的市场营销战略分析

厦门准者体育用品有限公司创始于2014年，是由前CBA球员林晨耀创立的新锐品牌，是一家总部位于福建厦门并且拥有专业团队的综合性体育产业公司。

准者体育在成立之初就赞助了2014年和2015年的麦克格雷迪中国行，并且由此进入大众视野。2017年，准者体育更改了自己的宣传语——“有球场，就有准者”，明确“打造中国篮球第一品牌”的公司目标，在赛事营销方面也加大了力度。此后准者体育先后拿下了2017—2019年NBL联赛官方唯一指定服装装备供应商、广东省篮球联赛服装装备指定赞助商、NYBO（青少年篮球公开赛）官方合作伙伴等权益。2018年赛季，准者体育正式成为CUBA官方唯一指定装备供应商。2018年准者体育的总营收将近3亿元，2019年准者体育的总营收突破4亿元大关。2020年年初，在全球疫情盛行、体育赛事几乎全部停摆的情况下，准者体育拿到了数千万元A+轮融资。另外，准者体育在力求做好产品的同时，也努力开拓篮球训练营、体育场馆运营市场，发展自己的品牌赛事。2021年准者体育在对大学生篮球联赛赞助的同时与校园篮球开展了新的合作与交流，并推出了新的篮球进校园活动——准者“切磋”高校行。准者体育通过将活动、训练和比赛带入校园和城市，使更多年轻篮球爱好者更加深入地了解准者体育。准者体育所取得的优异成绩，不仅在全国体育产业中得到很高的认可度和关注度，其经验也可为其他体育企业运营提供参考，其实践可为我国体育产业研究提供案例素材。

1.准者体育市场营销环境分析

（1）体育产业公司营销意识不断增强

随着经济全球化的不断发展，许多国外知名体育公司也进军我国体育市场，对我国体育公司的生存与发展造成了极大的威胁。与此同时，我国体育产业公司的营销意识不断增强，企业对产品营销的手段也逐渐成熟，各式各样新式营销手段与营销模式应运而生。国内众多体育产业公司也将重心放到体育用品的品牌营销上，利用多种多样的手段，如赞助高水平赛事、邀请明星代言等提高品牌的知名度。例如，准者体育对CUBA联赛、NBL联赛、广东省篮球联赛等高水平、高关注度篮球联赛的赞助以及邀请NBA球员奥斯汀·里弗斯、CBA球员吉默·弗雷戴特和CUBA球员王岚嵚等明星代言。

（2）营销手段多样化

随着互联网的迅速发展，体育产业的营销不仅仅停留在原始的电视广告中，而是利用互联网的发展，手段逐渐多样化，许多体育公司开始长期赞助各优秀的职业联赛，如李宁公司对CBA联赛的运动装备赞助；同时随着互联网的发展，准者体育在注重线上营销渠道的同时注重利用短视频与直播带货的新型营销方式，2022年短视频平台粉丝突破100万，为体育产业营销手段的创新提供了新的借鉴意义。

2.准者体育STP战略分析

STP战略是战略营销的核心内容，包括市场细分（segmentation）、目标市场选择（targeting）和市场定位（positioning）这三部分。它可以帮助企业进行一定的市场细分，选择自己的目标市场，最后将产品和服务定位在合适的目标群体，并且有效地增加利润，提高企业在市场中所占的份额。

(1) 市场细分

准者体育与各大篮球IP携手共同成长，形成“1+1＞2”的品牌捆绑效应，最终准者体育有望成为很多篮球人整个篮球生涯的首选产品。要想推广一个品牌，最好先推广一项运动，这是体育营销大获成功的不二法则。作为专注于篮球运动装备研发的运动品牌，准者体育持续赞助了CUBA、NYBO、路人王、《这！就是灌篮3》一系列篮球顶级IP，还签约了以投篮神准而闻名的弗雷戴特作为品牌首位形象代言人，通过这一系列举措，准者体育不仅成功将自己在篮球领域的专业性彰显无遗，而且与这些赛事IP完成了精准捆绑，实现了篮球行业这一精准细分。

①按行业因素细分企业市场。体育产业涵盖面非常广，有不同的运动项目、不同的产品档次、不同水平的需要等方面。准者体育以篮球运动产品的制造、销售为主，为广大篮球爱好者提供高性价比的篮球运动装备。

②按地理因素细分企业市场。体育产业的发展覆盖全球，但分布并不均匀。发达国家的成熟度比发展中国家更高。准者体育主要针对全国的篮球爱好者，为他们提供全方位的篮球服务。

③按用户偏好细分企业市场。消费者对产品的喜好各有不同。准者体育在紧跟时代潮流的同时，在质量方面同样严格要求，并在价格方面尽量满足广大篮球爱好者的需要。

(2) 目标市场选择

精准触达青少年群体，从而及早培养青少年对准者体育的品牌好感度和忠诚度。无论是CUBA、NYBO还是《这！就是灌篮3》、路人王，这些篮球IP尽管覆盖范围千差万别，但其核心目标群体无一例外都是青少年群体。而从品牌营销专业层面来看，青少年群体无疑是当前中国消费潜力巨大、最热爱篮球运动、品牌忠诚度最高的群体。通过赞助这一系列顶级IP则无疑能帮助准者体育精准触达青少年群体，并及早在青少年心智中树立起准者体育的品牌形象。青少年时期是世界观、人生观、价值观等贯穿一生的诸多理念形成的关键阶段，一旦在青少年时期对准者体育形成高度认同感，那么这种品牌忠诚度必将会伴随其一生。

(3) 市场定位

在中国运动品牌早已厮杀成一片红海的大背景下，始于2014年的准者体育却能一路茁壮成长并打出自己的一片阵地，这不能不说是一个奇迹。如今准者体育更是打造出自己专有的篮球顶级IP营销全矩阵，并有望凭借这一系列篮球IP营销矩阵形成后发优势，从中国运动品牌的红海突围，这与其市场定位有很大的关系。准者体育拥有现代化的制衣工厂，自成立之初便始终坚持高品质、高性价比的品牌发展之路。同时，作为国内体育电商的领军品牌，致力于满足每个消费者的个性化需求，为此推出了球衣DIY定制服务。包括自助式定制网站及数十名精英设计人员在内的“私人定制”模式开创了体育用品品牌个性化生产的新模式。

3.准者体育4Ps策略分析

4Ps指营销组合，包含四个因素：产品（product）、价格（price）、渠道（place）、促销（promotion）。它为公司匹配用户需求提供可控的变量，是市场营销战略分析的重要组成部分。

（1）产品

产品是市场导向的决定性因素，是准者体育开拓市场和占领市场份额的主要手段。准者体育不断发掘客户需求，根据客户需求推出客户需要的产品，不断创新和改革，突出产品的特点，从而满足消费者的需要，达到超越竞争对手、提升市场地位的目的。

（2）价格

在价格策略方面，由于准者体育以高性价比为宗旨，因此制定了低价策略，使准者体育初期更加有效地进入国内体育市场。但随着我国经济的发展，体育行业已不适用于低价策略，满足消费者需求成为最重要的因素。因此，准者体育针对市场的变化，作出相应的定价策略调整，同时提高产品质量，满足消费者需要。

（3）渠道

在疫情之前，准者体育的销售渠道偏向于B to B，而现在准者体育的销售渠道逐渐转向B to C，主要瞄准短视频和直播带货。一方面，准者体育组建了自己的内容团队并培养主播；另一方面，联合外部KOL，双管齐下，很快就看到了成果。现在，光准者体育自有抖音账号矩阵的粉丝量就超过了百万，公司更是配备了8个专业直播间。

（4）促销

促销是公司和顾客之间的桥梁，是营销者向顾客传达产品和服务的信息，说服和吸引顾客并得到认可。在促销方面，在进行传统线下门店促销的同时，准者体育主要采用淘宝、短视频、直播带货等新颖方式。

准者体育从篮球训练到赛事运营、赛事装备赞助，形成了完整的体育产业链。无论是在校园篮球市场还是职业篮球市场，都取得了广大消费者的信任与认可。同时，在我国经济不断发展、体育产业竞争日益激烈的背景下，准者体育要想稳固自己的地位、不断发展壮大，就需要不断进行创新，发挥自身优势，在巩固原有市场、认识自身优势的前提下，发现自己存在的不足，并对营销战略进行及时的调整和改变，从而得到进一步发展。

资料来源　张亚森，国勇. 准者体育有限公司的市场营销战略分析 [J]. 体育科技文献通报，2023，31（2）：191-192；214.有删减。

二、人力资源战略

人力资源战略是指根据公司战略和经营战略的要求，为适应企业生存和发展的需要，对企业人力资源进行开发所进行的长远性的谋划和方略。为实现人力资源战略的目标，企业人力资源战略可分为人力资源开发战略、人才结构优化战略、人才使用战略三个方面。

三、财务战略

财务战略就是根据公司战略、竞争战略和其他职能战略的要求，对企业资金进行筹集、运用、分配以取得最大经济效益的方略。财务战略的基本目的就是最有效地利用企业各种资金，在企业内部、外部各种条件制约下，确保实现企业战略计划所规定的战略目标。财务战略一般分为资金筹集战略、资金运用战略和利润分配战略。

四、生产战略

生产战略是企业为实现公司战略在生产成本、质量流程等方面建立和发展相对竞争优势的基本途径，它规定了企业生产制造和采购部门的工作方向。企业生产战略不能仅根据企业内部生产条件来确定，还应考虑市场需求和企业整体战略的要求。

五、研究与开发战略

研究与开发包括科学技术基础研究和应用研究，以及新产品、新工艺的设计和开发。对于企业来讲，研究与开发涉及市场、技术、产品、生产、组织等各方面，其中主要是技术、产品和生产方面的研究与开发。研究与开发战略的选择常常受公司战略和经营战略的影响，处于不同的环境条件下，企业可采取三种不同的研究与开发战略，即基础研究战略、应用研究战略和开发研究战略。

课后案例

荣事达集团的战略转型

荣事达集团在家居、建材等领域拥有30多年的产业发展实践经验，近年来，面对家电产业竞争激烈的客观实际，洞察市场、技术和政策环境变化，荣事达集团提出聚焦于智能全屋家居价值链，发挥自身产业资源优势，把“创新”“创业”融入企业平台，实施创新创业转型战略。这一成功实践，使得荣事达集团成为国务院颁布的28个“大众创业万众创新示范基地”之一，荣获工信部颁布的“国家小型微型企业创业创新示范基地”“制造业‘双创’平台试点示范企业”等国家级荣誉，“十三五”期间取得了跨越式发展。

1.战略转型“双创模式”的提出背景

随着国内家电行业形成垄断竞争格局，差异化、低成本、品牌化等竞争战略空间日益衰减，加上市场需求下行、家电下乡补贴政策退出，行业竞争的激烈程度日益增加。在地方政策层面，合肥作为全国四大家电产业基地之一，行业发展面临困境，如何突围？地方政府积极鼓励企业创新突围，给予初创项目资金等政策支持，这是政策环境的主要着力点。在国家政策层面，为促进企业转型发展，大力推进供给侧结构性改革，鼓励企业盘活存量、做足增量，大力开展大众创业、万众创新。在技术趋势层面，互联网平台模式、互联网+制造以及5G、大数据、人工智能、云计算、物联网等网络通信技术成为市场热点，且在智能家居领域的应用场景不断拓展，家居智能化是未来发展趋势。为应对上述技术变革和政策环境变化，荣事达集团成立战略研究部门，专门负责研究国家和地方政府的产业政策所蕴含的机遇，并得出结论：传统战略变革不足以改变行业竞争格局，低成本等竞争战略已经过时，必须借助技术创新、机制创新、宏观政策等外部机遇，充分挖掘自身存量资源优势，在前期已经略显成效的“合伙人”创业的基础上，以“双创模式”作为新形势下企业战略转型过程的内容和手段。

2.战略转型“双创模式”的基本架构

荣事达“双创模式”顶层设计核心有三个维度：一是明确企业战略转型的使命愿景；二是创新创业的产业定位，明确打造什么样的产品体系；三是构建支撑创新创业的平台架构。荣事达集团的新使命是通过构建智能家居价值链双创平台，打造智能家居领域新型创业加速器，实现企业从单纯的“产品制造商”向“产品制造商和企业制造商”转变，产业定位是智能家电全屋系统。荣事达集团长期深耕家电行业，对行业竞争特性非常熟悉，拥有丰厚的产业资源。从现有资源基础出发，荣事达集团把现有家电、建材、新能源、互联网四个板块整合起来，形成板块互动，作为企业未来发力的产业方向，并提出了“建材家电化、家电智能化”的产品理念。比如智能马桶，就是在一个标准的建材产品——马桶盖上，加装电热水器和电吹风，实现了产品的智能化。在“建材家电化、家电智能化”的基础上，荣事达集团又搭建控制系统，形成硬件与软件合一的智能家居全屋系统。这个体系共有400多个产品，可以通过移动互联网集成到软件控制平台上。围绕智能家居全屋系统产业定位和400多个单品，荣事达集团确定了“找合伙人、通过孵化创业”的方式来实现400多个产品的商业化进程。为实现这一目标，荣事达构建新平台架构，整合内部存量资源和外部资源支撑创新创业，包括九大支撑体系和六大服务平台。九大支撑体系分别是“品牌、资本、信息、技术、文化、管理、人力、制造和市场”等，涉及创业者和创业企业运行所必需的各个方面；六大服务平台包括“创客基地、创客金融、创客咨询、创客工厂、创客大学、创客实验室”等，通过提升资源基础能力，推进现有产业资源和新的商务资源相互协同配合，加速创新创业过程。

3.“双创模式”的过程演变

荣事达集团的战略转型过程是持续迭代形成的，双创模式也是逐步构建和完善起来的。第一阶段：萌芽阶段。2009年，为应对外部环境挑战，改善经营绩效、提升内部资源效率、提升企业创新活力，荣事达集团开展了内部变革——“内部创业”，即承包给员工一块业务，承包业务的员工成功后成立子公司，子公司的创业者与荣事达集团的关系由原来的雇佣关系转变为合作关系，由此在企业内部衍生出“合伙人制”的种子。第二阶段：起步阶段。2010年，荣事达集团开始引进合伙人创业机制，吸引外部创业者以合伙人身份进入荣事达集团，摒弃原来的雇佣式关系对待合伙人，即使员工加入公司时间不长，也可以成为合伙人。随着内部初创公司数量的增加，荣事达为提高协同效率，提出事业部制，把相似的初创企业整合到不同的事业部。第三阶段：快速发展阶段。2014年，随着初创企业的扩展和产品体系的不断增加，荣事达强化了支撑创新创业的服务平台，形成了“三位一体”机制，即合伙人、事业部、创新创业平台，大力吸引创业者成为荣事达集团创业项目的合伙人。2017年，荣事达集团引进全员合伙模式，即所有人员都是股东，摒弃了传统的雇佣关系体制。第四阶段：成熟阶段。2018年，荣事达集团提出生态型发展理念，丰富了“双创模式”的内涵与外延，进一步提升了企业的资源基础能力。截至2018年年底，荣事达集团吸引了103个创业团队，培育了62个小微企业，获得专利3 000多项，其中，发明专利500多项。2022年2月，荣事达集团荣获国家发改委、科技部、财政部、海关总署、税务总局联合评定的“2021年国家企业技术中心”。

资料来源　钱颜文，顾元勋．基于创新创业共生的企业战略转型过程研究——基于荣事达集团“双创模式”的案例分析 [J]．北京交通大学学报（社会科学版），2023，22（1）：114-122.有删减。

案例思考题：

1.荣事达为什么要实施创新创业转型战略？

2.从荣事达战略转型实例中可以获得哪些启示？

本章小结

- 企业战略
  - 企业战略概述
    - 企业战略的含义：企业根据内外部环境及可取得的资源情况，为求得企业生存和长期稳定发展，对企业发展目标、达到目标的途径和手段的总体谋划，是企业经营思想的集中体现
    - 企业战略的层次：公司战略、经营战略、职能战略
    - 战略管理的含义：企业确定其使命，根据组织外部环境和内部条件设定企业的战略目标，为保证目标的正确落实和实现进行谋划，并依靠企业内部能力将这种谋划和决策付诸实施，以及在实施过程中进行控制的一个动态管理过程
    - 战略管理的过程：战略分析阶段、战略选择及评价阶段、战略实施及控制阶段
  - 企业战略环境分析
    - 企业宏观环境分析：政治环境、法律环境、经济环境、科技环境、社会文化环境和自然环境
    - 行业竞争分析：波特的五种竞争力模型
    - 企业内部环境分析：组织结构、人员数量及素质、财务状况、生产设备状况、市场营销能力、研究与开发能力以及企业过去的目标和战略
  - 企业战略选择
    - 稳定发展战略：投入少量和中等程度的资源，保持现有产销规模和市场占有率，稳定和巩固现有竞争地位的一种偏离战略起点最小的战略
    - 发展战略：充分利用外界环境中的机会，同时充分发掘和运用企业内部的资源，以求得企业的发展从战略起点向更高水平、更大规模提升的战略，主要包括密集型发展战略、一体化战略和多角化战略
    - 防御战略：当企业的外部环境和内部条件的变化都对企业不利时，企业采取撤退措施，抵挡住对手进攻，保住企业的生存，转移阵地或积蓄力量的一种战略，主要包括抽资转向战略、调整战略、放弃战略和清算战略等
  - 经营战略选择
    - 成本领先战略：使企业的全部成本低于竞争对手的成本，甚至是同行业中的最低成本
    - 差异化战略：企业通过品牌形象、技术、经销方式、客户服务等方面在全产业范围内形成独特性的特点，从而赢得市场
    - 集中化战略：企业的经营活动集中于一特定的购买者集团、产品线的某一部分或某一地域市场
  - 职能战略选择
    - 职能战略：企业中的各职能部门制定的指导职能活动的战略。职能战略一般可分为市场营销战略、人力资源战略、财务战略、生产战略、研究与开发战略等

主要概念

企业战略　战略管理　稳定发展战略　发展战略　防御战略　密集型发展战略　一体化战略　成本领先战略　差异化战略　集中化战略

练习思考题

1.试述企业战略、战略管理的概念。企业战略分几个层次?

2.战略管理过程分为哪几个阶段?

3.从哪些角度进行企业宏观环境分析?

4.简述波特的五种竞争力模型理论。

5.从哪些方面进行企业内部环境分析?

6.企业总体战略有哪些?

7.企业发展战略包括哪几种?

8.企业防御战略一般有几种?

9.什么是成本领先战略、差异化战略、集中化战略?各自的优点与风险是什么?

第三章练习思考题参考答案

第四章

企业经营决策

学习目标

1. 掌握经营决策的含义、类型与原则；
2. 了解经营决策的程序；
3. 掌握确定型决策方法；
4. 掌握风险型决策方法；
5. 掌握非确定型决策方法。

价值引领

田忌赛马中的决策思想

齐使者如梁，孙膑以刑徒阴见，说齐使。齐使以为奇，窃载与之齐。齐将田忌善而客待之。忌数与齐诸公子驰逐重射。孙子见其马足不甚相远，马有上、中、下辈。于是孙子谓田忌曰："君弟重射，臣能令君胜。"田忌信然之，与王及诸公子逐射千金。及临质，孙子曰："今以君之下驷与彼上驷，取君上驷与彼中驷，取君中驷与彼下驷。"既驰三辈毕，而田忌一不胜而再胜，卒得王千金。于是忌进孙子于威王。威王问兵法，遂以为师。

田忌赛马的故事告诉我们，在面对强敌时，应善于运用策略，采用合适的手段赢得胜利；在资源有限的情况下，应该合理管理和利用资源，使资源发挥最大价值；在团队中协作是非常重要的，只有协作才能取得最大的胜利。

资料来源 [1] 佚名. 田忌赛马的思想是什么？这个故事可以得到怎样的启示？[EB/OL]. [2019-08-20]. http://zj.qinxue100.com/news/cz/143166.html. [2] 佚名. 田忌赛马的中心思想是什么 [EB/OL]. [2023-04-30]. https://zhidao.baidu.com/question/2085390166614704748.html.

第一节 企业经营决策概述

一、经营决策的含义

现代决策理论认为，管理的重心在经营，经营的重心在决策。决策正确，企业的生产经营活动才能顺利开展；决策失误，企业的生产经营活动就会遇到挫折，甚至失败。

决策是指以一定的可靠性，采用定性或定量的方法，对实现目标的两个以上的方案进行分析、评价，从中选出满意方案的过程。经营决策是指企业在生产经营活动过程中，为实现预定的经营目标或解决新遇到的重大经营问题，在充分考虑企业内部条件和外部环境的基础上，拟订出若干可行方案，通过分析、评价，从中选出满意方案的过程。可见经营决策具有以下特点：

（1）目标性。经营决策总是为了达到一个既定的目标，没有目标，就无所谓经营决策。经营决策的目标应针对企业存在的实际问题制定，并且应有一定的超前性。

（2）选择性。经营决策是对多方案进行选优的过程，没有选择就没有经营决策，因此，经营决策必然有两个以上的可行方案，通过分析和评价进行选择。

（3）标准性。经营决策在进行方案的评价时，应依据一定的标准。现代决策理论认为选优应遵循“满意标准”，而不是机械地追求“最优标准”。因为主客观条件的制约，即使选择最优方案，也难以达到最优效果，因此只要达到令人满意的效果，方案就是可取的，这一标准是美国管理学家西蒙首先提出的。

（4）实践性。经营决策是为了指导行动，如果决而不行，便成了空头决策，而经营决策的目的就在于执行和实施。

专栏4-1

决策失误成千古恨

20世纪70年代初竣工的埃及阿斯旺水坝是一个顾此失彼、决策失误的例子。表面上这座水坝给埃及人民带来了廉价的电力，控制了水旱灾害，灌溉了农田，却因破坏了尼罗河流域的生态平衡，从而出现了多方面的危害：土壤日趋盐渍化、贫瘠化；河口三角洲平原从向海中伸展变为朝陆地退缩，工厂、港口、国防工事面临跌入海中之险；由于缺乏来自陆上的盐分和有机物，盛产沙丁鱼的渔场毁于一旦；下游的活水变死水，为血吸虫和疟蚊的繁殖提供了优越的生存条件，致使水库一带的居民血吸虫病发病率奇高。

埃及造此大坝所带来的灾难性后果，使人们深深感叹：决策失误成千古恨！

资料来源　卓翔芝，赵恒. 管理学概论［M］. 合肥：中国科学技术大学出版社，2017.

二、经营决策的类型

经营决策的内容非常广泛，为了更好地做决策工作，可将经营决策按不同的标准分类。

（一）战略决策、战术决策和业务决策

按经营决策的层次可将经营决策划分为战略决策、战术决策和业务决策。

战略决策是指涉及企业命运和前途的、重大的、长远问题的决策。战略决策不是一般的企业经营和管理问题的决策，通常关系到企业的长远发展，如企业的长远规划、企业的经营总目标、企业经营方针的确定等。

战术决策是指企业在实现战略经营目标、经营方向、经营规划等战略决策过程中，对具体经营问题、管理问题、业务问题、技术问题的决策。

业务决策是指企业在日常经营决策活动中，为提高生产效率以及更好地执行战术决策所进行的具体决策。

（二）单一目标决策和多目标决策

按经营决策的目标数量可将经营决策划分为单一目标决策和多目标决策。

在企业经营决策中，无论是战略决策还是战术决策，都是为了实现某种目标而进行的。单一目标决策是指企业决策是为了实现同一目标，目标是单一的。多目标决策是指企业决策不是为了实现同一个目标，而是为实现若干个目标进行的决策。多目标决策问题在实际工作中是很少见的。大量的、常见的是单一目标决策问题。

（三）确定型决策、风险型决策和非确定型决策

按经营决策的可靠度可将经营决策划分为确定型决策、风险型决策和非确定性决策。

确定型决策问题的条件比较明确，概率和效益也可以肯定。其特点是各个备选方案同目标之间都有明确的数量关系，并且在各个备选方案中都只有一个自然状态。

风险型决策问题较为复杂，而且也较为多见。在这类决策问题中，虽然各个备选方案同目标之间也有明确的数量关系，但是，方案中存在两个以上的自然状态。所谓“自然状态”，是指决策者无法予以控制的状态。因此，自然状态越多，决策所冒的风险越大。然而，多数决策问题中的自然状态的概率可以运用数理统计方法或者采用预测的方法获得。

非确定型决策问题面临着自然状态既不能完全肯定，又不能完全否定的状态。这同风险型决策问题的主要区别在于其自然状态出现的概率无法加以计算和预测，主要靠决策者的经验和智慧予以判断和估计。这时决策的正确性往往同决策者个人的素质因素有很大的关系。

专栏4-2

经营决策正确与否受个人素质的影响

经营决策根据可靠度可以划分为确定型决策、风险型决策和非确定型决策。通常认为进行非确定型决策时，经营决策的正确与否受决策者个人素质和主观因素的影响。实际上，在进行任何一项经营决策时，主要决策者都必须根据实际情况，独立进行判断来确定决策方案。这是因为：

（1）决策的科学性不能代替决策者的个人素质。各种经营决策方案往往并不能确定所有未来因素，经营决策的科学性只能为决策者提供选择的宏观依据。即使使用科学手段提供的备选方案，也不能彻底代替决策者的才智、智慧、经验和判断力。

（2）决策者的“效用”态度不同，对备选方案的评价和选择也不相同。所谓效用，就是决策者对于某种利益或损失有各自独特的反应和感觉，这种反应和感觉，就称为效用。由于决策者个人的特点及对所处环境和对未来的预测以及个人素质的不同，往往对方案的评价和反应是极不相同的。

因此，一方面，决策者必须重视科学决策的意义，为决策提供科学的、合理的决策依据；另一方面，必须重视决策者个人或集体的才能和智慧，即充分发挥决策者的智力和创造力而不以科学决策取而代之，使两者紧密结合。

资料来源　刘秋华. 管理学［M］. 3版. 北京：高等教育出版社，2015.

（四）程序化决策和非程序化决策

按经营决策问题的重复性可将经营决策划分为程序化决策和非程序化决策。

无论是战略决策问题或战术决策问题，也无论是单一目标决策问题或多目标决策问题，归纳起来，都属于程序化决策问题和非程序化决策问题两大类。

程序化决策也称重复性决策，是指按规定的程序、规定的处理方法和标准，去解决企业经营中经常重复出现的问题。在企业经营管理中，绝大多数决策问题属于程序化决策，如制订发电计划、发放工资等，其过程已经标准化，可由专门的机构或专门的人员按规定的程序、已有的决策模式进行。

非程序化决策也称非重复性决策，是指对那些牵扯面广，而且没有出现过或不经常出现的问题所进行的决策。这类问题比较复杂，决策时无章可循，如企业扩大生产规模、企业长远规划决策等，这类决策主要由高层管理人员作出。由于非程序化决策要考虑企业内、外部条件和环境的变化，无法用常规的办法来处理，除采用定量分析外，决策者个人的经验、知识、洞察力和直觉、信念等主观因素都非常重要。

（五）高层决策、中层决策和基层决策

按决策者的层次可将经营决策划分为高层决策、中层决策和基层决策。

高层决策是指由高层管理者所做的决定企业经营方向和目标的重大决策。这类决策大多数属于非确定型或风险型决策。中层决策一般是由中级管理者所做的业务性决策。基层决策是由基层管理者所做的执行性决策。

这三种决策因决策的层次不同，具有不同的职能、作用和比重，其复杂程度、定量化程度及肯定化程度都有一定区别（见表4-1）。

表4-1　　**高层决策、中层决策和基层决策的比较**

决策种类	高层决策	中层决策	基层决策
性质差别	非定型化多，定型化少	定型化多，非定型化少	基本定型化
层次差别	战略性的多	业务性的多	执行性的多
决策的复杂程度	复杂	比较复杂	比较简单
决策的定量化程度	大部分无定量化，具有风险性	大部分定量化，小部分无定量化	全部定量化
肯定化程度	不完全肯定	肯定	很肯定

三、经营决策的原则

企业在进行经营决策时，要遵循一定的决策原则。决策原则是指决策必须遵循的指导原理和行为准则，它是科学决策指导思想的反映，也是决策实践经验的概括。决策过程中所需要遵循的具体原则是多种多样的，如决策过程中的悲观原则、乐观原则、最小后悔值原则等。但是，就经营决策的基本原则而言，有许多是共同的，这些一般原则主要有：

（一）经济性原则

经济性原则，就是研究经营决策所花的代价和取得的收益之间的关系，即投入与产出的关系。经营决策必须以经济效益为中心，并且要把经济效益同社会效益结合起来，以较小的劳动消耗和物资消耗取得最大的成果。如果一项决策所花的代价大于所得，那么这项决策是不科学的。

（二）系统性原则

系统性原则，也称为整体性原则，它要求把经营决策对象视为一个系统，以系统整体目标的优化为准绳，协调系统中各分系统之间的相互关系，使系统完整、平衡。因此，在经营决策时，应该将各分系统的特性放到系统的整体中去权衡，以整体系统的总目标来协调各分系统的目标。

（三）预测性原则

预测是依据过去和现在的已知，运用各种知识和科学手段来推知未来。预测是经营决策的前提和依据，科学决策必须用科学的预见来取代没有科学根据的主观臆测，防止盲目决策。经营决策的正确与否，取决于对未来后果判断的正确程度，如果不能预见行动后果如何，往往造成经营决策失误。所以，经营决策必须遵循预测性原则。

（四）可行性原则

可行性原则的基本要求是以辩证唯物主义为指导思想，运用自然科学和社会科学的手段，寻找能实现决策目标的一切方案，并分析这些方案的利弊，以便最后抉择。可行性分析是可行性原则的外在表现，是经营决策活动的重要环节。只有经过可行性分析论证后选定的决策方案，才是有较大把握实现的方案。掌握可行性原则必须认真研究分析制约因素，包括自然条件的制约和决策本身目标系统的制约。

专栏4-3

可行性原则的具体要求

可行性原则的具体要求，就是在考虑制约因素的基础上，进行全面性、选优性、合法性的研究分析。

（1）全面性。全面性是指从全局和整体出发，全面系统地研究、分析经营决策目标和经营决策方案，力求完整无缺，不放过任何一种可能方案。全面性分析要求决策时必须有多方位思考和比较的余地，全面地考虑和权衡各种得失利弊，全面地把握各种备选方案。

（2）选优性。选优性是指经营决策必须从两个或两个以上可供选择的不同方案中，通过广泛调查，反复对比和全面分析，科学论证后选出最优方案。

（3）合法性。合法性是指任何经营决策总是在一定的复杂社会关系中进行的，必须具有法律上的可行性。决策的内容要符合现行的法律法规，并且决策要经过一定的合法的组织程序和审批手续。

资料来源　孟沙沙. 管理学［M］. 北京：北京交通大学出版社，2017.

（五）目标性原则

经营决策必须具有明确的、具体的目标，目标既是经营决策的起点，也是经营决策最终要实现的。目标性原则要求经营决策的目标应该具有相对的稳定性，目标一旦确定下来，不应轻易改动。

（六）信息性原则

信息是经营决策的基础，信息的质量决定着经营决策的质量。科学决策所要求的信息必须准确、及时、适用。进行经营决策必须广泛搜集与决策有关的信息资料，然后进行归纳、整理、分析、加工，从而为正确的决策提供基本的条件。当今社会已是信息社会，信息在经营决策中的地位越来越重要，这就要求决策者在经营决策时一定要重视信息性原则。

（七）民主性原则

民主性原则是指决策者要充分发扬民主作风，调动决策参与者，甚至包括决策执行者的积极性和创造性，共同参与决策活动，并善于集中和依靠集体的智慧与力量进行经营决策。

（八）灵活性原则

经营决策必须具有可靠性和稳定性，但是不管决策可靠性程度多高，经营决策在实施过程中也可能发生特殊情况，从而无法实现预期的目标。因此，经营决策必须具有灵活性。经营决策的灵活性主要体现在两个方面：一是经营决策的目标要留有余地；二是经营决策要有后备方案，或者是方案易于转化以适应不测事件的发生，避免给企业带来重大的损失。

（九）反馈性原则

经营决策是否有效，关键在于是否具有灵敏、正确、有力的反馈系统。反馈性原则是指由控制系统将信息输出，又将作用的结果反馈回来，并对信息的再输出发生影响。管理者在进行经营决策时，要善于运用反馈性原则，利用反馈系统提供的信息以及可供选择的方案作出正确的经营决策。

（十）科学性原则

科学性原则是一系列经营决策原则的综合体现。现代科学技术，特别是信息论、系统论、控制论的兴起，为经营决策从经验到科学创造了条件，决策者的决策活动产生了质的飞跃。决策者必须加强学习现代管理知识，遵循科学原则，才能进行科学的决策。

专栏4-4

科学经营决策的基本要求

经营决策科学性的基本要求是：

（1）经营决策思想科学化。科学的经营决策思想要求决策有合理的决策标准、系统的决策观念、差异性的思维逻辑、民主的决策风格。

（2）经营决策程序科学化。科学的经营决策应该遵循一套科学的程序，同时，执行程序的态度和方法是否科学，在很大程度上也影响着决策方案的质量。

（3）经营决策方法科学化。现代经营决策已经形成了两类相互区别、相互补充的科学决策方法："软"技术和"硬"技术。经营决策时应将两种方法结合起来，把发挥专家的经验与智慧同运用数学模型进行系统分析结合起来。

（4）经营决策体制科学化。经营决策体制一般由五大系统所组成，即决策系统、智囊系统、信息系统、执行系统和监督系统。由这五大系统建立起来的经营决策体制能够保证决策信息广泛、咨询充分、执行分散、决策集中、监督独立、反馈及时，从而有利于实现决策的民主化和科学化。

科学经营决策的这几个方面是互相联系、不可分割、缺一不可的。只有树立科学的经营决策思想，遵循科学的经营决策程序，运用科学的经营决策方法，建立科学的经营决策体制，整个经营决策才可能是科学的；否则，就不能称为科学经营决策。

资料来源 胡瑞仲. 企业经营管理［M］. 南京：东南大学出版社，2007.

四、经营决策的程序

经营决策程序大致可分为明确问题、确定目标、搜集资料、制订方案、比较方案、选择方案、实施方案以及评价方案等八个步骤，如图4-1所示。这种划分是相对的，既可简化步骤，也可具体细分，但其逻辑顺序和科学要求基本是一致的。

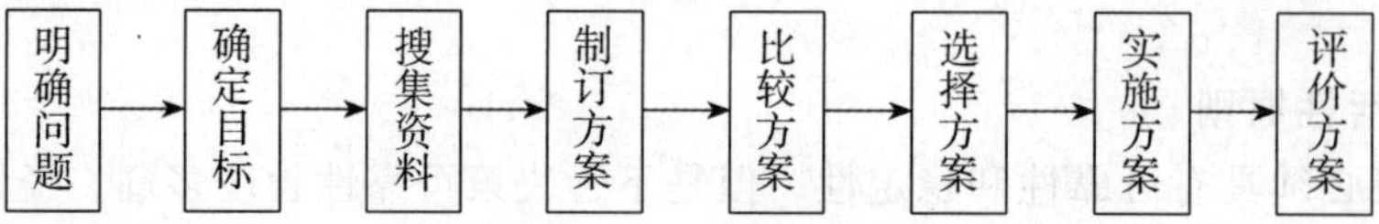

图4-1 决策过程图

（一）明确问题

任何经营决策都是从发现和提出问题开始的，经营决策总是为了解决一定的问题而制定的。因此，制定经营决策，首先要明确存在的问题。明确问题包括两个方面：一是要确定问题的性质；二是要找出问题产生的原因。

首先，要弄清问题的性质、范围、程度以及它的价值和影响。要分析问题的各种表现，区分问题的不同类型，比如是全局性的还是局部性的；是战略性的还是战术性的；是长远性的还是暂时性的，等等。只有认识问题的本质，把握客观事物的运动规律，才能进行正确的决策。

其次，要找出问题产生的原因。问题的产生一般是因为不平衡性造成的，不平衡性往往是由于外部环境的变化引起的，如政府方针、政策的调整，科学技术的进步，经济增长速度的变化等都可能使组织活动与外部环境产生不平衡，从而导致组织活动方向、活动内容以及活动方式的改变。

（二）确定目标

明确问题后，就要确定经营决策的目标。所谓目标，是指在一定条件下，根据需要和可能，在预测的基础上所寻求的最终要求，或决策所要获得的最终结果。确定目标是经营决策中的重要内容，它不仅为方案的制订和选择提供了依据，而且为经营决策的实施和控制提供了依据，也为组织的资源分配和协调提供了依据。确定目标要注意以下几个问题：

（1）目标体系。目标要有层次结构，要建立目标体系。目标是由总目标、子目标、二级子目标等从总到分、从上到下组成的一个有层次的目标体系，是一个动态的复杂系统。

（2）目标定量。目标尽可能定量化，可以明确计量成果、规定时间、确定责任。

（3）目标约束。任何目标都存在一定的约束条件，要规定目标的约束条件。约束条件主要有资源条件、质量规格、时间要求及法律、制度、政策等限制性规定。执行的结果如不符合约束条件，即使完成了，也不能认为实现了目标。

（4）价值标准。建立衡量决策的近期、中期、远期效果的三级价值标准，建立科学价值、经济价值及社会价值指标，并进行综合权衡，以构成价值系统，以此作为评价标准。

（5）专家论证。目标的确定，要经过专家与领导的集体论证。

（三）搜集资料

搜集与经营决策有关的经济、技术、社会等各方面的情报资料，是进行科学经营决策的重要依据。搜集的资料越丰富、越准确，决策者对未来情况的估计就越接近实际，所做的经营决策就越有效。

搜集资料要达到以下要求：

（1）针对性。信息时代的信息是复杂多样的，经营决策所搜集的资料不能没有目的，要根据经营决策目标的具体要求，有针对性地搜集相关资料。

（2）广泛性。有针对性地搜集资料并不违背广泛性的要求，搜集资料时，要充分利用各种信息渠道将与经营决策目标要求有关的各种资料尽可能搜集齐全。

(3) 可靠性。资料的可靠性对经营决策的正确与否至关重要，因此，资料情报必须具有可靠性的要求，所搜集的资料要有依据，数字要准确无误。

(4) 科学性。对搜集的资料要做系统分析，要从事物的发展中全面估计各种资料的对比关系。对一些不确切的问题或疑难问题，要召集专家及有关人员进行集体会诊，以作出定性分析和概率估计，从而保证掌握情报资料的科学性。

做好预测工作，是确定目标和搜集资料两个阶段都十分重要的工作。只有通过科学的预测，才能获得经营决策所必需的未来发展的信息，才能作出科学的经营决策。

(四) 制订方案

制订可供选择的各种可能方案，是经营决策的基础。如果只有一个方案，就没有比较和选择的余地，也就无所谓经营决策。

任何经营决策目标的实现，都需要通过多种不同的活动，因此，可以制订出多种不同的可能方案。经营决策方案实际上描述了组织为实现目标拟采用的各种对策的具体措施。制订方案要求做到：

(1) 必须制订多种可供选择的方案，方案之间必须相互替代、相互排斥。

(2) 要说明每一种方案的特点、不足及实施条件，同时，以确切的定量数据反映其成果。

(3) 各种方案的表达方式必须做到条理化和直观化。

(五) 比较方案

在进行经营决策之前，首先要对各个备选方案进行比较，通过比较，了解各个备选方案的优势和劣势，找出各方案的差异，分出各方案的优劣。方案比较的内容主要包括以下几个方面：

(1) 方案实施所需的条件及付出的代价。

(2) 方案实施可能带给组织的利益，包括长期利益和短期利益。

(3) 方案实施可能遇到的风险等。

在实际经营决策工作中，方案的制订、比较和选择往往是交织在一起的，因为方案的制订不是一次性行为，需要不断地改进和完善，而这种完善往往是在与其他方案的比较中进行的。

(六) 选择方案

在方案比较的基础上，权衡各个方案的利弊得失，将各方案按优先顺序排列，提出取舍意见。选择最优化方案是决策的关键一环，做好方案优选，需要满足两个条件：一是要有合理的选择标准；二是要有科学的选择方法。

(1) 选择方案的标准。在选择方案时首先要建立评价的价值标准。这是选择方案的基本依据，一般有"最优标准"和"满意标准"两种。由于人们的认识受许多因素的限制，如主客观条件、科学技术水平、情报信息资料以及环境、时间等限制。有的最优方案对某一企业是适用的，在另一企业就不一定适用；有的最优方案从短期看是最优的，而长期效果不一定很好。因此，绝对最优的标准是不存在的。决策理论学派的代表人西蒙提出一个现实的标准，即"满意标准"，或"有限合理性标准"。所谓满意标准，是指方案只要足够满意即可，不必追求最优。多数决策是按"满意标准"进行的。当然，这样做并不排除在可能条件下达到最优的可能性。

（2）选择方案的方法。选择方案的方法有很多，归纳起来有经验判断法、归纳法、数学法和试验法等，各种选择方案的方法各有利弊，采用何种办法还要从实际出发，灵活运用，还可创造更加科学的方法，以更简明、准确地找到最优方案或满意方案。

专栏4-5

方案选择的方法

（1）经验判断法。经验判断法是一种最古老的传统方法，20世纪40年代前的管理决策基本上都是依靠经验判断法。今天，虽然数学方法、物理模型方法、网络模型方法等已经被引入经营决策中，但经验判断的方法仍然是不可缺少和忽视的。尤其是一些涉及社会、心理因素等的复杂而非计量性的决策，需要由决策者依靠经验进行判断。

（2）归纳法。归纳法是指在方案众多的情况下，把方案归纳成几大类，先选择最好的一类，再从中选出最好的方案。如选择厂址的决策，往往采取这种方法。这种方法的优点是可以较快缩小选择范围，缺点是可能漏掉最优方案。因为最优方案也可能处在不是最好的那个类别中。不过在不允许进行全面对比的情况下，这个方法常被采用，因为按此方法选出的方案一般还是比较满意的。

（3）数学法。数学法是在20世纪50年代以后发展起来的一种方案选择方法，由于在控制变量属于连续型的情况下，经验判断法很难直接找到最优或满意方案，往往要借助于数学方法。运用数学方法，可以使决策达到精确化。但到目前为止，尚有许多复杂的决策问题用数学方法还解决不了，要综合运用选择方案的多种方法加以解决。

（4）试验法。试验法是指先选择少数几个典型进行试点，然后总结经验作为最后决策的依据。社会问题的决策，虽然不可能创造出像实验室那样人为的典型条件，但对重大问题的决策，不便用数学方法分析时，试验法也不失为一种有效的方法。

资料来源　刘秋华. 管理学［M]. 3版. 北京：高等教育出版社，2015.

（七）实施方案

方案选定后，要付诸实施，实施分两步进行：一是进行试点工作；二是普遍实施。

（1）试点工作。经营决策在普遍实施前可以先进行试点，试点要注意选择在整个系统中具有典型性的地方，不能人为地创造某些特殊条件，这样纵然试点成功，也很难实践。

（2）普遍实施。试点成功后便可以进入普遍实施阶段，这一阶段主要抓好以下工作：①将经营决策目标、价值标准以及整个经营决策方案向有关人员进行宣传，动员有关人员为实现目标而共同努力；②围绕经营决策目标和经营决策方案，制定方案实施的具体措施，明确各部门的职责、分工和任务，作出时间和进度安排；③制定各部门及人员的责任制，确立规范，严明制度，赏罚分明；④建立重要工作报告制，便于及时了解方案进展情况，随时纠正偏差，减少偏离目标的震荡。

（八）评价方案

经营决策方案在执行过程中，由于主客观因素的变化，可能会发生与决策目标相偏离的情况。因此，必须做好方案的评价工作。这个阶段的任务就是要准确、及时地把方案实施过程中出现的问题、执行情况的信息，反馈到决策机构。

追踪评价经营决策方案是正常的，但不是注定要发生的，或经常大量出现的，否则就失去了决策的科学性了。对追踪评价经营决策方案要有正确的看法，采取冷静审慎的态度。经营决策过程是一个动态的过程，把经营决策看成一个凝固僵化的东西，是不切实际的。因此，对方案进行必要的修正是常见的。经过追踪评价决策使方案达到双重优化，不但会减少损失，而且可以获得更佳效益。

专栏4-6

导致经营决策失误的因素

（1）经营决策信息不充分。经营决策信息不充分是导致企业经营管理决策失误的客观因素。任何一个经营决策，都是为企业的未来确立目标和选择措施。但未来的市场变化的不确定性和国家政策法规变化的不确定性，使企业的决策总是处于一种信息不完全的状态，很多企业因决策不当而陷入困境都与这一客观原因有关。

（2）情感因素。它对经营决策的影响，主要是因为决策者情感使之失去正确的判断的能力。企业领导者在经营决策过程中，把自身情感所注重的内容，放到了不应该有的高度，这就必然会使经营决策背离企业的发展。

（3）价值偏好。决策者在进行经营决策时，价值偏好会像一层浓雾蒙着他的眼睛，让他无法理智地作出选择，使决策者在自己所设定的价值偏好的圈子里挣扎。所谓价值偏好，就是自己所选择的一种价值观念，认定什么是有意义的，什么是没有意义的。正是这种认定，使决策者陷入了自我设定的陷阱中不能自拔，从而使决策者的选择远离了自己真正要寻求的目标。

（4）思维惯性。人们往往会按照已经获得太多成功的既定思路制定经营决策，把这种成功的模式不加区别地到处套用，最后因为忽略外部环境的变化和所处时机的差别，而使自己的决策脱离实际，成为败笔。

资料来源　刘秋华. 企业管理［M］. 2版. 大连：东北财经大学出版社，2015.

第二节　企业经营决策的方法

通常经营决策不仅涉及关于企业活动方向和内容的选择，而且涉及企业在既定方向下从事一定活动的不同方式的选择。因此，经营决策方法可以分为两类：一类是关于企业活动方向和内容的决策；另一类是关于企业活动方式的选择。

确定活动方向和内容的决策可以帮助企业根据自身的条件、特点，选择活动的方向和内容，这类经营决策方法主要有波士顿矩阵、通用矩阵等。

确定活动方式的决策主要是对同一活动方向和内容，但不同活动方案所进行的决策，可以帮助企业选择一个经济效果最好的方案，实现企业活动的目标。这类经营决策方法可以依据决策的可靠性，分为确定型决策方法、风险型决策方法和非确定型决策方法。本节主要介绍这三类决策方法。

一、确定型决策方法

由于确定型决策问题的条件比较明确，概率和效益也可以肯定，因此，可以比较有把握地计算各方案的经济效果，从而进行决策。确定型评价的方法有很多，比如，盈亏平衡分析法、内部收益率法、净现值法等。下面主要介绍盈亏平衡分析法。

(一)盈亏平衡分析法的含义

盈亏平衡分析又称损益平衡分析、量本利分析等，是指通过分析产品产量、成本、利润三者之间的关系，掌握盈亏变化的规律，指导企业选择经营方案。其中方案盈利和亏损的临界点称为盈亏平衡点（break-even point，BEP）。

盈亏平衡分析可以分为线性盈亏平衡分析和非线性盈亏平衡分析。所谓线性盈亏平衡分析，是指方案的总成本费用与产量之间、销售收入与产量之间呈线性关系。非线性盈亏分析是指方案的总成本费用与产量之间、销售收入与产量之间呈非线性关系。下面主要阐述线性盈亏平衡分析。

线性盈亏平衡分析的假设条件为：

（1）成本是生产量（销售量）的函数。

（2）生产量等于销售量。

（3）单位变动成本随产量按比例变化。

（4）在所分析的产量范围内，固定成本保持不变。

（5）销售收入是销售价格和销售数量的线性函数，即某一产品的价格，在任何销售水平上都是相同的。

（6）所采用的数据均为正常年份，即达到设计能力生产期的数据。

(二)成本分解

1.总成本

总成本是指方案在一定时期内（一般为一年），为生产和销售产品而花费的全部成本和费用。总成本由生产成本、管理费用、财务费用和销售费用组成。生产成本包括方案的各项直接材料、直接工资和其他直接支出及制造费用。管理费用是指为管理和组织方案的经营活动而发生的各项费用。财务费用是指为筹集方案的资金而发生的各项费用。销售费用是指销售产品和提供劳务而发生的各项费用。

2.固定成本

固定成本是指在一定的生产规模限度内不随产量的变动而变动的成本，如厂房、机器设备的折旧以及保险费、管理人员的工资等，有时也将某一较短时间内（通常一年内）的研究与开发费、广告费、职工培训费等计入。固定成本不受产量变动影响是有前提条件的，即产量在一定的范围内变动，如果产量超过这一范围，固定成本就会发生跳跃性的变动，所以，从长期角度看，不存在任何固定成本。

3.变动成本

变动成本是指随产量的变动而呈正比例变动的成本，如直接材料费、直接人工费等。直接材料费是指在生产过程中直接用于产品生产的各种物质消耗。直接人工费是指在生产过程中直接从事产品生产的人员的工资性消耗。

由以上分析可知，总成本是固定成本与变动成本之和，它与产品的生产量呈线性关系，表达式为：

$$C=C_f+C_v\cdot Q \tag{4-1}$$

式中：C——总成本；C_f——固定成本；C_v——单位产品变动成本；Q——生产量（销售量）。

（三）销售收入

方案的收益就是产品的销售收入，销售收入是方案实施后生产成果的货币表现。由于产品的产量、成本、利润呈线性关系，产品价格不随其销售量的变动而变动，因此，销售收入与销售量呈线性关系，则有：

$$B=P\cdot Q \tag{4-2}$$

式中：B——销售收入；P——单位产品价格；Q——生产量（销售量）。

（四）盈亏平衡点的确定

盈亏平衡点是指方案不盈利也不亏损，即销售收入等于总成本之点。在销售收入及总成本都与产量呈线性关系的情况下，以代数方程式表示产品的产量、成本、利润之间的数量关系，当盈亏平衡时，有：

$$P\cdot Q^{*}=C_f+C_v\cdot Q^{*} \tag{4-3}$$

式中：Q^{*}——盈亏平衡点对应的产量。

根据上式可以得到以产量表示的盈亏平衡点的公式为：

$$Q^{*}=\frac{C_f}{P-C_v} \tag{4-4}$$

式中：$P-C_v$表示每销售一个单位产品补偿变动成本后所剩余的收入，被称为单位产品的边际贡献。

以横坐标表示产量Q，纵坐标表示销售收入B与产品成本C，将式（4-2）和式（4-1）在同一坐标图上表示出来，绘制出总成本线和销售收入线，则可以画出产量、成本、利润的关系分析图，就构成了盈亏平衡分析图，如图4-2所示。

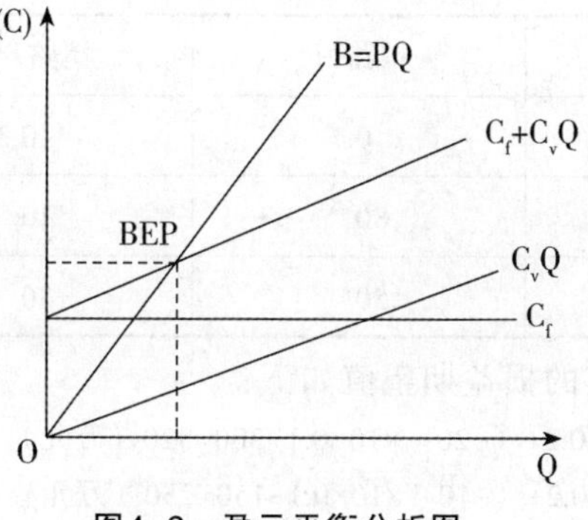

图4-2　盈亏平衡分析图

从图4-2可见，BEP就是方案盈利和亏损的临界点。在BEP的左侧，总成本C大于销售收入B，项目亏损；在BEP的右侧，总成本C小于销售收入B，项目盈利；在BEP上，总成本C等于销售收入B，项目不盈不亏。

【例4-1】某企业生产某种产品的固定成本为50万元，年产量为10 000件，总变动成本为400万元，销售价格为650元，求生产该产品的盈亏平衡点。

解：固定成本C_f=500 000元

单位产品价格P=650元/件

单位变动成本C_v=4 000 000÷10 000=400（元/件）

盈亏平衡点的销售量$Q^{*}=\frac{C_f}{P-C_v}=\frac{500\ 000}{650-400}=2\ 000$（件）

二、风险型决策方法

风险型决策问题具有以下基本特点：第一，每个备选方案都受到不能肯定的外部环境状态的影响；第二，每个备选方案可能遇到的自然状态可以估计出来；第三，各种自然状态出现的概率可以估计出来。解决风险型决策问题的方法有损益期望值准则和决策树法。

（一）损益期望值准则

所谓损益期望值，就是方案实施后在各种自然状态下可能得到的损益值的“期望”。这里的“期望”是概率论中的一个数学概念，表示若干随机数值的概率平均值。

损益期望值的计算方法是将每个备选方案在不同状态下的损益值与对应的状态概率相乘之后相加。计算出损益期望值后，选择收益值最大或损失值最小的方案作为最优方案。损益期望值计算的具体公式为：

$$E(A_i)=\sum_{j=1}^{n} b_{ij}p_j\ (j=1,\ 2,\ \cdots,\ n) \tag{4-5}$$

式中：$E(A_i)$——第i个方案的损益期望值；b_{ij}——第i个方案在第j种状态下的损益值；p_j——第j种状态下的概率；n——状态数。

【例4-2】某企业开发了一种新产品，现有两种生产方案：建新车间或改造一个旧车间进行生产。建新车间需初始投资300万元，改造旧车间需初始投资150万元，服务期均为10年，期末均无残值。预测产品销售情况及损益值见表4-2。不考虑资金的时间价值，试用损益期望值准则进行决策。

表4-2 **产品销售情况及损益值** 金额单位：万元

状态	销路好	销路一般	销路差
概率	0.7	0.2	0.1
建新车间（A）	80	40	-20
改造旧车间（B）	50	30	-10

解：（1）计算各个方案的损益期望值如下：

E（A）=80×10×0.7+40×10×0.2+（-20）×10×0.1-300=320（万元）

E（B）=50×10×0.7+30×10×0.2+（-10）×10×0.1-150=250（万元）

（2）根据损益期望值进行决策如下：

因为E（A）>E（B），所以选择方案A，即建新车间。

（二）决策树法

决策树法的基本原理是以损益期望值为依据，通过计算损益期望值做出决策。所不同的是，决策树法是一种图解法，能够直接反映决策的过程，对分析比较复杂的决策问题更有效。

决策树的构成有四个要素：决策点、方案分枝、状态点和概率分枝。画决策树时首先画决策点，决策点一般用方框表示，决策点下引出方案分枝，有几个方案引几条方案分枝。方案分枝下是状态点，状态点一般用圆圈表示。状态点下引出概率分枝，有几种状态就引几条概率分枝。在每条概率分枝上注明该种状态以及该状态出现的概率，同时在概率分枝的末端标注方案在该状态下的损益值。决策问题一般有多种方案和多种状态，所以有多条分枝，在画决策树时一般由左向右、由简向繁，根据问题的层次展开，构成一幅树形图，如图4-3所示。

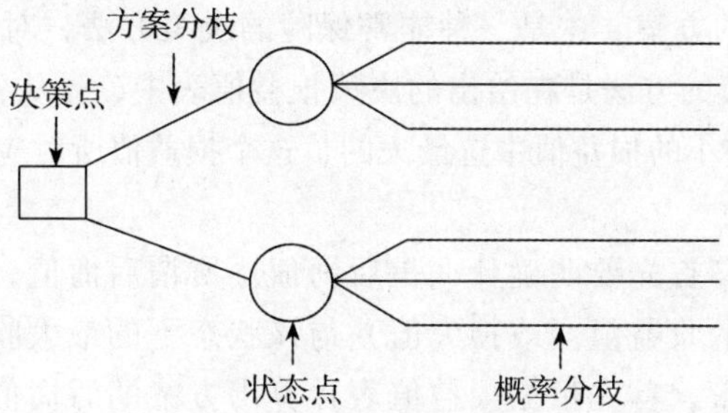

图4-3 决策树结构图

应用决策树法决策时，计算过程一般从右向左，逐步后退。根据右方的损益值和概率分枝上概率值，计算该方案在不同状态下的期望值，并根据计算的损益期望值选择方案，选择后舍弃非优方案被称为“剪枝”，最后决策点只留下一条树枝，这就是决策的最佳方案。

【例4-3】对于【例4-2】，试用决策树法进行决策。

解：（1）先按要求画决策树，如图4-4所示。

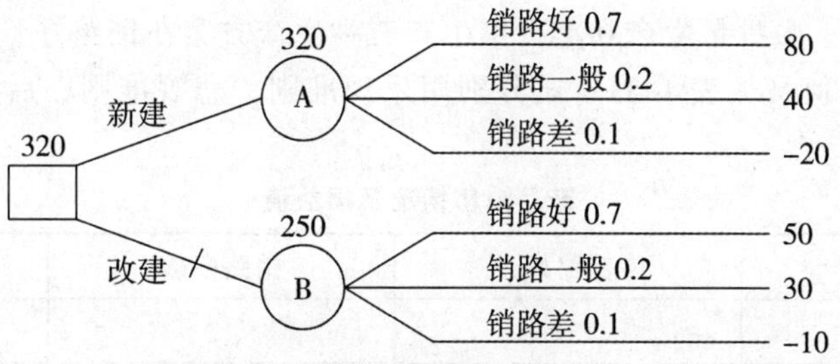

图4-4 企业生产决策树

（2）计算各个方案的损益期望值如下：

E（A）=80×10×0.7+40×10×0.2+（-20）×10×0.1-300=320（万元）

E（B）=50×10×0.7+30×10×0.2+（-10）×10×0.1-150=250（万元）

（3）根据损益期望值进行决策如下：

因为E（A）>E（B），所以选择方案A，即建新车间。

三、非确定型决策方法

非确定型决策问题的特点与风险型决策问题的特点基本相同，只是无法估计出各种状态出现的概率，只能根据各方案在不同状态下可能获得的损益值，用分析估计的方法决策。下面介绍四种常用的非确定型决策方法：

（一）乐观准则

乐观准则是指决策者对客观事实抱乐观态度，总把客观事实想得很顺利，在顺利的情况下寻找一个最好的方案。决策的方法是在给出的决策损益值表中，先从各方案在不同状态下的损益值中选大的，再从这些大的损益值中选最大的，这个损益值所对应的方案就是决策方案。

（二）悲观准则

悲观准则是指决策者对客观事实抱悲观态度，总把客观事实想得很不顺利，在不顺利的情况下，寻找一个最好的方案。这是一种非常保险的决策方法，对于那些风险较大的问题，可以采用这种方法。决策的方法是在给出的决策损益值表中，先从各方案在不同状态下的损益值中选小的，再从这些小的损益值中选最大的，这个损益值所对应的方案就是决策方案。

（三）后悔值准则

采用后悔值准则决策首先要明确什么是后悔值。所谓后悔值，就是在给定的自然状态下，一个方案可能取得的收益值（或损失值）与该状态下的最大收益值（或损失值）的差距。采用后悔值准则决策，首先根据损益值表计算出方案的后悔值，并列表表示。然后在给出的后悔值表中，先从各方案在不同状态下的后悔值中选大的，再从这些大的后悔值中选最小的，这个后悔值所对应的方案就是决策方案。

（四）机会均等准则

机会均等准则决策的思路是：认为各种状态出现的机会是均等的，如有n种状态，则每种状态发生的概率都是1/n。这种方法实际上是将非确定型决策问题转化为风险型决策问题，再用损益期望值准则或决策树法进行决策。

【例4-4】某电力修造厂投产某种新产品时，对其在市场上的销路情况不能确定，只能预测大批量生产、中批量生产和小批量生产三种生产方案在销路好、销路一般和销路差三种情况下的损益值（见表4-3）。试分别用乐观准则、悲观准则、后悔值准则和机会均等准则进行决策。

表4-3 **产品销售情况及损益值** 单位：万元

方案	销路好	销路一般	销路差
大批量生产	21	12	5
中批量生产	16	14	10
小批量生产	15	13	13

解：1.按乐观准则进行决策

（1）在损益值表中，先从各方案在不同状态下的损益值中选大的，即按行选最大的损益值：

大批量生产：max（21，12，5）=21（万元）

中批量生产：max（16，14，10）=16（万元）

小批量生产：max（15，13，13）=15（万元）

（2）再从这些大的损益值中选最大的，即：

max（21，16，15）=21（万元）

（3）21万元所对应的方案即“大批量生产”方案就是决策方案。

2.按悲观准则进行决策

（1）在损益值表中，先从各方案在不同状态下的损益值中选小的，即按行选最小的损益值：

大批量生产：min（21，12，5）=5（万元）

中批量生产：min（16，14，10）=10（万元）

小批量生产：min（15，13，13）=13（万元）

（2）再从这些小的损益值中选最大的，即：

max（5，10，13）=13（万元）

（3）13万元所对应的方案即“小批量生产”方案就是决策方案。

3.用后悔值准则进行决策

（1）先计算方案的后悔值并列表如下（见表4-4）：

表4-4 方案的后悔值表 单位：万元

方案	销路好	销路一般	销路差
大批量生产	21-21=0	14-12=2	13-5=8
中批量生产	21-16=5	14-14=0	13-10=3
小批量生产	21-15=6	14-13=1	13-13=0

（2）在后悔值表中，先从各方案在不同状态下的后悔值中选大的，即按行选最大的后悔值：

大批量生产：max（0，2，8）=8（万元）

中批量生产：max（5，0，3）=5（万元）

小批量生产：max（6，1，0）=6（万元）

（3）再从这些大的后悔值中选最小的：

min（8，5，6）=5（万元）

（4）5万元所对应的方案即“中批量生产”方案就是决策方案。

4.用机会均等准则进行决策

（1）按机会均等准则列出各个方案的损益表，见表4-5。

表4-5 方案的机会均等的损益值表 单位：万元

方案	销路好（1/3）	销路一般（1/3）	销路差（1/3）
大批量生产	21	12	5
中批量生产	16	14	10
小批量生产	15	13	13

（2）计算各方案的损益期望值：

E（大批量生产）=21×1/3+12×1/3+5×1/3=12.67（万元）

E（中批量生产）=16×1/3+14×1/3+10×1/3=13.33（万元）

E（小批量生产）=15×1/3+13×1/3+13×1/3=13.37（万元）

（3）因为E（小批量生产）>E（中批量生产）>E（大批量生产），所以选择“小批量生产”方案。

课后案例

某企业基建方案的风险型决策

某企业为生产一种新产品，制订了三个基建方案：一是新建车间进行生产；二是改建原有车间进行生产；三是先改建，生产3年后当产品销路好时再进行扩建。新建和改建车间所需要的投资分别是300万元和140万元。若要在改建的基础上扩建车间，还需要追加投资140万元。产品生产期定为10年。

根据以往同类产品统计资料及市场预测，10年中的前3年产品销路好的概率为0.7。如果前3年销路好，则后7年销路好的概率可以提高到0.9；若前3年销路差，则后7年销路可能也差。通过计算，不同状态下各方案每年损益值如表4-6所示。请运用决策树法，分析采用哪种方案使该企业在回收基建投资后能获得最大的期望收益值（不考虑资金的时间价值）。

表4-6 **不同状态下各方案的年损益值** 单位：万元

损益值 / 状态及概率 / 方案	销路好（0.7）	销路差（0.3）
新建车间（方案1）	100	-30
改建车间（方案2）	40	10
改建后扩建（方案3）	100	-30

这是一个多级决策问题，需要通过以下步骤进行决策：

第一步：画出多级决策树，如图4-5所示。

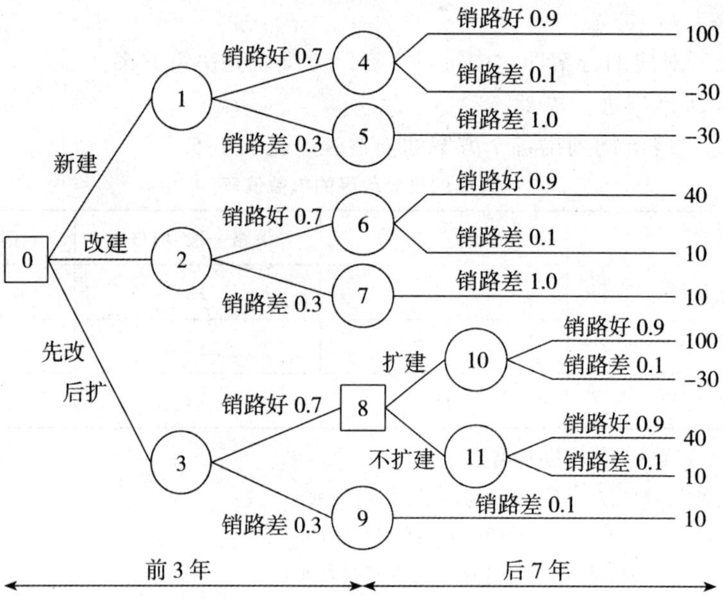

图4-5 企业基建方案决策树图

第二步：计算每个节点的损益期望值。

新建方案的计算过程：

E（4）=0.9×100×7+0.1×（-30）×7=609（万元）

E（5）=1.0×（-30）×7=-210（万元）

E（1）=0.7×100×3+0.3×（-30）×3+0.7×609+0.3×（-210）-300=246.3（万元）

改建方案的计算过程：

E（6）=0.9×40×7+0.1×10×7=259（万元）

E（7）=1.0×10×7=70（万元）

E（2）=0.7×40×3+0.3×10×3+0.7×259+0.3×70−140=155.3（万元）

先改建后扩建方案的计算过程：

E（10）=0.9×100×7+0.1×（−30）×7−140=469（万元）

E（11）=0.9×40×7+0.1×10×7=259（万元）

因为E（10）>E（11），所以第一级决策选择3年后扩建。

因此：

E（8）=E（10）=469（万元）

E（9）=1.0×10×7=70（万元）

E（3）=0.7×40×3+0.3×10×3+0.7×469+0.3×70−140=302.3（万元）

因为E（3）>E（1）>E（2），所以方案3为最佳方案。

案例思考题：

1.该案例使用决策树法进行决策，请问是否能用损益期望值准则进行决策？

2.用决策树法进行决策时是如何计算损益期望值的？

本章小结

- 企业经营决策
  - 企业经营决策概述
    - 经营决策的含义：企业在生产经营活动过程中，为实现预定的经营目标或解决新遇到的重大经营问题，在充分考虑企业内部条件和外部环境的基础上，拟订出若干可行方案，通过分析、评价，从中选出满意方案的过程
    - 经营决策的类型：按经营决策的层次划分，可将经营决策划分为战略决策、战术决策和业务决策。按经营决策的目标数量可将经营决策划分为单一目标决策和多目标决策。按经营决策的可靠度可将经营决策划分为确定型决策、风险型决策和非确定型决策。按经营决策问题的重复性可将经营决策划分为程序化决策和非程序化决策。按决策者的层次可将经营决策划分为高层决策、中层决策和基层决策
    - 经营决策的原则：经济性原则、系统性原则、预测性原则、可行性原则、目标性原则、信息性原则、民主性原则、灵活性原则、反馈性原则、科学性原则
    - 经营决策的程序：明确问题、确定目标、搜集资料、制订方案、比较方案、选择方案、实施方案以及评价方案
  - 企业经营决策方法
    - 确定型决策方法：盈亏平衡分析法
    - 风险型决策方法：损益期望值准则、决策树法
    - 非确定型决策方法：乐观准则、悲观准则、后悔值准则、机会均等准则

主要概念

决策　战略决策　战术决策　业务决策　单一目标决策　多目标决策　确定型决策　风险型决策　非确定型决策　程序化决策　非程序化决策

练习思考题

1. 简述决策的概念与特点。
2. 决策有哪些分类方法？
3. 决策应遵循哪些原则？
4. 简述决策的程序。
5. 简述盈亏平衡分析法的原理。
6. 损益期望值准则的内容是什么？
7. 非确定型决策方法有哪些？

第四章练习思考题参考答案

第三篇 营销篇

第五章

市场营销基础

学习目标

1.掌握市场与市场营销的概念；
2.理解市场营销观念的演变过程；
3.掌握市场调查的内容与步骤；
4.了解市场预测的概念、作用、种类与程序；
5.掌握基本的定性预测方法；
6.了解简单的定量预测方法；
7.掌握市场细分的概念与意义；
8.理解市场细分的依据；
9.掌握目标市场策略；
10.理解确定目标市场的因素；
11.掌握市场定位的概念与依据；
12.掌握消费者市场的含义与特征；
13.理解影响消费者行为的主要因素；
14.了解消费者购买决策过程；
15.了解组织市场的构成与特点；
16.理解生产者市场及有关购买行为；
17.了解中间商市场及有关购买行为；
18.了解政府市场及有关购买行为。

价值引领

《市场监管总局关于加强网络直播营销活动监管的指导意见》解读

为加强网络直播营销活动监管，保护消费者合法权益，促进直播营销新业态健康发展，依据《电子商务法》《消费者权益保护法》《反不正当竞争法》《广告法》《产品质量法》《食品安全法》《价格法》《商标法》《专利法》等有关法律法规，国家市场监督管理总局制定出台《市场监管总局关于加强网络直播营销活动监管的指导意见》（以下简称《意见》）。

一、《意见》的出台背景

近年来，“直播带货”的模式发展迅猛，成为商家进行电子商务推广的重要销售渠道之一。但网络直播营销活动也存在着假冒伪劣、虚假宣传、交易数据弄虚作假等一系列问题，有针对性地加强对网络直播营销活动的监管十分必要。

网络直播营销活动作为互联网电子商务的新业态，兼具“电子商务+宣传促销+导购卖货”等特点，又采取互联网直播的形式，模式新、主体多、法律关系复杂，一个主体或行为可能涉及多部法律、法规，在不同模式下主体或行为的法律责任和法律性质也不相同。《意见》出台，明确网络直播营销活动中相关主体的法律责任，特别是明确直播营销活动中网络平台和网络直播者的法律责任和义务，对指导基层执法和促进行业规范具有十分重要的意义。

二、《意见》的主要内容和特点

《意见》充分考虑网络直播营销活动属性特点、行业现状、监管制度等，以相关法律法规为依据，内容主要包括总体要求、压实有关主体法律责任、严格规范网络直播营销行为、依法查处网络直播营销违法行为等四部分内容，明确参与网络直播营销活动各方主体的责任义务、禁止性规定、经营活动规范和市场监督管理部门重点打击的违法行为，以促进网络直播营销新业态健康发展。

第一部分为总体要求。强调要以习近平新时代中国特色社会主义思想为指导，全面贯彻党的十九大和十九届二中、三中、四中、五中全会精神，认真落实党中央、国务院决策部署，坚持依法行政，坚持包容审慎，创新监管理念，积极探索适应新业态特点、有利于各类市场主体公平竞争的监管方式，依法查处网络直播营销活动中侵犯消费者合法权益、侵犯知识产权、破坏市场秩序等违法行为，促进网络直播营销健康发展，营造公平有序的竞争环境、安全放心的消费环境。

第二部分为压实有关主体法律责任。主要对网络直播营销活动中的三大主体（网络平台、商品经营者、网络直播者）的责任进行梳理，分层次进行责任划分。在三个方面首次作了责任明确：一是针对直播平台跳转至传统电子商务平台的网络直播营销模式，明确直播平台履行电子商务平台经营者的责任和义务；二是针对网络平台提供付费导流服务，构成商业广告的，应履行广告发布者或广告经营者的责任和义务；三是明确网络直播者应按照《反不正当竞争法》履行经营者的责任和义务，构成商业广告的还应根据具体情形履行广告发布者、广告经营者或广告代言人的责任和义务。

第三部分为严格规范网络直播营销行为。主要对建立并执行商品进货检查验收制度、禁止销售的商品或服务、禁止发布的商业广告、规范广告审查发布等方面作了规定。同时，针对保障消费者知情权和选择权，从公示有关资质、提供基本经营信息和网络平台提供技术支持等方面提出明确要求。

第四部分为依法查处网络直播营销违法行为。主要列举目前网络直播营销活动中的电子商务违法、侵犯消费者合法权益、不正当竞争、产品质量违法、侵犯知识产权、食品安全违法、广告违法、价格违法等八大重点违法行为，并明确应依据相应的法律予以查处。

资料来源　国家市场监督管理总局.《市场监管总局关于加强网络直播营销活动监管的指导意见》解读［EB/OL］.［2021-04-02］. https：//www.xuexi.cn/lgpage/detail/index.html? id=8573890390032078407& item_id=8573890390032078407.

第一节　市场与市场营销

一、市场与市场营销的概念

（一）市场的概念

市场营销从一般意义上可以理解为与市场有关的经济活动，为了更好地掌握市场营销理论，首先要了解市场的概念。

在日常生活中，人们将市场看作商品交换的场所，如商场、超级市场、批发市场等。这是一个时间和空间的概念。我国古代“日中为市，致天下之民，聚天下之货，交易而退，各得其所”就是对这种在一定时间和地点进行商品交易的市场的描述。经济学家从揭示经济实质的角度提出市场的概念，认为市场是商品交换关系的总和。经济学家指出，市场是社会分工和商品生产的产物，哪里有社会分工和商品生产，哪里就有市场。这是抽象市场的概念。管理学家侧重从具体的交换活动及其运行规律去认识市场，认为市场是买卖双方或供求双方构成的相互联系、相互制约的统一体。

在市场营销中，一般是站在经营者的角度研究市场，在这里，市场可以理解为某种商品的现实购买者和潜在购买者的需求总和。市场专指买方，不包括卖方，专指需求，不包括供给。卖方组成的是行业，是竞争者。因此，在市场营销中决定市场的要素是人口、购买力和购买欲望，即市场=人口+购买力+购买欲望。市场的这三个因素是相互制约、缺一不可的，只有三者结合起来才能构成现实的市场，才能决定市场的规模和容量。例如，一个国家或地区人口众多，但收入很低，购买力有限，就不可能构成容量很大的市场；同样，如果一个人口很少的地区，即使购买力很强，也不能成为容量很大的市场。只有人口多，购买力又强，产品能满足消费者的需要，能引起消费者的购买欲望，才能成为一个容量很大的市场。

（二）市场营销的概念

对市场营销的概念，理论界和企业界有不同的论述，美国市场营销学家基恩·凯洛斯将各种市场营销的定义分为三类：

（1）认为市场营销是为消费者服务的理论。

（2）认为市场营销是对社会现象的一种认识。

（3）认为市场营销是通过销售渠道将生产同市场联系起来的过程。

本书采用第三种定义，认为市场营销是指导企业生产以及连接生产与销售的一系列经济活动的总称。这一系列的经济活动包括市场调查与预测、市场购买行为分析、市场细分与目标市场选择、产品策略、价格策略、销售渠道策略和促销策略等。

二、市场营销观念

市场营销是一种有意识的经营活动，是在一定的经营思想指导下进行的，这种经营思想就是我们所讲的营销观念。营销观念是随着社会经济和市场的发展而不断变化的，主要经历了以下演变过程：

（一）生产观念

生产观念产生于19世纪末。该观念认为消费者欢迎可以买得到和买得起的产品，企业的任务就是组织所有的资源，降低成本，增加产量。这是一种典型的重生产、轻市场营销的观念，一般是在卖方市场下产生的。由于商品供不应求，企业生产的产品不愁没有销路，于是生产什么就卖什么，实行以产定销。

（二）产品观念

产品观念产生于20世纪20年代以前。该观念认为消费者喜欢那些质量好、价格合理的产品，企业的任务就是要提高质量，只要价廉物美，顾客就会盈门。这种观念过分注重产品本身，导致“市场营销近视症”。它是在卖方市场出现竞争的条件下产生的。

（三）推销观念

推销观念产生于第二次世界大战之前。该观念认为消费者一般不会购买非必需的东西，但是企业如果采取一定的促销措施，消费者就会购买。企业的任务就是加强促销工作。这种观念的实质是认为市场营销就是推销，是卖方市场向买方市场过渡时期产生的。

（四）市场营销观念

市场营销观念产生于第二次世界大战之后。该观念认为随着人们生活水平的提高，消费者一般都喜欢赶时髦、求新奇，消费者的需求多变。企业的任务是了解市场需求，满足消费者的需求。这是一种以顾客的需求为导向的营销观念，是在完全的买方市场下产生的。

（五）社会市场营销观念

社会市场营销观念产生于20世纪70年代之后。该观念认为市场营销观念忽视了消费者需要与消费者利益和社会长远利益之间的矛盾，从而造成资源浪费和环境污染。如汉堡包虽然能满足消费者的需要，但是对老年人健康不利，并且浪费大量的纸；如香烟虽然能满足消费者的需要，但是容易使他们患肺癌，且污染环境，对社会不利。因此，企业的任务是不仅要满足消费者的需求和欲望，而且要符合消费者自身和整个社会的长远利益。该观念提倡兼顾消费者需要和消费者利益与社会利益。它是在西方资本主义出现能源短缺、通货膨胀、环境污染、消费者保护行动盛行等现象的条件下产生的。

（六）大市场营销观念

大市场营销观念产生于20世纪80年代，由美国的菲利普·科特勒教授首先提出。该观念认为面对保护型的市场，企业的市场营销组合除了产品策略、价格策略、销售渠道策略和促销策略之外，还必须使用一定的政治权利和公共关系，从而形成大市场营销观念。

专栏 5-1

大市场营销战略实施步骤

一般说来，公司运用大市场营销战略要通过以下三个步骤进行：

（1）探测权力结构。经营者必须首先了解目标市场的权力结构。权力结构主要有三种类型：①金字塔结构。权力集中于统治阶层，它可以是一个人、一个家族、一家公司、一个行业或一个派系，中层是贯彻统治阶层意图的，下层是执行者。②派系权力结构。这是指在目标地区中有两个以上的集团（权力集团、施加压力的集团、特殊利益集团）勾心斗角。在这种环境下，公司必须决定与其中哪些集团合作，而一旦与某些集团结成联盟，往往会影响与其他派别的友好关系。③联合权力结构。各权力集团组成临时联盟，公司必须通过与联盟合作才能达到目标，或者另组成一个对应的联盟来支持公司。在弄清权力结构后，公司必须对各方实力进行评估对比，作出相应的决策。

（2）设计总体战略。在进入一个封闭型市场时，公司必须先了解各集团中的反对者、中立者和同盟者。可供选择的总体战略有：①补偿反对者所受损失，使之保持中立。应把对受害者的补偿包括在总成本内。②与支持者组成一个联盟，以壮大自身的力量。③把中立者变为同盟者。这需要对中立者施加影响和提供报酬。另外，设计总体战略往往是与运用政府机构的权力联系起来的。

（3）制订实施方案。实施方案规定由谁负责哪些工作、何时完成、在哪里完成以及怎样完成。

资料来源　张向东．3M理论与实践研究［M］．北京：企业管理出版社，2019．

三、市场营销新理念①②③

社会经济环境的迅速变化使营销观念、理念不断充实、丰富，日趋成熟，同时又不断产生新的营销思想和观念。这些新观念拓宽了我们的视野，向我们展示了市场营销的全新理念。

（一）服务营销

自20世纪80年代以来，西方学者提出服务营销的概念。服务营销的核心，就是将为顾客服务的观念贯彻到企业所有的经营活动中去，而不是仅仅将服务视为依附于产品的售前或售后服务。服务观念应贯穿于从产品设计到产品销售的整个过程之中，乃至产品生命周期的各个阶段。例如，在产品开发初期，开发部门便应依照通过市场调查收集的意见、要求和技术可能，制定出服务目标。在产品设计时，应确定产品的最高故障率以及最长诊断时限和修理时限，尽力提高产品的可靠性，以降低顾客使用产品的总费用。另外，要把服务营销的思想真正落到实处，必须有相应的组织保证，如一些企业设立与生产、销售等并列的为顾客服务的独立部门，如维修、咨询指导、培训等部门。随着经济的发展，市场竞争的日益激烈，消费者的要求越来越高，服务营销已经成为企业树立良好形象、开发新客户、留住老客户的最有效的途径。

---

① 邵一明．现代企业管理［M］．上海：立信会计出版社，2009．
② 周梅妮．现代企业管理［M］．北京：北京理工大学出版社，2013．
③ 张巍．市场营销［M］．西安：西安交通大学出版社，2020．

（二）关系营销

20世纪70年代末到90年代初，在西方国家兴起了关系营销的观念，它是由美国的营销学家巴巴拉·杰德·杰克逊于1985年首先提出的。在激烈的市场竞争中，企业产品质量差异趋于缩小，推销和服务也极为相似，甚至产品也趋于相同，已无明显差别。人们在购买产品时，往往是既买产品又买概念，把提升生活品位融入产品消费之中，从而使企业竞争转向品牌和企业形象竞争。企业要建立竞争优势，只有依赖伴随产品出售所提供的服务，而关系营销正是以改善服务质量、建立伙伴关系为目的，促进企业与消费者之间的相互信任。关系营销观念认为，企业的营销活动应在盈利的基础上，努力建立和促进与顾客和其他相关利益伙伴之间的关系，形成一种兼顾各方利益的长期关系。关系营销的重点对象是顾客，目的是尽可能使每一位顾客都成为未来的长期客户，成为与企业有伙伴关系的忠诚顾客。

（三）网络营销

随着互联网的发展，信息沟通渠道大大丰富，信息沟通成本降低，为企业利用互联网手段进行营销提供了技术条件。网络营销是指为实现营销目标，借助互联网和数字交互式媒体进行的营销活动。它是目标营销、直接营销、分散营销、顾客导向营销、双向互动营销、远程或全球营销、虚拟营销、无纸化交易、顾客参与式营销的综合。网络营销是以互联网为媒体，以新的方式、方法和理念实施营销活动和营销手段实现企业营销目标。网络营销作为一种全新的营销方式，与传统营销方式相比具有明显优势。利用网络营销，企业可以通过网络展示自己产品的质量、性能、价格、售前售后服务以及付款条件等，也可以通过网络实现电子交易，从而使得企业和距离遥远的客户联系起来，降低企业成本，扩大市场。另外，企业通过电子邮件、网上电话、网上会议等方式，可以降低交通费用和通信费用。此外，利用网络多媒体推广产品远比其他媒体广告可以节省更多的费用。网络营销可以优化企业供应链，实现网上直销，减少库存和营业面积，降低周转与管理成本，节省巨额的促销和流通费用，从而降低了产品成本和价格，最终提高企业的利润。

（四）绿色营销

绿色营销是指企业在从产品的设计、生产、营销、废弃物的处理方式，直到产品消费的整个生产经营过程中，通过环境保护和维护生态平衡，实现企业可持续发展目标的营销理念。实施绿色营销的企业：①要求企业所有员工包括营销人员，确立绿色生产观念和绿色营销观念，这两个观念本质上也就是确立企业的社会责任观念和可持续发展观念，塑造企业的良好形象。②要求积极开发、生产和营销有利于保护生态环境的绿色技术和绿色产品，即提供的产品有利于人们身体健康，减少或消除对环境带来的污染。③收集有关环保法律法规和环保政策信息以及掌握顾客绿色需求的信息，合理地进行绿色产品的设计，推行绿色包装、绿色标志，努力满足顾客对绿色技术和绿色产品的需求，实现企业、顾客和社会三者之间利益的统一与和谐。④实施产品、价格、渠道和促销的绿色组合，以营造企业的绿色优势，以绿色和环保在竞争中取胜。

（五）整合营销

整合营销是指企业兼顾企业、顾客和社会三方共同利益，为更好地协调企业内外系统的关系和活动，在总结成功经验、综合现代市场成功经营理念的基础上，以动态的观念，针对整个行业经营进入综合价值阶段，更加重视顾客，努力把各种营销技巧、营销手段相互结合，优势互补，细心地去发现潜在的市场，创造新市场的一种营销手段和理念。“整合”即“综合、结合为一体”的意思。实施整合营销这一策略的企业：①秉持整合营销理念，改变旧的营销理念，确立新的营销理念，兼顾企业、顾客、社会三方的利益，以共同利益为中心，协调好企业内外各系统之间的关系。②以顾客为导向，整合各种营销技巧、营销手段，使其作用力统一方向，形成合力，共同为实现企业的营销目标服务。③整合企业各部门的力量，使之协同作战，以满足顾客的需求，为顾客创造实实在在的价值和利益。④进行动态的、相互联结的三个定位，即产品定位、市场定位和形象定位，使三个定位巧妙结合、相互衔接，以适应动态变化的市场环境，主动满足顾客动态变化的需求，强调主动迎接市场挑战，努力发现潜在的市场，从而创造新的市场。⑤强调研究产品的整体概念，即产品包括五个层次：核心利益、基础产品、期望产品、附加产品、潜在产品。要求在这五个层次上进行整体开发，给顾客带来更多的实惠和附加价值；在产品服务上进行整体开发，给顾客带来更大的方便。通过整合培养顾客对品牌的忠诚度，用服务组合留住顾客。

（六）大数据营销

大数据营销是指在大数据分析的基础上，描述、预测、分析、引导消费者行为，帮助企业制定有针对性的营销战略和战术的过程。大数据营销依托多平台的数据采集及基于大数据技术的分析及预测能力，可使企业的营销管理更加精准，为企业带来更高的收益。大数据营销的核心是借助大数据技术的应用，基于企业对消费者或用户的了解，把希望推送的产品或服务通过合适的载体，以合适的方式，在合适的时间，推送给合适的人。大数据营销具有很强的时效性，互联网时代的消费者行为极易在短时间内发生变化，大数据营销可以在用户需求最强烈之际，实施精准及时的营销。大数据营销具有明显的个性化优势，可以根据用户的兴趣爱好及在某一时间点的需求，有的放矢，实施一对一营销。大数据营销还具有精准化、高效率的特点，可以根据实时性的定价、分销、促销效果反馈，及时调整营销策略。尤其是企业通过对用户的各种信息进行多维度的关联分析，可从大量数据中发现有助于优化营销决策的各种关联。例如，通过发现用户购物车中的不同商品之间的联系，分析、预测用户的消费习惯和规律，获悉哪些商品被哪些用户频繁地购买，从而帮助营销人员由此及彼，举一反三，掌握消费者的购买行为及其规律，有针对性地制定出相关商品的营销策略。

（七）低碳营销

低碳营销是指企业主要通过导入低碳理念，从产品设计、生产加工、运营、包装到售后等多个环节向低碳管理倾斜，在营销的各个环节倡导和推行低碳理念，主动引导客户的低碳需求的一种营销模式。在低碳经济蓬勃发展的背景下，实施低碳营销模式可以帮助企业树立良好的环保形象，赢得低碳消费者青睐，最终赢得独特的市场竞争力。低碳营销注重从根本上改善生态环境，节约资源和能源，提高资源的利用效率，有助于促进企业主动转变经济发展方式，改变粗放型能源使用模式和管理模式，符合企业和社会的中长期利益需要。

党的二十大报告指出，推动经济社会发展绿色化、低碳化是实现高质量发展的关键环节。加快节能降碳先进技术研发和推广应用，倡导绿色消费，推动形成绿色低碳的生产方式和生活方式。绿色营销、低碳营销是在营销领域贯彻党的二十大精神应具备的新理念。

第二节　市场调查与市场预测

一、市场调查的内容

市场调查是指用科学的方法，有目的、系统地搜集、记录、整理和分析市场情况，了解市场的现状及其发展趋势，为企业的决策者制定政策、进行市场预测、作出经营决策、制订计划提供客观、正确的依据。

市场调查是获取市场信息的重要方法之一，通过市场调查搜集资料，取得市场信息，从而掌握市场动态和发展趋势，不仅为预测提供信息，而且为决策提供依据。这对于搞好市场营销活动也是非常重要的。

市场调查的内容非常广泛，包括环境调查、市场需求调查、消费者及消费者行为调查、产品调查、价格调查、销售渠道调查和促销方式调查等多方面。

（1）环境调查。环境调查的对象包括政治环境，如国家有关的政策、法令条例，国民经济发展规划、计划，财税政策等；经济环境，包括居民个人收入、人口增长水平、物价水平、资源状况等；社会文化环境，包括消费者的受教育程度、文化水平、风俗习惯和宗教信仰等。

（2）市场需求调查。市场需求调查包括调查某种商品的现有购买人数、潜在购买人数、市场需求量及趋势、本企业市场占有率、竞争对手的市场占有率等。

（3）消费者及消费者行为调查。消费者及消费者行为调查包括调查消费者类别、消费者购买力、消费者购买动机和消费者购买习惯等。

（4）产品调查。产品调查包括调查消费者对产品的意见、产品处在什么生命周期、产品的商标如何、产品的包装如何等。

（5）价格调查。价格调查包括调查消费者对价格的反应、同行业竞争对手的价格水平等。

（6）销售渠道调查。销售渠道调查包括调查中间商的销售能力、消费者对中间商的印象等。

（7）促销方式调查。促销方式调查包括调查何种促销方式好、各种广告媒体的有效性等。

二、市场调查的步骤

（一）确定调查问题

市场调查首先要确定调查的问题。一般围绕企业迫切需要解决的问题做好以下两个方面的工作：一是初步情况分析。初步情况分析可以参考各种内部资料，如各种记录、销售日报、历年统计资料、用户来函、年度报告、专题报告、财务决算等，同时要利用一定的外部资料，如政府统计资料、公开出版的期刊、文献等。再对内、外部资料进行初步分析，探索问题所在。二是非正式调查。在初步情况分析的基础上，请专家、用户进行调查，对初步分析得出的问题进行确认。

（二）现场调查的准备工作

1.决定调查方法

决定调查方法是现场调查的第一项准备工作，市场调查的方法有多种，常用的有询问法、观察法和实验法。

（1）询问法。询问法是指调查人员通过询问的方式向被调查者提出问题，获得所需资料的方法。询问法有走访询问、信访询问和电话询问等方式。走访询问是指调查人员直接到被调查者的所在地，向被调查者提出问题，获得所需的调查资料。这种调查方法的优点是真实性强，具有一定的灵活性和直观性；缺点是调查费用高，而且容易受调查者态度的影响。信访询问是指调查人员通过信函方式向被调查者提出问题，获得所需的调查资料。这种调查方法的优点是调查范围广，给被调查者回答问题的时间充分，调查费用省，而且不受调查者态度的影响；缺点是回收率低，所花费的调查时间长，对调查的问题回答肤浅，尤其当不是目标消费者时，调查缺乏真实性。电话询问是指调查人员通过电话的方式向被调查者提出问题，获得所需的调查资料。这种调查方法的优点是迅速及时，尤其是不便面谈的问题使用电话询问效果更好；缺点是调查面窄，回答问题比较肤浅。随着互联网和新媒体的发展，网上询问越来越普及。

（2）观察法。观察法是指调查人员在现场通过观察被调查者的行动获得所需资料的方法。观察法的优点是真实性强、准确率高；缺点是观察不到内在因素。观察法包括顾客动作观察，如洗衣机厂的员工观看用户选择洗衣机；店铺观察，如通过站柜台、参加订货会和展销会等观察商品选购的情况等；实际痕迹观察，如在不同的杂志上做广告，观察返回率等。

（3）实验法。实验法是从被调查的问题中，选一两个影响因素做实验，对结果进行分析，获得所需资料的方法。

2.设计调查表

设计调查表是现场调查的第二项准备工作。设计调查表首先要设计好回答问题的类型。回答问题的类型有自由回答式、选择式、序列式和评判式等。自由回答式只列问题，没有拟定现成的答案。其优点是能搜集到调查者事先估计不到的答案；缺点是答案各不相同，整理分析困难。选择式不仅列出问题，同时列出答案，供被调查者选择。其优点是答案明确，便于分类整理；缺点是所列答案不一定反映调查者的真正意见。序列式是由被调查者依据自己的判断，将所列项目列出先后顺序。其优点是能简单列出被调查内容的顺序；缺点是不能回答顺序间的差距。评判式要求被调查者表明对某个问题的态度。其优点是既表明了态度，又从某种程度上表明了差距。

调查表设计还要满足一定的要求：一般无关紧要的项目不要列入；被调查者难以回答的问题不要列入；所调查的问题要准确，不要一般化；不要诱导调查者去回答问题。另外，设计的调查表要有一定的艺术性。

3.抽样设计方法

抽样设计方法是现场调查的第三项准备工作。进行抽样调查，一般有两种方式可供选择：一是普遍调查，也就是通常所说的普查；二是抽样调查，即抽查。普查的优点是资料准确，但费时费钱，所以多数企业采用抽样调查。采用抽样调查必须进行抽样设计。抽样设计有随机抽样和非随机抽样。

（1）随机抽样。随机抽样包括简单随机抽样、分层随机抽样和分群随机抽样。简单随机抽样有抽签法和乱数表法。抽签法是将总体中的每个个体进行编号，然后随机抽样，抽出的即为样本。乱数表是一张将0~9的数字随机排列而成的表格，任意指点表中的一个数，然后从此数开始，自左向右或自上而下，按行（列）或各行（各列）抽取，即可得出样本。当新抽出的数字超过样本总体数时，该数字作废。分层随机抽样法是将总体按一定的特性划分不同的层，然后在每一层中选取样本。一般是先按一定的标志分层，再按比例计算各层样本数，最后按简单随机抽样法在每层确定样本。分群随机抽样法是将总体分为若干群，再从各群中随机抽样，优点是调查地区可以集中，节省人力和费用。

（2）非随机抽样。非随机抽样包括任意抽样法、判断抽样法和配额抽样法。任意抽样法是依据调查的方便来决定样本，优点是方便省钱，缺点是误差大，适用于非正式调查。如在街上进行调查，遇到谁就调查谁。判断抽样法是依据专家或调查人员的判断来决定样本，适用于特殊要求。如检查工作时，抽查工人的工作情况，一般抽查有经验的工人。配额抽样法也叫分层判断抽样调查法，一般先分层，再确定每层的样本数，最后用判断抽样法确定每层的样本。

（三）现场调查

市场调查除了做好以上三项准备工作以外，还要挑选调查人员进行现场调查。调查人员要懂调查理论与技术；文明礼貌，善交际；反应快，口齿流利。

（四）整理、分析调查资料

先将调查所得的资料进行分类。分类工作是科学研究问题的基础，没有分类就不能看出问题的特性。分类时做到同一类资料应尽可能是相似的，各类别间应有显著的差异，分类应详细；在分类的基础上进行核校，如发现资料有错，要及时进行改正，以达到资料的准确性；然后进行编号，编号的目的在于整理方便；最后列表，列表有利于分析问题。列表分单栏表和多栏表。单栏表只列举调查事物的某一特征，多栏表列举调查事物两个以上的特征。

（五）编写调查报告

调查报告分为专门报告和综合报告。调查报告中要列举以下内容：①调查过程概述；②调查目的；③调查结果；④结论；⑤附录，包括调查方法、结果的详细资料。

专栏5-2

问卷设计的原则

问卷设计是一项技术性比较强的工作，需要经过专业训练并具有一定经验的专业人员来完成，设计者还应遵守一些在长期实践中形成的基本原则。

（1）紧扣目标的原则。设计问卷时，首先必须遵守的原则就是紧扣调查目标来设置问题，问卷必须问什么，不必问什么都应根据调查目标决定，要防止问题偏离目标。

（2）合乎逻辑的原则。问卷设计时，有关问句的排列，要依照一定的逻辑顺序，如时间顺序、类别顺序等。

（3）易于回答的原则。设计问卷时，要从受访者的角度考虑问题及其形式的设计，要使他们便于理解、易于回答、乐于合作。

（4）便于统计的原则。在问卷的设计中，还要考虑受访者对问题的回答是否便于进行量化统计和分析。如果使用问卷的调查结果是一大堆难以统计的定性资料，那么要从中得到规律性的结论就十分困难，最终不能获得理想的效果。

(5) 保持中立的原则。信息的价值首先体现在真实性、客观性上，开展市场调查是为了搜集有价值的市场信息，为企业营销决策提供可靠的依据。

(6) 篇幅适当的原则。在一般情况下，入户访问的问卷可适当长些；街头拦截访问的问卷则要短些；而邮寄调查和留置调查的问卷要更短些。在问卷设计好之后，可以通过试调查作适当的调整。

资料来源　魏炳麒. 市场调查与预测［M］. 大连：东北财经大学出版社，2019.

三、市场预测概述

（一）市场预测的概念及作用

预测是人们对未来不确定的事物进行推断和预见的一种活动。它是对客观实践中各种各样的事物的未来发展变化的趋势以及人类实践活动的结果所做的预先分析和估计。人们研究未来，是为了探索客观事物未来的发展趋势和内在规律，目的是指导人类的行为，力求趋利避害，按照客观规律办事，达到改造客观世界的目的。预测绝不是凭空的想象和猜测，而是根据过去和现在的客观实际资料，运用科学的方法，探求事物发展的规律。同时，任何预测都不可能百分之百正确，所以预测有一定的可靠性。因此，预测是指以一定的可靠性，采用科学的预测技术，对事物未来的趋势进行估计或描述。

市场预测是预测的一个重要组成部分。所谓市场预测是在市场调查的基础上，借助一定的历史资料，采用科学的预测技术，对未来一定时期市场供需变化及其发展趋势进行估计、分析和推断的过程。市场预测是市场营销活动中的一项重要的基础工作，具有以下作用：

(1) 通过市场预测，可以掌握市场需求变化的动态，更好地安排生产，满足市场需求。人们的需求要通过商品交换得到满足，购买力的投向和在一定时间内需要什么商品，都要通过市场反映出来。因此，在市场调查的基础上，通过市场预测，可以了解商品需求的变化及其发展趋势，并根据商品需求的预测制订企业的生产经营计划，促使产销结合。同时，通过市场预测，还可以根据市场上商品需求的变化及时调整生产，在投资和新产品开发方面，在经营商品的品种、规格、数量和质量方面与市场需求相适应，更好地安排生产，满足市场需求。

(2) 通过市场预测，为企业制订生产经营计划提供依据。企业所制订的生产经营计划是否符合实际情况，要通过市场检验。通过市场预测，可以获得产品畅销或滞销的信息和资料，因此从市场预测中获得的信息和资料，可以帮助企业制订与调整近期生产经营计划，并为企业制定长远规划提供依据。

(3) 加强市场预测，是提高企业经营管理水平的重要条件和手段。市场经济条件下，必然存在着竞争和经营风险，要使企业在竞争中得到发展，必然要通过市场预测比较准确地掌握市场供求变化情况，用以指导企业生产经营活动，合理使用人力、物力和财力，加速资金周转，降低成本费用，扩大产品销售，提高生产效率，增加企业盈利。

（二）市场预测的种类

市场预测可以按照不同的标准进行分类：

1.按预测的内容分类

市场预测按预测的内容可以分为市场需求预测、市场占有率预测、价格预测、消费者购买行为预测、促销策略预测等。

2.按预测的时间分类

市场预测按预测的时间可以分为短期预测、中期预测和长期预测。短期预测是指一年之内的预测，如年度预测、季度预测和月度预测，也称为近期预测；中期预测一般指一年以上五年以下的预测，中期预测由于预测时间较长，预测的不确定性因素较多，因此预测的准确性较短期预测稍差；长期预测一般指五年以上或更长时间的预测，又称远景预测，由于时间越长，不可控因素越多，预测的准确性越差，因此长期预测的准确度比短期和中期预测的准确度要差。

3.按预测的方法分类

市场预测按预测的方法可以分为定性预测和定量预测。定性预测是指根据个人的经验和知识，判断事物未来的发展趋势和状态，包括个人专家意见法、组织专家会议、头脑风暴法、德尔菲法和使用者期望法等；定量预测是指利用一定的统计资料，凭借一定数学模型推算事物未来的发展趋势和状态，包括外推法和因果法。外推法是指利用过去或现在的历史资料推算事物未来发展趋势的方法，包括简单平均法、加权平均法、移动平均法等，一般适用于短期预测；因果法是指利用一定的统计资料，通过寻找事物内在的因果关系，预测事物未来的发展趋势和状态的方法，如回归分析法，一般适用于长期预测。

（三）市场预测的程序

为了保证市场预测工作的顺利进行，必须按预测工作的过程加强组织工作，以利于各环节相互协调，进而取得成效。

（1）确定预测目标。企业进行市场预测首先要确定预测的对象和目标，因为只有明确预测目标，才能根据预测目标制订预测工作计划，搜集资料，组织预测工作。预测目标要具体、准确、清楚。

（2）搜集分析资料。根据预测目标的要求，对市场调查所获得的资料进行整理、分析。这一阶段搜集的资料越充分、准确，分析研究越详细、深刻，预测的准确度就越高。

（3）选择预测方法。市场预测的方法有很多，一般可以分为两大类：一类是定性预测方法；另一类是定量预测方法。应根据企业的实际情况和预测的要求，以及资料的掌握程度，选择行之有效的预测方法。

（4）提出预测报告。按照预测的方案和选择好的预测方法，对已搜集的资料进行分析研究，在充分考虑各种变量相互影响的基础上，进行预测计算和分析判断，求出预测值，写出预测报告。

（5）分析预测误差，调整预测结果，作出最终预测。预测可能与实际不相符，即发生预测误差。在预测过程中产生预测误差的原因有很多，大致可以从以下几个方面分析：

① 建立预测模型所搜集到的数据资料不全面或不准确，导致预测结果的偏差。

② 数学模型本身的缺陷，因为预测模型仅仅是实际过程的一个最佳近似，预测模型与实际完全吻合的情况罕见。

③ 预测期间的外部环境与建立预测模型时相比，可能发生很大变化，建立模型时并没有考虑到这些变化。

④ 受一些人为心理因素的影响。

要求预测100%的准确是不太可能的，能够达到90%以上的准确度就很成功了。但是，如果预测误差很大，就失去了预测意义，甚至带来不利的影响。因此，对各种定量预测结果，运用相关检验、假设检验的方法来分析预测误差，进行可行性分析是必要的。

四、市场预测方法

市场预测中使用的预测方法有很多，有定性预测方法和定量预测方法两大类。当可依据的资料不充分时，可以采用定性预测方法。当历史资料比较充分并且资料也比较可靠时，可以采用定量预测方法。

（一）定性预测方法

1.个人判断法

个人判断法也称个人专家意见法，是由决策人凭个人经验对客观事物进行分析判断，预测未来的情况。个人判断法的优点是能综合考虑各方面的因素，简单快捷；缺点是可能会因个人经验欠缺、客观依据不足使判断失误。

2.综合判断法

综合判断法也称组织专家会议，是由企业负责人召集各部门负责人或营销人员，广泛交换意见，预测未来的情况，然后将不同人员的预测值进行综合，得出预测结果。综合判断法的优点是方法简单易行，能吸收各方意见，并且预测的准确度高；缺点是容易受预测者了解情况的局限，受权威人士的影响，也容易受外界气氛的影响。

3.头脑风暴法

头脑风暴法也称BS法，是在组织专家会议的基础上，遵循以下两个规定：一是谁也不反对谁的意见；二是谁提出新的建议都要给予赞扬。这种方法的优点是会议气氛轻松，参加会议的专家思维活跃，而且比一般的组织专家会议效率高；缺点是对主持人要求比较高，如果组织不当，可能会使会议偏离主题。

4.专家意见法

专家意见法也称德尔菲法，这种方法一般按照规定的程序，背靠背地征询专家对某一事物发展趋势的意见，然后进行预测的方法。专家意见法遵循的程序是：

（1）预测组织者根据实际情况提出预测问题。

（2）选择若干个对预测对象熟悉的专家组成一个预测小组，要求专家有代表性，来自与预测项目有关的各个方面。同时要求专家具有丰富的知识和经验，这是专家意见法预测准确性的基础。

（3）预测组织者根据预测问题设计预测咨询表。

（4）将咨询表用信函的方式寄给所选择的专家，各专家在预测完成后将预测结果反馈给预测组织者，预测组织者根据专家们第一轮的预测结果，整理后将一定形式的信息再反馈给专家，各专家在获得新的信息的基础上再进行第二轮预测，如此反复，逐轮咨询，直至预测结果趋于一致。

（5）将预测结果以一定的方式进行定量处理，并作为最终的预测结果。预测结果的处理一般有两种方法：一是中位值法，即用中位值和上下四分点进行定量处理；二是直方图法，即用分组的方法将数据画成直方图来进行定量处理。

专家意见法具有以下特点：

（1）匿名性。由于预测时采用信函的方式，并且要求专家不署名，使专家消除了顾虑，预测的真实性增强。

（2）反馈性。由于预测要求专家逐轮咨询并进行信息反馈，使预测的可靠性增加。

（3）数理性。预测整理分析时要采用一定的数理统计方法。

专家意见法的优点是节约了预测费用；缺点是预测的时间太长。

5.使用者期望法

使用者期望法是指某些企业只有少数大顾客，根据这些大顾客的预期需要，可以作出有效的预测。这种方法的优点是以较低的预测费用取得有益的资料，同时使消费者感到服务的热忱，能够提升企业的信誉；缺点是当顾客太多，或不愿合作时，预测效果较差。

（二）定量预测方法

1.时间序列法

（1）简单平均法。简单平均法是将按时间顺序发生的历史数据求简单平均值，以简单平均值作为预测值。简单平均法的优点是简单易行，可以消除偶然因素的影响；缺点是当时间序列有趋势时，预测的可靠性降低。

（2）加权平均法。加权平均法是对距离预测期远近不同的历史数据赋予不同的权数，然后求出加权平均值，以加权平均值作为预测值。加权平均法的优点是能够考虑距预测期远近不同的历史数据的影响，使预测结果更符合实际；缺点是当时间序列有趋势时，预测的可靠性降低。

（3）移动平均法。移动平均法是将按时间顺序发生的历史数据，先分段，再移动求出每一段的平均值，以移动平均值作为预测值。这种方法的优点是当所给的历史数据含有季节性、周期性或随机性时，采用移动平均法可以消除这些变动的因素的影响，使数据的变动平稳化。

2.因果关系法

回归分析法是一种典型的因果关系预测法。任何事情的发生都有一定的原因，一定的原因引出一定的结果，回归分析便是通过因果关系，利用数理统计学的回归分析来找出事物变化的内在规律，从而进行预测的一种方法。

一般因果关系有两种：一种是确定型的因果关系，如函数关系；另一种是非确定型的因果关系，也称相关关系，回归分析讨论的就是非确定型的因果关系。由于回归分析法预测的基础是因果关系，因此预测的可靠性高，预测的适用性强，一般适用于长期预测。

一元线性回归法确定的是一个自变量与一个因变量之间的相关关系。预测模型是：

$$\hat{y}=a+bx \tag{5-1}$$

式中：$\hat{y}$——因变量；x——自变量；a——不考虑自变量影响的销售量；b——自变量与因变量的比例关系。

运用一元线性回归法进行预测的主要步骤是：

（1）通过计算相关系数确定自变量x和因变量$\hat{y}$之间是否相关。相关系数的计算公式如下：

$$r=\frac{n\sum x_i y_i-\sum x_i\sum y_i}{\sqrt{[n\sum x_i^{2}-(\sum x_i)^2][n\sum y_i^{2}-(\sum y_i)^2]}} \tag{5-2}$$

一般相关系数越接近1，表示自变量x和因变量$\hat{y}$之间相关程度越强；越接近于0，表示自变量x和因变量$\hat{y}$之间相关程度越弱。

（2）根据a、b的历史统计数据，用最小二乘法确定系数a、b，计算公式如下：

$$\begin{cases} b = \dfrac{n\sum x_i y_i - \sum x_i \sum y_i}{n\sum x_i^{\ 2} - (\sum x_i)^2} \\ a = \bar{y} - b\bar{x} \end{cases} \tag{5-3}$$

（3）根据求出的a、b，以及预测的x值，用$\hat{y}=a+bx$求出预测期的预测值。

（4）计算置信区间，预报预测值所在范围。置信区间由标准差决定，标准差的计算公式如下：

$$s = \sqrt{\frac{\sum (y_i - \hat{y}_i)^2}{n-2}} \tag{5-4}$$

置信区间可以用$\hat{y}\pm 2s$计算，这样预测的可能性为94.5%。

第三节 市场细分及目标市场选择

一、市场细分

（一）市场细分的定义

市场细分是指企业按照消费者的一定特性，把原有市场分解为两个或两个以上的分市场或子市场，用于确定目标市场的过程。

市场细分的概念是美国著名的市场学家温德尔·史密斯于1956年在《市场营销战略中的产品差异化与市场细分》一书中首先提出的。它以消费者的需求特性为内在基础，认为消费者对市场的需求存在同质性和异质性。当消费者对产品的需求大致相同时，企业可生产一种产品和采用一种营销策略加以满足，即同质市场。当消费者对产品的需求差异很大时，形成几个购买群，此时企业就要分别生产不同的产品和采用不同的营销策略满足不同的消费者。

市场细分实际上是一种本着“求大同存小异”的原则，对市场进行分类的方法。在市场营销的过程中，任何市场都是由一些需求不同、购买动机不同的消费者或用户组成的，消费者或用户之间的不同有时非常明显，有时却不明显。对不明显者，就本着求大同存小异的原则，将这群具有相似特性的消费者或用户，从差异明显的大市场中划分出来，成为一个子市场。可见对大市场来讲是同中有异，对子市场来讲是异中有同。

市场细分不同于一般的市场分类，一般的市场分类是以产品为中心进行分类的，比如依据产品的分销领域将市场分为国际市场和国内市场；依据产品的生产领域将产品分为工业产品和农业产品等。而市场细分是以消费者或用户为中心进行分类的，比如依据消费者的性别，可以将服装市场划分为男装市场和女装市场。

（二）市场细分的意义

一般在市场营销中，以整体市场为对象进行营销活动，可以取得规模经济效益，而对各个子市场分别进行营销活动时，由于企业的生产成本和营销成本都将上升，企业必须付出更大的代价。但是由于市场细分能够帮助企业正确地认识市场、研究市场，并帮助企业选择合适的目标市场，制定正确的营销策略等，因此市场细分给企业带来的利益大于付出的代价。

（1）市场细分有利于发掘最新的市场机会，形成新的目标市场。在市场细分的基础上，通过分析不同细分市场的需求特征以及市场上已有的商品，很容易发现消费者尚未满足的需求，企业可以根据竞争对手市场占有情况，巩固现有市场，充分利用市场机会，开拓新市场。

（2）市场细分有利于企业发挥竞争优势。每一个企业的生产能力对于整体市场来说都是微小的。尤其是对于中小企业，通过市场细分，把企业的优势力量集中在企业选定的细分市场上，变整体市场上的相对劣势为局部市场上的绝对优势，从而提高企业竞争能力。

（3）市场细分有利于企业集中使用资源。一个企业不可能满足所有的市场需求，因此必须在细分市场中作出取舍。在一个细分市场中占据较大的市场份额，往往比在整体市场中获取较小的市场份额更为有利。企业应该将其人力、物力和财力准确地投放到所选定的目标市场上，才能取得稳固的市场。

（4）市场细分有利于调整市场营销策略。消费者的需求是企业制定正确营销策略的出发点，由于各细分市场具有明显的需求特征，企业易于把握，并依此作出反应，准确地调节营销策略的各个方面，使细分市场中的消费者需求得到充分的满足，企业也因此获得更高的盈利。

（三）市场细分的依据

由于消费者的情况千差万别，任何商品市场都是由许多子市场组成的，这些子市场都是依据一定的标准进行划分的。由于实际影响需求的因素是多方面的，这些因素非常复杂，因此在实际工作中往往归纳为若干基本要素。

1.地理因素

可根据消费者所在的不同地理位置、气候、人口密度和城乡的情况，划分出不同的细分市场。按地理区域划分市场，可区分为东北地区、华北地区、华南地区、华东地区、西南地区和西北地区等六大区域；按自然条件划分可以划分为山区、平原、丘陵、沙漠，热带、温带、寒带，多雨区、干旱区等地区。地理条件不同，消费者对商品需求也不同。另外，居住在不同气候条件下的消费者，需求也有一定差异。

这种按地理状况细分市场的方法的优点是：可把营销准确地集中到潜在的消费者居住的地方，生产当地消费者需要的产品，有效地利用当地或地区的广告媒体，合理设置销售机构和储运设施。其缺点是：消费者的偏好往往与消费者居住地没有明显的联系，而经济、人口统计等方面的因素对消费者的影响更直接，而且按地理因素对市场进行细分的市场往往都较大，不符合经济工作越做越细的原则。

2.人口因素

按人口统计的市场是以人口统计变数，如年龄、性别、家庭生命周期、家庭大小、收入、职业、受教育程度、宗教信仰、种族等将市场细分为不同的子市场。由于以人口统计变数来细分市场比其他变数更容易衡量，并且适应范围比较广泛，许多消费者市场都可按这一方法进行细分。运用人口统计变数来细分市场的具体方法有：

（1）按年龄及家庭生命周期阶段划分。人们在不同的年龄阶段，由于经济状况和生理、性格、爱好的不同，他们对消费品的需求往往是有很大差别的，因此消费者的需要和购买量通常是随年龄而异的。按年龄划分的细分市场有儿童市场、青年市场、成人市场和老年市场等。按家庭生命周期阶段划分的细分市场有未婚阶段、新婚阶段、生儿育女阶段、无子女负担阶段及老年阶段等。这种划分的优点是各阶段的消费者都可以根据自己的收入状况来支配购买力，因此细分的市场具有一定的现实性。

(2) 按性别细分。某些产品的需求量不仅取决于消费者的数量，而且取决于消费者的性别情况。一般男性购买行为和购买动机与女性有很大的差别，购买者的性别会影响到大多数产品的设计和经营方式。

(3) 按收入细分。一个家庭的收入水平不仅决定其购买各项商品的支出总额，而且也决定其购买商品的性质。如收入高的消费者比收入低的消费者更容易购买高价产品。

(4) 按职业细分。从事不同职业的人，其消费是有很大区别的。这种由职业不同而引起的消费模式的变化，大部分原因是从事不同职业的人所获收入不同，当然也有不少差异是由于职业特点引起的。

(5) 按受教育程度细分。相同收入水平的消费者由于受教育程度不同，其需求也会产生某些差异。因为受教育程度不同的人，在志趣、生活方式、文化素养、价值观念等方面都会有所不同，从而影响到他们的购买种类、购买行为、购买习惯等，所以受教育程度也是进行市场细分的一个独立客观因素。

(6) 按民族细分。我国除汉族之外，还有55个少数民族，每个民族都有自己的风俗习惯，呈现出不同的商品需求特征。如对服装，各少数民族都有自己不同的需求。

(7) 按多人口变数细分。影响消费者需求的人口变数一般是多种因素同时起作用，在进行市场细分时可以把两个或两个以上的人口变数综合起来进行市场细分。如影响服装需求的人口变数至少有三个：收入、年龄及性别。为了更好地选择目标市场，可以按多人口变数细分。

3.心理因素

心理因素有社会阶层、生活方式和个性等。

(1) 按社会阶层细分。社会阶层是由职业、受教育程度、收入、价值观决定的，形成高、中、低不同的社会层次。一般不同的社会阶层对商品的需求差异很大。

(2) 按生活方式细分。生活方式指人们生活和消费的模式，一般有朴素型、时髦型、潇洒型、保守型等。可根据不同消费者的生活方式对市场进行细分。如时髦的人一般对商品的需求是时尚性的，朴素的人一般对商品的需求是淳朴的、重实用的，等等。

(3) 按个性细分。个性是指个人特性的组合，通过自信、支配、自主、顺从、交际、保守和适应等性格特征来表现出一个人对其所处的环境相对持续稳定的反应。不同个性的消费者对需求的差异很大，如外向性和内向性的消费者对商品的需求是不同的。

4.行为因素

行为因素是指消费者对产品的理解、态度、使用或反应等，按行为因素细分市场有以下几种：

(1) 按使用情况细分。使用情况是指消费者从前是否使用过某种产品或服务，可细分为未使用者、曾经使用者、潜在使用者、初次使用者、经常使用者等。按使用情况细分，对不同细分市场的消费者可以采用不同的营销策略。

(2) 按使用量细分。使用量是消费者购买产品或服务的数量。消费者有的可能使用很少，有的可能使用一些，有的可能大量使用，由此可将市场细分为产品的轻度使用者市场、中度使用者市场、重度使用者市场等。重度使用者市场一般在市场上所占的消费者的数量比例不大，但是所占的购买量的比例很大。这类市场是企业的重点，但在致力于对重度使用者市场服务的同时，不能忽略轻度使用者市场，要尽量使轻度使用者市场转变为重度使用者市场。

(3) 按购买准备阶段划分。消费者总是处于购买某种产品的不同准备阶段。有的对该产品未知，有的已知，有的已经产生兴趣，有的正打算购买。处于不同准备阶段的顾客对产品价格及分销渠道等信息和服务需要不一样。

(4) 按品牌的忠诚度划分。消费者对某一品牌的忠诚度可以分为坚定的品牌信赖者、多核心品牌信赖者、转移品牌信赖者、不信赖者。每家企业都拥有这四类比例不同的顾客，企业要做好市场营销工作，善于发现并及时采取市场营销策略，不断提高顾客对品牌的忠诚度。

(5) 按态度划分。态度是指消费者对企业市场营销组合的反应，一般分为热情、肯定、无所谓、否定和敌视等五种。人们的态度是购买行为所依据的一个重要因素，企业为此要善于区分并做好有针对性的市场营销工作。

二、目标市场

(一) 目标市场策略

目标市场是指企业在市场细分的基础上，选择一个或几个子市场作为企业所要进入并占领的市场。如对服装市场可以选择儿童服装市场或职业女装市场等。目标市场策略有如下几种：

1.无差异市场策略

无差异市场策略是指企业在市场细分的基础上，虽然认识到产品有不同的细分市场，但权衡利弊，不考虑各子市场的特性差异，只注重各子市场的共性，把所有子市场看作一个大的目标市场，只设计一种产品，运用一种营销组合。

这种市场策略具有以下优点：

(1) 有利于标准化和大规模生产。这种营销策略忽视了需求的差异，适用于品种、规格、款式简单的产品，有利于组织标准化和大规模生产。

(2) 可以大大降低成本费用。由于无差异市场策略可以扩大企业的生产规模，大规模生产可以降低生产成本、储存成本和运输成本；同时无差异市场策略不分子市场，从而减少了广告促销费用；而且无差异市场策略不需对各子市场进行营销研究，减少了营销研究费用。

这种市场策略具有以下缺点：

(1) 使用范围窄。由于消费者对多数产品的需求是有差异的，因此这种市场策略只适用于那些具有同质性的产品，对多数产品不适合。

(2) 经营风险大。用同一产品以同样方式销售，并能得到所有顾客的满意，几乎是不可能的，所以经营风险很大。

2.差异市场策略

差异市场策略是在市场细分的基础上，选择多个细分市场作为目标市场，分别设计不同的产品，采取不同的营销策略，以适应各子市场的需要。

这种市场策略具有以下优点：

（1）能满足不同顾客的需求，扩大企业的销售量。

（2）分散企业的经营风险，达到东方不亮西方亮的目的。

这种市场策略的缺点是成本费用高。由于不同的市场要设置不同的产品，采用不同的营销策略，因此使成本费用、促销费用和营销研究费用增加。

3.集中市场策略

集中市场策略是指企业集中全部力量，只选择一个或少数几个性质相似的子市场作为目标市场，开发一种产品，制定一套营销策略，集中力量在目标市场上占有较大的市场份额。

这种市场策略具有以下优点：

（1）适用于资源有限的中、小企业，或初次进入市场的大企业。

（2）由于市场与营销的专业化，只要市场选择恰当，可以节省成本费用，增加盈利。

这种市场策略的缺点是经营风险大。目标市场过于集中，一旦市场变化，如消费者偏好转移、价格猛跌、出现强有力的竞争者等，企业就会陷入困境。

（二）确定目标市场的因素

以上三个目标市场策略各有利弊，企业究竟选择哪种营销策略，应考虑以下五大因素：

（1）企业资源。对实力雄厚，管理能力强，拥有足够人力、物力、财力的大型企业，可根据企业生产产品的特性采取差异或无差异市场策略；对实力不强，人力、物力、财力资源有限的中、小企业，无力把整个市场作为目标市场，也无力将市场进行细分以面对不同的市场，因此采取集中市场策略最佳。

（2）产品类似程度。产品差异小的企业，适宜采用无差异市场策略；产品差异大的企业，适宜采用差异市场策略或集中市场策略。

（3）产品市场生命周期。处在投入期的产品，企业一般先推出单一产品，此时可以采用无差异市场策略或集中市场策略；进入成长期或成熟期的产品，采用差异市场策略最有效；进入衰退期的产品，企业为保持原有市场，可以采用集中市场策略。

（4）消费者的偏好与需求。当消费者的偏好与需求相似时，可以采用无差异或集中市场策略；当消费者的偏好与需求差别较大时，应采用差异市场策略或集中市场策略。

（5）竞争对手战略。当竞争对手采用无差异市场策略时，企业可以采用差异市场策略或集中市场策略；当竞争对手采用差异市场策略时，企业应对市场进行更进一步的细分，寻找良机，因而采用差异或集中市场策略。

三、市场定位

（一）市场定位的概念

市场定位的概念是1972年两位广告经理艾尔·里斯和杰克·特劳塔首先提出来的，他们在《广告时代》发表了一系列文章，之后又写了成名作《头脑中的战争》，明确提出了市场定位问题。

所谓市场定位，是指在市场细分、目标市场选择的基础上，根据目标市场上竞争者产品的地位，结合企业自身的条件，从各方面为企业和产品创造一定的特色，树立一定的市场形象，以求在顾客心目中形成一种特殊的偏好。这种特色和形象可以是物质上的，也可以是精神上的，或者是两者的有机结合。

（二）市场定位的依据

（1）根据属性和利益定位。可以根据产品本身的属性以及消费者由此获得的利益进行定位。如大众汽车给人的感觉是豪华、气派；丰田汽车让人觉得经济、可靠；沃尔沃汽车给人安全的感觉。

（2）根据价格和质量定位。一般产品价格和质量是紧密联系的，价高的产品，其质量也高，价低的产品，其质量也低。

（3）根据用途定位。可以为老产品找到一种新用途。如尼龙产品，从军用到民用，到汽车轮胎帘布衬里，为尼龙产品找到了一种新用途。

（4）根据使用者定位。把产品指引给某些适当的消费者或某些细分市场。

（5）根据产品档次定位。将产品定位为与其相似的，并且是人们熟悉的另一类产品的档次。如西安杨森公司生产的息斯敏定位与普通的扑尔敏同样档次。

（6）根据竞争地位定位。将产品定位为与竞争直接有关的利益和属性不同。如染发剂，本企业生产的染发剂为其产品定位为不含铅，暗示其他染发剂含铅，对消费者不利。

（7）各种方法结合使用。将上述多种方法结合起来为产品定位。如曾经的太阳神口服液为从各方面为企业和产品创造一定的特色，树立一定的市场形象，采用了综合定位的方式：它是一种天然生物剂，这属于质量定位；佐餐和饮用均适宜，这属于用途定位；适用于儿童、青少年及成年人，这属于使用者定位。

（三）市场定位的策略

（1）抢占市场空位。当企业进行市场细分后，发现目标市场并非为竞争者所充斥，存在着一定的市场空隙，而自身的产品又难以与竞争者抗衡，因此把自己的产品定位在目标市场上的空白处。

（2）与竞争者同坐一席。当企业进行市场细分后，发现目标市场为竞争者所充斥，已无市场空隙，如果该市场需求潜力还很大，企业就应挤进去，与竞争者同坐一席，平分秋色。

（3）取代竞争者的席位。当企业进行市场细分后，发现目标市场已无空席，如果企业自身的力量雄厚，就可采取把竞争者赶下现坐的市场位置，由本企业取而代之的策略。

（四）重新定位

所谓重新定位，是指企业通过变动产品的特色，改变顾客心目中对产品所具有的原有形象，使顾客对产品的新形象有一个重新认识。

出现以下情况时可以考虑重新定位：当本企业市场定位的附近出现了强大的竞争者，侵占了本企业产品的部分市场，导致本企业产品市场萎缩，市场占有率下降；消费者的偏好发生变化，从本企业的产品转移到其他竞争者的产品。

重新定位必须保证企业在重新定位后，总利润增加，因此需考虑如下两个方面：

（1）将产品从一个子市场转移到另一个子市场所需要的费用。

（2）重新定位后，产品在新市场上的营业收入多大。

（五）市场定位的步骤

市场定位时应遵循一定的程序，一般包括以下三个步骤：

（1）分析目标市场的现状，确认潜在的竞争优势。主要通过对已选择的目标市场的调查，了解目标市场上的竞争者提供商品的特性，了解消费者或用户对商品需求的特性等。

（2）准确选择竞争优势，对目标市场初步定位。竞争优势的选择有两种基本类型：一是在同样条件下，比竞争者对商品的价格的定位更低；二是提供更好的服务或更好的商品质量。前者企业应努力降低商品的成本，后者企业应努力提高商品的质量、加强服务等。如果企业面对多种竞争优势并存，则要选择一定的方法，如评分法，将本企业同竞争者在技术、成本、质量、服务等方面进行对比评分，以选出适合本企业的优势项目，初步确定企业在目标市场上所处的位置。

（3）对目标市场正式定位，并有效地向目标市场传播企业定位的观念。在目标市场初步定位比较顺利的基础上，企业还应大力开展宣传，把企业的定位观念准确地传播给潜在的购买者，同时要避免因宣传不当在公众中造成误解。

专栏5-3

小米手机的市场细分策略

小米公司在创立之初便对智能手机市场进行了深入的调查和研究，收集了大量智能手机用户的资料。为顺利打入智能手机市场、获取市场份额，小米手机最终确立了“为发烧而生”这一市场定位，使其在国内与其他品牌形成差异。截止到2020年，小米手机对智能手机的市场细分也更加细致和完善，并按照价格、性别及使用场景（功能/性能）对智能手机市场做了一定的细分。

1.按价格细分

从2019年第四季度的数据来看，中国智能手机市场价格段位分布如下：1 000元以下市场份额为37%，1 000~3 500元为42%，3 500元以上为21%。由此可见，目前中国智能手机市场仍是以中低端用户为主，两者占比高达79%。也就是说，未来中国智能手机的竞争依旧会集中在中低端用户。同时，高端市场的比重也已上升到21%，有逐步上升的趋势。所以，未来3 500元以上的高端市场会成为各大厂商的必争之地。

2.按性别细分

随着智能手机的普及和对市场购买行为的深入分析，我们逐步发现智能手机市场在性别方面的差异也非常明显。对于男性消费者，他们会更重视手机的配置，比如硬件到不到位、流畅度足不足够、使用的是哪家的CPU、续航时间有多长等。男性用户多是“技术控”，他们更喜欢充分挖掘手机的各种功能，这种与生俱来的“钻研精神”在智能手机上也尤为突出。而对于女性消费者，她们最大的特点在于外观和颜值对于其吸引力会被放大，所以往往要求手机外观美观大方、轻巧极简、颜色靓丽、精致小巧。其次才会被注意到的特性是易用性，这一点女性用户要求相对较低，仅要求系统操作简单、容易上手。至于硬件方面，女性对于相机的像素要求会更加突出，其次是播放音乐的音质、内存的大小等。而目前市面上相对来说男性消费者或普通消费者的基本需求已经基本饱和，针对女性消费者的手机还稍显零星。按照性别对智能手机市场细分后，更有助于手机厂商发现新的空白点。

3.按使用场景（功能/性能）细分

智能手机发展初期，人们对于智能手机的需求还都停留在基础需求上，即基础的配置、基础的价格、基础的外观。此时智能手机的使用场景可以说是覆盖了所有基本通话、社交场景。但随着基础功能被满足，智能手机的使用场景逐步丰富起来，因此小米手机也逐步开始在这一方面对市场进行了一定的细分。最常见的使用场景被称为实用性场景。这一基本使用场景主要是指绝大多数的普通用户在其日常工作、生活、社交时的基本需求场景，这一场景的特点在于更注重性价比，基本上是智能手机发展初期的基础需求的简单升级版。第二个使用场景被称为高配场景。这一使用场景是指对于一些发烧友或者技术控，他们日常使用手机会非常关注手机流畅度、稳定性、跑分情况和续航能力等，较高的配置带给他们更加愉悦的使用体验，也习惯关注和追求更新、更快、更优的手机款式。高配场景会被更多地使用于工作场景之中。这部分人往往有一定的经济实力，所以对于高配的支付意愿也更强。另外，近期愈发突出的一个场景是拍照摄影场景。随着手机摄像头的进步、像素的不断提升以及广大用户对手机拍照的强烈诉求，更多人会对适用拍照摄影场景的手机更加关注，尤其是手机自身相机的像素、变焦、夜间拍照、美颜拍照、自拍等功能的需求激增。除以上这些场景之外，还有一个使用场景也值得关注，那就是游戏场景。手机游戏不仅是日常娱乐的重要方式，而且已经成为现代社交的高频领域。游戏场景下的手机特点也非常明显。一是由于游戏发烧友大多数是比较特立独行的年轻消费者，他们对于手机外观设计的要求往往是比较酷炫或与众不同，极具辨识度；二是非异形的屏幕，相较于传统手机追求全面屏导致其边框、额头、下巴越做越窄，容易造成误触现象或失去对游戏的控制，游戏手机基本都采用了直屏的设计，并且还专门增宽了下巴和额头的宽度以优化游戏手感和体验；三是超大的电池容量和激进的散热配置；四是游戏专门的配置，譬如侧面的压感按键、磁吸式充电口、对称式扬声器、X轴线性马达等配置，都用来提高用户的游戏体验。

资料来源　王静业. 市场细分视角下的小米手机营销策略改进研究［D］. 北京：中国石油大学，2021.有改动。

第四节　市场购买行为分析

一、消费者市场和购买行为分析

（一）消费者市场的含义

消费者市场是现代市场营销研究的主要市场，也是企业十分关心的一个重要市场，在市场经济条件下，无论是生产企业、商业企业还是服务企业，都必须研究消费者市场。

所谓消费者市场，是指为满足个人或家庭生活消费需求而购买商品或劳务所形成的市场。消费者市场具有如下特征：

（1）非营利性。消费者市场是指为个人或家庭提供最后的、直接的消费品的市场。消费者市场的购买也被称为最终性购买。人们购买消费品，不是为了转卖，不是为了营利，而是为了获得某种使用价值，满足自身的生活消费需要。因此，非营利性是消费者市场的一个显著特点。

（2）非专家性。一般消费者对商品的专门知识比较缺乏，尤其是对某些技术性较强、操作比较复杂的商品。在多数情况下，消费者购买商品受个人情感的支配与影响，或者受厂家、商家广告宣传的影响。因此，非专家性也是消费者市场的一个特点。

（3）层次性。消费者需求总是在一定的支付能力和其他客观条件的基础上形成的。人们会有多种需要，但是不可能同时得到满足，一般依照本人的支付能力和客观条件的许可，按轻重缓急分先后次序满足，呈现出一定的层次性。美国著名心理学家马斯洛把人类的需要按强度分为五个层次：生理需要、安全需要、社会需要、尊重需要和自我实现需要，如图5-1所示。

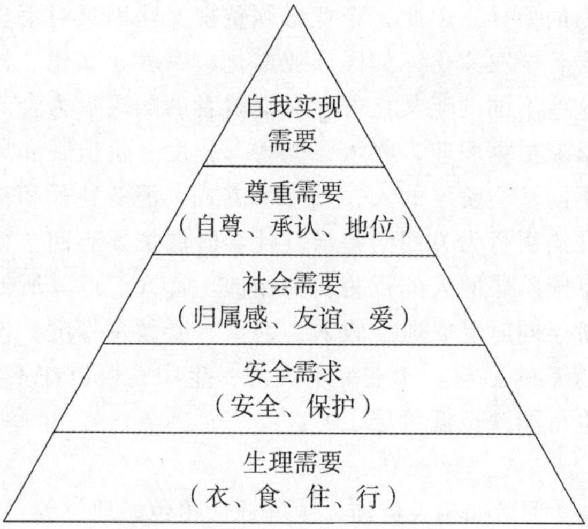

图5-1 马斯洛的需要层次论

（4）多样性。由于消费者在民族传统、宗教信仰、经济收入、文化程度、生活方式、风俗习惯、兴趣爱好、情感、意志、性别、年龄、职业等方面存在一定差异，对商品或劳务等方面的需要必然是千差万别的。这就使消费者市场具有了多样性的特点。

（5）伸缩性。消费者购买商品，在数量、品级、式样等方面往往会随购买力水平的变化而变化，随商品价格的高低而转移。这就是在收入和价格作用下的需求弹性问题。一般当收入增加，购买力水平提高，或者价格降低时，人们对消费品的需求会明显增加；反之，就会减少。这种消费需求的伸缩性决定了消费者市场也具有同样的特征。

（6）周期性。从商品的消费情况来看，有些商品是常年均衡消费，需要经常购买；有些商品属季节性或节日消费，如时令服装等；也有些高档耐用商品，消费者一般在使用价值基本消费完毕，或有更新的品种取代时，才可能购买。这就表现为消费需求的周期性，也表现为消费者市场的周期性。

（7）时代性。消费需求不仅受到消费者内在因素的影响和制约，还常常受到时代精神、风尚及环境等外在因素的影响。时代不同，人们的消费需求也会不同。如社会对知识重视，对人才重视，人们对知识产品，如书籍、杂志等的需求就会明显增加。这种消费需求的时代性，必然决定了消费者市场具有时代性特征。

（8）发展性。消费者的需求是不会静止在一个水平上的，一般是向前推进的。随着社会生产力的发展和消费者收入水平的提高，对商品和劳务的需求也在不断发展，且是永无止境的。消费者需求的发展性决定了消费者市场的发展性。

（二）影响消费者购买行为的主要因素

消费者在作出购买决策时受文化、社会、个人和心理因素的影响。

1.文化因素

文化、亚文化和社会阶层等文化因素，对消费者的行为具有广泛和深远的影响。

文化是在人们的社会实践中形成的，包括价值观念、伦理道德、风俗习惯、宗教信仰、审美观、语言文字等。文化背景不同，人们的需求就会不同，购买行为也会产生差异，有些差异还很大。如由于东西方文化的背景不同，对同一件产品的款式、包装、设计、图案、色彩等方面，东方人和西方人会产生不同的态度和看法，这种文化背景的差异，必然导致购买行为的差异。因此，企业必须重视文化因素对消费者购买行为的影响。

每一种文化又包含若干亚文化，如民族亚文化、宗教亚文化、种族亚文化、地理亚文化、语言亚文化等，这些不同的亚文化群，对消费者的购买行为会产生不同的影响。

社会阶层是社会学家根据职业、收入、受教育程度、价值观和居住区域对人们进行的一种社会分类。处于不同社会阶层的人，其生活方式、消费特征和价值观念等方面都存在较大差别，从而导致在购买行为方面的差异。社会阶层主要有四个特征：①处于同一社会阶层的人的行为，比不同阶层的人的行为更为相似。②人们以其所处社会阶层而拥有优劣不同的地位。③社会阶层同时受职业、收入、财富、受教育程度、价值观等多种因素的影响，而不仅仅受单一因素的影响。④在一个人的一生中，可以在不同社会阶层之间流动，既可以迈向高阶层，也可能跌至低阶层。

2.社会因素

消费者购买行为也受到诸如相关群体、家庭社会角色、地位等一系列社会因素的影响。

相关群体是指在形成一个人态度、意见和购买行为时给以影响的群体。相关群体可以按照不同的标准进行分类。按照对消费者的影响强度分类，相关群体可以分为基本群体、次要群体和其他群体。基本群体是指那些关系密切、经常发生相互作用的非正式群体，如家庭成员、亲朋好友、邻居和同事等。这类群体对消费者的影响最强。次要群体是指较为正式但日常接触较少的群体，如专业协会、宗教团体等。这类组织对消费者的影响强度次于主要群体。其他群体，也称渴望群体，指有共同志趣的群体，即由各界名人，如文艺明星、体育明星、影视明星和政府要员及其追随者组成的群体。这类群体影响面广，但对每个人的影响强度不及主要群体和次要群体。相关群体对消费者购买行为的影响表现在四个方面：一是相关群体的消费行为或生活方式为消费者提供了可供选择的模式；二是相关群体的观念和态度对消费者产生影响，导致产生新的购买行为；三是相关群体的购买行为引起人们的仿效欲望，产生仿效行为；四是相关群体促使人们的行为趋于某种一致化。

家庭是社会组织的一个基本单位，对消费者购买行为有着重要影响。一个人在一生中要经历两个家庭：一个是父母的家庭；另一个是成人后自己组成的家庭。当消费者作出购买决策时，必然要受到这两个家庭的影响，一般受原有家庭的影响比较间接，受现在家庭的影响比较直接。

一个人在一生中会参加许多群体，如家庭、工作单位、俱乐部等，每个人在群体中的位置由角色和地位来确定。每一角色都伴随着一种地位，这一地位反映了社会赋予他的尊重程度。不同的角色，不同的地位，会有不同的需求、不同的购买行为。

3.个人因素

消费者购买决策也受个人特性的影响，特别是受其年龄所处的生命周期阶段、职业、经济状况、生活方式、个性以及自我观念的影响。生活方式是一个人在世界上所表现的有关其活动、兴趣和看法的生活模式。个性是一个人所特有的心理特征，它导致一个人对其环境的相对一致和连续不断的反应。

4.心理因素

随着经济的发展，人们可以自由支配的收入增加，市场商品日益多样化，心理因素对消费者购买行为的影响作用会相对增大。心理因素包括动机、知觉、习得行为和态度等四个方面。

（1）消费者的购买动机。消费者的购买动机就是消费者实施某种购买行为的一种愿望，反映了消费者对某种商品的需要。消费者任何购买行为总是受一定的购买动机所支配，甚至受多种动机共同支配。事实上，由于消费者的生理需要和心理需要的密切联系与复杂多样，他们的购买行为往往不是由一种购买动机引起的，更多的是由多种相互联系并同时起作用的购买动机引起的。

消费者的购买动机分为两类：一类是生理性购买动机，也称为本能动机，就是指消费者由于生理上的需要所引起的购买满足生理需要的商品的动机。一般由生理性因素所引起的购买动机应该是比较明显和稳定的，具有普遍性和主导性。另一类是心理性动机。消费者的购买行为不仅受生理动机的影响，而且还受心理动机的影响，心理性购买动机比生理性购买动机更为多样。当社会经济发展到一定水平时，激起人们购买行为的心理性动机往往占重要地位。心理性购买动机一般分为感情动机和理智动机。感情动机包括情绪动机和情感动机两种。由人的喜、怒、哀、乐、爱、恶、惧等基本情绪引起的购买动机，称为情绪动机。由道德、集体感、美感、愉快感、幸福感等人类高级情感引起的购买动机，称为情感动机。理智动机是建立在人们对商品的客观认识之上，经过分析、比较以后产生的动机，具有客观性、周密性和控制性等特点。在理智动机驱动下的购买，比较注重商品的质量，讲求可靠、价格适中、使用方便、设计科学、效率高、服务周到等。

（2）知觉。任何消费者购买商品，都要通过自己的五官感觉，包括视觉、听觉、嗅觉、味觉、触觉等，进行综合分析，得到知觉，才能决定是否购买。由于各个消费者的五官感觉有很大的差异，由此形成的知觉也有很大的不同。心理学认为，人的知觉是有选择的。一般有三种知觉过程：选择性注意、选择性扭曲、选择性记忆。

选择性注意是指在众多信息中，人们易于注意对自己有意义的信息以及与其他信息相比有明显差别的信息。一个人每天都会面临许多刺激物，但他不可能注意到所有的刺激物，大部分刺激物都会被忽略，引起注意的只是少数。一般有三种刺激能引起人们的注意：一是与目前需要有关的刺激；二是人们所预期的刺激；三是变化较大的、较为特殊的刺激。企业的营销人员应采用有效的营销手段和手法，使企业的产品和服务引起消费者的注意。

选择性扭曲是指人们将信息加以扭曲使之符合自己原有的认识，然后加以接受。由于存在选择性扭曲，消费者所接收的信息不一定与信息本来的面貌一致。比如某人认为某种品牌的彩电是最好的，即使另一品牌的彩电的实际质量优于前者，他还是认为原来的品牌好。

选择性记忆是指人们容易记住与自己的态度和信念一致的信息，忘记与自己的态度和信念不一致的信息。

（3）消费者习得行为。习得行为是指人们后天学习所表现的行为。人类除本能驱使力支配的行为外，其他行为皆属习得行为。习得行为是某一刺激物与某一反应之间建立联系时所发生的行为。人类的需要和欲望是五种因素相互作用的结果，这五种因素之间的关系如图5-2所示。

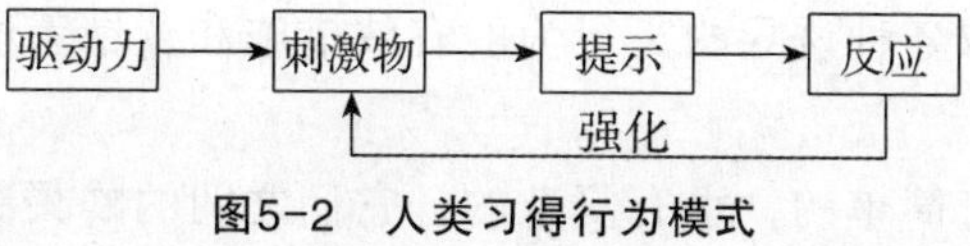

图5-2 人类习得行为模式

驱动力是指存在于人体内驱使人们产生行动的内在刺激力，即内在需要。心理学家把驱动力分为原始驱动力和学习驱动力两种。原始驱动力指先天形成的内在刺激力，如饥饿、口渴、疼痛等；学习驱动力指后天形成的内在刺激力，如恐惧、骄傲、贪婪等。

刺激物是指可以满足内在驱动力的物品。当人们感到饥饿时，饮料和食物就是刺激物。如果内在驱动力得不到满足，就会处于紧张情绪中，只有相应刺激物可使之恢复平静。当驱动力发生作用并寻找相应刺激物时，就成为动机。

提示是指刺激物所具有的能吸引消费者购买的因素。所有营销因素均可以成为提示，如刺激物的品种、性能、质量、商标、包装、服务、价格、分销渠道、广告等。

反应是指驱动力对具有一定提示的刺激物所发生的反射行为，如是否购买某种产品以及如何购买等。

强化是指驱动力对具有一定提示的刺激物发生反应后的效果。若效果良好，则反应增强，以后对具有相同提示的刺激物就会发生相同的反应；若效果不好，则反应被削弱，以后对具有相同提示的刺激物就不会发生相同的反应。

（4）态度。一个人对某些事物或观念长期持有的好与坏的认识评价、情感感受和行动倾向被称为态度。态度导致人们对某一事物产生或好或坏、或亲或疏的感情。态度使人对相似的事物产生相当一致的行为，因为人们通常不会对每一事物都建立新的态度或作出新的解释和反应，按照已有的态度对所接触到的事物作出反应和解释能够节省时间和精力。由于人们的态度呈现为稳定一致的模式，所以改变一种态度是非常困难的，需要在其他方面作出重大调整。企业最好使自己的产品、服务和营销策略符合消费者的既有态度，而不是试图去改变，除非改变一种态度带来的利润大于为此而耗费的成本。

（三）消费者购买决策过程

企业营销人员除了了解、分析和研究消费者购买行为的各种影响因素以外，还必须了解和研究消费者如何作出购买决策，主要包括购买者角色、购买行为类型和购买决策过程的步骤三个方面的内容。

1.购买者角色

在现实生活中，消费通常是以家庭为单位进行的。在一个家庭的购买活动中，每个家庭成员都可以扮演不同的角色，起不同的作用，按其在家庭购买决策过程中所起的作用不同，有五种不同的角色。

（1）发起者，指第一个建议或想到要购买某种产品或服务的人。

（2）响应者，指响应发起者的建议，对最后决策有直接或间接影响的人。

（3）决定者，指对最后购买作出决定的人。

（4）购买者，指从事实际购买的人。

（5）使用者，指实际使用和消费产品的人。

家庭购买过程中的每一角色，对企业产品设计、信息的传递、营销方案、营销预算的分配都有影响，对于企业来讲，应当了解、熟悉参与家庭购买决策成员的特点和各自的作用，最重要的是在分析、研究各种家庭购买角色及其相互影响的基础上，找出决定购买者，并对决定购买者采取各种诱导购买行为的有效措施和营销手段，扩大企业产品销售。

2.购买行为类型

消费者购买行为既有简单的，也有复杂的，它们之间的购买决策有很大区别。一般愈是复杂的购买决策，愈会牵涉购买者更多的考虑和更多的购买参与。西方市场营销学专家以购买者的参与程度和品牌的差异程度为基础，将消费者购买行为划分为四类：

（1）习惯性购买行为。对于价格低廉、经常购买、品牌差异较小的产品，消费者不需要花时间进行选择，也不需要经过搜集信息、评价产品特点等复杂的过程，因而，其购买行为最简单。消费者只是被动地接受信息，出于熟悉而购买，也不一定进行购后评价。这类产品的市场营销者可以用价格优惠、网络广告、独特的包装等方式鼓励消费者试用、购买和连续购买其产品。

（2）需求多样化购买行为。有些产品品牌差异明显，但消费者并不愿意花长时间来选择和评估，而是不断变换所购产品的品牌。这样做并不是因为对产品不满意，而是为了寻求多样化。针对这种购买行为类型，市场营销者可采用销售促进和占据有利货架位置等办法，保障供应，鼓励消费者购买。

（3）化解不协调购买行为。有些产品的品牌差异不大，消费者不经常购买，而购买时又有一定的风险，所以，消费者一般要比较、看货，只要价格公道、购买方便、机会合适，消费者就会购买。购买之后，消费者也许会感到有些不协调或不够满意，在使用过程中，会了解更多的情况，并寻求种种理由来减轻、化解这种不协调，以证明自己的购买是正确的。经过由不协调到协调的过程，消费者会有一系列的心理变化。针对这种购买行为类型，市场营销者应注重运用价格策略和人员推销策略，选择最佳销售地点，并向消费者提供有关产品评价的信息，使其在购买后相信自己做了正确的决策。

（4）复杂的购买行为。当消费者购买一件贵重的、不常买的、有风险的而且非常有意义的产品时，由于产品的品牌差异大，消费者对产品缺乏了解，因而需要有一个学习的过程，广泛了解产品性能、特点，从而对产品产生某种看法，最后决定购买。对于这种复杂的购买行为，市场营销者应采取有效的措施帮助消费者了解产品性能及相对重要性，并介绍产品的优势及给消费者带来的利益，从而影响购买者的最终选择。

3.购买决策过程的步骤

消费者购买决策过程是由一系列相关步骤组成的，一般可以分为五个阶段，即确认需求、信息搜集、评估选择、购买决定和购后行为，如图5-3所示。

图5-3 消费者购买决策过程

（1）确认需求。确认需求是消费者购买决策过程的起点。人的需求可以来自人体的内部生理需要，也可以来自人体的外部刺激。消费者在形成购买决策时，其期望状态与实际状态是存在差别的，一般需求的期望状态与实际的购买状态是不一致的，需求的期望状态只是一种潜在需求。人们通常要分析需求的轻重缓急，以确认需求。

（2）信息搜集。人们在确认需求后，会根据需求对象的复杂性和购买者的投入程度，或多或少地进行信息搜集，并以此作为今后选择的依据。信息的来源可以有多种途径，如个人来源、商业来源、公众来源、经验来源等。

（3）评估选择。在上述两个阶段的基础上，对各种被选方案进行评估选择。这是消费者购买决策过程中的重要环节。

（4）购买决定。消费者在进行评估之后，就会形成一种购买决定。当然在购买决定形成之后与购买之前还会受各种不确定因素的影响。

（5）购后行为。购买行为形成之后，营销工作并没有结束，而是继续到购买以后，购后行为主要是指消费者购买后的满意程度。消费者购买以后是否满意和满意的程度，往往与购买者对产品的期望与产品的实际绩效之间的对比有关。如果产品与期望相称，则消费者是满意的；产品低于期望，消费者就会不满意。因此，市场营销的广告宣传一定要实事求是，否则会引起消费者的不满。

上述购买决策过程的五个阶段说明，购买过程早在实际购买之前就已开始，其结束不是在实现购买之时，而是在实际购买之后仍会持续一段时间。因此，市场营销工作应注重整个过程，而不是仅仅局限在购买决定。购买决策过程的五个阶段是一种基本行为模式，并不是所有的购买行为都需要经过五个完整的阶段。

专栏5-4

消费者市场的购买对象

消费者进入市场，其购买对象是多种多样的。

如果按消费者的购买习惯为标准，消费者的购买对象一般分为三类，即便利品、选购品、特殊品。

（1）便利品，又称日用品，是指消费者日常生活所需、需重复购买的商品，诸如粮食、饮料、肥皂、洗衣粉等。消费者在购买这类商品时，一般不愿花很多的时间比较价格和质量，愿意接受其他任何代用品。因此，便利品的生产者，应注意分销的广泛性和经销网点的合理分布，以便消费者能及时就近购买。

（2）选购品，指价格比便利品要贵，消费者购买时愿花较多时间对许多商品进行比较之后才决定购买的商品，如服装、家电等。消费者在购买前，对这类商品了解不多，因而在决定购买前总是要对同一类型的产品从价格、款式、质量等方面进行比较。选购品的生产者应将销售网点设在商业网点较多的商业区，并将同类产品销售点相对集中，以便顾客进行比较和选择。

（3）特殊品，指消费者对其有特殊偏好并愿意花较多时间去购买的商品，如电视机、电冰箱、化妆品等。消费者在购买前对这些商品有了一定的认识，偏爱特定的厂牌和商标，不愿接受代用品。为此，企业应注意争创名牌产品，以赢得消费者的青睐，要加强广告宣传，扩大本企业产品的知名度，同时要切实做好售后服务和维修工作。

如按商品的耐用程度和使用频率分类，消费者的购买对象可分为耐用品和非耐用品。

（1）耐用品，指能多次使用、寿命较长的商品，如电视机、电冰箱、音响、电脑等。消费者购买这类商品时，决策较为慎重。生产这类商品的企业，要注重技术创新，提高产品质量，同时要做好售后服务，满足消费者的购后需求。

（2）非耐用品，指使用次数较少、消费者需经常购买的商品，如食品、文化娱乐品等。生产这类产品的企业，除应保证产品质量外，要特别注意销售点的设置，以方便消费者购买。

资料来源　伍应环. 市场营销理论与实务［M］. 北京：北京理工大学出版社，2019.

二、组织市场的构成与特点

企业的市场营销对象不仅包括广大消费者，也包括各类组织机构，这些组织机构构成了原材料、零部件、机器设备、供给品和企业服务的庞大市场。为此，企业必须了解组织市场的构成与特点。

（一）组织市场的构成

组织市场是由各种组织机构形成的对企业产品和劳务需求的总和。它可以分为三种类型：生产者市场、中间商市场和政府市场。

（1）生产者市场，也称产业市场，或者企业市场。它是指一切购买产品和服务并将之用于生产其他产品和劳务，以供销售、出租或供应给他人的个人和组织，通常由以下产业组成：农业、林业、水产业、制造业、建筑业、通信业、公共事业、金融业等。

（2）中间商市场，也称转卖者市场，是指那些通过购买商品和劳务以转售或出租给他人获取利润为目的的个人和组织。转卖者市场由各种批发商和零售商组成。

（3）政府市场，是指那些为执行政府的主要职能而采购或租用商品的各级政府单位和下属各部门。由于各级政府通过税收、财政预算掌握了相当部分的国民收入，形成了潜力极大的政府采购市场，成为非营利组织市场的主要组成部分。

（二）组织市场的特点

（1）购买者比较少。组织市场营销人员比消费者市场营销人员接触的顾客要少得多。

（2）购买数量大。组织市场的顾客每次购买数量都比较大，有时一位买主就能买下一家企业较长时期内的全部产量。

（3）供需双方关系密切。组织市场的购买者需要有源源不断的货源，供应商需要有长期稳定的销路，每一方对另一方都具有重要意义，因此供需双方相互保持着密切的关系。有些买主常常在产品的花色、品种、技术规格、质量、交货期、服务项目等方面提出特殊要求，供应商应经常与买方沟通，详细了解其需求并尽量予以满足。

（4）购买者的地理位置相对集中。组织市场的购买者往往集中在某些区域，以至于这些区域的业务用品购买量占据整个市场的很大比重。

（5）派生需求，也称为衍生需求。组织市场的顾客购买商品或服务是为了给自己的服务对象提供所需的商品或服务，因此，业务用品需求由消费者需求派生出来，并且随着消费者需求的变化而变化。派生需求往往是多层次的，形成一环扣一环的链条，消费者需求是这个链条的起点，是原生需求，是组织需求的动力和源泉。

（6）需求弹性小。组织市场对产品和服务的需求总量受价格变动的影响较小。一般规律是：在需求链条上，距离消费者越远的产品，价格的波动越大，需求弹性却越小。

（7）需求波动大。组织市场需求的波动幅度大于消费者市场需求的波动幅度。如果消费品需求增加某个百分比，为了生产出满足这一需求的产品，工厂的设备和原材料会以更大的百分比增长，经济学家把这种现象称为加速原理。

（8）购买人员专业化。组织市场购买的技术性强，对产品质量、规格、性能等各方面都有系统的计划和严格的要求，通常由专业知识丰富、训练有素的专职采购人员负责采购。

（9）影响购买决策者多。与消费者的购买决策相比，影响组织市场购买决策的人要更多一些。由技术专家组成的采购委员会、高级管理人员等都会影响购买决策者。

（10）直接采购。组织市场的购买者往往向供应方直接采购，而不经过中间环节，价格昂贵或技术复杂的项目更是如此。

三、生产者市场及其购买行为分析

（一）生产者购买行为的主要类型

（1）直接重购，指生产者用户的采购部门按照过去的订货目录和基本要求继续向原先的供应商购买产品。这是最简单的一种购买类型。直接重购的产品主要是原材料、零配件和劳保用品等，当库存量低于规定水平时，就要续购。

（2）修正重购，指生产者用户改变原先所购产品的规格、价格或其他交易条件后再进行购买。用户会与原先的供应商协商新的供货协议甚至更换供应商。原先选中的供应商感到有一定的压力，会全力以赴地继续保持交易，而新的供应商感到是获得交易的最好机会。这种决策较为复杂，买卖双方都会有较多的人员参与。

（3）新购，指生产者用户初次购买某种产品和服务。这是最复杂的购买类型。新购产品大多是不常购买的产品，如大型生产设备、办公设备、计算机系统等。采购者要在产品规格、购买数量、价格范围、交货条件及时间、服务条件、付款条件、可接受的供应商和可选择的供应商等一系列问题上作出决策。

（二）生产者购买决策的参与者

购买类型不同，购买决策的参与者也不同。直接重购时，采购部门负责人起决定作用。新购时，企业的高层领导起决定作用。在确定产品的性能、质量、规格、服务等标准时，技术人员起决定作用；而在供应商选择方面，采购人员起决定作用。这说明在新购的情况下，供应商应当把产品信息传递给买方的技术人员和高层领导，在买方选择供应商的阶段，应当把产品信息传递给采购部门负责人。在多数情况下，买方的采购决策受许多人直接或间接的影响，这些人分别扮演以下不同角色：

（1）使用者，指生产者用户内部使用这种产品或服务的成员。使用者往往首先提出购买建议，并协助确定产品规格。

（2）影响者，指生产者用户的内部和外部能够直接或间接地影响采购决策的人员。他们协助确定产品规格和购买条件，影响供应商的选择。

（3）决策者，指有权决定买与不买，决定产品规格、购买数量和供应商的人员。有些购买活动的决策者很明显，有些却不明显，供应商应当设法弄清谁是决策者，以便有效地促成交易。

（4）批准者，指有权批准决策者或购买者所提购买方案的人员。

（5）采购者，指被赋予权力按照采购方案选择供应商和商谈采购条款的人员。如果采购活动较为重要，采购者中还会包括高层管理人员。

（6）信息控制者，指生产者用户的内部或外部能够控制信息流向采购中心成员的人员。

（三）影响生产者购买决策的主要因素

影响生产者购买决策的基础性因素是经济性因素，即商品的质量、价格和服务，但在不同供应商产品的质量、价格和服务基本没有差异的情况下，其他因素就会对购买决策产生重大影响。这些因素可以分为四大类：环境因素、组织因素、人际因素和个人因素。

（1）环境因素，指生产者无法控制的宏观环境因素，包括国家的经济前景、市场需求水平、技术发展、竞争态势、政治法律状况等。如果经济前景不佳，市场需求不旺，组织购买者就不会增加投资，甚至会减少投资，减少原材料的采购和库存量。

（2）组织因素，指企业本身的因素，诸如企业的目标、政策、组织结构和系统等。显然，这些组织因素也会影响购买者的购买决策和购买行为。

（3）人际因素。企业采购中心一般包括使用者、影响者、采购者、决定者和信息控制者，这五种成员都参与购买决策过程。这些参与者在企业中的地位、职权、说服力和相互之间的关系各有不同，这种人际关系会影响生产者购买决策和购买行为。供应商的营销人员应当了解每个人在购买决策中扮演的角色是什么，相互之间的关系如何，等等，并利用这些因素促成交易。

(4) 个人因素，指生产者用户内部参与购买过程的有关人员的年龄、受教育程度、个性、偏好、风险意识等因素对购买行为的影响。这些个人因素会影响各个参与者对要采购的用品和供应商的感觉、看法，从而影响购买决策和购买行为。

(四) 生产者购买决策过程

严格来讲，生产者用户完整的购买过程可以分为8个阶段，但是具体过程依据不同的购买类型而定，直接重购和修正重购可能跳过某些阶段，新购则要经历完整的各个阶段。

(1) 认识需要，指生产者用户认识自己的需要，明确所要解决的问题。认识需要是生产者用户购买决策的起点，它可以由内在刺激或外在刺激引起。内在刺激是指企业内部的刺激。如企业最高管理层决定推出某种新产品，因而需要采购生产这种新产品的新设备和原料；或有些机器发生故障或损坏，需要购置零部件或新机器。外部刺激是指企业外部的刺激。如采购人员看广告和参加展销会，发现了更价廉物美的产品。

(2) 确定需要，指通过价值分析确定所需产品的品种、性能、特征、数量和服务等。一般标准产品易于确定，非标准产品必须由采购人员和使用者、技术人员以及高层管理人员协商确定。供应商营销人员应向买方介绍产品特性，协助买方确定需要。

(3) 说明需要，指说明所购产品的品种、性能、特征、数量和服务，写出详细的技术说明书，作为采购人员的采购依据。买方会委派一个专家小组从事这项工作，卖方也会通过价值分析向潜在顾客说明自己的产品和价格比其他品牌更理想。

(4) 物色供应商，指采购人员根据产品技术说明书的要求寻找最佳供应商。如果是新购或所需品种复杂，生产者用户为此花费的时间就会较长。

(5) 征求建议，指邀请合格的供应商提交供应建议书。对于复杂和花费大的项目，买方会要求每一潜在供应商提出详细的书面建议，经选择淘汰后，请余下的供应商提出正式供应建议书。卖方的营销人员必须擅长调查研究、写报告和提建议。这些建议应当是营销文件而不仅仅是技术文件，能够坚定买方的信心，使本公司在竞争中脱颖而出。

(6) 选择供应商，指生产者用户对供应建议书加以分析评价，确定供应商。评价内容包括供应商的产品质量、性能、产量、技术、价格、信誉、服务、交货能力等。生产者用户在作出决定之前，还可以与较为满意的供应商谈判，以争取较低的价格和较好的供应条件，供应商的营销人员要制定应对政策以防止对方压价和提出过高的要求。

(7) 签订合约，指生产者用户根据所购产品的技术说明书、需要量、交货时间、退货条件、担保书等内容与供应商签订最后的合约。许多生产者用户愿意采取长期有效合同的形式，而不是定期采购订单。买方若能在需要产品的时候通知供应商随时按照条件供货，就可以实行“无库存采购计划”，降低或免除库存成本（由卖方承担）。卖方也愿意接受这种形式，因为这样可以与买方保持长期的供货关系，增加业务量，抵御新竞争者。

(8) 绩效评价，指生产者用户对各个供应商的绩效加以评价，以决定维持、修正或终止供货关系。评价方法是询问使用者或按照若干标准加权评估等。供应商必须关注该产品的采购者和使用者是否使用同一标准进行绩效评价，以保证评价的客观性和准确性。

四、中间商市场及其购买行为分析

中间商是指在生产者与消费者之间参与商品交易业务，促使买卖行为发生和实现的、具有法人资格的经济组织或个人。供应商应当把中间商视为顾客的采购代理人而不是自己的销售代理人，帮助供应商为顾客做好服务。

（一）中间商的购买类型

（1）新产品采购，指中间商对是否购进以及向谁购进以前未经营过的某一新产品作出决策。首先考虑买与不买。其次考虑向谁购买。中间商会通过对该产品的进价、售价、市场需求和市场风险等因素的分析后作出决定。

（2）最佳供应商的选择，指中间商已经确定需要购进的产品而寻找最合适的供应商。这种购买类型的发生往往与以下情况有关：一是各种品牌货源充足，但是供应商缺乏足够的经营场地，只能选择经营某些品牌。二是中间商打算用自创的品牌销售产品，选择愿意为自己制造自创品牌的产品的生产企业。国内外有许多大型零售商场都有自己的品牌。

（3）改善交易条件的采购，指中间商希望现有供应商在原交易条件上再做出让步，使自己得到更多的利益。如果同类产品的供应增多或其他供应商提出了更有诱惑力的价格或供货条件，中间商就会要求现有供应商加大折扣、增加服务、给予信贷优惠等。他们并不想改变供应商，但是会把这作为一种施加压力的手段。

（4）直接重购，指中间商的采购部门按照过去的订货目录和交易条件继续向原先的供应商购买产品。中间商会对以往的供应商进行评估，选择感到满意的作为直接重购的供应商，在商品库存低于规定水平时就按照常规续购。

（二）中间商购买过程的参与者

中间商市场中，参与购买决策、执行采购职能的人员的多少及权限大小，因企业规模和采购任务的繁简程度而定。一般小型企业采购任务比较简单，没有专门的采购人员，由店主、经理或者其他人员兼职。大中型企业的采购任务频繁，需设置专门的采购机构，或配置专职采购人员执行任务。中间商市场的购买者主要有三种：

（1）采购员。采购员是专门执行采购职能的个人，负责商品组合编排、促销、定价、人员管理等主要事宜。

（2）采购委员会。采购委员会是有权制定购买决策和采购政策的组织机构。采购委员会定期召开业务会议，严格审查采购员提出的采购建议，在充分了解货源情况、市场需求变化及采购条件的基础上，作出购买决策。

（3）外聘采购员。外聘采购员是企业聘请的独立的采购代理，多位于生产者所在地，为中间商寻求供应商。他们熟悉市场供应状况，紧密跟踪消费需要，随时为中间商提供新产品，根据采购商品数额收取手续费。

（三）影响中间商购买决策的主要因素

中间商的采购同样受到环境因素、组织因素、人际因素和个人因素的影响，销售者必须注意这些因素，并努力制定一些能够帮助中间商赚钱或使他们降低成本的策略。

个人采购者的购买风格也应引起注意，这些风格可以分为七种类型：

（1）忠实的采购者。这种采购者永远忠于某一个货源。

（2）机会采购者。这种采购者从已经选定的几个能满足其长期利益的供应商中，随机选择最合适的供应商，而不固定于其中某个长期供应商。

(3) 最佳条件采购者。这种采购者总是尽可能地选择某一时点上给予最佳交易条件的供应商，而不是限定在事先选定的供应商候选名单中。

(4) 创造型采购者。这种采购者把所想要的商品、服务和价格都告诉供应商，让供应商来迁就自己。

(5) 要广告的采购者。这种采购者试图每次交易时都给予广告费补贴。

(6) 斤斤计较的采购者。这种采购者总要求供应商在价格上特别让步，并只接受在价格上给予最大折扣的供应商。

(7) 讲求实效的采购者。这种采购者只挑选质量最好的产品。

(四) 中间商购买决策过程

中间商购买决策过程依据购买任务繁简不同，参与决策的人员及购买程序也有所不同。但一般而言，中间商购买决策过程也要依次经过认识需要、确定需要、说明需要、物色供应商、征求供应建议书、选择供应商、签订合约和绩效评价等8个阶段。各阶段的具体内容在生产者市场中已详细分析，不再赘述。

专栏5-5

中间商品牌的价值

所谓中间商品牌，就是批发商或零售商开发并使用的自有品牌。一般而言，中间商品牌策略的使用者基本上是实力雄厚的大型零售商。在西方国家，中间商品牌已成为生产者品牌的强有力竞争对手，大有取而代之的趋势。在我国的品牌中，绝大部分是生产者品牌，而中间商品牌还是凤毛麟角。

中间商品牌具有巨大的商业价值：

首先，有利于商业企业实施差别化竞争策略，以特色经营赢得市场，争取顾客。①因其经营的产品是自行设计开发并组织生产的，从源头上确保了产品的质量，杜绝了困扰商家和消费者的假冒伪劣商品问题。②经营自有品牌，能在保证商品质量的基础上降低商品的价格。因其省略了许多中间环节，加速了资金周转，还大幅度减少了广告推销费用。此外，开发自有品牌无不采取连锁经营的方式，实现大批量销售，取得规模效益，从而降低商品的销售成本。③商业企业（特别是零售企业）直接面对广大消费者，对消费者的需求有最直接的了解，因而能及时、准确地把握市场需求的特点及变化趋势。④有利于商业企业发展连锁经营。

其次，对于消费者来讲，自有品牌能帮助消费者减少购物风险、心理压力和时间成本。

最后，对于供应商来讲，生产企业可与中间商合作开发自有品牌，为中间商提供稳定的货源，解决生产能力相对过剩或企业势单力薄的问题，从而增强企业的竞争实力。

资料来源　刘秋华. 企业管理［M］. 2版. 大连：东北财经大学出版社，2015.

五、政府市场及其购买行为分析

(一) 政府的购买决策

政府市场由那些执行政府主要职能而采购或租用产品和劳务的各级政府机构组成。也就是说，在一个国家的政府市场上，采购者是这个国家各级政府的采购部门。

政府的采购目的不同于生产者、中间商和最终消费者。生产者和中间商的购买目的都是赚取利润，最终消费者的购买目的是家庭和个人的消费，而政府的购买目的是维护社会安全及运转。

政府购买的商品相当繁杂，从军需品到民用品，从工业用品到消费品，从有形商品到无形商品，几乎无所不包。

（二）政府购买过程的参与者

通常情况下，各国的各级政府都设有采购组织，一般分为两大类：

（1）行政部门的购买组织。如国务院各部、委、局；省、自治区、直辖市所属各厅、局；市、县所属各局、科等，这些机构的采购经费主要由财政部门拨款，各级政府机构的采购办公室具体经办。

（2）军事部门的购买组织。军事部门采购的军需用品包括军事装备和一般军需品。各国军队都有国防部和国防后勤部，国防部主要采购军事装备，国防后勤部主要采购一般军需品。在我国，国防部负责重要军事装备的采购和分配，中央军委后勤保障部负责采购和分配一般军需品。

（三）影响政府购买决策的主要因素

政府市场与生产者市场和中间商市场一样，也受到环境因素、组织因素、人际因素和个人因素的影响，但在以下方面有所不同：

（1）受到社会公众的监督。虽然各国政府的政治经济制度不同，但是政府采购工作都受到各方面的监督。主要的监督有：一是立法机关，即国会、议会等。政府的重要预算项目必须提交国家立法机关审议通过，经费使用情况也受监督。二是行政管理和预算部门。有的国家成立专门的行政管理和预算办公室，审核政府的各项支出并试图提高使用的效率。三是传播媒体。报纸、杂志、广播、电视、网络等传播媒体密切关注政府经费的使用情况，对于不合理的予以披露，起到有效的舆论监督作用。四是公民和民间团体。国家公民和各种民间团体对于自己缴纳的税赋是否切实地用之于民也是非常关注的，通过多种途径表达自己的意见。

（2）受到国际国内政治形势的影响。如在国家安全受到威胁或出于某种原因发动对外战争时，军备开支和军需品需求就大，而和平时期用于建设和社会福利的支出就大。

（3）受到国际国内经济形势的影响。经济疲软时，政府会缩减支出，经济高涨时期则增加支出。国家经济形势不同，政府用于调控经济的支出也会随之增减。

（4）受到自然因素的影响。各类自然灾害会使政府用于救灾的资金和物资大量增加。

（四）政府机构的购买过程

各个国家政府的购买过程很可能有所不同，但一般有两种方式：

（1）公开招标。所谓公开招标，就是政府的采购机构在报刊上刊登广告或发出信函，说明要采购商品的品种、规格、数量等具体要求，邀请供应商在规定的期限内进行投标，政府的采购机构在规定的日期开标，选择报价最低且符合要求的供应商成交。政府采购机构采用这种采购方式，无须与卖方反复磋商，而且处于比较主动的地位。但供应商之间必然产生激烈的竞争。在竞争中，供应商为了夺标，必须注意以下几个问题：一是仔细考虑自己的产品是否达到招标人的要求，合约的条件对自己是否有利。特别是一些非标准化的产品，规格将成为夺标的障碍。二是标价是否最低。一般情况下，政府的采购机构会把订单交给标价最低的供应商，只有在供应商的产品属于优质名牌产品的情况下才会加以折让。三是要符合政府采购机构的特殊需要。特别是一些机械设备，其维护费用也要由供应商负担，免费维修时间长的供应商将可能夺标。

（2）议价合约选购。所谓议价合约选购，是指政府采购机构和一个或几个厂商接触，最后只和其中一个符合条件的厂商签订合同，进行交易。政府的采购部门往往是在某些采购业务涉及复杂的计划、有较大风险、竞争性较小的情况下，才采用这种选购方式。大厂商在取得合同后，常把相当大的一部分转包给一些小公司。因此，政府的采购活动往往会产生连锁反应，在工业用品市场上产生“引申需求”。而接受转包的小公司则必须在大承包商的控制下，按要求交纳保证金，以分摊一些风险。

课后案例

三只松鼠的目标市场营销战略

三只松鼠股份有限公司成立于2012年，公司总部在安徽省芜湖市，它是中国第一家定位于纯互联网食品品牌的企业，也是当前中国销售规模最大的食品电商企业，其主营业务覆盖了坚果、肉脯、果干、膨化等全品类休闲零食。“三只松鼠”及三个松鼠形象“松鼠小酷”“松鼠小美”“松鼠小健”在消费者群体中享有较高的知名度。从当初一个小品牌发展成为如今中国销售规模最大的食品电商企业，三只松鼠从细分做起，最终成为大众品牌。

细分品类，只做坚果类的老大。三只松鼠在成立之初，目标和定位就是非常明确的，其只做坚果这个类目。而三只松鼠的品牌形象跟这个定位也是非常切合的：松鼠爱吃坚果。拟人化的形象加上只做坚果品类，让很多的消费者都记住了它。其实消费者对于细分品类的这种需求，来自消费升级，大众对零食的要求已经不仅仅满足于单一的品类，而是趋向于多元化，只做垂直领域，会让很多消费者认为这个品牌是该领域的专家，对于树立品牌形象是非常好的。

三只松鼠在目标市场的选择上抢占了市场先机。当时的“80后”“90后”年轻消费群体已经渐渐从瓜子等休闲食品转变为热爱坚果类产品，而坚果又是一个相对来说门槛比较低的初加工产品，三只松鼠抓住互联网机遇，在前端营销上下了很大功夫，采用直接、低价的方式，去赚人气、赚口碑，使得消费者很容易接触并接受这个品牌。后期针对新顾客打低价，老顾客看品牌，采用品牌效应，利用情感营销再慢慢回本。

在品牌形象方面，三只松鼠采用了萌态十足的松鼠作为品牌的Logo，在和顾客沟通时，借用松鼠可爱的口吻来热情为顾客服务，简直毫无违和感，并且十分接地气，深受顾客喜爱。在品牌定位方面，其定位为互联网的坚果品牌，这是为了区别于线下一切坚果的品牌；同时三只松鼠也十分创新，凭借“森林系”“慢食快活”等宣传语，深受消费者的认可；并且其落实在细节的人性化服务，大大超过了顾客的预期。

从三只松鼠的案例来看，更多的中小型企业应该把目光投向细分品类，先做精，再做强，最后再做大。这样才能最大限度地规避激烈的市场竞争，在小而美的领域中，创造自身的价值。

资料来源　张巍．市场营销［M］．西安：西安交通大学出版社，2020.

案例思考题：

1.市场细分的要素有哪些？如何进行目标市场的选择？

2.根据以上案例内容，试分析三只松鼠是如何进行目标市场营销的。

本章小结

- 市场营销基础
  - 市场与市场营销
    - 市场营销的概念：指导企业生产以及连接生产与销售的一系列经济活动的总称
    - 市场营销观念：生产观念、产品观念、推销观念、市场营销观念、社会市场营销观念、大市场营销观念
  - 市场调查与市场预测
    - 市场调查的内容：环境调查、市场需求调查、消费者行为调查、产品调查、价格调查、销售渠道调查和促销方式调查
    - 市场调查的步骤：确定调查问题，现场调查的准备工作，现场调查，整理、分析调查资料，编写调查报告
    - 市场预测：市场预测的概念、作用、种类、程序
    - 市场预测方法：定性预测方法和定量预测方法
  - 市场细分及目标市场选择
    - 市场细分：市场细分的概念、意义、依据
    - 目标市场：目标市场策略、确定目标市场的因素
    - 市场定位：市场定位的概念、依据、策略，重新定位，市场定位的步骤
  - 市场购买行为分析
    - 消费者市场及其购买行为分析：消费者市场的含义，影响消费者购买行为的主要因素，消费者购买决策过程
    - 组织市场的构成：生产者市场、中间商市场和政府市场
    - 生产者市场及其购买行为分析：生产者购买行为的主要类型、购买决策的主要参与者、影响生产者购买决策的因素、生产者购买决策过程
    - 中间商市场及其购买行为分析：中间商的购买类型、购买决策的参与者、影响中间商购买决策的因素、中间商市场购买决策过程
    - 政府市场及其购买行为分析：购买决策的参与者、影响政府购买决策的因素、政府机构的购买过程

主要概念

市场　市场营销　生产观念　产品观念　推销观念　市场营销观念　社会市场营销观念　大市场营销观念　市场调查　市场预测　市场细分　目标市场　无差异市场策略　差异市场策略　集中市场策略　市场定位　消费者市场　组织市场　生产者市场　中间商市场　政府市场

练习思考题

1.什么叫市场营销？市场营销观念的发展经历了哪几个阶段？

2.市场调查的方法有哪些？简述市场调查的步骤。

3.市场预测方法主要有哪几种？

4.头脑风暴法和德尔菲法的特点是什么？

5.市场预测有哪些定量方法？

6.什么是市场细分？有哪些细分依据？

7.有哪些目标市场的策略？

8.试述无差异市场策略、差异市场策略、集中市场策略的优缺点。

9.消费者市场和组织市场各有哪些特点？

10.哪些因素影响消费者的购买行为？

11.生产者用户的购买类型有哪些？影响生产者用户购买行为的因素有哪些？

12.中间商购买类型有哪些？政府购买方式一般有哪些？

第五章练习思考题参考答案

第六章

市场营销策略

学习目标

1. 掌握产品整体观念及产品组合策略；
2. 理解新产品开发策略及其过程；
3. 掌握品牌与商标的含义；
4. 掌握品牌与商标的基本策略；
5. 了解包装策略；
6. 掌握影响价格的因素；
7. 掌握基本的定价方法；
8. 了解定价策略；
9. 理解分销渠道的定义与作用；
10. 掌握分销渠道的类型；
11. 了解分销渠道策略；
12. 掌握人员推销的特点及策略；
13. 理解广告的特点、分类与作用；
14. 掌握公共关系的基本含义；
15. 了解营销推广策略。

价值引领

中国产品迈向中国品牌

2017年9月15日，习近平向第二届中国质量（上海）大会致贺信指出，“千百年前，精美的丝绸、精制的瓷器等中国优质产品就走向世界，促进了文明交流互鉴。今天，中国高度重视质量建设，不断提高产品和服务质量，努力为世界提供更加优良的中国产品、中国服务”。

近年来，越来越多的中国品牌异军突起，以高性价比、高技术含量的产品参与竞争，拥有越来越多的“粉丝”。中国产品紧紧围绕优质、精品、创新等关键词向中国品牌转变。

神舟飞天创造“中国高度”，蛟龙潜海成就“中国深度”，高铁飞驰跑出“中国速度”，北斗导航展现“中国精度”。这些国家名片在推动中国发展的同时，也造福世界。

大力推动创新驱动发展，弘扬劳模精神、工匠精神、企业家精神，设立中国品牌日……我国正在加快培育具备国际影响力的一流品牌，向品牌强国迈出坚实步伐。

资料来源 央视新闻. 中国品牌日，习近平“三个转变”重要指示指明方向［EB/OL］.［2020-05-10］. https://www.xuexi.cn/lgpage/detail/index.html?id=276473771155703423&item_id=276473771155703423.

第一节 产品策略

一、产品的整体概念

产品是市场营销活动的轴心，是市场营销组合因素中的首要因素，企业在整个市场营销活动中都离不开产品。为了做好产品决策，首先要对产品的基本概念有一个正确认识。

从市场营销的角度看，狭义的产品概念是指人们通过劳动创造出来的具有一定物质形态、物质属性的物品；广义的产品概念是指向市场提供的、能满足人们某种需要的一切物品和劳务，不仅指物品的有形实体，而且指物品通过提供效能、服务使消费者得到满足感的无形实质。因此，产品的整体概念包括三个层次：产品的核心、产品的形式和产品的附加利益。

（一）产品的核心

产品的核心是指整体产品提供给消费者的实际利益和效用。从某种利益上讲，消费者购买的并不是某种产品的实体，而是消费者需求的满足。比如，消费者购买圆珠笔是因为圆珠笔具有写字功能，能满足消费者写字的需求；同样，消费者购买手表是因为手表能显示时间，可以满足消费者显示时间的需求。

（二）产品的形式

产品的形式是指产品在市场上出现时的物质实体外形，包括产品的品种、花色、款式、规格、装潢、包装、商标、信誉与声望等。产品的形式是产品的核心的表现形式，虽然不涉及产品的实质，但当这种形式与产品的实质内容协调统一起来时，将给消费者带来心理上的满足，起到一定的促销作用。

（三）产品的附加利益

产品的附加利益是有形产品的全部附加服务和利益，包括产品咨询，技术培训，产品的检修、退还和运送，提供信贷便利，售前、售后服务等。

二、产品组合策略

在现代社会化大生产和市场经济条件下，大多数企业生产和销售多种产品。所谓产品组合，是指一个企业生产和销售的全部产品的组成方式，通常包括若干产品系列，每个系列又包括若干产品项目。产品系列是指产品类别中具有密切关系的一组产品。产品项目是指产品系列中由型号、外观等属性决定的具体产品。

（一）产品组合的宽度、长度和相关性的选择

产品组合有一定的宽度、长度和关联性。所谓产品组合的宽度，是指一个企业中产品系列的多少。产品系列多叫产品组合宽，产品系列少叫产品组合窄。所谓产品组合的长

度，是指一个企业的产品系列中产品项目的多少。产品项目多叫产品组合长，产品项目少叫产品组合短。所谓产品组合的相关性，是指企业内各个产品系列之间在生产方法、最终用途、销售渠道等方面相互关联的程度。关联程度强叫相关性强，反之叫相关性弱。

企业可以根据具体情况选择产品组合的宽度、长度和相关性。

一般来说，选择比较宽的产品组合的优点是：能充分发挥企业的资源潜力，降低各类产品的总成本；有利于扩大市场面，增加销售额和利润；分散企业的经营风险，增强企业的应变能力。其缺点是：摊子铺得太大，如果企业的管理水平跟不上，容易造成管理上的混乱。选择比较窄的产品组合的优点是：企业可以集中力量提高产品质量；扩大产品销量；降低产品成本，增加企业盈利。其缺点是：不利于综合利用企业资源；不利于分散企业经营风险，提高企业应变能力。

选择比较长的产品组合的优点是：品种多，能够适应消费者的不同需求；有利于提高服务质量；有利于提高企业应变能力。其缺点是：由于生产的品种多，可能会使成本提高。选择比较短的产品组合的优点是：品种少，可以适应少数消费者的批量订货；有利于降低成本，发挥企业专长。其缺点是：企业缺少应变能力。

中小企业加强产品组合的相关性是比较有利的，不仅有利于增强企业的市场地位，提高企业的专业化水平，提高企业的经营管理水平，而且有利于提高企业的声望。综合经营的大企业产品组合的相关性弱，但产品系列的长度较长，只要企业素质好，管理水平高，企业效益仍然会很好。

（二）产品组合策略

企业在调整和优化产品组合时，依据情况不同，可选择如下策略：

1.扩大产品组合

扩大产品组合，也称多样化生产。通过增加新的产品系列，或是在原有的产品系列中增加新的产品项目，扩大经营范围，即选择比较宽、比较长的产品组合。这种产品组合策略的优点前文已述。

2.缩小产品组合

缩小产品组合，也称专业化生产。通过减少产品系列，或是减少产品系列中的产品项目，缩小经营范围，即选择比较窄、比较短的产品组合。这种产品组合策略的优点前文已述。

3.高档产品组合

高档产品组合，也称高档化生产。增加高档产品系列，减少低档产品系列，使产品趋向高档化。这种产品组合策略的优点是：生产高档产品有利于提高企业声誉，增加企业盈利。

4.低档产品组合

低档产品组合，也称大众化生产。增加低档产品系列，减少高档产品系列，使产品趋向大众化。这种产品组合策略的优点是：能吸引众多消费者，提高市场占有率。

5.改良产品组合

改良产品组合指对企业经营的某些产品进行整体改进。这种产品组合策略的优点是：给消费者更多的实惠，增强企业的应变能力。

三、新产品开发策略

（一）新产品开发的重要性

（1）产品生命周期理论要求企业不断开发新产品。企业同产品一样也存在生命周期，如果企业不开发新产品，当老产品走向衰退时，企业也就走向了生命周期的终点。因此，企业只有不断开发新产品，当老产品走向衰退时，利用新产品继续占领市场，企业才会有生机。一般当新产品投放市场后，企业就应着手开发新产品，使企业具有处在产品生命周期各个阶段的不同产品，从而保证企业的盈利稳定增长。

（2）消费需求的变化要求企业不断开发新产品。随着人民生活水平的提高，消费者的需求变化加快，企业只有不断开发新产品，才能适应消费者的需要。

（3）市场竞争的加剧要求企业不断开发新产品。由于市场竞争加剧，企业要想在市场上占据领先地位，只有不断开发新产品，增强企业活力；同时，不断开发新产品，可以提高企业在市场上的信誉，促进产品销售。

（4）科学技术的发展推动着企业不断开发新产品。科学技术的发展导致许多高科技新型产品的出现，企业只有不断利用新技术开发产品，才能在市场上站稳脚跟。

（二）新产品的概念

新产品是指结构、性能、材料、外观等某一方面或几个方面与老产品有显著差异或创新的产品。可见，新产品包括：

（1）新发明的产品，指以前从来没有的、首创的产品。这种新产品不是轻易能获得的，要经过长时间努力才能成功。

（2）更新换代的产品，指通过利用新技术对原有产品进行较大革新后获得的产品。比如由机械表更新为电子表，电子表就是一种更新换代的产品。

（3）改革后的产品，指对原有的产品进行一定改革后获得的产品。比如由普通牙膏改革为药物牙膏，药物牙膏就是一种改革后的产品。

（4）仿制的新产品，指企业模仿制造市场上已有的产品。

（三）新产品开发策略

新产品开发绝非易事，不仅需要投入大量资金，而且具有很大风险，一般新产品开发的失败率高达80%以上，所以制定正确的新产品开发策略是企业开发新产品的关键。

1.防御性策略

防御性策略是指企业针对市场需求或竞争者新产品投放市场的反应开发某种新产品，但一般不主动投放市场，而是开发成功后作为技术储备，以防突发性变化。这种策略的出发点是相对维持企业目前较好的市场占有率和销售额。面对新产品开发失败率较高的现实，这种开发策略相对来讲可以控制风险，但在瞬息万变的市场中，容易错过一些有利的市场机会。

2.改进性策略

改进性策略是指通过对现有产品提高质量，改进性能、结构、包装等途径，打开市场局面，增加销量，提高市场占有率。这种开发策略对新产品投放市场的时机要求较高，因此对于时间要求紧迫的产品，企业以自己开发为主，以保证改进性策略计划的按时实施和新产品的及时上市。采用这种开发策略投资较少，见效较快，通常顾客比较容易接受，企业能够获得较好的效益。这种策略在运用时，必须认真考虑产品通过改进后现有设备的利用情况、设备改造或新增设备情况，以及其他一些成本估算。

3.仿效性策略

仿效性策略一般指技术力量薄弱的企业利用其他企业已开发的新产品进行仿效。由于产品开发费用和可能获得的利润之间的关系极不确定，因此一些技术力量比较薄弱、在新产品开发上没有把握、不愿意投入大量资金的企业常常采用这种策略。企业根据市场情况及潜在顾客的需求，利用已有的技术和其他企业已经开发成功的产品，进行新产品的仿效性开发，往往起到事半功倍的效果。虽然从市场竞争的角度看，仿效性策略不失为一种重要的开发策略，但是从企业的长远发展看，仿效性策略并不是企业的一项最终策略，它具有短期效应，不利于企业的长远发展。

4.风险性策略

风险性策略是指企业积极开发新产品，并积极投入市场，同时利用产品的独特功能吸引消费者购买。这种策略的成败在很大程度上取决于产品的扩散速度。一般认为影响新产品扩散速度的因素有四个：一是新产品所满足的基本需要；二是与购买者既定价值观念和行为方式的兼容程度；三是人们了解和使用产品时的障碍；四是向购买者宣传时所采用的促销方式。应用这种策略时，必须进行认真的、科学的市场调查和预测，进行成本-效益分析，按产品的获利能力这一指标进行决策。这种开发策略的优点是一旦成功，获得专利，企业将获得很大的经济效益；缺点是企业所承担的风险大，容易失败。

（四）新产品开发的过程

新产品开发的过程由以下8个阶段构成：

1.寻求创意

所谓创意，就是开发新产品的设想。要尽量依靠顾客、科学家、竞争对手、大学、咨询公司等外在力量，以及企业内部营销人员、管理人员等内在的力量，寻求尽可能多的创意，为新产品开发提供较多的机会。

2.甄别创意

对已获得的创意进行评估，研究可行性，选出可行性高的创意。甄别创意时要考虑两个因素：一是是否与企业的战略目标，如利润目标、销售目标、销售增长目标、形象目标等相适应；二是企业是否有能力，包括资金能力、技术能力、销售能力、人力资源能力等开发这种新产品。

3.形成产品概念

对选出的产品创意发展成产品概念。产品概念与产品创意是两个不同的概念。产品创意是指企业从自身角度考虑，能够向市场提供的某种产品的构想。如手表从企业角度需考虑手表的结构、制造过程、管理过程、成本等。产品概念是指企业从市场角度考虑，对产品创意所作的描述。如手表从市场角度需考虑用途、价格、外观、质量、售后服务等。

4.制定营销战略

形成新产品概念后，需要制定市场营销战略，企业的有关人员要拟定一个将新产品投放市场的初步的市场营销战略报告书。这个报告书包括三个部分：一是确定新产品目标市场的规模，包括新产品投放市场的销售额、市场占有率、利润率等；二是制定新产品的营销策略，包括计划价格、分销渠道、促销方式等；三是制定新产品的长期营销策略，包括长期销售额和目标利润、产品在不同生命周期的营销策略。

5.营业分析

企业营销管理者复查新产品将来的销售额、成本、利润的估计等，看看是否符合企业的目标。如果符合，就可以进行新产品开发。

6.产品开发

如果产品概念通过了营业分析，研究与开发部门及工程技术部门就可以将产品概念转变为产品，进入试制阶段。

7.市场试销

如果企业的高层管理者对新产品开发试验结果满意，就可以对这种新产品制订初步的市场营销方案，包括品牌、名称、包装等，将新产品推向市场进行试销。

8.批量上市

经过市场试验，企业高层管理者已经掌握了足够资料来决定是否将这种新产品投放到市场。如果决定向市场推出，企业就必须付出巨额资金，包括建设或租用全面投产所需的设备费用和大量的市场营销费用。这里工厂规模的大小是至关重要的决策，很多公司为了慎重起见都把生产能力限制在所预测的销售额内，以免新产品收不回成本。

四、品牌、商标与包装策略

（一）品牌的定义

所谓品牌，就是商品的牌子，是销售者给自己的产品规定的商业名称，包括名称、标志、商标。其中，品牌名称是品牌中可以用语言称呼的部分，如海尔、格力等；品牌标志是品牌中可以被认出，但不能用语言称呼的部分；商标是一个法律名词，是指已注册并受法律保护的一个品牌或品牌的一部分。一般从以下6个方面理解品牌的含义：

（1）属性。品牌首先让消费者意识到某种属性。如奔驰汽车做工精良、马力大、速度快、耐用、价格昂贵等。

（2）利益。顾客购买的不是属性，而是利益。属性需要转化为功能性或情感性的利益。如“做工精良”的属性转化成功能性和情感性的利益是“一旦出事我很安全”；“耐用”的属性转化成功能性利益是“多年内我不需要再买一辆新车”；“价格昂贵”的属性转化成情感性利益是“这辆车使我感到自己很重要并且受人尊重”。

（3）价值。品牌也说明了一些生产者价值。如奔驰品牌代表高绩效、安全、良好的形象等。营销人员必须分别出对这些价值感兴趣的买者群体。

（4）文化。品牌也可能代表着一种文化。如奔驰汽车代表着德国文化：高质量、高效率、高度组织。

（5）个性。品牌也反映了企业的个性。如奔驰会使人想到一位严谨的老板、一只狮子、一栋庄严的建筑物等。

（6）用户。品牌暗示着购买或使用产品的消费者类型。如20岁的秘书开奔驰车你会感到惊讶，你会觉得一位50岁的老板开奔驰车更合适些。

（二）商标的定义与特点

商标就是商品的标记，是企业的一种无形资产。商标具有以下特点：

1.法律上的专有性

商标是一种无形资产，没有形体，很容易脱离所有人的占有而为许多人所拥有，只要商标公之于众，第三人就有可能通过不合法途径而获得利益。因此，商标的所有人要想正常地行使自己的权利，就必须依靠国家法律，即商标法的特别保护。

商标法明确规定了商标的注册、商标的管理和使用、商标专用权的保证等。对未经注册商标所有人的同意，在同一商品或类似商品上使用与其注册商标相同或近似商标的企业或个人，被侵权人有权向县级以上市场监督管理部门要求处理，或直接向人民法院起诉。侵权人除赔偿被侵权人的经济损失外，构成犯罪的，还应依法追究刑事责任。

2.时间上的有限性

商标注册的效力是有一定期限限制的，在规定期限内，商标受法律保护，超过规定期限，商标不再受法律保护。因此，企业必须加强商标的时效意识，对将要超过规定期限的商标，必要时要依法申请续展，避免企业遭受不必要的损失。

各国商标法对商标注册有效期限的规定长短不一，长的为20年，短的为5年，一般为10到15年不等。《中华人民共和国商标法》规定商标保护期限为10年，有效期满需要继续使用的，应当在期满前6个月内申请续展注册，在此期间未能提出申请的，可以给予6个月的宽展期，宽展期满仍未提出申请的，注销其注册商标。每次续展注册的有效期仍为10年，申请续展不受次数的限制。

3.空间上的地域性

商标具有空间上的地域性，即只在授予国的国境内有效，任何国家只保护自己授予或承认的注册商标。

这与有形财产的所有权不同。外国人到中国申请商标注册后，其商标权才得到我国的法律保护；中国人的商标也只有向外国申请商标注册，其商标权才得到外国的保护。因此，企业为保护自身利益和国家利益，必须加强商标的国际意识，在必要的时候，应向国外申请商标注册。

企业对空间上的地域性认识不足，会导致知名商标流失国外，对企业和国家造成巨大的经济损失。

专栏6-1

商标的国际保护

商标的国际保护，通常是通过签订国际公约的办法来取得的，我国常用的是《商标国际注册马德里协定》，该协定是于1891年4月14日在西班牙马德里签订的，该协定自签订以来，曾先后修改过6次，现在使用的是1967年斯德哥尔摩的修订本。我国于1989年10月4日加入《商标国际注册马德里协定》。《商标国际注册马德里协定》规定，凡缔约国的企业或部门，在本国注册商标后，可以向世界知识产权国际事务局申请国际注册。国际注册被批准后，国际事务局即将该商标公布，并通知申请人选定缔约国，被选定的缔约国接到通知后，如不同意接受，应在1年内向国际事务局提出，并说明理由。如在1年内未提出批驳，该商标即被认为在该国注册生效。该协定规定保护期限为20年，到期后可续展。同时规定，如果一个商标在原始注册国一经废除，则在其他缔约国也同时失效。这种国际注册，有利于简化手续，节省费用，申请人不必逐个向选定的缔约国申请注册，但商标的有效性则取决于各缔约国的国内法，对于申请国际注册的商标，各缔约国均依照本国的国内法来决定是否准予注册。目前，我国每个省份都有商标国际注册的代理组织。

资料来源 刘秋华. 企业管理［M］. 2版. 大连：东北财经大学出版社，2015.

（三）品牌与商标策略

1.品牌有无策略

品牌策略的第一个选择就是是否使用品牌的决策。使用品牌具有许多优点：品牌是购买者购买的标志；好的品牌为企业创造好的形象，增强竞争力；品牌（商标）注册后受法律的保护。使用品牌也有一定的缺点：增加了企业创品牌的费用；由于商标日益增多，消费者对非名牌商标意识淡漠，购买时有随机性。因此，20世纪70年代以来，西方许多企业对消费品和药品实行无品牌策略，主要目的是节省包装、广告费用，降低价格，扩大销售。

2.品牌使用者策略

品牌策略的第二个选择就是使用谁的品牌，是生产企业还是销售企业。使用生产企业品牌的优点是：商标一经注册受法律的保护，是生产企业的无形资产；生产企业以自己的商标树立自己企业的形象与信誉。使用销售企业品牌的优点是：生产企业节省了使用品牌的费用；生产企业可以借助销售企业的声誉打开产品的销路。

3.品牌统分策略

在企业决定使用商标，且使用自己的品牌后，还必须决策使用一个还是几个的问题。

（1）个别品牌策略。个别品牌策略是指企业生产的产品使用不同的品牌。这种策略的优点是企业的整体声誉不会受某种商品的声誉的影响。

（2）统一品牌策略。统一品牌策略是指企业所有产品都使用同一品牌名称。如美国通用电气公司所有产品统一使用“GE”这个品牌名称。这种策略的优点是在企业产品具有信誉的基础上，新产品投入时成本低；缺点是容易出现“一条鱼腥了一锅汤”的现象。

（3）分类品牌策略。分类品牌策略是指企业各类产品分别使用不同的品牌，一类产品使用一个品牌。使用这种策略的原因如下：一是企业同时生产几个产品系列，若使用同一品牌，不同类型产品易混淆；二是企业虽然生产同一产品，但产品质量不同，为了区别不同质量的产品，采用不同品牌。

（4）企业名称加个别品牌策略。企业名称加个别品牌策略是指企业生产的不同产品使用不同品牌，但每一品牌前都加上企业名称。采用这种策略推出新产品，可以利用企业已有的声誉。

（四）包装策略

包装是指包装的器材与包装的方法。包装能够对商品起到保护作用，同时良好的包装还能促进企业的销售，增加企业的利润，并为消费者携带商品提供方便。包装具有以下策略：

1.类似包装策略

类似包装策略是指在包装外形上采用相同的图案、近似的色彩、共同的特征。其优点是节省包装设计成本、增加企业声誉。

2.等级包装策略

等级包装策略是指不同质量的产品采用不同的包装，高档商品采用高档包装，低档商品采用低档包装。其优点是能满足不同层次消费者的需求。

3.组合包装策略

组合包装策略是指企业将一些相关联的产品包装在同一包装物里。其优点是增加产品的总销售量，同时有利于新产品的推出。

4.再使用包装策略

再使用包装策略是指包装容器使用一次后可以继续使用。其优点是能吸引顾客产生购买动机。

5.附赠品包装策略

附赠品包装策略是指在包装物中附赠奖券或实物。其优点是以赠品吸引消费者购买。

第二节 价格策略

一、影响价格的因素

价格是商品价值的货币表现，影响价格的因素主要有以下四个方面：

（一）成本因素

成本因素是影响商品价格的主要因素之一。商品成本包括生产成本、销售成本和储存成本。企业一般通过增加产量降低商品成本，从而降低商品价格。

（二）市场需求因素

一般来说，对需求价格弹性大的商品，当商品供不应求时，价格上涨，当商品供过于求时，价格下降。

（三）市场环境因素

市场环境对商品价格有直接影响，在现代市场经济中，按照竞争的情况可以把市场分为四种形式：完全竞争市场、完全垄断市场、垄断竞争市场和寡头垄断市场。不同形式下的市场，其价格有显著的差异性。完全竞争市场下，产品的价格完全由供求关系决定，买卖双方都是价格的接受者，而不是价格的决定者。企业不可能采用提价的方法多得利润，只能靠提高生产率、减少消耗来降低成本。所有促销活动都是不必要的。实际上，现实中不存在完全竞争市场，其只是一种纯粹的理论分析。完全垄断市场下，从理论上讲企业完全有自由定价的权利，但要受其他情况的限制，如政府干预、消费者反对等。垄断竞争条件下，企业不是一个消极的价格接受者，而是一个对价格有影响力的决定者。寡头垄断市场下，产品价格不是由市场决定的，而是由几家大企业通过协商和默契决定的。

（四）其他因素

除了成本、需求以及竞争环境因素以外，还有一些影响商品价格的因素。如商品在竞争中的地位，即竞争优势，一般具有竞争优势，价格就高，反之则价格低；社会经济形势，经济繁荣时，需求量大，价格高，反之则价格低；货币流通量，一般通货膨胀时价格高，币值稳定时价格低。

二、定价方法

（一）定价目标的选择

价格是市场营销组合中最活跃的因素。同样，企业的产品定价也显得至关重要。产品定价是否合理，往往决定着产品能否为市场接受，并直接影响着产品在市场上的竞争地位以及占有的市场份额，从而关系到企业的兴衰存亡。因此，企业定价必须综合考虑各方面的因素，采取一系列的步骤、措施和方法等。首先必须考虑的是如何选择定价目标。

从战略的角度看，企业的营销目标大都具有多样性、层次性和阶段性，因此企业的定价目标也呈现多样化，归纳起来大致有以下四个方面：

1.以维持生存为定价目标

以维持生存为定价目标的企业往往面临着生产能力过剩、竞争态势异常严峻、消费者需求多变的困境。在这种情况下，企业所要解决的首要问题是生存，因为生存比利润更迫切，因此企业所采用的定价目标是零利润价格经营。

2.以利润最大化为定价目标

以利润最大化为定价目标的企业往往期望获取最大限度的销售利润或投资收益。以利润最大化为定价目标并不一定导致高价，当企业以短期、单位产品利润率为指标时，将导致高价；当企业以长期、整体产品利润率为指标时，将导致运动性价格。在这种目标下，企业所要完成的任务是获取最大限度的销售利润或投资收益。

3.以适应竞争为定价目标

以竞争导向为定价目标的企业十分注重市场地位与行业地位，对竞争者的价格变动非常敏感，反应也十分强烈。企业的定价往往根据与竞争者的多方比较而作出。通常有两种情况：一是当市场存在领导者价格时，可以此为参考，以相同或低于领导者的价格谋求发展；二是企业以在市场上获得产品品质领导地位为定价目标。

4.以销售增长为定价目标

以销售增长为定价目标的企业深信高销售量会带来单位成本的下降和长期利润的增加。企业通过压低价格对市场进行渗透，目的是提高市场份额和市场占有率。这种定价目标不一定为企业带来丰厚的利润，因此它并非企业的最终营销目标，但采用这种策略一旦渗透成功，有了一定市场份额后，可以转而采用提价的方式转向利润导向。

（二）定价方法

1.成本导向定价法

成本导向定价法是指依据产品的成本进行定价的方法，主要有以下几种：

（1）成本加成定价法。用单位成本加预期加成率作为销售价格。这种定价方法的优点是：由于成本的不确定性比需求的不确定性小，企业不需依照需求的变动经常调整价格，便于企业控制定价工作；当企业之间的成本和预期加成率大致相等时，其销售价格就大致相等，便于企业之间的价格竞争达到最小；以本求利，买卖公平。其缺点是：忽略了市场供求状况；忽略了市场寿命周期的不同阶段；很难给企业带来最大的经济效益。

（2）收支平衡定价法。收支平衡定价法是依据损益平衡原理实行的一种保本定价的方法。当收支平衡时，价格=固定成本/销售量+单位变动成本。这种定价方法的优点是：当市场不景气或订货不足时，保本生产比停工损失少；若价格定在保本点之上，企业便盈利；若订货量在保本量之上，企业也会盈利。

（3）变动成本定价法。变动成本定价法是指在定价时首先考虑对变动成本的补偿，同时争取更多的边际成本补偿固定成本的一种定价方法，即价格≥单位变动成本。这种定价方法的优点是：当市场不景气或订货不足时，采用变动成本定价法，可以减少损失，保住市场；采用变动成本定价法，由于价格低，有利于市场竞争，开拓市场。其缺点是：不宜长期采用，一旦占领市场，要迅速提高价格。

2.竞争导向定价法

竞争导向定价法是指企业以尽量减少市场竞争为目的的一种定价方法，主要有以下几种：

（1）随行就市定价法。随行就市定价法是指企业参照同行业平均价格水平，为本企业的产品定价。这是一种避免竞争的定价方法。因为如果价格定得高，容易失去顾客；而价格定得低，也不一定能扩大需求，增加利润。因此，采用随行就市定价法，可以减少经营风险。

（2）追随领导者企业定价法。这种定价方法以行业中实力最雄厚或影响最大的企业（称为领导者企业）的价格为标准，为自己的产品定价。其目的也是避免市场竞争。

3.需求导向定价法

需求导向定价法是指依据消费者需求进行定价的方法，主要有以下几种：

（1）理解价值定价法。理解价值定价法认为决定商品价格的关键因素是买方对商品价值的理解水平，而不是卖方的成本，因此定价时要估计和测定商品在顾客心目中的价值水平。这种定价方法的优点是以消费者的理解价值定价，避免与竞争者直接对抗。一般按以下步骤定价：①确定顾客的理解价值，决定商品的初始价值。可以采用直接评议法，如邀请顾客、中间商、专家直接评议，也可以采用诊断评议法，即用评分法对产品的信誉、功能、质量、可靠性、外观、服务水平等指标进行评分，计算理解价值。②预测商品的销售量。③预测目标成本。目标成本=销售收入总额-目标利润总额-税金总额。④决策。当实际成本≤目标成本时，目标利润能够保证，初始价格为产品实际价格；当实际成本≥目标成本时，目标利润不能保证，或降低目标利润，或降低实际成本，或放弃初始价格。

（2）需求差异定价法。需求差异定价法是指同一质量、功能、规格的商品或劳务，对不同需求层次的顾客采用不同的价格。具体形式可以以顾客需求为基础，可以以产品款式、外观、式样为基础，可以以地点为基础，也可以以时间为基础。

三、定价策略

（一）新产品定价策略

1.高价策略

高价策略也称取脂定价策略，是指在新产品刚刚上市时，将价格定得很高，尽可能在新产品的投入期获得较高收益。高价策略一般适用于以下几种情况：价格高，但是市场需求仍很大的产品；产品的市场需求弹性小，价格提高也不会引起需求的较大减少；企业形象好，促销能力强。这种定价策略的优点是：可以利用消费者求新、价高质优的心理，开拓早期市场；采用高价，一旦有竞争者进入，可以降价挤走竞争者；采用高价，一旦进入市场无反应，可以降价迎合消费者的心理，起到促销的作用；采用高价，投资回收快，达到以战养战的目的。

2.低价策略

低价策略也称渗透定价策略，是指在为新产品定价时，将价格定得很低，以吸引消费者购买。低价策略一般适用于以下几种情况：产品潜在市场巨大；产品的需求弹性大；存在类似的替代品；企业促销能力差。这种定价策略的优点是：市场渗透快，能迅速提高市场占有率；可以薄利多销，使竞争者望而却步。

（二）心理定价策略

1.尾数定价

产品定价时留有尾数。这种定价策略适用于日用消费品，如牙刷、牙膏、香皂、卫生纸等，给消费者以精确计算的感觉。

2.整数价格

产品定价时取整数。这种定价策略适用于高档、优质商品，如家具、首饰、电器等，给消费者高质高价的感觉。

3.威望价格

将产品的价格定得很高。这种定价策略适用于著名品牌的商品，可以满足消费者求新、求名的心理。

4.特价品价格

将产品的价格定得很低，接近于产品的成本。这种定价策略适用于购买频率较大的日用消费品或生活必需品，或商品名目繁多的大规模零售商品，能起到招揽的作用。但特价品数量有一定限制，如果太多，将无利可图，如果太少，又将失去招徕作用。

（三）折扣定价策略

1.数量折扣

企业为了鼓励买主大量购买，或集中向一家购买，根据购买的数量或金额给予一定的折扣。数量折扣具体有：累计折扣，即一定时期，按照买方购进的累积商品数量给予的折扣；非累计折扣，即根据买方一次性购进商品的数量而给予的一次性折扣。数量折扣策略能否达到预期目的，与基点量和各档次的折扣率有关。

2.交易折扣

将中间商为企业提供服务而省下来的成本费用以折扣的形式转让给中间商。具体做法如下：可以先定出零售价，再推出出厂价，也可以先定出出厂价，再推出零售价。

3.现金折扣

企业为了鼓励顾客在一定限期内早日偿还货款，而从售价中出让给顾客一定数额的折扣额。这种策略可以减少企业呆账，减轻企业对外部资金的依赖。

4.季节折扣

季节折扣是企业给那些购买过季商品的顾客的一种优惠。这种定价策略可以鼓励购买者早日订货或淡季订货，使企业一年四季能保持相对稳定的生产，同时减少企业资金负担和企业仓储费用。

专栏6-2

生态农产品的定价策略选择

随着经济的发展，人们对食品安全、营养、健康要求越来越高，对生态农产品采用撇脂定价策略，相对于渗透定价策略和成本加成定价策略显示出更大的优越性。

1. 生态农产品的质量能够支持较高的定价

首先，多数生态农产品生产企业自身具有一套较为完整的质量控制标准，包括产品产地生态环境质量标准、产品生产技术标准、产品质量检测标准、产品包装标准、产品储运标准，确保了产品安全、营养、健康的特性。其次，中国对生态农产品具有严格的质量认证制度。国家依法按照相应质量标准对生态农产品的产地生态环境、生产过程、包装、储运等生产环节进行质量认证，只有符合标准的产品才能使用生态农产品标志

2. 生态农产品产业技术壁垒高，易维持产品高价

生态农产品的生产条件短时间内难以被模仿。如果产品的技术在短时间内难以被模仿，就说明该产品具有较高的技术壁垒，竞争者一般难以快速进入该产品领域，并能维持产品高价。由于生态农产品要保持安全、营养、健康的特性，其生产的前提是必须具备良好的生态环境，且产品需要经过严格的质量检测并符合苛刻的储运条件，因此，生态农产品苛刻的生产条件使得技术壁垒相对较高，竞争对手难以轻易进入该产业。

3. 生态农产品撇脂定价策略能抑制市场对优质产品需求量的快速增加，缓解优质产品供不应求的状况

产品价格的高低会极大影响产品需求量的大小，一般情况下，低价格的产品需求量大；反之，高价格的产品需求量就小。但产品的市场需求能否真正满足，还会受到企业生产能力的制约。受生态环境的限制，生态农产品的生产能力往往有限，企业就没有必要以低价来换取较高的市场需求量。因为较高的市场需求量不仅不能满足，而且还会伤害一部分需求未得到满足的消费者对生态农产品的情感；相反，在生态农产品产能供应不足的情况下，高价格能抑制市场需求量的快速增加，缓解产品供不应求的局面。

4. 能取得较好的经济效益

首先，生态农产品撇脂定价策略能够预期在短时间内实现盈利，即使在生态农产品的成长期或者成熟期，由于竞争的加剧，企业还能根据竞争对手的参考价格调整定价，以取得良好的经济效益。其次，生态农产品较高的经济效益充分体现了生态产品的价值和意义，使得当地农民能从中充分享受到保护生态环境所应得的红利，从而进一步激发他们不断提高保护和修复生态环境的积极性，使生态农产品的生态品质更加稳固。

资料来源　蒋凡，王永富. 生态农产品定价策略研究［J］. 湖北农业科学，2022，61（4）：193-195. 有删减。

第三节　分销渠道策略

一、分销渠道的定义和作用

（一）分销渠道的定义

分销渠道是指某种产品和服务在从生产者向消费者转移中，取得这种产品和服务的所有权以及帮助所有权转移的所有企业和个人。分销渠道的起点是生产者，终点是消费者或用户，中间经过若干中间商将商品和服务的所有权或实体进行转移。

分销渠道的主要职能有：

（1）研究，即搜集制订计划和进行交换所必需的信息；

（2）促销，即进行关于所提供的物品的说服性沟通；

（3）接洽，即寻找可能的购买者并与之进行沟通；

（4）配合，即使所供应的物品符合购买者需要，包括分类、分等、装配、包装等活动；

（5）谈判，即为了转移所供物品的所有权，而就其价格及有关条件达成最后协议；

（6）物流，即从事产品的运输、储存；

（7）融资，即为补偿渠道工作的成本费用而对资金的取得与支出；

（8）风险承担，即承担与渠道工作有关的全部风险。

（二）分销渠道的作用

1.产品的集中与再分配

分销渠道中的中间商最直接和最主要的作用就是将产品从制造商那里集中起来，再根据客户的具体要求将其进行重新包装、组合和分配，如图6-1所示。并不是所有的生产者都有能力和资源进行直接营销，这就是中间商存在的价值和原因所在。即便是那些有能力建立自己的分销渠道的厂家，也可以借助中间商资源和其高度专业化的优势扩大自己的市场覆盖率。

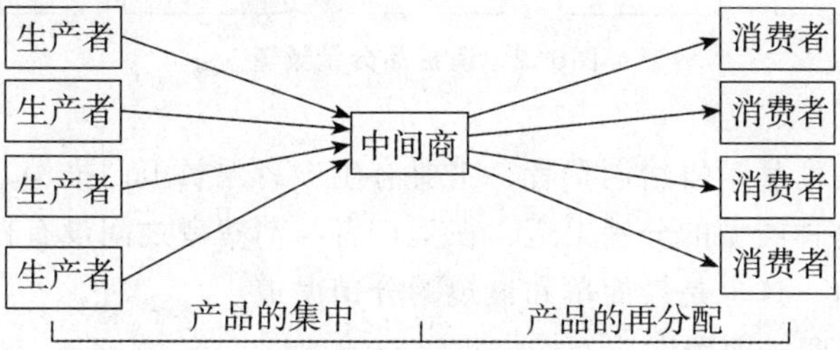

图6-1　中间商的角色

2.市场信息的搜集和反馈

在产品的流通过程中，各中间商可获取有关客户、市场和竞争者的信息，通过搜集整理反馈给生产者。事实上，经销商和零售商对生产者而言是极其重要的信息来源，他们最接近市场，可以和终端客户保持经常的联系，获取有关他们的各种信息。同时，许多经销商和零售商也销售竞争厂商的产品，有助于了解客户对各种产品的真实反映。

3.资金的流动

分销渠道的最后一个重要作用就是实现了资金在渠道中的流动，这使得生产者缓解了资金上的压力。

（1）付款，指货款通过分销渠道从最终客户流向制造商。在产品流通中，由于中间商的存在，提供了多种多样的、灵活方便的付款方式。

（2）信用，经销商和零售商为生产者提供信用。对购买产品的支付几乎都是以购买日为准，而不是以产品最终卖出去的时间为准。这一做法对生产者和上一级经销商都具有重要意义，使得他们能准确地估计现金流量。

（3）融资，通过分销渠道成员自己的实力和信用进行融资，扩大了产品流通过程所需的资金来源，使得渠道的资金雄厚，便于更广泛地推销产品。

二、分销渠道的类型

分销渠道的类型是由分销渠道的长度和宽度决定的，体现了分销渠道的强度和整体构架。

（一）分销渠道的长度

分销渠道的长度指分销渠道层次的数量，即产品在分销渠道的流通过程中，中间要经过多少层级的经销商参与其销售的全过程。分销渠道类型一般区分消费品和工业品不同而不同。

消费品分销渠道类型有四种，如图6-2所示。

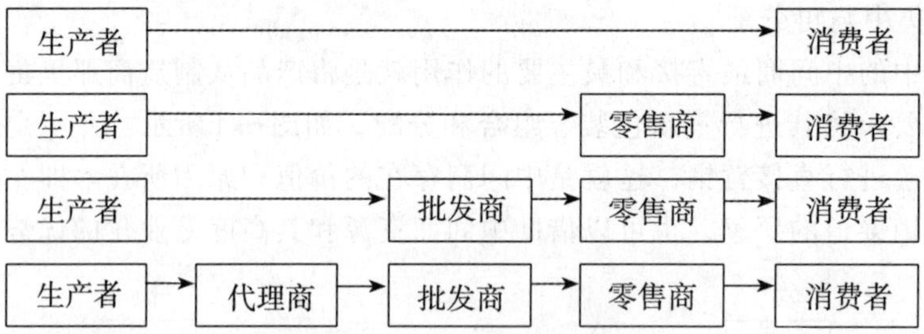

图6-2　消费品分销渠道

1.生产者—消费者

由生产者直接将商品销售给消费者，主要有生产者派员上门推销、邮寄销售、开设直销门市部等形式。这种类型的分销渠道，在生产者与消费者之间没有任何中间商介入，因此可以称为零层渠道，这也是最简单和最短的分销渠道。

2.生产者—零售商—消费者

由生产者先将产品销售给零售商，零售商再将产品销售给消费者。这种类型的分销渠道在生产者和消费者之间，通过一层中间环节，因此可以称为一层渠道。

3.生产者—批发商—零售商—消费者

由生产者先将产品销售给批发商，批发商再将产品销售给零售商，零售商再将产品销售给消费者。这种类型的分销渠道有二层中间环节，因此可以称为二层渠道。

4.生产者—代理商—批发商—零售商—消费者

在生产者和消费者之间，通过代理商、批发商、零售商三层中间环节，因此可以称为三层渠道。

零层渠道也叫直接渠道或直销，是厂家将其产品直接销售给终端客户。这种分销渠道的优点是：对一些时鲜商品、时尚商品，采用直接销售渠道能及时将商品投放市场，减少商品损耗和变质；减少中间环节转移流通的销售、仓储费用；能及时了解市场供求变化，对价格的控制有较大的主动性和灵活性；由于生产者直接和消费者接触，能及时听取消费者对产品的意见，有利于改进企业的经营管理；生产者具有专门的专业技术，可以为消费者提供专门的售后服务。其缺点是生产者需要较多的投资、场地和人力。

其他三种渠道统称为间接渠道，产品要经过若干中间商才能到达终端客户。这类分销渠道的优点是：可以简化交易联系，缩短买卖时间，起到集中、存储、平衡、扩散的作用；中间商有丰富的销售经验，起到了促进销售的作用。其缺点是增加了销售成本，同时由于周转次数较多，速度较慢，企业对渠道的控制和获取市场信息就相对困难。

从三种间接渠道结构中可以看出，渠道又有长短之分。长的渠道可以使企业充分利用中间商的资源和其高度专业化优势，减少资金压力和人员等方面的投入，可获得广泛的市场覆盖面；但同时对产品的控制减弱，对获取市场信息变得困难。相反，短的渠道要求企业在资金和资源等方面实力雄厚，具有大量分散存货和运输能力；虽然对产品和分销渠道有较强的控制力，但它的市场覆盖面较小。

工业品分销渠道的类型有四种，如图6-3所示。

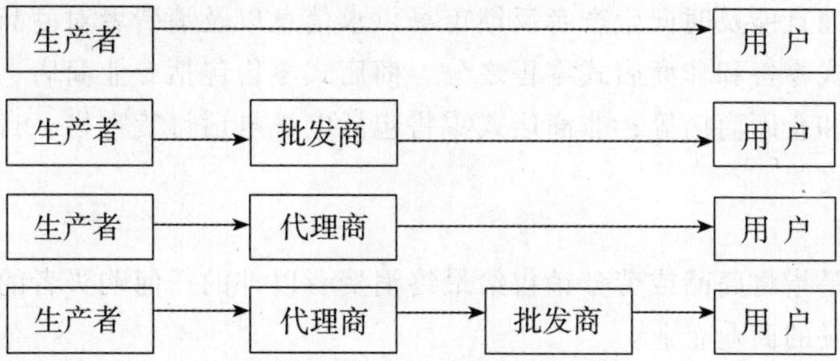

图6-3 工业品分销渠道

（二）分销渠道的宽度

分销渠道的宽度指分销渠道每一层次中同类经销商的数量。分销渠道的宽度主要有以下三种形式：

1.独家分销

独家分销指生产者在一定的市场范围内，选择一家某种类型的中间商销售产品，如独家代理商或独家经销商。这种分销方式的特点是生产者对其控制力强，但竞争程度较低，市场覆盖面有限，同时对中间商依赖性较强。

2.选择分销

选择分销指生产者在一定的市场范围内，通过少数几个经过挑选的最合适的中间商销售其产品，如特约代理商或特约经销商。其特点是生产者对中间商的控制仍然较强，竞争程度扩大，市场覆盖面也扩大，但需要考虑怎样合理地界定中间商的区域。

3.广泛分销

广泛分销指生产者尽可能地通过大量的符合最低信用标准的中间商参与其产品的销售。其特点是生产者对其控制力弱，竞争激烈，市场覆盖面广泛，分销越密集，销售的潜力越大。但必须注意，在一定区域内，过度竞争和由此引发的冲突不利于产品的销售。

三、中间商

随着市场经济的发展，商品从生产者手中直接销售给消费者和用户的情况相对越来越少，多数情况下，商品从生产者转向消费者和用户的过程中，都必须经过一定的中间环节，即都必须要有各种类型的中间商参与。

中间商在商品从生产者向消费者和用户手中转移的过程中起着重要作用，不仅可以解决生产和消费之间在数量、品种、时间、空间等方面的矛盾，有利于节约流通时间，加速流通过程，提高宏观经济效益，而且由于中间商具有信息灵通、熟悉市场、销售经验比较丰富以及专业化和规模经营等生产者所不具有的优点，因此生产者借助中间商销售商品具有一定的经济效益。

中间商有多种，在市场营销中必须选择合适的中间商，否则会影响产品的销售。

（一）零售商

所谓零售，是指将商品或劳务直接销售给最终消费者的销售活动。零售商就是指从事零售活动的商业企业。

零售商作为生产者和消费者之间的桥梁和纽带，不仅能够帮助生产者扩大生产和销售，开拓市场，而且能及时向生产者反馈市场供求信息以及消费者对商品的意见。

零售有商店式零售和非商店式零售之分。商店式零售包括专业商店、百货商店、超级市场、便利商店和仓库商店等；非商店式零售包括电视电话订货零售、自动售货、直接上门销售和网上购物等。

（二）批发商

所谓批发，是指将商品或劳务销售给最终消费者以外的任何购买者的销售活动。批发商就是指从事批发的商业企业。

批发商作为生产者与消费者之间的桥梁和纽带，具有以下作用：销售与促销、采购与商品编配、整买零卖、存储与运输、融资、风险承担、信息传递、管理服务与咨询等。

批发商有经营普通商品的普通商品批发商、经营某一类商品的单一种类商品批发商、专门经营某一类商品中的某一种商品的专业批发商。

（三）代理商

代理商是指受委托人委托替委托人采购或销售商品，收取佣金的一种中间商。与批发商的区别是，代理商对所代理的商品不拥有所有权。代理商一般有以下三种：

1. 制造商代理商

代理商通常和几家制造商签订正式契约，按照契约中所规定的销售区域、价格政策、订单处理程序等要求，为这些制造商销售全部或部分非竞争商品，制造商按销售额的一定比例支付代理商佣金。

2. 销售代理商

代理商与制造商签订契约，在此基础上代理商为制造商销售全部商品。销售代理商通常没有地区限制，对价格等有较大权利，其功能如同制造商的销售部门。

3. 采购代理商

这种代理商通常与制造商有长期关系，为制造商提供进货、验货、仓储、送货等采购服务，其功能如同制造商的物资部门。

四、分销渠道策略

（一）影响分销渠道设计的因素

有效的渠道设计，应以确定企业所要达到的市场为起点。从原则上讲，目标市场的选择并不是渠道设计的问题。然而，目标市场的选择与渠道的选择是相互依存的。有利的市场加上有利的渠道，才能使企业获得利润。渠道设计问题的中心环节是确定到达目标市场的最佳途径，而影响渠道设计的主要因素有：

1.顾客特性

渠道设计受顾客人数、地理分布、购买频率、平均购买数量以及对不同市场营销方式的敏感性等因素的影响。当顾客人数多时，生产者倾向于利用每一层次都有许多中间商的长渠道。但购买人数的重要性又受地理分布程度的修正，当生产者直接销售给同样数量的顾客时，顾客相对集中所花的费用远比顾客相对分散所花的费用要少。购买者的购买方式是影响渠道选择的又一重要因素。如果顾客经常小批量购买，则采用较长的渠道供货，而对那些订货量大且订货次数多的少数大顾客一般采用直接供货。此外，购买者对不同市场营销方式的敏感性也会影响渠道的选择，如越来越多的家具零售商喜欢在展销会上选购，从而使这种渠道迅速发展。

2.产品特性

产品特性也影响渠道的选择。易腐烂的产品为了避免拖延及重复处理增加腐烂的风险，通常采用直接渠道；那些与价值相比体积较大的产品，如建筑材料等，需要采用从生产者到最终用户之间搬运的距离最短、次数最少的渠道；非标准化的产品由于不易找到具有专门知识的中间商，通常由生产者直接派员销售；而需要安装、维修的产品经常由生产者自己或授权独家专售特许商来负责销售和保养；单位价值高的产品则应由生产者派员销售，不再通过中间商。

3.中间商特性

生产者在设计渠道时，还必须考虑到各类中间商的运输、储存、广告宣传、销售、信息传递等职能，以及在信用条件、退货处理、训练人员、定价等方面的不同特点和要求，结合其他有关情况，选择有利的分销渠道。

4.竞争特性

生产者在设计分销渠道时，必须考虑竞争对手的分销渠道情况。有些生产者会采用与竞争对手相同或相似的分销渠道，以便与竞争对手抗衡。有些生产者的分销渠道费用不足，或是强行采用与竞争对手相同的渠道要付出较大的代价，在这种情况下，这些生产者会避开竞争对手的分销渠道，利用或发展其他分销渠道。

5.企业特性

分销渠道的设计受企业总体规模、财力、产品组合、市场营销政策等企业特性的影响。①企业总体规模较大，一般其市场的范围、客户的规模也较大，其销售能力、与中间商合作的能力也较强。在渠道设计时，可选择的方案较多。②财力雄厚的企业，多半自设销售机构，并有选择地使用一些中间商。财力较弱的企业，一般对中间商的依赖性较大。③企业的产品组合也会影响渠道的设计，一般产品组合宽度越大，则与顾客直接交易的能力越强。④产品组合的长度越大，则使用独家或选择性渠道就越有利；产品的相关性越强，则越应使用性质相同或相似的市场渠道。⑤生产者现行的市场营销政策也会影响渠道的设计，如对最后购买者提供快速交货服务的政策，会影响到生产者对中间商所执行的职能、最终经销商的数目与存货水平以及所采用的运输系统的要求等。

6.环境特性

渠道设计还受环境因素的影响。当经济萧条时，生产者都希望采用能使最终顾客廉价购买的方式将产品送到市场，即使用最短的渠道，并免除那些可能提高产品最终价格的不必要的服务。

（二）分销渠道的设计

1.明确渠道目标与限制

所谓分销渠道的目标，是指生产者预期达到的顾客服务水平以及中间商应执行的职能等。生产者必须考虑到渠道设计的每一个影响因素，包括顾客、产品特性、中间商特性、竞争特性、企业特性和环境特性等因素，在此基础上确定分销渠道的目标。

2.拟订分销渠道的可行方案

研究了分销渠道的目标和限制条件后，分销渠道设计的下一步工作就是要拟订分销渠道的可行方案。一个分销渠道的方案主要涉及三个基本因素：中间商的类型、中间商的数目、分销渠道成员之间的交易条件和责任。

（1）中间商的类型。生产者在设计分销渠道时，必须对如下问题进行决策：一是决定是由自己直接销售给用户和消费者还是使用中间商，或者两者兼顾；二是决定使用什么类型和规模的中间商，是单独使用代理商、批发商和零售商还是同时使用，或者使用其中两类；三是决定每类中间商的具体类型，如决定使用零售商，是使用专业商店还是百货商店等；四是决定是否开辟新的渠道，当生产者由于本身的原因或某些限制，对传统的渠道不便使用时，需要作出开辟新渠道的决策。

（2）中间商的数目。生产者在决定了利用何种中间商后，还要根据产品在市场上的地位、目标以及市场容量的大小对中间商的数目进行决策。通常有三种形式可供选择，即广泛分销、选择分销和独家分销。

（3）分销渠道成员之间的交易条件和责任。生产者在决定了中间商的类型和数目后，还必须决定各分销渠道成员之间的交易条件和责任，主要项目有价格政策、销售条件、经销区域权以及每位成员应提供的特殊服务等。

价格是关系到生产者和中间商双方经济利益的一个重要因素。生产者应当编制一个价目表和折扣计划，中间商必须认为此计划是公平合理的。销售条件中最重要的是付款条件和生产者保证。生产者提供现金折扣，以诱导中间商提前付款。生产者还可以针对降价的可能，给予中间商某种特殊保证，以消除中间商的后顾之忧，促使其大量购买。经销区域权也是一个重要的问题。一般中间商都希望知道生产者将在何地利用其他中间商。此外，中间商还希望在区域内所发生的销售实绩获得生产者的完全信任，不论这些实绩是否因人员的努力而获得。

3.评估各种可能的分销方案

评估分销方案的标准主要有三个：经济性标准、控制性标准和适应性标准。

（1）经济性标准。在这三项标准中，经济性标准是最重要的标准。因为企业是追求利润而不是追求渠道的控制性和适应性。判别一个方案好坏以是否取得最大利润为标准，不以是否导致较高的销售额和较低的成本费用为标准。

（2）控制性标准。在对分销渠道的控制方面，生产者自己直接销售肯定要高于利用销售代理商。因为销售代理商是独立的商业企业机构，有自己的经济利益，注重对商品购买有重大影响力、能带来最高收益的客户，而对生产者的产品不会特别感兴趣。

（3）适应性标准。分销渠道的适应性也是生产者在评估时必须考虑的一个问题。如果生产者利用销售代理商，可能要与其签订5年合同。在此期间需要改变分销渠道时，则失去了灵活性和适应性。因此，一个涉及长期分销渠道的方案，必须具有相当优越的经济及控制条件才有考虑的必要。

（三）分销渠道的管理

生产者在确定了分销渠道及相关政策之后，必须对每个中间商进行选择、激励和评估。同时，随着时间的推移，分销渠道要作适当调整。

1.选择渠道成员

生产者必须为其所设定的分销渠道寻找合适的中间商。对合格的中间商的鉴定包括经营年数、经营的其他产品、成长和盈利记录、偿付能力、信用等级、合作态度及声誉等。如果中间商是代理商，还要评价其所经销的其他产品的数量和特征及其推销力量的规模和素质。如果中间商是零售商，需要评价其店铺的位置、未来成长的潜力和客户类型。选择分销渠道成员应遵循以下原则：

（1）把分销渠道延伸至目标市场原则。这是建立分销渠道的基本目标，也是选择经销商的基本原则。生产者选择经销商，建立分销渠道，就是要把自己的产品打入目标市场，让那些需要产品的最终用户或消费者能够就近、方便地购买，随意消费。根据这个原则，分销管理人员应当注意所选择的经销商是否在目标市场拥有其分销通路，如是否有分店、子公司、会员单位或忠诚的二级经销商；是否在那里拥有销售场所，如店铺、营业机构等。

（2）分工合作原则。这是指所选择的中间商应当在经营方向和专业能力方面符合所建立的分销渠道功能的要求。尤其在建立短分销渠道时，需要对中间商的经营特点及能够承担的分销功能严格掌握。一般来说，专业性的连锁销售公司对于那些价值高、技术性强、品牌吸引力大、售后服务较多的商品，具有较强的分销能力。各种中小百货商店、杂货商店在经营便利品、中低档次的选购品方面力量很强。只有那些在经营方向和专业能力方面符合所建分销渠道要求的经销商，才能承担相应的分销功能，组成一条完整的分销通路。

（3）树立形象原则。在一个具体的局部市场上，显然应当选择那些目标消费者或二级经销商愿意光顾甚至愿意在那里出较高价格购买商品的经销商。这样的经销商在消费者的心目中具有较好的形象，能够烘托并帮助建立品牌形象。

（4）共同愿望和共同抱负原则。联合经销商进行商品分销，不单是对生产厂商、消费者有利，对经销商也有利。分销渠道作为一个整体，每个成员的利益来自成员之间的彼此合作和共同的利益创造活动。从这个角度上讲，联合经销商进行商品分销就是把彼此之间的利益捆绑在一起。只有所有成员具有共同愿望、共同抱负，具有合作精神，才有可能真正建立一个有效运转的分销渠道。在选择经销商时，要注意分析有关经销商分销合作的意愿、与其他渠道成员的合作关系，以便选择到良好的合作者。

2.激励渠道成员

生产者一经选定中间商并与之签订分销协议后，还需要经常进行激励，调动中间商的积极性，使中间商不断地提高业务经营水平，更好地完成销售任务。生产者对中间商的激励措施有很多，常用的有以下几种：

（1）根据市场需求和中间商的要求，及时向中间商提供适销对路的优质产品，为中间商的销售活动创造良好的物质基础。这是激励中间商的一个很重要的措施，也是密切双方关系的重要前提和保障。

（2）正确制定商品的价格，充分考虑中间商的经济利益。给予中间商的毛利和佣金数目必须要能基本满足中间商的需要，并且可以根据销售额和所提供的服务程度进行适当浮动，使中间商愿意销售生产者的产品。如果生产者给予中间商的条件比较苛刻，则不仅难以激励中间商努力销售，而且会影响双方关系的正常发展。

（3）生产者通过提供优惠信用条件，给予中间商以资金支持，借此鼓励中间商大量进货，积极地为生产者销售产品。这种激励措施，往往受到中间商的欢迎，比较容易取得良好的激励效果。

（4）通过生产者负担全部广告费用，或者生产者给中间商提供合作广告津贴形式，大力进行广告宣传，提高产品的知名度和美誉度，诱导顾客前来购买，以促进中间商的商品销售，有助于中间商获得良好的经济效益。

（5）生产者通过技术指导、提供优质服务、举办商品展销、协助安排商品陈列、帮助中间商培训销售人员等措施，来支持中间商开展好业务活动，改进经营管理，增强营销效果。

（6）与中间商建立长期的伙伴关系。这就需要生产者明确自己想从中间商那里得到什么，同时也要让中间商知道可以从生产者那里得到什么。这些可以利用市场覆盖面、产品供应、市场开发、客户掌握、技术方法与服务、信息搜集等因素来测量。生产者通过协商的方法与中间商签订协议，并根据协议执行情况向中间商支付报酬。

（7）建立一个有计划、实行专业化管理的纵向营销系统，将生产者的需要与中间商的需要结合起来。

3.评估渠道成员

生产者除了选择和激励渠道成员外，还必须定期评估渠道成员的绩效。评估的主要内容有销售指标完成情况、平均存货水平、商品送达时间、服务水平、促销工作的合作程度、产品市场覆盖程度、市场信息反馈程度等。生产者经过评估，认为中间商的绩效低于标准，则应该分析造成的原因及研究解决的办法，并要求中间商在一定期限内有所改观。若在此期间工作仍无起色，生产者可能需要终结与其的业务关系。

4.渠道调整

生产者不能仅限于设计一个良好的渠道系统，并推动其运转。渠道系统还要定期进行改进，以适应市场环境的变化。当客户的购买方式发生变化、市场扩大、新的竞争者进入以及产品进入其生命周期的最后一个阶段时，便有必要对渠道进行改进。一般调整的方式有三种：一是增加或减少某些渠道成员；二是增加或减少某些分销渠道；三是修正整个分销渠道系统。通过分销渠道的改进，有利于生产者的分销渠道系统更加有效地运行。

专栏6-3

网络营销的特点

网络营销（on-line marketing或e-marketing）就是以国际互联网络为基础，利用数字化的信息和网络媒体的交互性来辅助营销目标实现的一种市场营销方式。网络营销的特点如下：

（1）跨时空。营销的最终目的是占有市场份额，由于互联网能够超越时间约束和空间限制进行信息交换，使得营销脱离时空限制进行交易变成可能，企业有了更多的时间和更大的空间进行营销，可每周7天、每天24小时随时随地地提供全球性营销服务。

（2）多媒体。互联网可以传输多种媒体的信息，如文字、声音、图像等信息，使得为达成交易进行的信息交换能以多种形式存在，可以充分发挥营销人员的创造性和能动性。

(3) 交互式。通过展示商品图像，同时商品信息资料库提供有关的查询，互联网实现了供需互动与双向沟通。互联网还可以进行产品测试与消费者满意度调查等活动。

(4) 个性化。互联网上的促销是一对一的、理性的、消费者主导的、非强迫性的、循序渐进式的，而且是一种低成本与人性化的促销，避免推销员强势推销的干扰，并通过信息提供与交互式交谈，与消费者建立长期良好的关系。

(5) 成长性。互联网使用者数量快速成长并遍及全球，使用者多属年轻、中产阶级、高教育水准一族，由于这部分群体购买力强而且具有很强的市场影响力，因此是一条极具开发潜力的市场渠道。

(6) 整合性。互联网上的营销可由商品信息至收款、售后服务一气呵成，因此也是一种全程的营销渠道。

(7) 超前性。互联网是一种功能强大的营销工具，它同时兼具渠道、促销、电子交易、互动以及市场信息分析与提供等多种功能。它所具备的一对一营销能力，符合定制营销与直复营销的趋势。

(8) 高效性。计算机可储存大量信息供消费者查询，可传送的信息数量与精确度，远超过其他媒体，并能根据市场需求及时更新产品或调整价格，因此能及时有效地了解并满足顾客的需求。

(9) 经济性。通过互联网进行信息交换，代替以前的实物交换，一方面可以减少印刷与邮递成本，可以无店面销售，免交租金，节约水电与人工成本，另一方面可以减少由于迂回多次交换带来的损耗。

(10) 技术性。网络营销是建立在高技术作为支撑的互联网的基础上的，企业实施网络营销必须有一定的技术投入和技术支持，改变传统的组织形态，提升信息管理部门的职能，引进懂营销与计算机技术的复合型人才，未来才能具备市场的竞争优势。

资料来源　赵红. 网络营销［M］. 成都：电子科技大学出版社，2019.

第四节　促销策略

一、人员推销

（一）人员推销的特点

人员推销是指企业的销售人员为达到促销的目的，主要以对话的方式直接与顾客或潜在顾客接触，介绍并宣传商品，帮助顾客获得满意购买的活动过程。与广告、公关、营业推广的本质区别在于：人员推销是买卖双方面对面接触，这样便于观察对方，及时作出策略调整。人员推销具有以下特点：

1.信息的双向沟通

一方面，推销人员向顾客介绍信息，包括所推销的商品信息、商品的市场信息、商品的技术信息；另一方面，推销人员通过与顾客接触，获得顾客方的信息，包括对商品的反应、对企业的反应、对推销人员的态度等。

2.推销的双重目的

人员推销具有双重目的，首先人员推销是为了满足消费者的需求，其次才是为了将商品推销给消费者。

3.需求的多样满足

通过推销人员有针对性地介绍、宣传商品，满足消费者对商品的信息的需要；通过推销人员直接销售的方式，满足消费者方便购买的需要；通过为顾客提供售前、售后服务，满足消费者在技术和服务方面的需要；通过推销人员礼貌、真诚、热情的服务，满足消费者心理上的需要。

4.灵活的推销方式

人员推销的方式是非常灵活的，在交谈中，推销人员一定要掌握顾客心理，从对方感兴趣的角度介绍商品，以吸引顾客注意。当消费者出现疑虑时，迅速解答疑难，排除顾虑；当消费者出现购买动机时，抓住机遇，促成购买。

5.广泛的人员参与

人员推销不仅仅是推销人员的工作，实际上推销人员在推销时必须有企业领导的决策，有生产人员、技术人员提供的指导，有信息人员提供的信息等。

（二）人员推销的三要素

人员推销有三个要素，即推销人员、推销对象和推销商品。

1.推销人员

推销人员是关键。推销人员是人员推销中的主角，推销人员必须具备一定的营销理论和很好的素质。推销工作是否成功在很大程度上取决于推销人员。

2.推销对象

推销对象是目标。推销人员在向消费者推销商品时，消费者是有选择地接受信息的，因此必须把推销对象作为目标，选择消费者感兴趣的话题，满足消费者的需求，最终的决策还需消费者自己作出。

3.推销商品

推销商品是基础。推销人员的最终目的是将商品推销出去，而能将商品推销出去关键在于商品是否满足消费者的需求，只有推销的商品满足消费者的需求，推销人员才有可能将产品推销出去，所以推销商品是基础。

（三）人员推销的策略

1.试探性策略

当推销人员初次访问顾客时可以采用试探性策略，这种策略适用于推销人员不了解顾客需求的情况。推销人员可以分别对顾客提出不同的话题，当顾客对某个话题有反应时，进行下去，当顾客对产品感兴趣时，可以展示产品图片，解答质疑，提出价格优惠等。

2.针对性策略

推销人员在多次访问顾客的基础上可以采用针对性策略，这种策略适用于推销人员已基本掌握顾客需求的情况。此时推销人员一般无须投石问路，但需站在顾客一方，帮助顾客了解产品。

3.诱导性策略

当推销人员预测到某些老顾客具有一些可被诱发的需要时可以采用诱导性策略。一般根据顾客档案，预测顾客有哪些可诱发的需要，采用一定技巧诱发出顾客的需要。

专栏 6-4

推销人员应具备的基本素质

推销人员在企业的生产经营中起着重要的作用。一个优秀的推销人员应具备以下素质：

（1）丰富的商品知识，娴熟的谈话技巧。推销人员必须掌握自己所需推销产品的性能、规格、特点等，要熟悉同本产品类似的产品的情况，运用自己娴熟的谈话技巧，把它介绍给对方，使对方对你的介绍感兴趣。

（2）较强的文字表达能力和丰富的法律知识。市场经济条件下，一切活动都需要在法律规定的范围内进行，供销双方之间签订合同也就成为经济活动中的重要组成部分。

（3）灵敏的市场嗅觉。把握市场行情，重视搜集、整理信息，分析经济动态和产品淡、旺季周期，从而有针对性地进行推销。

（4）良好的职业道德。恪守职业道德，坚持实事求是，介绍产品必须诚心诚意，不可欺瞒哄骗。

（5）端庄的仪表。举止端庄，精力充沛，充满自信，经常渴望金钱，勤奋成性，拥有把各种阻力或障碍看成挑战的心理状态。

资料来源　刘秋华. 企业管理［M］. 2版. 大连：东北财经大学出版社，2015.

二、广告

（一）广告的定义

广告是广告主通过特定的广告媒体，向传播对象传播商品、劳务、观念等方面的信息，以期达到一定的广告目的的一种信息传播活动。从广告的定义可以看出，其具备五个要素：①传播者，即广告主，主要指企业；②传播媒体，即广告媒体，如传统媒体（杂志、报纸、电视、广播等）及新媒体（数字杂志、数字报纸、数字广播、手机短信、移动电视、网络、桌面视窗、数字电视、数字电影、触摸媒体等）；③传播内容，即向社会大众传播的内容，如商品、劳务、企业观念、企业宗旨等；④受传者，即广告传播的对象，如中间商、消费者、用户等；⑤传播目的，主要是促进企业的商品销售，树立企业的形象。

广告可以按不同的标志进行分类。

1.按广告覆盖地区划分

广告可以划分为国际性广告、全国性广告、区域性广告和地区性广告。

2.按广告对象划分

广告可以划分为消费者广告、工业用户广告、商品批发广告和专业广告。消费者广告面向最终消费者，它是生产者或商业经营者为了向消费者推销产品而发布的广告。多数广告属于这类。工业用户广告主要由生产者和商业批发企业发布，目的是向某类企业推销原材料和机械设备等。商品批发广告主要指生产者向商业批发企业和零售企业，或是商业批发企业之间，或是商业批发企业向零售企业发出的广告，也称为流通广告。专业广告主要指生产者或商业企业向一些从事专业化工作的人，如美容师、医生等发布的广告。

3.按广告的内容划分

广告可以划分为商品广告、企业广告和观念广告。商品广告是为了提高商品的知名度，促进这种商品的销售而发布的广告。企业广告是为了提高企业知名度和美誉度，树立企业的良好形象而发布的广告。观念广告是为了说服人们接受有利于广告主的某种消费观念，最终达到推销商品的目的而发布的广告。

4.按广告的设计制作划分

广告可以划分为报道式广告、劝告式广告、指名式广告、心理式广告和比较式广告。报道式广告的主要目的是使人们知道某种商品的有关信息。在设计制作时，应运用富有教育性和知识性的文字和图像，向消费者和用户介绍商品的性能、结构和使用方法等。劝导式广告的目的是说服、劝导用户和消费者购买广告主所宣传的商品。在设计制作时，应突出使用该商品为消费者带来的利益。指名式广告的主要目的是提高商品和企业的知名度和信任度。在设计制作时，要从战略高度出发，突出商品的品牌、商标，突出企业的名称和标志等。心理式广告主要用于消费品的宣传。在设计制作时，应认真分析消费者的心理购买动机，比较准确地把握住消费者的心理需求特点，在广告的语言、文字、图像或视频等方面能符合消费者的某种心理需求，以促进商品销售。比较式广告也称为竞争式广告。在设计制作时，将广告主的商品与同类商品进行比较，目的在于突出广告主商品的优点。

5.按广告媒体划分

广告可以划分为印刷媒体广告、电子媒体广告、户外媒体广告、直邮广告、售点广告、数字互联媒体广告、其他媒体广告等。①

针对移动互联网广告，按照APP所属行业进行划分，可以分为搜索广告、电商广告、门户及新闻广告、垂直广告（即竖屏视频）、视频广告（即横屏视频）等。按照广告位的属性进行划分，可以分为开屏广告、横幅广告、插屏广告、贴片广告、信息流广告、激励广告等。②

（二）广告的作用

广告在促销中有着特殊的功能和效用。

1.广告是最大、最快、最广泛的信息传递媒介

通过广告，生产者能把产品与劳务的特性、功能、用途及供应厂家等信息传递给消费者，沟通供需双方的联系，引起消费者的注意与兴趣，促进购买。如果出现某些产品在某地积压滞销，也可通过广告沟通联系，将产品转移到缺少货源的地方。为了沟通供需之间的联系，现在不仅生产单位和销售单位刊登广告，寻找顾客，而且一些急需某种设备或原材料的单位，也刊登广告，寻找货源。因此，广告的信息传递能迅速沟通供求，加速商品流通和销售。

2.广告能激发和诱导消费

消费者对某一产品的需求，往往是一种潜在的需求，这种潜在的需求与现实的购买行动，有时是矛盾的。广告造成的视觉、感觉影响以及诱导往往会引起消费者的现实购买欲望。有些物美价廉、适销对路的新产品，由于不为消费者所知晓，所以很难打开市场，而一旦进行了广告宣传，消费者就纷纷购买。另外，广告的反复渲染、反复刺激，也会扩大产品的知名度，甚至会引起一定的信任感，也会导致购买量的增加。

3.广告能较好地介绍产品知识、指导消费

通过广告可以全面介绍产品的性能、质量、用途、维修安装等，并且消除消费者和用户的疑虑，消除由于维修、保养、安装等问题而产生的后顾之忧，从而使消费者和用户产

---

① 罗雁飞．广告学概论［M］．武汉：武汉大学出版社，2013.

② 皓量科技．2019中国移动互联网广告全鉴［EB/OL］．［2023-06-01］．https：//zhuanlan.zhihu.com/p/95584207.

生购买欲望。

4.广告能促进新产品、新技术的发展

新产品、新技术的出现，通过广告，直接与广大的消费者见面，能使新产品、新技术迅速在市场上站稳脚跟，获得成功。

（三）广告媒体

所谓广告媒体，是指广告主与广告对象之间起媒介作用的载体。广告主为使广告信息得以有效传播，可以采用许多不同的媒体实现。

1.传统媒体

（1）报纸广告。报纸是四大传统广告媒体中最早发布广告的，历来被认为是广告媒体中的主要工具之一。报纸作为广告的媒体的优点是：发行量大，覆盖面广，阅读阶层广泛且稳定；信息传播及时；阅读的可能性大；制作简单、灵活；有较高的可信性；制作费用低等。其缺点是：接触时间短；形象表达手段欠佳，印刷效果不及杂志等印刷品；报纸以新闻为主，影响广告效果。

（2）杂志广告。杂志也是广告的主要媒体之一，是传播广告信息的有力手段。杂志作为广告的媒体的优点是：针对性强，宣传对象明确；持续时间长，能在一定时期阅读；发行面广，不受地区限制；视觉集中，印刷精致。其缺点是：杂志广告的预备时间较长，影响信息的传播速度；接触对象不够广泛；一旦杂志选择错误，容易发生无效作用。

（3）电视广告。电视是一种形声兼备的现代化广告媒体。虽然电视广告起步较晚，但发展非常迅速，成为一种深受欢迎的广告媒体。电视作为广告媒体的优点是：具有视觉、听觉和实例示范产品的特点，形象生动；传播范围广，传播速度快；表现手法多样并且效果好。其缺点是：播放时间较短；制作费用高；缺乏针对性。

（4）广播广告。广播是一种广为应用的媒体。广播作为广告媒体的优点是：信息传播及时；传播空间大，覆盖面广；通俗易懂和容易制作等。其缺点是：广播媒体是声音一维传播，看不到产品，表现手法不形象；声音消失快，印象不深；缺乏针对性。

2.新媒体

随着数字技术的发展，因特网、移动电视、移动通信等得以快速发展，信息传播发生了重大的改变，新媒体广告应运而生。新媒体广告是以新媒体为平台，以数字传输为基础，可实现信息即时互动的产品和品牌传播行为。在新媒体环境下，多种媒介符号可以同时使用，文字、图片、声音、影像、动画等可以在一个平面上通过数字技术呈现出来，大大增强了广告的富媒体性。新媒体广告主要有以下类别：

（1）网站广告。网站广告是指在网站上以文字、图片和动画的形式进行广告内容的发布和目标网页的超链接导引。从网站这一角度来看，除了传统网页上的旗帜、按钮、通栏、对联、弹出、移动图标和整版网页广告形式外，搜索引擎的推荐网站条目、即时聊天工具的嵌入广告、博客的主题与边栏广告图片、SNS网站的公司主页和信息软文都属于互联网广告的范畴。最早的互联网广告出现在1994年，美国《连线》（Wired）杂志在其网站上首次发布广告，拥有IBM公司、宝洁公司等首批客户。1995年4月，马云创办了中国黄页，在国内开始推广网络广告理念。1999年1月，新浪宣布已经拿到IBM公司30万美元的广告业务，标志着中国互联网广告已走向成熟。如今，社会化媒体网站广告发布与盈利模式属于新一轮的研究热点。社交网站广告也属于网站广告的一部分，随着社交网站成为人们互联网交流的绝对主体，以NewsFeed（社交媒体的一种新型条目形式）形式为代表的社交网站广告也逐渐成为广告人与客户竞相追逐的热点。2022年，百度全年广告收入为747.11亿元，同比下降了7%。不过移动业务的增长让百度广告业务有了回春的迹象。李彦宏的内部信提及，2022年12月，百度APP月活用户数达到6.48亿，同比增长4%。财报数据显示，百度托管页的收入占广告收入的48%，同比增长了约40%。[①]

（2）软件广告。软件广告，也称广告软件，是捆绑在软件中并在软件界面中显示的广告形式，在免费软件、试用版软件中较为多见。软件广告以图片和文字两种类型为主，每种广告的外观因软件类别而异，比如QQ聊天界面的网幅广告等。随着互联网的不断普及与发展，应用软件逐渐向着绿色化、云端化与服务化演进，对于软件嵌入广告而言也面临着新的挑战。总的来说，软件广告逐渐呈现出网络化、在线化的特点，本地特征不再明显。

（3）户外新媒体广告。户外新媒体广告主要指以车载电视、楼宇液晶电视等形态为代表的广告媒体形式，其特点是流动性强、到达率高，具有受众群体目标针对性。有人认为，户外广告才是真正的大众传媒。不是所有的人都看电视、读报纸或上网冲浪，但是任何人只要离开家，就会看到户外广告。新媒体科技手段使户外媒体的创意手段越来越丰富，形成了多媒与立体化的感官冲击力，成熟的品牌客户数量也不断扩充，涉及IT、日用品、房地产等诸多领域。除了表现方式，新媒体户外广告还继承了低成本的优势，其成本仅是电视广告的1/30~1/10。

（4）移动媒体广告。在手机、Pad等可连接互联网的移动设备上发布的广告具备了互联网和户外双重优势，有着随时“伴随”在受众身边的显著特征。当然，也有人将车载移动电视广告纳入移动媒体广告的范畴。但总的来说，移动媒体广告的发展前景和上升空间主要围绕手机和Pad媒体应用展开，是应用开发者与运营商盈利的途径之一。移动媒体广告在形式上又分为硬性广告和软性广告，硬性广告一般以Banner的形式强制放在应用界面中，有着清晰直观的特点，但一般都带有生硬的说教性；软性广告则将产品信息和媒介融合在一起，有软文和平台媒体合作等形式，虽然传播速度相对较慢，但渗透性强，受众更容易认知与接受。总的来说，移动媒体广告的背后是全新的无线营销模式，以移动终端为主要传播载体，向“分众目标受众”传播直接、定向、精确的即时信息，与消费者的信息互动是其达到市场沟通与营销目标的主要方式。[②③]

三、公共关系

（一）基本含义

所谓公共关系，是指一个组织，以公众利益为出发点，通过有效的管理与双向信息沟通，建立和完善各种社会关系，塑造本组织的良好形象，以实现组织的最终目标。可见，公共关系的主体是社会组织，公共关系的客体是公众，公共关系采用的手段是双向信息沟通。公共关系的基本原则与公众利益一致，即实事求是，真诚相待。公共关系的目标是建立和完善各种关系。公共关系实际是一种管理职能，是一种有计划、有组织的活动。

公共关系之所以成为市场营销的一种促销策略，是因为公共关系具有一定的促销职

① 周鑫雨．百度2022财报：云车维稳，AIGC快跑［EB/OL］．［2023-02-23］．https：//k.sina.com.cn/article_1750070171_684ff39b027018863.html.

② 王松．移动互联网时代的新媒体概论［M］．上海：上海交通大学出版社，2018.

③ 范玉洁．新媒体时代设计艺术与文化研究［M］．西安：西北工业大学出版社，2019.

能。良好的公共关系，有利于提高企业知名度，让更多人了解企业，扩大影响，争取更多潜在顾客；有利于增强消费者对企业的好感与信任，使他们经常惠顾企业，并愿意花高价购买企业的产品；有利于企业充分了解市场供求信息，不断推出符合消费者需求的新产品；有利于处理好与公众的关系，为促销排除一切障碍。

公共关系具有以下促销特点：

（1）广泛性。企业信誉要通过广泛的公共关系才能建立，要处理好各种社会关系，不是只处理好与消费者的关系就行了。因此，公关促销的内容具有广泛性。

（2）间接性。公关活动不是直接推销产品，而是通过推销企业来推销产品，因此具有一定的间接性。

（3）能动性。公共关系不是在特定的环境下推销特定的商品，往往要改变环境，使环境变得更适合企业的发展，因此具有一定的能动性。

（4）持久性。企业必须经过持久的努力才能树立企业良好的形象，短时间、个别的行动是没有用的；同时，企业一旦树立起良好的形象，就能长久地保持下去。

（二）公共关系促销的方法

任何有助于提高企业信誉的方法都会有助于促销，但是并非任何提高企业信誉从而促进销售的方法都属于公共关系促销的方法。公关促销的主要方法是信息传播、利益调节和支持与赞助社会公益事业。

1.信息传播

信息传播是指企业利用各种媒介，将信息或观点有计划地与公众进行交流的沟通活动。通过广泛传播，可以扩大企业知名度；可以提高企业美誉度；通过实事求是地传播，可以消除公众对企业的误解；经常不断地双向传播，还可以加强与公众的感情。

信息传播的主要内容一般包括两个方面：一是企业本身的情况，包括企业名称、企业的基本生产经营状况、企业的历史与贡献、企业的宗旨与观点、企业文化、企业的重大活动等；二是产品的情况，包括介绍产品的制造方法、价值、使用方法、某些问题的真相与性质等。如果公众对某些问题产生误解，及时澄清事实十分必要。

信息传播采用的方式有公关广告、新闻报道、日常接待、沟通性会议、样品陈列、示范表演、举办培训班、企业对外开放、社交媒体营销等。

2.利益调节

采用利益调节进行公共关系促销有三种趋向：补偿性趋向、惩治性趋向和补偿惩治性趋向。补偿性趋向是指通过给对方在物质和精神上的满足来达到关系协调平衡；惩治性趋向是指通过对对方在物质和精神上的要求予以压制和剥夺来解决关系的不平衡问题；补偿惩治性趋向是指既给予表扬又给予一定批评的一种利益调节方式。

3.支持与赞助社会公益事业

支持与赞助社会公益事业包括支持与赞助体育事业、文化事业、教育事业、精神文明建设、各种专业奖以及各种特殊赞助等。支持与赞助既可以是物质的支持，也可以是主持或组织一些社会公益活动。

专栏6-5

树立良好品牌形象，扩大市场影响力

企业品牌形象建设是为了将品牌理念、企业文化、经营理念等传达给消费者，使消费者对品牌形象有明晰的认知。在新媒体环境下，品牌借助各新媒体平台通过做公益、宣传创新产品等多种形式不断向消费者深化企业品牌文化、理念，进一步巩固品牌形象，在激烈的市场环境下不断扩大品牌影响力。娃哈哈作为我国最大、全球第五的食品饮料生产企业，2020年向武汉抗疫捐赠了超800万元的物资和现金1 000万元；郑州暴雨时向灾区捐赠了24万瓶矿泉水和6万罐八宝粥。同时娃哈哈连续22年参与“春风行动”，累计捐款1.246亿元，帮助5万多学生走进大学校园，并成为第19届亚运会官方非酒精饮料赞助商。娃哈哈通过多种形式不断深化企业文化，体现了品牌的社会责任感，增加了消费者对该品牌的认可度，树立了良好的品牌形象，进一步扩大了市场影响力。

资料来源 于浩玥. 情境危机传播理论下食品企业品牌形象的危机管理与应对策略 [J]. 国际公关，2023，158（2）：132-134.

四、营业推广

所谓营业推广，是指人员推销、广告和公共关系以外的，用以促进消费者购买和增进交易效益的那些促销活动，诸如陈列、展览会、展示会等不规则的、非周期性发生的那些促销活动。营业推广具有以下策略：

（1）订货会。订货会是指由厂商或批发商独立举办或联合举办，由众多客户或经销商参加，通过直接显示产品和商品交易条件来促进销售的一种营业推广方式。举办订货会要求举办者及其产品有较高的知名度，它的优点在于能在短时间内汇聚大量顾客，有利于节省推销费用、提高知名度。

（2）展销。展销一般是指零售商举办，面对广大消费者，通过增加产品的选择性和在展销期间的某些优惠来吸引消费者的一种营业推广方式。展销的产品既可以是某一生产厂家的系列产品，也可以是多种品牌、多种系列的同类产品。展销期一般选择该产品需求的旺季或节日期间。

（3）特殊陈列。特殊陈列是指零售商为了促进销售，通过某种商品陈列方式，如开架售货、出门摆摊等来进行促销的一种营业推广方式。特殊陈列可以使消费者方便地接近商品、观赏商品、了解商品，从而增加客流量和销售额。

（4）演示。演示是指在销售现场进行商品的使用表演，提供实物证明，激发消费者对该类商品的兴趣或增加对该品牌商品功能的信任感，从而促进销售的一种营业推广方式。演示可以定点进行，也可以流动进行，但一般不会一直进行。如果不需要工作人员不停操作，则可连续进行。

（5）代销。代销主要是指生产企业委托代理商、经销商销售商品，按规定进行利益分配的一种营业推广方式。它对迅速扩大分销渠道和销售网络是十分有效的。

（6）赠送样品。赠送样品是指企业向目标市场的重点顾客或随机选择的顾客免费提供产品的一种营业推广方式。它的作用是有可能使受赠者成为下一次该商品的真正购买者，提高惠顾率；同时可以使受赠者成为企业的义务宣传者或他人的参考群体，促进他人购买。

（7）试用。试用是指企业有选择地为一些顾客免费提供商品试用，满意后再付款的一种营业推广方式。企业一般规定一个试用期，同时要求顾客不要人为损坏商品。

（8）租赁。租赁是指企业将商品租赁给消费者，收取一定租赁费的一种营业推广方式。租赁对于减少需方的资金风险、技术风险或解决需方资金不足问题有很大帮助，对供方来说，可以让顾客尽早了解商品或加速商品周转，因而常受供需双方的欢迎。

(9) 服务促销。良好的服务给人方便，给人好感，给人经济上的优惠，因此良好的服务必然有助于促销。服务促销包括售前服务与购物环境、售中服务与购物方式以及售后服务。售前服务与购物环境主要指停车场、导购牌、照明、音响、温度等一系列软、硬件条件。售中服务主要指良好的服务态度与质量。购物方式主要指方便的购物方式，如订购、邮购、接受信用卡等。售后服务主要指交易结束后至产品使用寿命结束前所要发生的各项服务，如送货、安装、培训、维修、包退、包换等。

(10) 折扣。折扣是指在原有产品价格基础上，根据顾客购买情况予以一定价格优惠的促销方式，具体有数量折扣、现金折扣、季节折扣、展销期间折扣等。

(11) 附送赠品。附送赠品是指顾客在购买某种商品时，附带赠送一些物品的促销方式。赠送的物品可以与所购商品相同，也可以不同，但赠送的物品一般很廉价。

(12) 有奖销售。有奖销售一般是指企业对购买商品后中彩的顾客给予奖励的促销方式。奖励既可以是物品，也可以是金钱。有奖销售往往具有较大的刺激性，但毕竟得奖是极少数人，因而促销作用难以持久。

(13) 优惠券。优惠券是一种优惠凭证。一般对持有优惠券的顾客给予一定的优惠，发放的对象可以是有贡献的老顾客，也可以是一般潜在的顾客。

(14) 金卡制。金卡制是指顾客交纳一定数量的现金即可获得有期限的“金卡”，从而可以享受价格折扣的促销方式。

(15) 推销奖励。推销奖励是指给推销本企业商品的推销人员一定物质或精神奖励，以提高推销人员推销本企业商品的积极性的一种促销方式。

(16) 经销奖励。经销奖励是指给经销本企业商品的经销商一定的物质、精神奖励，或红利提成，以提高经销商经销本企业商品的积极性。

课后案例

茶颜悦色的4P营销策略

茶颜悦色是2013年创立于长沙的一个茶饮品牌，主营中式健康茶饮，因其透着浓郁“中国古典风”的产品、店面装潢，以及从来不按常理出牌的文案，备受当下年轻人追捧。

1. 产品策略

茶颜悦色主打中式健康茶饮，茶底采用绿茶、红茶和乌龙茶，以雀巢鲜奶冲泡，动物淡奶油辅之，此种搭配在国内新式茶饮界当属首家；在品牌形象设计上，围绕中国古典风的概念大做文章，Logo以中国古典仕女为原型，另外，其产品名称也独具特色，如人气最旺的“幽兰拿铁”，还有“人间烟火”“蔓越阑珊”“素颜锡兰”等，在消费者心目中树立起了一个文艺、清新、古典的品牌形象；在包装方面，茶颜悦色的设计也显得别具一格，花重金先后买下宫廷画手郎世宁以及其他名画的版权，把中国古典画搬到了包装上，给人一种精致典雅的感觉；在服务方面，茶颜悦色大胆地推出了“一杯鲜茶的永久求偿权”，如消费者感觉产品口味有异，可在任何时间走进任意一家茶颜悦色门店要求免费重做，体现了其对自身产品质量的信心和负责态度。

2. 价格策略

茶颜悦色的价格区间基本在10~18元，喜茶和奈雪の茶的价格则集中在25~35元，而根据市场调研数据，15~24元是受众群体最多的单品价格区间，同样是新式茶饮，茶颜悦色的定价显然更具上升空间和竞争力。无论是景区还是高铁站，茶颜悦色都坚持不涨价的原则。此外，为进一步吸引顾客，茶颜悦色推出了一系列优惠措施，比如举办“小主节”活动，活动期间通过微信上的电子会员卡充值可以享受“充100送50，充200送100”的福利；针对雨天排队顾客减少的现象推出了“雨天第二杯半价”的活动；还有利用周三特定产品半价的活动来提升其他顾客相对关注较少的饮品的人气，这些举措都收获了不错的市场反馈，也使之吸粉无数。

3.促销策略

茶颜悦色非常注重线上推广，微信公众号和微博都会定期更新，中国风的文创加上接地气的互动，用当下年轻人更容易接受的方式推广传统文化，以此来获得广大消费者的共鸣，茶颜悦色的每一篇公众号推文都能获得10万+的阅读量，在微博上更是有20多万的粉丝。为了迎合消费者追求健康的消费心理，茶颜悦色在其公众号里发布了所有产品的糖度、咖啡因检验报告，更难能可贵的是，在公众平台上，评价无论好坏都会放出来，让所有人都可以看得到，每个月还会定期发布“食安报告”，公布隐患、要求整改，对表现不好的门店甚至会通报批评，这种“自曝家丑”的行为，不但没有影响其品牌形象，反而获得了无数顾客的点赞。

在线下推广方面，茶颜悦色的员工会根据顾客的特征和喜好来推荐不同的饮品，并且会在点单的时候给顾客试喝新品和当季合适的饮品。另外，为吸引回头客，茶颜悦色上线了电子集点活动，每购买一杯茶颜悦色的饮品都会获得一个积点，不同数量的积点可以兑换许多具有“茶颜特色”的礼品，更激发了消费者的购买欲望，提高了用户忠诚度和复购率。

4.渠道策略

与喜茶、奈雪の茶等品牌不同的是，茶颜悦色在2020年之前并没有采用线上+线下的复合渠道模式，因为茶颜悦色产品的最佳赏味期大都在15分钟之内，外卖打包会影响其品质，直到2020年初受疫情的影响，茶颜悦色才在广大消费者的千呼万唤中推出了自己的微信线上小程序，提供线上点单自提和外卖配送服务，但是为保证饮品质量，每一个门店的配送范围设定为方圆3千米，同时与“饿了么”建立了战略合作关系，保证配送工作的效率；在线下经营策略方面，茶颜悦色采用了目标集中战略，门店遍布在长沙人流量最密集、最繁华的街道，并采用密集战术，进行大面积引流，这使得门店经营、产品质量以及原料库存能够得到有效把控，也把茶颜悦色打造成了长沙独有的文化IP，“桃花源”“活字印刷”“江枫渔火”等带有中华传统文化风格的门店，再配上“青花瓷”“发如雪”等带有浓浓中国风味的背景音乐，为消费者打造了一种中国风的视觉体验感。在对长沙地区主要商圈实现全覆盖之后，茶颜悦色才小心翼翼地走出长沙，进入常德、武汉、重庆、南京等市场。

资料来源　［1］王颖昌．新式茶饮的4P营销策略分析——以茶颜悦色为例［J］．经济师，2020，377（7）：280-281.［2］王昶，彭佳惠，孙蕊．茶颜悦色：“顶流茶饮”的出圈秘籍［EB/OL］.［2021-10-03］．https：//m.thepaper.cn/baijiahao_14782642.有改动。

案例思考题：

1.用市场营销策略理论分析茶颜悦色成功的原因。

2.茶颜悦色的营销策略给我们什么启示？

本章小结

- 市场营销策略
  - 产品策略
    - 产品的整体概念：包含产品的核心、产品的形式和产品的附加利益三个层次
    - 产品组合策略：扩大产品组合、缩小产品组合、高档产品组合、低档产品组合和改良产品组合
    - 新产品开发策略：防御性策略、改进性策略、仿效性策略、风险性策略
    - 品牌与商标策略：品牌有无策略、品牌使用者策略、品牌统分策略
    - 包装策略：类似包装策略、等级包装策略、组合包装策略、再使用包装策略、附赠品包装策略
  - 价格策略
    - 影响价格的因素：成本因素、市场需求因素、市场环境因素、其他因素
    - 定价方法：成本导向定价法、竞争导向定价法、需求导向定价法
    - 定价策略：新产品定价策略、心理定价策略、折扣定价策略
  - 分销渠道策略
    - 分销渠道的定义：某种产品和服务在从生产者向消费者转移中，取得这种产品和服务的所有权以及帮助所有权转移的所有企业和个人
    - 分销渠道的类型：分销渠道的长度、分销渠道的宽度
    - 中间商：零售商、批发商、代理商
    - 分销渠道策略：影响分销渠道的因素、分销渠道的设计、分销渠道的管理
  - 促销策略
    - 人员推销：企业的销售人员为达到促销的目的，主要以对话的方式直接与顾客或潜在顾客接触，介绍并宣传商品，帮助顾客获得满意购买的活动过程。人员推销策略包括试探性策略、针对性策略和诱导性策略
    - 广告：广告主通过特定的广告媒体，向传播对象传播商品、劳务、观念等方面的信息，以期达到一定的广告目的的一种信息传播活动。广告媒体有报纸、杂志、电视和广播等
    - 公共关系：一个组织，以公众利益为出发点，通过有效的管理与双向信息沟通，建立和完善各种社会关系，塑造本组织的良好形象，以实现组织的最终目标。公关促销的主要方法有信息传播、利益调节和支持与赞助社会公益事业
    - 营业推广：人员推销、广告和公共关系以外的，用以促进消费者购买和增进交易效益的那些促销活动，诸如陈列、展览会、展示会等不规则的、非周期性发生的那些促销活动。具体策略包括订货会、展销、特殊陈列、演示、代销、赠送样品、试用、租赁、服务促销等

主要概念

产品　新产品　品牌　商标　包装　价格　成本导向定价法　竞争导向定价法　需求导向定价法　分销渠道　中间商　零售商　批发商　代理商　人员推销　广告　公共关系　营业推广

练习思考题

1.产品的整体概念包括哪些内容？如何理解产品生命周期理论？

2.产品组合策略有哪些？

3.新产品有哪些种类？新产品开发策略有哪些？

4.品牌和商标的定义是什么？商标有哪些特点？

5.包装的策略有哪些？

6.影响价格的因素有哪些？定价的方法有哪些？定价的策略有哪些？

7.分销渠道的含义是什么？消费品分销渠道有哪些类型？

8.中间商有哪些种类？分销渠道设计要考虑哪些内容？

9.广告媒体如何进行分类？

10.什么是公共关系？公关促销的方式有哪些？

11.营业推广有哪些方式？

第六章练习思考题参考答案

第四篇　要素篇

第七章

人力资源管理

学习目标

1.掌握人力资源及人力资源管理的含义；
2.了解人力资源管理的演变；
3.理解人员招聘的概念及意义；
4.掌握人员招聘的原则与程序；
5.掌握人员招聘的渠道；
6.了解人员招聘的方法；
7.掌握人员培训的含义、原则与内容；
8.理解人员培训的方法；
9.掌握激励内容理论的代表理论；
10.理解激励过程理论；
11.理解激励行为理论；
12.了解激励综合理论；
13.理解绩效考核的种类及内容；
14.了解绩效考核的原则与方法。

价值引领

人才是第一资源

党的二十大报告指出，必须坚持科技是第一生产力、人才是第一资源、创新是第一动力，深入实施科教兴国战略、人才强国战略、创新驱动发展战略，开辟发展新领域新赛道，不断塑造发展新动能新优势。

千秋基业，人才为先。习近平总书记多次强调“实施人才强国战略”，并对培养造就德才兼备的高素质人才作出具体部署。

知识就是力量，人才就是未来。我国要在科技创新方面走在世界前列，必须在创新实践中发现人才、在创新活动中培育人才、在创新事业中凝聚人才，必须大力培养造就规模宏大、结构合理、素质优良的创新型科技人才。

——2014年6月9日，习近平在中国科学院第十七次院士大会、中国工程院第十二次院士大会上的讲话

人才是创新的第一资源，人才资源是我国在激烈的国际竞争中的重要力量和显著优势。创新驱动本质上是人才驱动，立足新发展阶段、贯彻新发展理念、构建新发展格局、推动高质量发展，必须把人才资源开发放在最优先位置，大力建设战略人才力量，着力夯实创新发展人才基础。

——2021年9月27日，习近平在中央人才工作会议上的讲话

加快建设世界重要人才中心和创新高地，促进人才区域合理布局和协调发展，着力形成人才国际竞争的比较优势。加快建设国家战略人才力量，努力培养造就更多大师、战略科学家、一流科技领军人才和创新团队、青年科技人才、卓越工程师、大国工匠、高技能人才。加强人才国际交流，用好用活各类人才。深化人才发展体制机制改革，真心爱才、悉心育才、倾心引才、精心用才，求贤若渴，不拘一格，把各方面优秀人才集聚到党和人民事业中来。

——2022年10月16日，习近平在中国共产党第二十次全国代表大会上的报告

资料来源　海报新闻. 跟着总书记学习二十大报告丨人才是第一资源［EB/OL］.［2023-02-03］. https：//baijiahao.baidu.com/s？id=1756811507331848428&wfr=spider&for=pc.

第一节　人力资源管理概述

一、人力资源的含义

企业活动中的基本资源（或要素）通常有五种，即人、财、物、信息和时间。若把这五种资源（或要素）按其本质加以归类，又可以分为两个大类，即物力资源和人力资源。

物力资源包括各种物质资源，如土地、水力、矿产等，以及进行加工的各种生产资料和原材料，还包括生产过程中派生出来的各种信息，以及作为经济活动媒介的货币和占用的时间（或投入）等。可见，物力资源是经济活动的前提条件和物质基础，没有物力资源，经济活动就无法进行。因此，物力资源的特点表现为被动的、物理性的和硬性的，或者也可以说是“死”的，是服从于纯理性规律的。与物力资源相比，人力资源的特点表现为能动的、感情的和软性的，或者可以说是“活”的。

国内外许多著名的管理学家和人力资源管理学家从不同的角度对人力资源进行了论述，相互之间差异较大，比较有代表性的有以下几种：伊万·伯格（Lvan Berg）认为，人力资源是人类可用于生产产品或提供各种服务的活动、技能和知识。内贝尔·埃利斯（Nabil Elias）认为，人力资源是企业内部成员以及外部与企业相关的人，即部门经理、雇

员、合作伙伴和顾客等可能提供潜在合作与服务及有利于企业预期经营活动的人力资产总和。国内学者郑邵濂认为，人力资源是指能够推动整个经济和社会发展的具有智力劳动和体力能力的人们的综合，它应包括数量和质量两个方面。国内学者张德认为，人力资源是指能够推动整个经济和社会发展的劳动者的能力，即处在劳动年龄的已直接投入建设或尚未直接投入建设的人的能力。国内学者萧鸣政认为，人力资源是在一定区域范围内可以被管理者运用以产生经济效益和实现管理目标的体力、智能和心力等人力因素的总和及其形成基础，包括知识、技能、能力与品性素质等。国内学者赵曙明认为，人力资源是包含在人体内的一种生产能力，它是表现在劳动者身上的、以劳动者的数量和质量表示的资源，它对经济起着生产性的作用，使国民收入持续增长。

综上所述，所谓人力资源，是指能够推动整个经济和社会发展的具有智力劳动和体力劳动能力的劳动者的总和。

专栏 7-1

人力资源的构成

人力资源由数量和质量两个方面构成，数量上的构成可包括以下八个方面：劳动年龄之内，正在从事社会劳动的人口，它占人力资源的大部分，也叫适龄就业人口；未达到劳动年龄，已经从事社会劳动的人口，即未成年就业人口；已超过劳动年龄，继续从事社会劳动的人口，即老年就业人口；劳动年龄之内，具有劳动能力并要求参加社会劳动的人口（我国目前称为求业人口、下岗待业人口等）；劳动年龄之内，正在从事学习的人口，即就学人口；劳动年龄之内，正在从事家务劳动的人口；劳动年龄之内，正在军队服役的人口；劳动年龄之内的其他人口。其中前四部分是现实的社会劳动力供给，是直接的、已经开发的人力资源；后四部分是间接的、尚未开发的、处于潜在形态的人力资源。

资料来源　欧阳远晃．现代人力资源管理［M］．长沙：湖南师范大学出版社，2018.

二、人力资源管理的含义

人力资源管理最早起源于社会学家怀特·巴克（E. Wight Bakke）于1958年出版的《人力资源功能》一书，该书首次将人力资源作为管理的普通职能进行论述，并从七个方面说明人力资源管理职能已经超出了人事工作范畴。

随着人力资源管理理论和实践的不断发展，当代人力资源管理的各种流派不断产生，关于人力资源管理的含义也很难达成一致。有代表性的有以下几种观点：

美国著名人力资源管理学家雷蒙德·A.诺伊（Raymond A. Noe）等在《人力资源管理：赢得竞争优势》一书中认为：人力资源管理是指影响雇员的行为、态度以及绩效的各种政策、管理实践以及制度。

国内人力资源管理专家彭剑锋在其编著的《人力资源管理概论》一书中认为：人力资源管理是依据组织和个人发展需要，对组织中的人力这一特殊资源进行有效开发、合理利用与科学管理的机制、制度、流程、技术方法的总和。

综上所述，人力资源管理是指运用现代的科学方法，对与一定物力相结合的人力进行合理的组织、培训和调配，使人力、物力经常保持最佳比例，同时对人的思想、心理和行为进行恰当的诱导、控制和协调，充分发挥人的主观能动性，使人尽其才、事得其人、人事相宜，以实现组织的目标。

三、人力资源管理的演变

一般认为，人力资源管理经历了以下三个发展阶段：

（一）传统人事管理阶段

19世纪初，工业化大生产开始出现，机器的大量使用、规模化大生产和装配线的出现不仅大大提高了工作效率，也加强了人与机器的联系，增加了员工聘任的数量。由于专业化水平和生产力水平的提高，企业对生产管理提出了更高的要求，对生产中员工的管理也提出了更高的要求，人事管理开始被企业所接受，人事管理也作为一种管理活动正式进入企业的管理活动。传统人事管理阶段的典型代表是泰勒科学管理理论和人际关系学说。

对20世纪初的科学管理理论贡献最大的是泰勒，泰勒针对以前企业管理实践的弊端提出了科学管理理论，其中与人有关的主要有以下四点：①对工人的每种工作的组成要素开发出科学的工作方法，代替传统的经验方法；②对工人的选拔、培训和教育采用科学的方法，代替传统的经验做法；③在工人与管理者之间进行明确、适当的分工，保证管理任务的完成；④在工人与管理者之间培育合作精神，保证工人用科学的方法完成任务。从泰勒的科学管理理论可以看出人事管理理论和方法的雏形。

20世纪30年代著名的霍桑试验的研究结果使管理从科学管理时代步入人际关系时代。原籍澳大利亚的著名美国行为科学家梅奥（George Elton Myao，1880—1949）在美国西方电气公司霍桑工厂进行的长达9年的霍桑试验，真正揭开了作为组织中的人的行为研究的序幕。霍桑试验的研究结果否定了传统管理理论的对于人的假设，表明了工人不是被动的、孤立的个体，他们的行为不仅仅受工资的刺激，影响生产效率的最重要因素不是待遇和工作条件，而是工作中的人际关系。据此，梅奥于1933年出版了《工业文明中人的问题》一书，提出了与古典管理理论不同的新观点，主要归纳为以下几个方面：①工人是“社会人”而不是“经济人”；②企业中存在着非正式组织；③新的领导能力在于提高工人的满意度。梅奥等人的人际关系理论的问世，开辟了管理和管理理论的一个新领域，并且弥补了古典管理理论的不足，为以后行为科学的发展奠定了基础。

传统的人事管理阶段，人事管理的主要目的是激励、控制和提高员工尤其是新员工的劳动生产率，主要内容是进行人事档案的日常管理。此时企业员工并没有被看作资源，仅以人事档案的形式出现。

（二）人力资源管理阶段

人力资源管理是20世纪中期以后在传统人事管理的基础上逐步发展起来的。

“人力资源”一词最早是由著名管理学家彼得·德鲁克（Peter Drucker）于1954年在其著名的《管理的实践》一书中提出来的，并且指出，人力资源同其他所有资源相比区别在于它是人，并且是管理者必须考虑的具有特殊性的资源。因此，要求管理者在进行工作设计时要充分考虑人的精神和社会的需要，采取积极的行为激励员工。

怀特·巴克的《人力资源功能》一书将人力资源管理作为管理的职能提出，超越了传统的人事工作范畴。

雷蒙德·迈勒斯在《哈佛商业评论》上发表的文章中再次提出了“人力资源”，使得人力资源的概念引起广大学者和管理者的关注。

20世纪70年代之后，“人力资源管理”一词已被企业所熟知。随着人力资源管理理论的不断成熟和发展，人力资源管理逐步与人事管理区别开来。

人力资源管理阶段的特点是：企业已经意识到人力是一种资源，人力资源管理开始成为企业管理职能的一个部分，承担着相对独立的管理职能和管理职责；人力资源管理部门开始负责企业人事政策的制定，根据企业决策层的要求进行日常性人力资源管理工作，同时开始参与企业战略规划的实施。但是该阶段，企业在形成战略目标时，并没有把人力资源问题考虑在内，也并没有把人力资源看成是企业的战略性资源，人力资源管理部门的工作往往处于一种被动状态，被动地接受企业的战略。

（三）战略人力资源管理阶段

从20世纪80年代开始，人力资源管理在经历了传统人事管理阶段和人力资源管理阶段的基础上，进入了战略人力资源管理阶段。

该阶段的特点是人力资源管理开始进入企业的战略层次，成为企业战略制定和推行的要素，是整个企业管理的核心。

第二节 人员招聘

一、人员招聘的概念

企业由于员工离职、组织中的水平流动（如员工队伍调整、换岗等）以及增加新岗位或组建新部门等战略任务的改变等原因，出现空缺工作岗位，为此企业必须进行人员招聘。企业运用现代科学的测评手段，择优录取进行员工招聘是企业人力资源的主要渠道来源。

所谓人员招聘，就是企业根据自身空缺工作岗位情况，通过一定的程序，采用一定的方法选拔、录用企业所需人员的过程。

从招聘入手，严把入门关，就能使新进员工的素质相应较高。一个由较高素质的员工组成的企业就较容易建立良好的企业文化，这样就能使企业获得持久发展。

二、人员招聘的意义

招聘工作对企业的意义主要表现在以下几个方面：

（1）招聘工作是企业持续发展的保证。企业的竞争归根到底是人才的竞争，企业发展的各个阶段都必须有合格的人才作为支撑。由于人才流动是现代企业发展中的一个不可避免的问题，也是一种正常现象，因此，通过招聘工作及时获得企业所需的各种人力资源成为企业持续发展的保证。

（2）招聘工作是确保企业员工高素质的基础。招聘工作是一项非常严肃的企业行为，有严格的招聘程序，要遵循一定的招聘原则，采用合适的招聘方法。通过层层选拔，最后被录用的人员都是企业所需的人员，并且这些人员的整体素质高。

（3）招聘在一定程度上保证员工队伍的稳定。虽然人才流动是现代企业的正常现象，但任何一个企业都不希望自己所招聘的人员经常出现“跳槽”行为。因此，在招聘过程中，招聘人员一般都会注意审查申请人的背景和经历，以判定他们的稳定性。因此，招聘工作可以从一开始消除企业员工的不稳定因素。

三、人员招聘的原则

企业进行人员招聘应遵循公开、公平、考核、择优的原则进行。

(一) 公开原则

所谓公开原则，就是在人员招聘时应采用公开招聘，要将招聘单位、招聘种类和数量、条件、方法、时间、地点等通过登报或其他方式在招聘简章上加以公布，告知社会，形成社会舆论，造成竞争局面，达到广招人才的目的。公开招聘不仅可以使整个招聘工作在社会监督之下，防止不正之风，还为扩大择员的范围提供了条件，可以引来大批的应聘者，选择余地大；同时，公开招聘还为求职者提供就业信息，便于他们选择满意的企业和自己喜欢的工作，有利于人尽其才。

(二) 公平原则

所谓公平原则，就是在人员招聘时应实行公平竞争，要对所有的应聘者一视同仁，让应聘者凭借自身能力和条件进行竞争。实行公平原则就是要在竞争中杜绝“拉关系”“走后门”和受贿等腐败现象。同时，不得人为制造各种不平等的限制，努力为有志之士、有才之士提供平等竞争的机会。

(三) 考核原则

所谓考核原则，就是要对应聘者进行全面考核，包括对德、智、体等各个方面进行综合考察和测验。通过考核，一方面可以使应聘者充分展示自身的能力和才干，另一方面可以使企业充分了解应聘者的各个方面，使企业获得所需的人才。

(四) 择优原则

所谓择优原则，就是在人员招聘时要择优录取，根据应聘者的考核成绩，从中选择优秀者录用。择优的依据是对应聘者的全面考核结论和录用标准。择优录取是招聘成败的关键，企业只有通过择优录取才能获得满意和所需的人才。

四、人员招聘的程序

招聘的程序不是一成不变的，不同的组织，因其规模、效益、性质的不同，其程序会有所差别。同一个组织，在不同的时期，对于某一个具体的岗位也可能出现不同的选聘程序。因此，应根据具体情况制定具体的程序。一般的招聘程序如下：

(1) 人员需求确定。根据人力资源规划，对企业人员的需求和供给进行预测，确定人员的净需求量，同时制定人员选拔录用政策。

(2) 确认招聘标准。依据职务说明书，确认所需人员的任职资格、招聘内容和招聘标准。

(3) 拟订招聘计划。拟订具体的招聘计划，并报企业领导批准。

(4) 开展招聘宣传。企业的人力资源部门开展招聘的广告宣传及其他一些准备工作。

(5) 进行材料筛选。对应聘者的简历、申请表和履历表等进行审阅，初步掌握应聘者的基本情况，选择可以参加进一步测试的应聘者。

(6) 进行初步面试。由人力资源管理部门的负责人对应聘者进行初步面试，确定下一轮的候选人。

(7) 进行各种测验。测验包括管理能力测验、智力测验、专业能力测验、个性测验和职业倾向测验等。管理能力测验是测试应聘者是否具有相应的管理能力，以及这种能力是否与职位的要求相适应；智力测验是测试应聘者学习能力、分析问题和解决问题的能力，包括应聘者的语言表达、逻辑推理、记忆和理解能力等；专业能力测验是测试应聘者是否具有岗位所需的专业知识、业务能力以及本岗位所需要的特殊技能；个性测验是测试应聘者的个性、性格类型、事业心、成就欲望、自信心、亲和力、容忍性等；职业倾向测验是测试应聘者对于该岗位的兴趣和取向。以上测验可以通过多种形式进行，也可以委托外部机构进行。

（8）进一步面试。由人力资源部门主持，有关各方组成招聘专家组，对应聘者进一步面试，了解更多的信息，如求职者的抱负、合作精神等。

（9）核实与评价。核对应聘者有关应聘材料的真实性，对应聘者进行全面评价。

（10）建议录用人员。对于合适的应聘者建议组织吸纳，不合适的应聘者予以排除。

（11）进行体格检查。对应聘者进行专门的体格检查，如果组织对于人员的身体有特殊的要求，通过特殊体检确定是否合适；如果对人员的身体没有特殊的要求，只需进行一般的体检。

（12）进行录用决策。对适合组织需要的应聘者，通知录用并进入试用期。

五、人员招聘的渠道

人员招聘有两种途径：内部选拔和外部招聘。

（一）内部选拔

内部选拔是指从企业内部提拔那些能够胜任的人员充实到企业中的各种空缺岗位，它意味着企业中的一些人将从较低的职位被选拔到较高的职位，担负更重要的工作。采用内部选拔机制，一般要求在企业中建立起详尽的人员工作表现的调查登记材料，以便在一些岗位出现空缺时，能够据此进行分析研究，从而选出合适的人员。

内部选拔的优点是：①对被选拔者的情况比较熟悉，选拔的可信度较高。②被选拔者对企业的情况了解较多，能较快地适应新的工作。③内部选拔机制的建立，对于调动企业员工的主动性、积极性和创造性起着很好的作用。④内部选拔机制的建立，可使企业的前期培训得到更多的回报，从而使企业员工能够发挥更大的效用和热情，为企业带来更多的效益。

内部选拔的缺点是：①选择的余地和范围有很大的局限性，因为任何一个企业的人才培育和储备相对于企业外部而言都是微不足道的。②容易激化内部矛盾，造成近亲繁殖，导致企业管理观念的落伍。③很难解决对人才的应急需要和大量需要，容易造成庸才替代。

（二）外部招聘

外部招聘是指从企业外部选择适合企业岗位的人员的过程。外部招聘的形式较多，可以是企业主动向社会发布招聘信息，希望符合条件的应聘者前来应聘，也可以是企业外部的人才主动要求加入企业。企业可以通过一定程序和方法对应聘者加以考察和测试，从而寻求到企业所需的人才。

外部招聘的优点是：①将企业的人员配备变为一个良好的开放系统。引进外部竞争机制，一方面，可以使企业有更为充足的选择对象，招聘到优秀的人才；另一方面，使企业内部的人才时刻与市场状况接轨，增强内部人员的危机感。②避免近亲繁殖，给企业带来新鲜血液，使企业增加新的管理理念和新的思维方式，避免企业因封闭竞争而僵化。③外部招聘的人才一般都具有一定的经验、相关的背景知识，这些可以降低企业的培训成本。

外部招聘的缺点是：①影响士气，特别是当企业内部有合适的人选替代某一职位，而仍从外部招聘时，会使员工失去上进心，甚至对于外部招聘人员产生敌对情绪。②有时可能因为各种各样的原因使企业招不到合适的人选。③对于应聘者而言，必须有一个熟悉企业环境的过程，有时可能出现不能适应环境的情况。

总之，内部选拔和外部招聘各有优缺点，企业可以将两种方式结合起来，利用其优点，规避其缺点。例如，如果企业所需要的人员不是某个关键的岗位，或者企业内部有合适的人选就可以从企业内部直接选拔；如果某个岗位较为关键或者企业内部没有合适的人选，则可以从外部加以选择。

六、人员招聘的方法

人员招聘通常采用笔试、面试、心理测验和情景模拟等方法对应聘者的各项素质和能力进行测试。

（一）笔试

笔试是通过纸笔测验的形式，对应聘者所具有的各种知识，包括一般知识、专业知识和管理知识，以及分析与解决问题的能力和文字表达能力等进行考核的方式。

笔试的优点是：涉及的知识面可以较为广泛，一次可以测试几十道甚至上百道题目；对知识、技能考核的信度和效度都很高，可以对试卷进行大规模分析，成绩评定较为客观。

笔试的缺点是：不能全面考核应聘者的工作态度、道德品质、实际管理能力、语言表达能力和具体的操作技能。

笔试往往是人员选聘的第一步，如现在进行较多的国家公务员考试制度就是如此，并且只有通过考试这一关，才有可能进入下一步的选聘。因此，笔试在人员选聘中具有非常重要的意义，绝大部分的组织选聘人员都采用这种方法。

（二）面试

面试是人员选聘中的一个重要环节，是选聘的一个基本程序，也是一个必不可少的环节，通过面试能够深入了解应聘者与未来岗位的匹配程度。所谓面试，就是通过主试者和应聘者双方面对面交流的双向沟通方式，了解应聘者的素质、能力等的一种人员甄选技术。通过面试可以综合考察应聘者的知识、能力、工作经验和其他的素质特征。面试主要包括以下几种：

1.非结构化面试

非结构化面试就是不遵循特殊的形式，谈话可以从各个方面展开，主试者可以提出一些开放式的、具有一定深度的问题。其优点是可以测试应聘者的抽象思维能力以及对突发问题的解决能力；缺点是耗时较多，而且不同的主试者对应聘者的评价可能不同，因而其评价结果的主观性较强。

2.结构化面试

结构化面试是通过准备一系列与该岗位相关的问题组成面试的内容，并向应聘者发问。结构化面试的优点是克服了非结构化面试的主观性；缺点是其测试过于程序化，灵活性差。

3.压力面试

压力面试是通过情景模拟制造一种紧张的氛围，考察应聘者将如何应对工作压力。例如，主试者提出一些非常不礼貌的问题，故意使应聘者感到突然，感到不舒服，或者对某一问题打破砂锅问到底，直至应聘者陷入窘境。其目的是测试应聘者的压力承受能力和人际关系能力等。

面试的内容因工作岗位的不同而不同，一般而言，面试过程中主要对应聘者的下列素质进行综合考察：仪表风度、管理能力、工作动机和期望、专业知识和特长、工作态度和工作经验、事业心、语言表达能力和思维反应能力、综合分析能力、人际交往及自我控制能力、兴趣爱好。

（三）心理测验

心理素质是员工素质结构中的一个重要内容。美国心理学家特尔曼（Terlerman）曾对800名成年男性进行绩效考核与心理测验，发现其中成就最大的20%与成就最小的20%两组人之间，最明显的差别是他们的心理素质差异。特别是对于管理者，更需要有良好的心理素质。心理测验主要有以下几个方面：

1.智力测验

智力测验是心理测验中最早产生、最引人关注的测验。它是通过测验来衡量应聘者的智力水平的方法。目前常用的智力测验方法主要有韦克斯勒智力测验和瑞文推理测验。韦克斯勒智力测验是由美国心理学家大卫·韦克斯勒（Weiksler）研制的，其中1955年发表的韦氏成人智力量表（WAIS）适用于测验16岁以上的成年人的智力。它包括言语测验和操作测验两种，整个测验可以得出三个智商分数和十个分测验分数，能对成年人的智力整体水平和各种能力做出全面的评定。瑞文推理测验是由英国心理学家瑞文（Raven）设计的一套非文字型智力测验，主要测量智力因素中的推理能力，即那种超越已知条件，应用敏锐的创造力、洞察力触类旁通地解决问题的能力。

2.能力倾向性测验

能力倾向性测验是测验人在某些方面的特长和技能表现，测量应聘者是否具有某些方面的特殊能力，为人员招聘和选拔提供参考依据。能力倾向性测验一般有特殊性倾向测验和多重能力倾向性测验。特殊性倾向测验包括四个类别，即机械倾向性测验、文书能力测验、心理运动能力测验和视觉测验。多重能力倾向性测验主要用来测验应聘者是否具有与某些活动有关的一系列心理潜能，能同时测定多重能力倾向。

3.人格测验

人格测验也称个性测验，主要用来测量应聘者在一定条件下经常表现出来的相对稳定的性格特征，如兴趣、态度、价值观等。常用的人格测验有艾森克个性测验和卡特尔16种人格测验。

（四）情景模拟

情景模拟是近几十年来在西方企业中流行的选拔和评估管理人员，特别是中高层管理人员的一种素质测评体系，是一种综合性较强的人员测评方法。情景模拟最主要的特点在于它使用了情景性的测验方法，对测评者的特定行为进行相应的观察和评价。这种方法通常将被测者置于一个模拟的工作环境中，采用多种评价技术，由多个评价者观察被测者在情景模拟中的工作行为表现，并作出评价。情景模拟主要有以下几种常用测验的方式：

1.公文处理

公文处理是情景模拟的一种最主要的测试方式。这种方式一般会先向被试者介绍相关企业的背景材料，然后告知被试者，假如他就是这家企业的负责人，由他全权处理各种公文。公文一般由文件、电话记录、备忘录等组成。公文可多可少，一般不少于5份，不多于30份。公文的难度有大有小，分量有重有轻，并规定完成的时间。评价人员通过观察被试者处理公文的过程来评价被测对象是否具有相应的管理能力。

2.角色扮演

角色扮演是要求被试者扮演一个特定的管理角色来处理日常的管理事务，以此观察被试者的心理素质和潜在的管理能力。例如，要求被试者扮演一名中层管理者，并交给其一定的任务，观察其如何调动下级的积极性去完成任务。

3.无领导小组讨论

无领导小组讨论就是指由一组被试者开会讨论某个问题，讨论前并不指定谁来主持会议，在讨论中观察每一个应聘者的发言，从而了解被试者的心理素质和潜在能力的一种方法。

第三节 人员培训

一、人员培训的含义

随着市场竞争的不断加剧，企业已经逐渐认识到为了获得竞争优势，就必须不断提高企业员工的整体素质，而培训是企业提高人才素质的主要途径。

关于培训的含义，有以下几种观点：

雷蒙德·A.诺伊给培训下的定义是：培训是指公司有计划地实施有助于员工学习和工作及相关能力的活动，这些能力包括知识、技能或对工作绩效起关键作用的行为。

加里·德斯勒给培训下的定义是：向新雇员或现有雇员传授其完成本职工作所需的基本技能的过程。

随着企业对培训工作的日益重视，培训所关注的重点不断变化，逐渐从帮助员工掌握具体技能转变为对知识的创造和分享，培训的目的不仅是使员工学到新的知识和技能，不断开发智力，充分发挥其潜能，实现个人的价值，而且有助于实现组织的目标。

可见，培训是指企业为了实现组织自身和员工个人发展目标，有计划地对员工进行培养和训练，使之掌握与工作有关的知识、技能和态度等素质。

从上述关于培训的定义可以看出：培训的目标是实现组织和员工个人发展目标；培训的目的是提高员工的素养；培训的主要内容是与员工有关的知识、技能和态度；培训是一项有计划的系统工程。

二、人员培训的原则

（一）培训规划系统化

企业进行培训首先必须制定全面系统的培训规划，培训工作是一项长期的、经常性的工作，所以培训工作切忌盲目性和随意性。在规划时间上应根据人员的实际情况，制订出长期、中期和短期的培训计划，使人员培训规划与各行业、各部门、各单位的工作规划妥善地接轨；在规划层次上应分别对企业的决策层、管理层和操作层作出规划，以便根据培训对象的不同制订各层次的培训计划。

（二）培训方法科学化

培训的方法直接关系到培训的效果，近些年，培训的方法和技术有了很大发展，目前基本的培训方法有讲授、研讨、实践、模拟和游戏等，每种方法各有优缺点和适应范围。在选择培训方法时要根据培训对象、培训内容选择合适的培训方法，力争运用科学的培训方法取得有效的培训效果。

（三）培训内容实用化

企业员工培训的内容包括知识、技能和态度等方面，因此，在安排培训内容时除了安排文化知识、专业知识、专业技能的培训内容外，还应安排理想、信念、价值观、道德观等方面的培训内容。而后者又往往与企业目标、企业哲学、企业精神、企业道德、企业风气、企业制度、企业传统等密切结合起来进行教育，更切合本单位实际。

（四）培训过程监督化

为了取得有效的培训效果，必须对培训过程进行监督管理。培训工作与其他工作一样，严格监督、考核和择优奖励是不可缺少的管理环节。严格监督就是在培训过程中对学员出勤、学习内容、教学效果等内容进行监督管理，保证培训工作的有效开展；严格考核是保证培训质量的必要措施，也是检验培训质量的重要手段，只有培训考核合格，才能择优录用或提拔。鉴于很多培训只是为了提高素质，并不涉及录用、提拔或安排工作问题，因此对受训人员择优奖励就成为调动其积极性的有力杠杆，可以根据考核成绩，设立不同的奖励等级，还可记入档案，与今后的奖励、晋级等挂起钩来。

三、人员培训的内容

企业在挑选、录用新员工的时候，虽然进行了大量的工作，采用了考试、测试及其他科学方法，但这些新员工并不是一开始就具备完成规定工作所必需的知识和技能，也缺乏在企业集体中同心协力的工作态度。因此，企业为使他们尽快掌握必要的知识、技能和应具备的态度而有必要对他们进行教育培训。

同时，企业是在一个不断变动的经济技术环境中生存和发展的，企业现有员工的知识、技能和工作态度就必须与这种不断变动的外部环境相适应，知识、态度不断更新，技能不断提高。因此，无论是企业新录用的员工，还是企业现有的员工，都需要对他们进行培训。

员工培训的完整内容应该是：通过各种教导或经验的传授在知识、技能、态度等方面改进员工的行为方式，以达到期望的标准。因此，一个企业完整的员工培训工作应包括以下三方面的内容：

（1）知识培训。通过培训，应该使员工具备完成本职工作所必需的基本知识，而且还应让员工了解企业的基本情况，如企业的发展战略、目标、经营状况、经营方针、规章制度等，便于员工参与企业活动，增强员工主人翁精神。

（2）技能培训。通过培训，使员工掌握完成本职工作所必备的技能，如谈判技能、操作技能、处理人际关系的技能等，也能够培养、开发员工的潜能。

（3）态度培训。员工态度如何对员工的士气及企业的绩效影响很大。必须通过培训，建立起企业与员工之间的相互信任，培养员工对企业的忠诚，增强集体主人翁精神。

四、人员培训的方法

对员工培训的方法可以进行不同的分类。按照培训时是否离开岗位可以分为在岗培训（在职培训）和离岗培训（脱产培训）；按照培训时是否离开组织又可以分为内部培训和外部培训等。

（一）在职培训的方法

在职培训在企业培训中有着广泛的应用，它能够充分利用企业现有的设施、现有的条件和现成的经验；与工作的相关性好，可以边生产边学习，学以致用；易于与师傅和其他人员交流，实践性强，等等。在职培训主要有以下几种方法：

1.学徒培训

学徒培训是在师傅的指导下，通过实际生产劳动，培养新技术工人的一种传统培训方法。学徒期与工种有关，一般为1~3年。学徒培训适用范围广，培训数量大，能利用已有的设备和技术，因此很多国家都有学徒培训制度。中华人民共和国成立以来，我国有大量的新技术工人是通过学徒培训的方式培训出来的。学徒制的缺点在于偏重技术操作方面的训练，而在理论学习上显得不足，因而限制了学习的广度和深度。

2.工作轮换

工作轮换是指两个不同工种的员工之间进行工作交换。工作轮换是近些年发展起来的一种培训方法，特别适用于管理人员和技术人员，可以丰富他们的工作内容，获得不同领域的工作经验，有助于形成从不同角度理解问题的思维方式，而且易于理解他人的工作。工作轮换的缺点是在人事和工作安排上比较麻烦，而且员工因为工作轮换时间不长，在新岗位上缺乏认真和钻研精神，具有短期效应。工作轮换在对管理人员的在职培训中应用比重大一些。

3.项目指导

项目指导是由指导人员首先明确工作的要求、内容和程序，并作以示范，然后由学习者进行实际操作的一种培训方法。如果前一步做得满意就可以进入下一步。若出现问题，要立即纠正，直到满意为止。项目指导非常直观且实地操作，对工作中所用的设备和工具能有很好的理解，因而被广泛地用于操作工和低级职员的培训。

（二）脱产培训的方法

在职培训省时省钱，而且可以很快见效。但是，企业为了全面提高员工的素质，必须组织更专业化和系统化的学习，这就需要通过脱产培训进行。脱产培训具有以下优点：学员学习更专心，不受工作牵制；学员所学到的知识，特别是理论知识更系统化；学员来自不同的企业或部门，可以相互交流，因而可以了解更多的信息；有利于学员的能力的全面发展。脱产培训的方法更为多样，这些方法既可以在组织内部使用，也可以在组织外部使用。下面介绍几种主要方法：

1.课堂讲授

课堂讲授是指由培训师通过口头表达方式，向培训者讲授培训内容，系统传授知识的一种传统培训方式。课堂讲授的优点是操作简单方便，可以同时对许多人进行培训，获得较高的培训效益；有利于学员系统接受新知识；有利于培训师掌握和控制培训进度。其缺点是：学习效果容易受培训师讲授水平的影响；由于课堂讲授主要是单向信息传递，缺乏培训师和学员之间的交流和反馈；课堂讲授的知识与实际有一定距离，导致培训难以转化为企业绩效。

2.视听教学

视听教学是指运用现代视听技术，如幻灯片、投影仪等方式对员工进行培训。视听教学的优点是：可以形象地表达一些用文字或语言难以说明的培训内容；培训者可以根据需要对视听教学资料进行重复使用。其缺点是：过于重视语言形式，忽视交际能力的培养；过分强调整体结构，忽视语言分析、讲解和训练。

3.案例研究

案例研究是20世纪初美国哈佛商学院首创的，现在已经广泛应用于法律、管理等方面的培训。案例研究是指围绕一定的培训目的，把实际中真实的情景加以典型化处理，形成供培训者研究的案例，让学员进行分析和评价，提出解决问题的建议和方案。案例研究的优点是：培训者不仅能从分析中获得所需的知识和成功的经验，提高学员观察问题、分析问题和解决问题的能力，而且可以在讨论中增强学员之间的沟通能力。其缺点是：需要较多的培训时间；对培训者的要求较高；有效案例难以选择，等等。

4.角色扮演

角色扮演是指培训者在一个模拟工作环境中，扮演某种角色，借助角色的表演来理解角色的内容，模拟处理工作事务，从而提高培训者处理问题的能力。角色扮演的优点是：能够增进培训者之间的感情和合作精神，为培训者提供了一个心理和行为的实际锻炼机会；为不担任角色的观看者提供了一个学习和观看角色表演的机会。其缺点是：培训者按照角色表演，不利于培养创新精神；角色扮演强调个人，不重视集体，不利于培养团队精神。

5.多媒体培训

随着计算机技术的发展和视听技术在计算机领域中的应用，形成了新兴的多媒体培训技术。多媒体培训是指通过计算机的处理和控制，将文字、图像、图形等多种表达知识的媒体结合在一起，实现一系列的交互性操作。多媒体培训的优点是：培训可以由培训者自己控制进度；可以进行互动式学习；可以不受地理位置的限制，分散在各自办公室进行。其缺点是：开发费用高，更新速度慢；不适合用于人际关系技能的培训；特别是当培训者缺乏计算机知识时对培训效果会产生影响。

6.网上学习

网上学习是指企业将文字、图片及影音文件等培训资料置于网上，形成一个网上资料馆，供学员进行培训学习。网上学习有两种形式：一种是互联网培训，即在互联网上传递培训内容，在浏览器上进行演示的培训方式；另一种是内部网培训，即通过组织内部网络来开展培训。网上学习的优点是：能够使培训不受时间、空间的限制；可以节约培训成本；可以迅速更新培训内容；可以实现自我导向；培训易于监督。其缺点是：受计算机知识的制约，当培训者计算机知识缺乏时会使培训效果受影响；受带宽的影响，当带宽过窄时会导致信息传递不畅，容易造成培训中断。

专栏 7-2

拓展训练

拓展训练（outward bound），从字眼上解释为船要离港召集船员的旗语，后来被人们解释为：一艘小船在暴风雨来临之际拔锚起航，开启未知的旅程，去迎接一次次未来的挑战。这种训练起源于第二次世界大战期间的英国。当时英国的商务船只在大西洋上屡遭德国潜艇的袭击，许多缺乏经验的年轻海员葬身海底，针对这种情况，英国人创办了"阿伯德威海上学校"，训练年轻海员在海上的生存能力和船触礁后的生存技巧，使他们的身体和意志都得到锻炼。战争结束后，许多人认为这种训练仍然可以保留，于是拓展训练的独特创意和训练方式逐渐被推广开来，训练对象也由最初的海员扩大到军人、学生、工商业人员等各类群体。训练目标也由单纯的体能、生存训练扩展到心理训练、人格训练、管理训练等。

拓展训练通常利用崇山峻岭、瀚海大川等自然环境，通过精心设计的活动达到"磨炼意志、陶冶情操、完善人格、熔炼团队"的培训目的。

资料来源　朱启勇．中国教育探索与研究［M］．北京：中国时代经济出版社，2012．

第四节　人员激励

激励就是利用某种有效手段或方法调动人的积极性的过程。人的积极性是一种能激发人在思想、行动上努力进取的心理动力。当这种心理动力受到激励时，人就会处在自觉主动的心理活动状态，这种状态具体表现在人的意识活跃水平、情绪振奋程度和意志力强度等方面，从而直接导致行为效率的提高。也就是说，激励行为总是主动的，是对特定目标的自觉行为。

激励理论是对于激励的基本规律、机制以及方法的概括和总结，是激励机制设计和运行的基础。按照研究角度不同，激励理论可以分为四大类：第一类是从激励内容角度来研究激励问题；第二类是从激励过程角度来研究激励问题；第三类是从行为改造角度来研究激励问题；第四类是从综合角度来研究激励问题。

一、激励内容理论

激励内容理论主要揭示员工内在需求的结构和特征，着重研究个体行为动机由何种因素所激发，代表理论是马斯洛的需要层次理论、赫茨伯格的双因素理论、阿尔德弗的ERG理论、麦克利兰的三种需要理论。

（一）需要层次理论

需要层次理论是美国社会心理学家亚伯拉罕·马斯洛（Abraham Maslow）在其1943年出版的著作《调动人的积极性的理论》一书中提出的，该理论提出后便在西方各国广为流传，成为揭示需要规律的主要内容。

马斯洛的需要层次理论把人的需要分为生理需要、安全需要、社交需要、尊重需要以及自我实现需要五个层次。生理需要是人们维持生命最基本的需要，是各种需要的基础。人们为了能够生存，首先必须满足基本的生活要求，如衣、食、住、行等。人类的这些需要得不到满足就无法生存，也就谈不上其他需要。而一旦生理需要得到相对满足，人们就会更加注意高一层次的需要。安全需要包括现在的安全需要和未来的安全需要。前者如人身安全、工作安全，后者如医疗保险、失业保险、退休福利等未来的各种保障。因为人们不仅希望自己的身体和情感免受外界因素的伤害，已得的利益不再丧失，同时也希望减少未来生活的不确定性，使未来的生活有所保障。社交需要也称友爱或归属需要，包括友谊、爱情、归属及接纳等方面。人是一种社会动物，人们的生活和工作不是孤立地进行的，而是在一定的社会环境中，在与其他社会成员发生一定关系中进行的。因此，人们希望在社会生活中与他人交流、沟通，形成群体，在与人交往中受到别人的注意、接纳、关心、友爱和同情，在感情上有所归属，而不希望在社会或组织中成为离群的孤雁。尊重需要包括自尊和受别人尊重两个方面。自尊是指自己在取得成功时有一股自豪感；受别人尊重是指当自己作出贡献时能得到别人的承认，如上司和同事的较好评价和赞扬等。自我实现需要是更高层次的需要。这种需要就是希望在工作上有所成就，在事业上有所建树，实现自己的理想或抱负，最大限度地发挥自身的所有潜能。

马斯洛还给出了各种需要之间的相互关系：首先，五种需要像阶梯一样具有等级关系。马斯洛认为，人是有需要的动物，对于一般人来说，这些需要由低到高排成一个阶梯，生理需要和安全需要称为较低级需要，而社交需要、尊重需要和自我实现需要称为较高级需要。当低层次的需要基本得到满足后，就会产生高一层次的需要。其次，同一时期人的行为由主导需要决定。对特定的人来说，各种需要并非等量齐观，在不同时期其重要性、强烈程度不同，形成需要的层次结构。其中，最迫切的需要形成主导需要，对人的行为起决定作用的是主导需要。最后，满足的需要不再产生激励作用。只有未满足的需要才能影响人的行为，换言之，已经得到满足的需要不再起激励作用。

专栏 7-3

马斯洛简介

马斯洛（1908—1970），美国社会心理学家、人格理论家和比较心理学家，人本主义心理学的主要发起者和理论家，心理学第三势力的领导人。马斯洛出生于纽约市布鲁克林区，1926年考入康奈尔大学，3年后转至威斯康星大学攻读心理学，在著名心理学家哈洛的指导下，1934年获得博士学位。之后，留校任教。1935年在哥伦比亚大学任桑代克学习心理研究工作助理。1937年任纽约布鲁克林学院副教授。1951年被聘为布兰代斯大学心理学教授兼系主任。1969年离任，成为加利福尼亚劳格林慈善基金会第一任常驻评议员。他在布兰代斯大学任心理学教授兼系主任时，开始对健康人格或自我实现者的心理特征进行研究。马斯洛曾任美国人格与社会心理学会主席和美国心理学会主席（1967），是《人本主义心理学》和《超个人心理学》两份杂志的首任编辑。

他提出了融合精神分析心理学和行为主义心理学的人本主义心理学，主要著作有《动机与人格》《存在心理学探索》《人性能达的境界》等。

资料来源　MBA智库・百科.马斯洛人类需求五层次理论［EB/OL］.［2023-06-02］. https://wiki.mbalib.com/wiki/马斯洛理论.

（二）双因素理论

双因素理论是由美国心理学家弗雷德里克·赫兹伯格（Frederick Herzberg）于20世纪50年代后期提出的一种激励理论。

赫茨伯格的双因素理论认为，导致工作满意的因素与导致工作不满意的因素是有区别的，人们感到不满意的因素往往是与外界环境相关联的，例如公司政策、工作条件、人际关系、工资、福利待遇等，这些因素改善了，只能消除不满意，但不能使职工变得非常满意，也不一定对职工有激励作用。赫茨伯格把这一类因素称为保健因素。而使人们感到满意的因素往往是与工作本身相关联的，例如工作的成就感、工作成绩的认可、工作内容和性质具有挑战性等，这些因素改善了，能够提高满意，激励职工的工作热情，从而提高生产率。赫兹伯格把这一类因素称为激励因素。

赫茨伯格的双因素理论将影响人的动机与行为的因素分为激励因素和保健因素两种。激励因素是指内部因素，是从工作本身得到的某种满足，如对工作的兴趣、成就感、责任感等；保健因素是指外部因素，即工作以外的因素，如奖酬、工作环境等。激励因素与保健因素对人行为的影响是不同的。要调动和维持职工的积极性，首先要注意保健因素，做好与之有关的工作，以防止不满情绪的产生。但是要想真正激励员工工作，必须注意激励因素，只有激励因素才会增加员工的工作满意感，激发他们工作的积极性。

（三）ERG理论

ERG理论是由耶鲁大学的阿尔德弗（C. Alderfer）于1969年提出的。阿尔德弗重组了马斯洛的需要层次理论，并进行了实证研究。

阿尔德弗认为人有三种核心需要，即生存需要、关联需要和成长需要，简称为ERG理论。生存需要关系到机体的存在或生存，包括衣、食、住以及为得到这些因素所提供的手段。这实际上相当于马斯洛需要层次理论中的生理需要和安全需要。关联需要是指人际关系的需要，主要通过工作中或工作以外与其他人的接触和交往得到满足。它相当于马斯洛需要层次理论中的社交需要和部分尊重需要。成长需要是个人自我发展和自我完善的需要，这种需要主要通过发展个人的潜力和才能得到满足。这相当于马斯洛需要层次理论中的部分尊重需要和自我实现需要。

与马斯洛需要层次理论不同的是，ERG理论证实：多种需要可以同时存在；如果高层次需要不能得到满足，那么低层次的需要会更强烈。因此，依据ERG理论，多种需要可以同时作为激励因素。

（四）三种需要理论

三种需要理论是麦克利兰（D. C. McClelland）于20世纪50年代在一系列文章中提出的。麦克利兰认为马斯洛过分强调个人的自我意识和内在价值，而忽略了人的社会属性，因此，他利用心理实验方法着重对人的社会性需要进行测量研究，进而将人的社会需要归纳为三个层次，即权力需要、合群需要和成就需要。

权力需要是指控制和影响他人的一种愿望。权力需要高的人喜欢控制和影响他人，喜欢对人发号施令，注重取得影响力。权力需要通常是管理成功的基本要素之一。合群需要是指喜欢与他人交往和寻求被他人接纳的一种愿望。合群需要高的人渴望友谊，喜欢合作的工作环境而非竞争的工作环境，希望人与人之间能进行沟通并获得理解。重视合群需要的人容易因为注重友谊、讲究义气而不重视管理工作原则，导致组织工作效率下降。成就需要是指希望获得成功并把事情做得更好的需要。成就需要高的人事业心强，有进取心，渴望将事情做得更完美。他们追求在争取成功的过程中努力奋斗的乐趣，以及成功之后的个人成就感。成就需要对一个管理者来讲非常重要，它能使管理者勇于承担个人责任，喜欢适度冒险或挑战性工作。

二、激励过程理论

激励过程理论主要揭示从动机的产生到员工采取具体行为的过程，着重解释和描述行为的引发、发展、持续以及终止的过程。激励过程理论主要有弗隆的期望理论和亚当斯的公平理论。

（一）期望理论

期望理论是由美国心理学家威克特·弗隆（Victor H. Vroom）在其1964年出版的著作《工作与激励》中提出的。由于期望理论对于组织的激励工作具有较强的指导作用，因此受到管理学家和实际管理工作者的普遍重视。

通常，当人们预期他们的行动会带来既定的成果，并且这种成果对他们具有吸引力时，才会被激励起来去做某些事情以达到组织设置的目标。因此，期望理论认为，某一活动对人的激发力量取决于他所能得到结果的全部预期价值乘以他认为达成该结果的期望概率。用公式可表示为：

$$M=V\cdot E \tag{7-1}$$

式中：M——激发力量，是指调动一个人的积极性，激发出人的内部潜力的强度；V——目标效价，是指一个人对某项工作及其结果能够给自己带来满足程度的评价，即指达成目标后对于满足个人需要的价值大小的评价；E——期望值，是指根据以往的经验进行的主观判断，对自己能够顺利完成这项工作可能性的估计，即对工作目标能够实现概率的估计。

从期望理论的公式可以看出：在V和E之间是相乘的关系，同时E是员工对自己完成某项任务的概率的主观估计，也就是说$0\leq E\leq 1$。因此，如果要想获得较大的激励效果M，仅有较高的目标效价V是不够的，必须同时使员工对完成工作可能性的估计概率E也是一个接近于1的值，这样两方面综合作用的结果才可以使得某项激励措施获得较大的激发力量。因此，期望理论表明，当员工对某项活动及其结果的效用评价很高，而且估计自己获得这种结果的可能性很大时，那么领导者用这种活动和结果来激励他就可收到很好的效果。

期望理论的公式同时提出了在进行激励时要处理好四个方面的关系，这些也是调动人们工作积极性的四个条件。

1.努力与绩效的关系

人总是希望通过一定的努力能够达到预期的目标，如果个人主观认为通过自己的努力达到预期目标的概率较高，就会有信心，就可能激发出很强的工作力量。但是如果他认为目标太高，通过努力也不会有很好的绩效时，就失去了内在的动力，导致工作消极。这种关系可在期望理论的公式中的期望值E这个变量中反映出来。

2.绩效与奖励的关系

人总是希望取得成绩后能够得到奖励，这种奖励是广义的，既包括提高工资、多发奖金等物质方面的奖励，也包括表扬、自我成就感、得到同事们的信赖、提高个人威望等精神方面的奖励，还包括诸如提拔到较重要的工作岗位上去等物质与精神兼而有之的奖励。如果他认为取得绩效后能够获得合理的奖励，就有可能产生工作热情，否则就可能没有积极性。这种关系可以在期望理论的公式中的效价V这个变量上体现出来。

3.奖励与满足个人需要的关系

人总是希望自己所获得的奖励能满足自己某方面的需要。然而由于人们在年龄、性别、资历、社会地位和经济条件等方面都存在着差异，他们对各种需要要求得到满足的程度就不同，因而对于不同的人，采用同一种办法给予奖励能满足的需要程度不同，能激发出来的工作动力也就不同。这种关系也可以通过期望理论的公式中的V反映出来。

4.上一轮激励与下一轮激励的关系

在一轮激励活动实施过后，经过个人努力所产生的绩效以及这种绩效是否获得活动所规定的奖励和这种奖励满足个人需要的程度，会影响个人对奖励机制的评价，从而影响对奖励的综合效价的评价，进而影响个人以后工作的努力程度，也就是下一轮激励活动所激发的力量M。

上述四个方面的关系如图7-1所示。

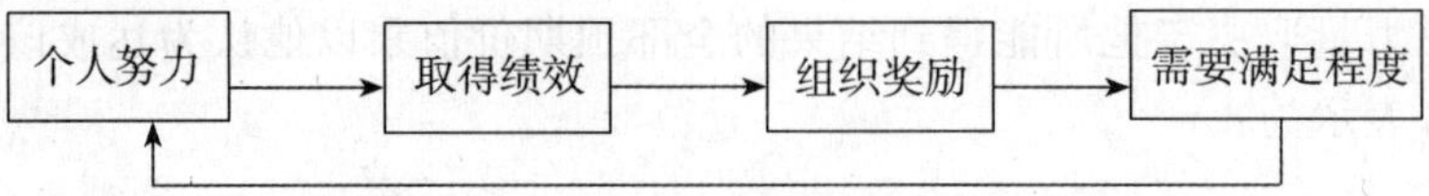

图7-1　期望理论四方面关系图

（二）公平理论

美国心理学家亚当斯（J. S. Adams）于1967年提出公平理论。这个理论的建立是亚当斯在进行大量调查的基础上建立的。亚当斯在调查过程中发现，员工之间往往会自觉或不自觉地把自己在工作中所付出的代价与自己所得的报酬与类似的同事或朋友进行权衡比较。进一步调查研究表明，员工中权衡比较基本上有三种情况：一是员工认为对自己的报酬是合理的。在这种情况下，他感到满意，这种报酬的激励效力大。二是发现自己的报酬太低，与别人比起来不公平，因此员工很不满意，这种报酬就无法调动其积极性。三是发现自己的报酬太高，与别人比起来不公平、不合理，在这种情况下，员工会产生紧张心理，为了平衡这种心理，他一般会努力工作，这种报酬方式对员工的激励效应最大。

三、激励行为理论

（一）强化理论

该理论同期望理论一样主要研究员工的行为与其结果之间的关系，但期望理论较多地涉及主观判断等内部心理过程，而强化理论只讨论刺激和行为的关系。

强化理论认为，人的行为是对刺激物的一种反应，因而人的行为是由外部因素控制的，当刺激对他有利时，这种行为就会重复出现。例如，如果员工工作努力得到了认可，因此获得奖励，那么员工就会进一步努力工作；当刺激对他不利时，这种行为就会减弱或消失。例如，如果员工迟到被扣发奖金，那么员工今后就会减少迟到行为。控制行为的因素称为强化物。

强化的具体方式有四种，包括正强化、负强化、惩罚和忽视。

1.正强化

正强化就是奖励那些符合组织目标的行为，从而加强这种行为。这里的奖励不仅包含经济的，如提薪、奖金等，还可以是非经济的，如对成绩的认可、表扬、改善工作条件、提升、安排挑战性工作、给予学习和成长的机会等。

2.负强化

负强化强调的是一种事前规避，通过对与组织不相容的行为予以何种惩罚的规定，使员工对自己行为进行约束。值得注意的是，规定本身不一定就是负强化，只有当规定使员工对自己的行为形成约束作用时，才形成负强化。负强化与惩罚是相关联但不同的两个概念。俗语“杀鸡给猴看”，形象地说明了两者之间的联系与区别：对出现违规行为的“鸡”加以惩罚，意欲“猴”能从中深刻意识到组织规定的存在，从而加强对自己行为的约束。

3.惩罚

惩罚是指当员工出现一些不符合组织目标的行为时，采取惩罚的办法以约束这些行为少发生和不发生。惩罚的手段可以是经济的，如降薪、扣发奖金、罚款等，也可以是非经济的，如批评、处分、降级、撤职等。惩罚的方式可以因发生行为的性质和程度不同，选择间隔性或连续性方式。间隔性惩罚是间隔一段固定或不固定的时间进行的惩罚。连续性惩罚是指每次发生不希望的行为都及时予以惩罚，直到完全消除这种行为重复出现的可能性。

4.忽视

忽视就是对已出现的不符合组织目标要求的行为进行“冷处理”。具体有两种方式：一种是对某种行为不予理睬，以表示对该行为的轻视或某种程度上的否定，从而使这种行为自然消失；另一种是对原来采用正强化手段鼓励的有利行为，由于疏忽或情况改变，不再给予正强化，使其逐渐消失。

强化理论较多地强调外部因素对行为的影响，忽视人的内在因素和主观能动性对环境的作用，具有机械的色彩。

（二）挫折理论

挫折理论是关于个人的目标行为受到阻碍后，如何解决问题并强调人的积极性的激励理论。行为科学认为，挫折是指人们在某种动机的推动下，在实现目标的活动中，遇到了无法克服或自以为是无法克服的障碍和干扰，使其动机不能获得满足时所产生的紧张状态和消极的情绪反应。挫折的形成如图7-2所示。

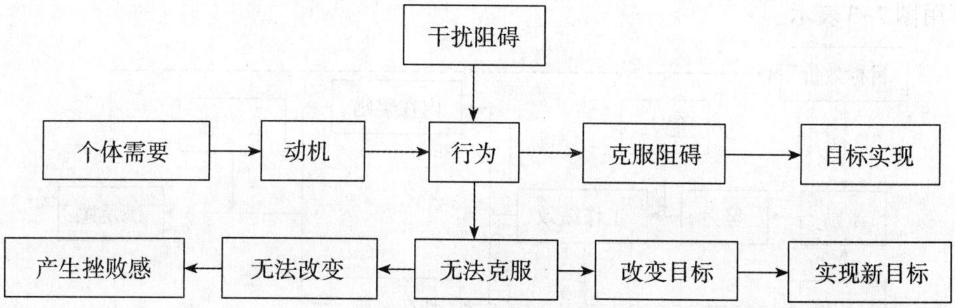

图7-2 挫折形成图

引起挫折的原因多种多样，有外部因素，也有内部因素。人们受到挫折后心理和生理的反应也各种各样，情绪上，有的采取愤怒的反击行为，有的强行压制愤怒的情绪，有的表现冷漠和无动于衷。行为上，有的表现出与自己年龄和经历不相称的幼稚行为，有的固执地重复某种无效的动作，有的采取妥协性措施来减轻紧张状态。生理上，有的会引起血压升高，有的会引起脉搏加快，有的会引起呼吸急促等。所有这些都会影响人的积极性，必须加以缓解和消除。

个体在遭受挫折后，应该有意识地运用挫折防卫机制进行自我心理调节，以减轻焦虑和痛苦，维持心理的稳定和平衡。同时，还应积极主动地寻求他人的支持和帮助，即进行心理咨询与调节。

对管理者来讲，应耐心细致地帮助受挫者分析挫折原因，给予必要的关心、劝慰和鼓励，使受挫者重新振奋精神。对犯错误的员工应创造一种集体的温暖环境，使他们感到自己不会受到集体的排斥，或通过交谈的方式，让受挫者倾诉压抑的心情，尽早从挫折感中摆脱出来。

四、综合激励理论

上述各种激励理论主要从不同的视角解释激励问题，而综合激励理论是从系统的观点出发来解决激励问题，考虑的因素更多。

（一）场动力理论

最早的综合激励理论被称为场动力理论，是由心理学家勒温（K. Lewin）提出来的，用函数关系可以表示为：

$$B=f\ (P\cdot E) \qquad (7\text{-}2)$$

式中：B——个人行为的方向和向量；f——函数关系；P——个人的内部动力；E——环境的刺激。

上述公式表明，个人的行为向量是由个人内部动力和环境刺激的乘积决定的。根据勒温的理论，外部刺激是否能够成为激励因素，还要看内部动力的大小，两者的乘积才决定了个人的行为方向。如果个人的内部动力为零，那么外部环境的刺激就不会发生作用；如果个人的内部动力是负数，外部环境的刺激就有可能产生相反的作用。

（二）波特和劳勒的综合激励理论

美国学者波特（L. W. Porter）和劳勒（E. E. Lawler）在期望理论的基础上提出了一种综合激励理论，它包括努力、绩效、能力、环境、认识、奖酬和满足等变量，它们之间的关系可用图7-3表示。

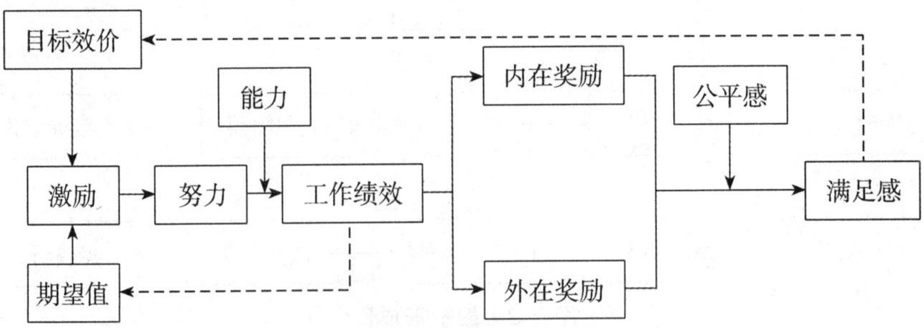

图7-3　波特和劳勒的综合激励理论模型

在图7-3的左侧，实际是以期望理论为基础说明的。期望理论认为，激励的力量等于目标效价与期望值的乘积，期望理论还说明了为了达到一定的工作绩效，个人除了努力以外，还需要一定的能力。图7-3的右侧说明工作绩效会得到奖励，奖励分为内在奖励（如获得挑战性工作、获得更大工作自主权等）和外在奖励（如工资提高、工作环境改善等）。这些奖励从正面强化了个人的有利行为。同时，除了奖励，公平感也会影响个人的满意程度。可见，这一模型包含了上述所介绍的几种激励理论。

第五节 绩效考核

员工工作业绩的高低直接影响企业的整体效益和效率，提高员工的工作绩效是企业的一个重要目标，而考核是实现这一目标的手段和方式。所谓绩效考核，是指依据一定的考核标准，遵循一定的考核程序，运用一定的考核方法对企业员工的绩效进行综合评价。

一、绩效考核的作用

绩效考核不仅在人员分配和人员选择上具有指导意义，而且有很大的激励作用。考核的过程是企业人力资源发展的评价过程，也是了解员工发展意愿、制订企业教育培训计划和为人力资源开发做准备的过程。

首先，绩效考核对企业产生作用。绩效考核对企业产生的作用主要表现在：有效的绩效考核制度能促使员工行为与企业的战略目标紧密结合；能凸显才华出众的员工，为企业未来的发展储备人才；能发现较差的员工，及时加以辅导、训练，防患于未然。

其次，绩效考核对主管人员产生作用。绩效考核对主管人员产生的作用主要表现在：通过绩效考核为员工提供工作反馈，有助于员工的自我发展，从而加强了主管人员和员工之间的相互依赖关系；主管人员利用绩效考核将员工的努力表现出来，可以激励员工工作的积极性。

最后，绩效考核对员工产生作用。绩效考核最大的受益者是员工，通过绩效考核，科学、公平地评价员工的绩效，使员工认清自己的优势和不足，有意识地进行自我调整，不断提高自身素质。

二、绩效考核的原则

在建立绩效考核制度及实施绩效考核时，企业必须遵循一些基本原则。这些原则既是建立绩效考核制度的重要理论依据，又是保证企业人力资源管理体系有效运行的基本条件，具体包括以下几个基本原则：

（一）增强透明度原则

企业整个考核过程，如考核标准、考核内容、考核程序等都应该有明确的规定，并公布于众，一视同仁，这样考核工作才能为员工群体所接受、所理解，员工才能对企业的考核制度产生认同感。

（二）客观公正原则

考核的客观公正性直接关系到考核的效果，这种客观公正首先是指考核标准的客观公正。考核标准的制定应尽量避免可能掺入主考人员的主观性，并且客观标准的制定应尽量细化、全面。

（三）单一考核原则

对员工的考核一般只能由其直接主管进行考核，其他任何部门都无权对员工的业绩进行考核，因为，对员工的实际工作能力、主观努力程度等了解最清楚的只能是其直接主管，单一考核明确了考核责任并使考核系统与组织指挥取得一致，有利于加强组织的指挥职能。

（四）反馈沟通原则

考核的结果必须反馈，所谓反馈，主要是指反馈给被考核者本人。这一方面可能对被考核者产生激励作用，另一方面也可能对其产生教育作用。在反馈考核结果的同时，应对考核的结果作出说明和解释，与考核者进行必要的沟通。

（五）利益结合原则

考核结果必须与员工切身利益相结合。目前有相当一部分企业的考核与员工的切身利益相脱离，这必然使考核流于形式。

三、绩效考核的方法

绩效考核的方法有很多，各有侧重，也各有优缺点。目前企业采用的绩效考核方法差异很大，但其基本方法有以下几类：

（一）常规考核法

最终产生的结果是按工作绩效由高到低排序的员工名单，据此可以作出精简组织、人事调整的决策。常规考核法一般有以下三种：

1.排序法

排序法分直接排序法和间接排序法。直接排序法是由考核人员（主要是绩效考核员及被考核者的直接上司）按绩效表现从好到坏的顺序依次给员工排序。这种绩效表现既可以是整体绩效，又可以是某项特定工作的绩效。这种绩效顺序仅适用于中小企业，当企业员工的数量比较多时，以这种方法区分员工绩效就比较困难，尤其是对那些绩效中等的员工，此时可以采用间接排序法。间接排序法的第一步是把最好的员工列在名单开头第二位，把表现最差的员工列在名单倒数第二位，这样依次进行，考核人员不断挑选出最好的和最差的员工，直至排序完成，排序名单上中间的位置是最后被填入的。

2.两两比较法

两两比较法指在某一绩效标准的基础上，把每一个员工都与其他员工进行比较来判断谁“更好”，记录每一个员工和任何其他员工比较时被认为“更好”的次数，根据次数的高低给员工排序。这种方法较之排序法的优点在于：考虑了每一个员工与其他员工绩效的比较，更加客观。其缺点是：如果需要评价的人数很多，则需要做的比较次数将非常多，工作量很大；若评价出甲比乙表现好，乙比丙表现好，丙比甲表现好，则无法自圆其说。

3.等级分配法

由考核小组或考核人员先拟定有关的考核项目，按考核项目对员工的绩效作出粗略的排序。设立一个绩效等级并在各等级设定固定的比例分配，如“优”10%，“较优”20%，“中”40%，“较差”20%，“差”10%，按每个人的绩效排序分配绩效等级。采用这种方法的优点是绩效考核结果不再着重于具体排序，而着重于每个人的绩效等级，缺点在于员工的绩效可能不适于分配设定的等级。

（二）行为考核法

对于上述三种常规方法来说，考核人员在运用时不得不把每一个员工的绩效与其他员工相比较，若整体绩效较差，这种考核就失去了客观的参照系，失去了准确性。而行为考核法使考核人员能够独立于其他员工，仅依据客观的行为标准来考核每一个员工。行为考核法一般有以下五种：

1.量表评等法

量表评等法是应用最广泛的绩效考核法。量表通常包括几项有关的考核项目，如评估中级管理人员的工作实绩时，一般制定的考核项目有政策水平、责任心、决策能力、组织能力、协调能力、应变能力和社交能力等，对每项设立评分标准，最后把各项得分加权相加，即得出绩效评分。量表评等法的优点是全面、结果量化、可比性强等；缺点是评分标准很难做到准确、明晰，考核结果的主观性比较大。

2.关键事件法

关键事件法是由考核人员将员工在工作中表现出来的好行为和坏行为（称为关键事件）记录下来，经过一段时间（可以是半年），考核人员与员工进行面谈，根据所记录的关键事件来讨论员工的工作绩效。这种方法的优点是侧重于整个考评期内的考评，可以对员工进行充分准确的观察，既考察了员工的工作过程，又考察了工作结果和客观业绩，克服了重结果轻行为、追求短期效益的不足；缺点是无法进行量化处理，不能在员工之间、团队之间和部门之间进行工作情况的横向比较，因此，这种考核方法不适合为员工的奖金分配提供依据。

3.行为评等法

行为评等法是关键事件法的深化和突破，它主要是通过行为事实方面的依据来考核员工，这些行为事实就是平时记录下来的关键事件。行为评等法共分为四个基本步骤：①进行工作分析，搜集描述是否胜任该工作岗位的行为事实，把这些行为事实细分为多个方面，如管理能力、人际关系等。②每一个方面都设立具体的标准，并对每个方面的重要性进行量化，即分配权数。③根据这些基本行为事实的等级标准和权重，可以形成一张含义明晰、衡量公正、易于使用的表格。④考核人员可以利用这张行为评等表格进行员工考核。

4.混合标准评等法

混合标准评等法综合了关键事件法和行为评等法的长处，尽量避免了两者的弊端，作为一种实践发展的产物，它是有较大优越性的。混合标准评等法使用混合标准量表，此表在设计的系统性方面与行为评等法很相似，但它不同于行为评等法对每一行为表现精确量化，它是就某项工作的几个特定方面分别作出三种行为描述表示绩效的高、中、低三档，而没有明确的分值。

5.行为观察评等法

行为观察评等法是行为评等法的另一种发展。行为观察评等法并非考核被考核者做某项工作的水平或优劣程度，而观察被考核者做某项特定行为的频度，设定与频度相关的分值。例如，一名总机接线员在1月内与客户发生0次争执得10分，发生4次争执得2分。行为观察评等法的突出优点是直观、可靠，被考核者更易接受反馈，提高自我绩效。

（三）工作成果考核法

工作成果考核法包括绩效目标考核法和指数考核法两种。

1. 绩效目标考核法

绩效目标考核法与目标管理很相似，考核绩效更有针对性。绩效目标通常是特定的、有时限的、有条件的、与组织目标完全一致的。绩效目标不仅有总目标，还有很多项分目标，在考核时每一项都按员工达到目标的程度独立考核，最后再加权平均。这种考核法的最大优点在于为员工的工作成果树立了明确的目标，能激励员工尽量向目标靠拢。绩效标准越细致，员工人事考核中的偏见和误差就越小。这种方法的缺点在于需要较多的时间和精力去制定一套完整的人事考核标准。此外，绩效目标尽管可能成为激励员工努力工作的强大动力，但也可能导致员工之间不必要的激烈竞争，使内耗增加，整体绩效下降。

2. 指数考核法

指数考核法不同于绩效目标考核法之处在于绩效衡量的方式不同，指数考核法通过更客观的标准（如生产率、出勤率、流失率等）来考核绩效。

专栏 7-4

绩效考核的起源

绩效考核起源于文官（公务员）制度。在英国实行文官制度初期，文官晋级主要凭资历，于是造成工作不分优劣，所有的人一起晋级加薪的局面，结果是冗员充斥、效率低下。1854—1870 年，英国文官制度改革，注重表现、看才能的考核制度开始建立。根据这种考核制度，文官实行按年度逐人逐项进行考核的方法，根据考核结果的优劣，实施奖励与升降。考核制度的实行，充分地调动了英国文官的积极性，从而大大提高了政府行政管理的科学性，增强了政府的廉洁与效能。英国文官考核制度的成功实行为其他国家提供了经验和榜样。美国于 1887 年也正式建立了考核制度，强调文官的任用、加薪和晋级，均以工作考核为依据，论功行赏，称为功绩制。此后，其他国家纷纷借鉴与效仿，形成各种各样的文官考核制度。这种制度有一个共同的特征，即把工作实绩作为考核的最重要的内容，同时对德、能、勤、绩进行全面考察，并根据工作实绩的优劣决定对公务员的奖惩和晋升。

考核是公务员制度的一项重要内容，是提高政府工作效率的中心环节。各级政府机关通过对国家公务员的考核，有利于依法对公务员进行管理，优胜劣汰，有利于人民群众对公务员进行监督。

文官制度的成功实施，使得有些企业开始借鉴这种做法，在企业内部实行绩效考核，试图通过考核员工的表现和实绩进行实事求是的评价，同时了解组织成员的能力和工作适应性等方面的情况，并作为奖惩、培训、辞退、职务任用与升降等实施的基础与依据。

资料来源　黄东梅. 人力资源管理基础［M］. 合肥：安徽教育出版社，2015.

课后案例

华为的人力资源管理

作为一家科技型公司，华为的企业使命和愿景是把数字世界带入每个人、每个家庭、每个组织，构建万物互联的智能世界，为了实现使命和愿景，华为提出成就客户、艰苦奋斗、自我批判、开放进取、至诚守信、团队合作的核心价值观，相应形成其独特的用人理念，强调以“奋斗者”为本，不让忠诚实干、多作贡献的“雷锋”吃亏，任人唯贤，能上能下，用人所长，团队互补。

(1) 强调既与工作岗位要求匹配，也与公司文化价值观匹配，注重个人特质、发展潜力以及实践经验的选择性雇用。华为主张通过良好的雇主品牌广泛吸引和招揽人才，主张双向选择，优先录用与公司“艰苦奋斗”价值观相匹配的、有责任心的“奋斗者”。重视候选人的个人素质、品格、潜能，在社会招聘和内部选拔中注重实用性，尤其强调工作经验，规定没有周边工作经验的人，不能担任部门主管，没有基层工作经验的人，不能担任科以上干部。

(2) 注重持续成长与发展的广泛而多样的培训和开发。华为的业务部门负责业务或技术的专业技能培训，华为大学为员工提供管理及通用技能培训和干部领导力培训。除新员工培训外，华为还有后备干部青训班、一线管理者培训、高研班等多样化的培训项目。华为是国内最早也是最规范实行“全员导师制”的企业。新员工入职时公司为其配备一名个人导师，对其进行精准培养，师生双向收效。华为的导师不仅帮助员工解决工作和生活问题，还定期了解他们的思想状况。在干部的培养上，华为强调“之”字形成长，即通过岗位循环与轮换积累实践经验。

(3) 目标明确，兼顾行为与结果，重视沟通与反馈及结果应用的绩效评估。在华为，员工的行为态度是否符合文化价值观会影响绩效评分。华为采取末位淘汰制和提前退休制。新员工从入职开始就有严格考核，入职培训的考核结果用于定级定岗，两次绩效不合格即被淘汰。

(4) 有竞争力的薪酬体系，短期与长期结合的激励体系。华为坚持高薪留人，为高级人才提供具有足够竞争力的薪酬；同时坚持价值分配，通过公平公正的薪酬分配实现“不让‘雷锋’吃亏”，加强员工对组织的认同。另外，华为也实行劳动者普遍持股制度和奖励期权计划，与员工建立良好的长期关系。对高级人才，华为还提供足够的资源和关怀，如在淀山湖基地建立国际人才社区，配套良好的生活环境。非物质激励上，华为专设荣誉部，设立各种专项奖金、荣誉激励员工，如“导师奖”激励导师的积极性，“案例奖”激励工作的探索性等。

(5) 职业发展路径多元，竞争流动，在制度范围内给予充分支持的晋升与发展。华为采用基于任职资格体系的职业发展制度，构建Y型结构的员工职业发展模式，按照管理和专业两个发展方向，清晰规划员工的职业发展通道。主管与员工双向沟通一起制订职业规划方案，坚持“内部培养优于社会招聘”的原则，建立内部岗位调岗制度，岗位公平竞争，按照实际贡献选拔干部，管理人员能上能下。员工晋升提倡循序渐进，严格遵守任职资格制度，同时在制度范围内为优秀的创新型人才提供破格晋升的机会。

(6) 团队合作，注重提供参与和自主性的工作机会。华为注重团队建设，打造“军团组织”，将科学家编入一线团队，通过军团作战，打破组织边界，快速集结资源，穿插作战，快速响应，提升效率，做深做透一个领域，帮助组织成功。华为也强调团队一起成功，优先从成功的团队中选拔干部；工作中鼓励员工参与，给予员工充分的支持，比如给不熟悉内部情况的空降将军或空降能手搭配内部助手等。

(7) 严明的纪律管理，注重与公司价值理念相一致的工作行为规范。华为在公司基本的规范框架下，注重对公司文化和理念的严格落实。新员工培训重视文化培训，要求新员工领悟、消化、接纳公司价值观。华为对干部有“干部八条”的纪律和行为规范，有“七连环”的干部管理体系，从明确干部使命到设立干部监察制度形成完整闭环。高级干部则必须通过学习领悟公司管理理念，否则不予提拔。

资料来源　顾琴轩，吴以琪，胡冬青. 张弛有道：创新型企业承诺与控制融合的人力资源管理模式[J]. 厦门大学学报（哲学社会科学版），2022，72（6）：54-66.有删减。

案例思考题：

1.华为人力资源管理的独到之处是什么？

2.华为的人力资源管理有何借鉴意义？

本章小结

- 人力资源管理
  - 人力资源管理概述
    - 人力资源的含义：能够推动整个经济和社会发展的具有智力劳动和体力劳动能力的劳动者的总和
    - 人力资源管理的含义：运用现代的科学方法，对与一定物力相结合的人力进行合理的组织、培训和调配，使人力、物力经常保持最佳比例，同时对人的思想、心理和行为进行恰当的诱导、控制和协调，充分发挥人的主观能动性，使人尽其才、事得其人、人事相宜，以实现组织的目标
    - 人力资源管理的演变：传统人事管理阶段、人力资源管理阶段、战略人力资源管理阶段
  - 人员招聘
    - 人员招聘的概念：企业根据自身空缺工作岗位情况，通过一定的程序，采用一定的方法选拔、录用企业所需人员的过程
    - 人员招聘的意义：使企业持续发展、确保员工素质、保证员工队伍稳定
    - 人员招聘的原则：公开、公平、考核、择优的原则
    - 人员招聘的程序：人员需求确定、确认招聘标准、拟订招聘计划、开展招聘宣传、进行材料筛选、进行初步面试、进行各种测验、进一步面试、核实与评价、建议录用人员、进行体格检查、进行录用决策
    - 人员招聘的渠道：内部选拔和外部招聘
    - 人员招聘的方法：笔试、面试、心理测验和情景模拟
  - 人员培训
    - 人员培训的含义：企业为了实现组织自身和员工个人发展目标，有计划地对员工进行培养和训练，使之具备与工作有关的知识、技能和态度等素质
    - 人员培训的原则：培训规划系统化、培训方法科学化、培训内容实用化、培训过程监督化
    - 人员培训的内容：知识培训、技能培训、态度培训
    - 人员培训的方法：在职培训方法、脱产培训方法
  - 人员激励
    - 激励内容理论：需要层次理论、双因素理论、ERG 理论、三种需要理论
    - 激励过程理论：期望理论、公平理论
    - 激励行为理论：强化理论、挫折理论
    - 综合激励理论：场动力理论、波特和劳勒的综合激励理论
  - 绩效考核
    - 绩效考核的作用：对企业、主管人员、员工都产生积极作用
    - 绩效考核的原则：增强透明度原则、客观公正原则、单一考核原则、反馈沟通原则、利益结合原则
    - 绩效考核的方法：常规考核法、行为考核法和工作成果考核法

主要概念

人力资源　人力资源管理　人员招聘　人员培训　激励　绩效考核

练习思考题

1.人员招聘的原则有哪些?

2.试对比内部选拔与外部招聘的优缺点。

3.人员培训的内容是什么?人员培训的原则有哪些?

4.需要层次理论的主要内容是什么?

5.双因素理论的主要内容是什么?

6.简述美国心理学家弗隆的期望理论的主要内容。

7.强化的具体方式有哪些?

8.试述绩效考核的方法。

第七章练习思考题参考答案

第八章

财务管理

学习目标

1. 掌握财务管理的概念、特点及内容；
2. 了解财务管理的任务；
3. 了解筹资渠道的种类与方式；
4. 理解筹资的原则；
5. 掌握自有资金筹集方式；
6. 理解借入资金筹集方式；
7. 了解流动资产管理和固定资产管理；
8. 了解无形资产管理；
9. 掌握内部长期投资的概念、分类及特点；
10. 理解基本的项目投资决策方法；
11. 理解企业对外投资的种类、目的及原则；
12. 了解对外间接投资；
13. 掌握成本费用及成本费用管理的含义；
14. 了解成本费用预测、计划及控制；
15. 掌握利润的概念及形成；
16. 掌握利润预测的基本方法；
17. 了解利润计划与利润分配；
18. 掌握财务分析的概念及种类；
19. 了解基本的财务分析方法。

价值引领

开放中国依然是外商投资高地

跨国投资活力是观察经济发展态势的重要窗口。市场监管总局发布的数据显示，2023年一季度，全国新设外商投资企业1.1万户，同比增长7.6%。商务部发布的数据显示，2023年前4月，全国实际使用外资金额4 994.6亿元人民币，同比增长2.2%。新设外商投资企业数量和实际使用外资金额均呈现稳中向好势头，有力证明开放中国依然是外商投资高地。

持续升温的“增资潮”，从另一个侧面印证了中国市场的勃勃生机。2023年以来，外资企业继续加码投资中国，跨国商务活动加速恢复，众多跨国企业高管密集来华考察，以实际行动对中国经济发展前景投下“信任票”。特斯拉宣布将在上海临港修建一座储能超级工厂；西门子医疗在广东深圳南山区追加投资超10亿元，建设全新高端医疗设备研发制造基地；空中客车公司将在天津建设第二条生产线……一场场洽谈交流，一个个项目签约落地，充分彰显着中国市场对外资的强大吸引力。

全球商界不约而同瞩目中国，原因就在于中国经济增长的动能和态势是强劲的。从投资回报看，中国市场依然极具投资价值。2023年一季度，中国贸促会对600余家外资企业进行调研访问，超八成受访外资企业预期2023年在华投资利润率将持平或有所增加，超九成受访企业预计未来5年在华投资利润持平或有所增加。在全球经济增长乏力的大背景下，中国无疑将继续成为外资的重要投资目的地。从市场机遇看，我国仍处于总需求较快释放的阶段，这将为包括外资企业在内的所有经营主体提供更大的发展机会。一方面，新型城镇化持续推进，生产生活方式的数字化、绿色化转型加速推进，人民对美好生活的向往不断变成现实，持续释放出巨大需求。另一方面，随着居民收入水平不断提高，消费呈现多样化、高端化、服务化等特征，更多商品和服务消费需求将得到释放。对于不少外资企业而言，中国市场不是“可选项”，而是“必选项”，中国市场机遇不容错过。

除了看好我国经济复苏潜力和发展前景，近年来我国持续扩大对外开放，推动贸易和投资自由化便利化，也极大鼓舞了跨国企业在华投资的热情。从进一步放宽外资市场准入，到依法保护外商投资权益，再到稳步扩大规则、规制、管理、标准等制度型开放，我国实行更加积极主动的开放战略，形成了更大范围、更宽领域、更深层次对外开放格局，不断以中国新发展为世界提供新机遇，为广大外资企业注入了信心。中国贸促会调研报告显示，97%的受访外企对2022年四季度以来中国政府出台的外资政策评价为“满意”以上；2023年一季度，受访外企对获取金融服务、市场准入、获取经营场所和促进市场竞争等指标的满意度均超过80%。

中国的市场，世界的机遇。回首过往，我国社会长期稳定、投资机会众多、投资回报可观，对各国企业形成强大吸引力。面向未来，中国开放的大门会越来越大，环境会越来越好，服务会越来越优。可以说，中国市场兼具高质量与增长潜力，投资中国、扎根中国，就意味着选择更好的未来。我们相信，一个开放的中国、发展的中国，必将吸引更多外国企业深耕中国市场，让更多的外国投资者搭上中国发展的快车。

资料来源　罗珊珊. 开放中国依然是外商投资高地［EB/OL］.［2023-06-14］. https：//www.xuexi.cn/lgpage/detail/index.html? id=6667956532700176111&amp；item_id=6667956532700176111.

第一节　财务管理概述

一、财务管理的概念

现代企业制度下，企业作为自主经营、自负盈亏的独立商品生产者，其生产过程不仅要以使用价值形式实现，更重要的是以价值形式实现。企业从一定来源或渠道筹措和集中生产经营资金的财务活动，称为资金筹集。企业筹集的资金可作各种不同方式的运用，如取得各种固定资产；支付职工的工资、津贴和奖金等。企业资金被投放于生产经营过程之后，有规律地进行循环周转，形成企业的资金运动，并在资金运动过程中实现资金增值，企业对于在资金运动过程中实现的资金增值，必须按照有关规定进行合理的分配。上述资金的筹集、运用和分配是企业财务存在的基本形态。企业为达到既定目标所进行的筹集、运用和分配资金的活动及其所体现的财务关系，共同构成企业的财务活动，简称为企业财务。

企业财务是一种客观存在的社会经济现象，有自身的规律性而需要人们自觉地加以利用，同时又受人们主观意志的影响而体现一定社会制度的要求。因此，财务管理是指企业遵循资金运动的客观规律，按照国家的财经政策、法令和制度，有效地组织企业的资金运动，正确地处理企业与各方面的财务关系，为有效地筹集资金和最大限度地提高资金利用效果而对资金的筹资、运用和分配进行的综合性管理。

二、财务管理的特点

财务管理作为企业管理的重要组成部分，既具有一般管理的共同性质，同时又具有不同于一般管理的特殊性。

（一）财务管理是一种价值形式的管理活动

财务管理就是对资金的筹集、运用和分配所进行的管理，是利用会计信息对生产经营活动中的资金及其运动进行管理，因此，财务管理是以价值形态对企业生产经营活动所进行的管理。

（二）财务管理是一种涉及范围广的管理活动

财务管理是对企业财务活动及其财务关系进行管理。因此，有关资金的一切活动，都属于财务管理的范围。它既与企业内部各部门发生联系，同时还要与外部投资者以及其他企业、单位和个人发生联系，它还涉及国家财税部门，可以说企业财务活动涉及社会的各相关方面。因此，财务管理是一种涉及面广的管理活动。

（三）财务管理是一种综合性的管理活动

企业管理中的其他管理，如设备管理、人力资源管理、销售管理等只是对某一个特定对象进行的管理。财务管理则是对整个生产经营活动的全过程进行管理，是一种综合性的管理活动。

（四）财务管理是一种法制性的管理活动

企业进行财务管理必须依据国家的经济法规、财经政策，特别是要遵循《中华人民共和国会计法》等法律法规。因此，财务管理是一种法制性的管理活动。

三、财务管理的内容

财务管理是对资金的筹集、运用和分配所进行的管理，因此，企业财务管理的内容主要有筹资活动、投资活动、资金营运活动和分配活动等几个方面。

（一）筹资活动

企业进行生产经营活动必须以一定的资金为前提，企业从各种渠道以各种形式筹集资金，这种由筹集资金而引起的财务活动是企业财务管理的主要内容之一。企业筹集的资金分为权益性资金和债务性资金两大类。

（二）投资活动

企业取得资金后，会将资金投放到各个方面进行使用，形成投资活动，由投资而产生的财务活动是企业财务管理的又一主要内容。企业的投资活动分为对内投资和对外投资，广义的投资包括对内投资和对外投资，狭义的投资仅指对外投资。

（三）资金营运活动

为了满足企业日常生产经营活动的需要，企业要把资金投放到内部进行使用，这些资金随着企业的生产经营过程的进行不断发生增减变化，这些在企业日常生产经营过程中发生的资金收付活动称为资金营运活动，这些活动也是企业财务管理的主要内容之一。

（四）分配活动

企业通过投资将会取得收益，并相应实现资金的增值。分配是对投资成果的分配，是企业的财务活动，也是企业财务管理的主要内容之一。企业的投资成果表现为取得各种收入，并在扣除各种成本费用及税金后获得利润，所以广义的分配是对投资收入和利润进行分割的活动，狭义的分配是对利润的分配。

上述四个方面的财务活动既相互联系、相互依存，又相互区别，构成了完整的企业财务活动，是企业财务管理的基本内容。

四、财务管理的任务

企业财务管理的中心任务就是提高企业的经济效益，即以尽可能少的活劳动和物化劳动消耗与占用，生产出更多社会需要的产品。为了完成这一中心任务，财务管理的具体任务有以下几个方面：

（一）有效组织资金筹集与运用

企业进行生产经营活动，必须拥有一定数量的资金，因此，财务管理的具体任务之一是及时组织资金筹集，合理使用资金，提高资金利用的经济效益，保证企业生产经营活动的资金需要。

（二）降低成本，增加企业盈利

企业进行生产经营活动，必然要发生一定的生产经营耗费，同时获得一定的生产经营成果，并力争获得盈利。因此，财务管理任务的一个重要方面是利用成本、价格、利润、利息等经济杠杆，挖掘企业内部潜力，促进节约，降低消耗，增加企业盈利。

（三）正确分配收入

财务管理的一个重要任务就是正确分配企业收入，企业收入是多方面的，主要是销售产品所得的收入。企业的产品销售收入应根据以下原则进行分配：首先，应补偿已消耗的生产资料，即提取折旧费用来保证固定资产再生产，同时补偿原材料、燃料等其他物资消耗；其次，按照社会主义分配原则和国家工资制度支付工资、津贴及奖金；再次，剩余部分构成纯收入，纯收入按规定交纳所得税等税金后构成税后利润；最后，税后利润按规定提留盈余公积后便形成可向投资者分配的利润，这部分利润要在投资者之间合理分配。

（四）实行财务监督

实行财务监督的目的是发挥财务管理对企业生产经营活动及其成果的积极作用，保证党和国家的方针、政策以及财经法规制度等的贯彻执行，维护财经纪律，促进企业改善经营管理。

第二节 筹资管理

一、筹资管理概述

企业筹集资金，需要通过一定的渠道、采用一定的方式、遵循一定的原则来进行。筹资渠道是指企业取得资金的来源或途径。筹资方式是指企业取得资金的具体方式和形式。

（一）筹资渠道

企业筹资渠道具体来说有以下几种：

（1）国家财政资金。由代表国家的政府部门或机构以国有资产投入企业形成国家资本金。在我国的国有企业中，国家财政资金占主导地位。

（2）银行信贷资金。银行分为商业性银行和政策性银行，它们分别为企业提供商业性贷款和政策性贷款。银行信贷资金雄厚，贷款方式灵活，有利于宏观调控，是企业重要的筹资渠道。

（3）非银行金融机构资金。非银行金融机构包括保险公司、信托投资公司、信用合作社、证券公司、租赁公司、企业集团的财务公司等。

（4）其他法人单位资金。其他法人单位资金包括企业法人单位资金和社会法人单位资金。它是企业法人和社会法人以其可以支配的资产对企业投资或以闲置资金与企业进行资金融通等形成的资金。

（5）民间资金。它是指城乡居民手中持有的资金。

（6）企业内部资金。这主要是由计提折旧、资本公积、提取盈余公积、未分配利润形成的资金。

（7）境外资金。这包括境外投资者投入资金和借用外资，如进口物资延期付款、补偿贸易、国际租赁、在国外发行企业债券等。

（二）筹资方式

企业筹资方式是指企业取得资金的具体方式和形式。目前企业筹集资金的主要方式有财政拨款、银行和非银行金融机构贷款、内部积累、发行股票、发行债券、租赁、商业信用和利用外资等。

（1）财政拨款，是指财政部门代表国家对企业投资。这种投资分为两种情况：一是作为企业的资本金投入，此时，国家以股东身份出现，并参与企业的利润分配，不收取投资利息；二是作为扶持重点企业的周转金投入，这是一种贷款方式，此时国家只收取投资利息，不参与企业的利润分配。

（2）银行和非银行金融机构贷款，是指企业向银行和非银行金融机构取得的长期和短期借款。由于银行是国家金融市场的主体，资金雄厚，因此，银行贷款是企业进行负债经营时采取的主要筹资方式。

（3）内部积累，是指企业通过从所得税后利润中提取的盈余公积，将其转增资本金的筹资方式。它既有利于扩大企业生产经营规模，又可减少财务风险，是企业长期采用的一种筹资方式。

（4）发行股票，是指股份制企业通过发行股票的方式，吸收各类股东投资。这是企业向社会集资的一种形式。

（5）发行债券，是指企业向社会，包括其他企事业单位和个人发行债券吸收社会资金的一种形式。

（6）租赁，是指出租人以收取租金为条件，在合同规定的期限内将资产转让给承租人使用的业务活动，它是解决企业资金来源问题的一种筹资方式。

（7）商业信用，是指因买卖商品而延期付款或预收货款而形成的借贷关系，是企业之间相互提供的信用。

（8）利用外资，是指利用来自国外的资金。国家统一安排的形式有政府间贷款、国际金融组织贷款等；企业可以利用的方式有举办中外合资经营企业、中外合作经营企业，开展来料加工、来料装配、来样生产和补偿贸易业务，利用出口信贷购买机器设备等。

（三）筹资原则

（1）合理性原则。企业在筹集资金之前，要合理确定资金的需要量，在此基础上拟订筹集资金计划，以需定筹，以防止筹资不足影响生产经营或筹资过量降低筹资效果。

（2）及时性原则。企业筹集资金应根据资金的投放使用时间来合理安排，使筹资和用资在时间上相衔接。避免超前筹资造成投用前的闲置和浪费，或滞后筹资影响生产经营的正常进行。

（3）效益性原则。各种筹资方式的资金成本各不相同，筹资风险也大小不一，取得资金的难易程度不尽一致。筹资时应考虑多种筹资方式的资金成本和筹资风险因素，实现最佳的筹资组合效果。

（4）科学性原则。要科学地确定企业资金来源结构，实现筹资方式的最佳组合。科学地确定企业资金来源结构包括以下两个方面内容：一是合理安排主权资本和借入资本的比例；二是合理安排长期资金来源与短期资金来源的比例。在筹资时，一方面要正确运用负债经营，合理安排主权资本与借入资本的比例，适时、适度地负债经营；另一方面要权衡利弊，根据具体情况合理安排长期资金来源与短期资金来源的比例。

二、自有资金筹集

自有资金是指投资者投入企业的资本金及经营中形成的积累，它反映所有者权益，又称主权资金。其出资人是企业的所有者，拥有对企业的所有权。企业可以独立支配其所占有的财产，拥有出资者投资形成的全部法人财产权。

企业自有资金的筹资方式，又称股权性筹资，主要有吸收直接投资、发行股票、联营集资和企业内部积累等。

（一）吸收直接投资

吸收直接投资是指企业按照“共同投资、共同经营、共担风险、共享利润”的原则吸收国家、企业单位、个人和外资投资资金的一种筹资方式。它是企业形成资本金的一种方式。

1.企业吸收直接投资的条件

企业采用吸收直接投资方式筹集主权资本金，必须符合以下几个条件：

（1）只有非股份制企业，包括国有企业、集体企业、合资或合作企业等，可以采用吸收直接投资方式筹集主权资本，股份制企业不采用吸收直接投资这种筹资方式。

（2）企业采用吸收直接投资方式取得的非现金资金，必须是企业生产经营、科研开发所必需的。吸收的无形资产（不包括土地使用权）一般不得超过其注册资本的20%。

（3）企业采用吸收直接投资方式取得的非现金资产，包括流动资产、固定资产、无形资产必须进行公正合理的估价。

2.企业吸收直接投资的种类

企业吸收直接投资方式筹集的资金主要有以下四种：

（1）吸收国家投资，主要是国家财政拨款，由此形成国家资本金。

（2）吸收企业、事业等法人单位的投资，由此形成法人资本金。

（3）吸收城乡居民和企业内部职工的投资，由此形成个人资本金。

（4）吸收外国投资者和我国港澳台地区投资者的投资，形成外商资本金。

3.企业吸收直接投资的程序

企业吸收直接投资，一般应遵循以下程序：

（1）确定吸收直接投资的数量。企业因新建或扩大规模而吸收直接投资时，首先应合理确定采用吸收直接投资筹资方式筹集资金的数量，这就需要核定资金需要量，并确定理想的资本结构，由此确定吸收直接投资的数量。

（2）确定吸收直接投资的具体形式。企业应根据生产经营活动的需要和不同形式对企业的不同影响，合理选择吸收直接投资的方向和具体形式。

（3）决定、合同或协议等文件。企业吸收直接投资，应由有关方面签署决定、合同或协议等书面文件。国有企业由国家授权的投资机构或国家授权的部门签署创建或增资拨款决定，合资或合营企业由合资或合营方共同签订合资或增资协议。

（4）按规定或计划取得资金。吸收国家现金直接投资的，通常有拨款计划，企业按计划取得现金。吸收非现金资产投资的，先进行合理估价，然后办理产权的转移手续，取得资金。

4.直接投资中的出资形式

直接投资中投资者可以采用多种形式向企业投资，主要有以下四种形式：

（1）现金投资。现金投资是指用货币资金对企业投资。这是直接投资中最重要的出资形式，企业有了货币资金，可用以购买各种生产资料，支付各种费用，具有很大的灵活性。因此，企业应努力争取投资者采用现金方式出资。

（2）实物投资。实物投资是指以房屋、建筑物、设备等固定资产和材料、燃料、商品等流动资产所进行的投资。

（3）工业产权和非专利技术投资。工业产权通常是指商标权、专利权、商誉等。工业产权、非专利技术加上土地使用权构成我国企业主要的无形资产。

（4）土地使用权。土地使用权是指土地经营者对依法取得的土地在一定期限内有进行建筑、生产或其他活动的权利。土地使用权具有相对的独立性，在土地使用权存续期间，包括土地所有者在内的所有其他任何人，不能任意收回土地和非法干预使用权人的经营活动。

（二）发行股票

1.股票的概念

股票是股份公司发给股东证明其所持股份的一种书面证书，是股东有权取得股利的有价证券，它可以有偿转让并可作为抵押品，成为资本市场主要的长期信用工具之一。

2.股票的面值与价格

股票本身没有价值，只是一种纸制的凭证，但在交易过程中常常使用股票面值的概念。所谓股票面值，是指公司在发行股票时所标的票面金额（当然也有不标票面金额的情况）。所谓股票价格，也称股票行市，是指在证券交易市场上买卖的价格。股票在最初发行时一般按票面价格出售，一旦股票在市场上买卖，股票的票面价格与股票价格就不一致了。

3.股票分类

股票可以按不同标志进行分类。

（1）按发行方式可以将股票分为记名股票和不记名股票。记名股票是指将股东姓名记入股票及股东名簿，分配股利时由企业书面通知股东。记名股票的转让受到一定限制。不记名股票，股票上不记载所有者姓名，可以任意转让。

（2）按股东权利不同可以分为普通股股票和优先股股票。普通股股票是股利随着企业利润的多少而变动的股票，是股票中最普通的一种形式，也是公司资金的基本来源。普通股的股东在股东大会上有表决权，有权参与企业的生产经营决策。优先股股票是较普通股股票有某些优先权的股票，其优先权体现在两个方面：一是优先股的持有者享有固定的股利，且固定的股利在普通股持有者得到任何股利之前支付；二是当企业由于倒闭破产而进行清算时，优先股的持有者享有优先于普通股的剩余财产分配权。但当企业经营效益好时，优先股则不能像普通股那样得到较高的收益。优先股的股东在股东大会上没有表决权，无权参与企业的生产经营管理，仅对涉及优先权的问题有表决权。

（3）按票面是否标明金额分为有面值股票和无面值股票。有面值股票是根据每股金额在票面上标明每张股票的金额数量。这种股票可以直接确定每一股份在企业资金总额中所占的份额。无面值股票则不标明每张股票的面值，仅将企业资金分为若干股份，在股票上载明股数。

（4）按认股对象分为国家股、法人股和个人股。国家股是指国家以控股方式购买的股票；法人股是指企事业单位购买的股票；个人股是指企业职工和城乡居民购买的股票。

另外，股票还可以分为A股和B股等。

4.股票的发行与股利分配

企业发行股票的基本条件是：首先，股票发行者必须是具有法人地位的经济实体；其次，必须经过相关部门审批或备案。此外，股票发行时还要向股民提供企业发行股票的章程及企业近期财务报表等应当公开的信息。

企业发行股票应遵循以下原则：一是自愿认购原则，不可硬性摊派或强行认购；二是互惠互利原则，应使集资和投资双方都受益；三是共担风险原则，当企业出现了亏损甚至倒闭、破产时，集资者和投资者要共担风险。

股利主要包括现金股利、股票股利和财产股利三种形式。股份有限公司应先支付优先股股利，后支付普通股股利。

5.股票筹资的优缺点分析

（1）普通股筹资的优缺点。与其他筹资方式相比，普通股筹资具有如下优点：

① 发行普通股股票筹措资本具有永久性，无到期日，无须归还。这对保证公司对资本的最低需要、维持公司长期稳定发展极为有益。

② 发行普通股股票筹资没有固定的股利负担，股利的支付与否和支付多少，视公司有无盈利和经营需要而定，经营波动给公司带来的财务负担相对较小。由于普通股股票筹资没有固定的到期还本付息的压力，所以筹资风险很小。

③ 发行普通股股票筹集的资本是公司最基本的资金来源，它反映了公司的实力，可作为其他方式筹资的基础，尤其可为债权人提供保障，增强公司的举债能力。

④ 由于普通股的预期收益率较高并可一定程度地抵消通货膨胀的影响，因此普通股筹资容易吸引资金。

但是，普通股筹资也有缺点，如普通股的资金成本较高，增加新股东时会分散公司的控制权等。

（2）优先股筹资的优缺点。优先股筹资的主要优点是：与普通股一样，可以使公司获得稳定的长期资金供给，但由于优先股股东一般没有投票权，公司利用优先股筹资不会分散公司的控制权；发行优先股股票时按公司章程加上提前收回条款，可给筹资公司以筹资的灵活性；优先股的股利固定，便于公司利用财务杠杆，优化资金结构。

优先股筹资的缺点也是筹资成本较高，并且优先股的清偿权优于普通股而仅次于债券，这样，在公司清算时一般难以照顾到普通股股东的利益。

专栏8-1

股票的来历

股票至今已有400多年的历史，股票是社会化大生产的产物。

股票最早出现于资本主义国家。在17世纪初，随着资本主义工业的发展，企业生产经营规模不断扩大，由此而产生的资本短缺便成为制约资本主义企业经营和发展的重要因素之一。为了筹集更多的资本，于是出现了由股东共同出资经营的企业组织，进而又将筹集资本的范围扩展至社会，产生了股票这种表示投资者投资入股，并按出资额的大小享受一定的权益和承担一定的责任的有价凭证，并向社会公开发行，以吸收和集中分散在社会上的资金。世界上最早的股份有限公司制度诞生于1602年，即在荷兰成立的东印度公司。

股份有限公司这种企业组织形态出现以后，很快为资本主义国家广泛利用，成为资本主义国家企业组织的重要形式之一。伴随着股份公司的诞生和发展，以股票形式集资入股的方式也得到发展，并且产生了买卖交易股票的需求。这样，就带动了股票市场的出现和形成，并促使股票市场完善和发展。据文献记载，早在1611年就曾有一些商人在荷兰的阿姆斯特丹进行荷兰东印度公司的股票买卖交易，形成了世界上第一个股票市场，即股票交易所。

资料来源　王征．新股民交易实战入门与技巧［M］．北京：中国铁道出版社，2014．

（三）联营集资

联营集资是指在自愿互利的基础上，由两个以上具有法人地位的企业，就同一产业的有关生产过程和生产环节而组成利益共享、风险共担的经济联合体。

企业联合经营是多种生产要素的结合，其目的在于发挥群体优势。它有多种形式，如直接筹资联营，主要是原有企业吸收其他各方投资，组成联营企业，以原有企业为主体企业进行统一核算；由新组建的企业吸收若干生产经营企业和单位共同投资，组成联营企业，以新组建的企业进行统一核算。

联合经营，就受资企业来说，意味着利用他人的资金来进行生产经营活动，是一种筹资行为。而就出资企业投出资金用以谋求收益来看，则是一种投资行为。联营企业出资单位所投入的资金，为本单位可以自行支配的多余资金，如暂时闲置不用或准备用于投资的实收资本、盈余公积、未分配利润等。投资方可以用现金投资，也可以用实物和无形资产投资。

（四）企业内部积累

企业内部积累是指企业税后利润进行分配所形成的公积金。企业的税后利润并不全部分配给投资者，而应按规定的最低比例提取法定盈余公积。此项盈余公积可用以购建固定资产，进行固定资产更新改造、增加流动资产储备、采用新的生产技术和试制新产品、进行科学研究和产品开发等。

企业内部积累是补充企业生产经营资金的一项重要来源。利用这种筹资方式，不必向外单位办理各种手续，简便易行，而且不必直接支付筹资费用，经济合理。因此，企业应努力改善经营管理，认真开展增收节支，增加利润，扩大积累，以求自我发展。

三、借入资金筹集

借入资金是指企业向银行、其他金融机构、其他企业单位等吸收的资金，它反映债权人的权益，又称负债资金。借入资金的出资人是企业的债权人，对企业拥有债权，有权要求企业按期还本付息。企业借入资金的筹资方式又称为债权性筹资。借入资金的主要途径有银行借款、发行债券、租赁、商业信用等。

（一）银行借款

1.银行借款的概念

银行借款是指企业根据借款合同向银行及其他金融机构借入的需要还本付息的款项。这是企业筹集资金的一种重要方式。

2.银行借款的种类

银行借款按期限长短可以分为长期借款和短期借款。

（1）长期借款。长期借款是指企业借入的期限超过1年的借款。从用途来看，主要有以下几种：①固定资产投资借款，主要用于固定资产的新建、改建、扩建等基本建设项目。②更新改造借款，主要用于企业对原有设备进行更新和房屋建筑物的重建。③科研开发借款，主要用于企业采用新技术，研究、开发新产品。

（2）短期借款。短期借款是指企业借入的期限在1年以内的借款。从用途来看，主要有以下几种：①生产周转借款，主要指企业为满足生产周转的需要，在确定的流动资产计划占用额缺乏足够的资金来源时而向银行取得的借款。②临时借款，主要指企业在生产经营过程中由于临时性或季节性原因需要超计划储备物资而向银行取得的借款。

3.银行借款筹资的优缺点

银行借款筹资的优点是：①与发行各种证券相比，取得借款快。②与发行债券相比，借款利息较低，且发行费用少。③企业与银行直接接触，借款事项可直接协商，易达成协议。银行借款筹资的缺点是：①筹款数目较小。②签订借款合同时，银行会提出若干限制条款，不是很灵活。

（二）发行债券

1.债券的概念与特点

企业债券是企业按照法定程序发行，约定在一定期限还本付息的有价证券。它是企业为筹集资金而发行的债务凭证，也是持券人拥有企业债权的债权凭证。企业发行债券是企业利用负债筹资的主要方式之一，负债筹资与股票筹资的性质不同，两者相比，负债筹资的特点表现为：筹集的资金具有使用上的时间性，需到期偿还；不论企业经营好坏，须固定支付债务利息，从而形成企业固定的负担；但其资本成本一般比股票筹资成本低，且不会分散投资者对企业的控制权。

2.债券的种类

企业债券按是否记有持券人的姓名或名称，分为记名债券和无记名债券。这种分类类似于记名股票与无记名股票的划分。在债券上记载持券人姓名或名称的为记名企业债券；反之，为无记名企业债券。两种债券在转让上的差别也与记名股票、无记名股票相似。

企业债券按能否转换为公司股票，分为可转换债券和不可转换债券。若能转换为本公司股票，为可转换债券；反之，为不可转换债券。一般来讲，前种债券的利率要低于后种债券。在我国，发行可转换债券的主体以上市公司为主。

按照国际通行做法，企业债券还可按有无特定的财产担保，分为抵押债券和信用债券；按能否上市，分为上市债券和非上市债券等。

3.债券的发行

企业要发行债券，必须具备相应的资格与条件，采用合适的发行方式，遵循一定的发行程序。我国《公司法》对债券的发行有相应的条款规定。

4.债券筹资的优缺点分析

债券筹资具有如下优点：

（1）筹资成本低。与股票筹资相比，债券筹资的发行费用和资金占有费用较低。

（2）具有财务杠杆作用。债券利息固定，且可在税前列支，因此企业利润的增加会给股东带来杠杆效益，增加股东和企业的财富。

（3）有利于保障股东对企业的控制权。由于债券持有者无权参与企业管理决策，因此通过债券筹资，既不会稀释股东对企业的控制权，又能扩大企业投资规模。

（4）有利于资本结构的调整。当企业负债比例过高时，企业将部分可转换债券转换为普通股股票，则对调整其资本结构十分有利。

债券筹资具有以下缺点：

（1）偿债压力大。债券本息偿付义务的固定性，易导致企业在收益锐减时，因无法履行其义务而濒临破产，增加破产成本和风险。

（2）限制条件多。债权人为了保护自身利益，会对企业发行债券所筹款项的使用进行规定和限制。

专栏 8-2

债券价格的确定

决定债券发行价格的基本因素如下：

（1）债券面值。债券面值即债券票面上标出的金额，企业可根据不同认购者的需要，使债券面值多样化，既有大额面值，也有小额面值。

(2) 票面利率。票面利率可分为固定利率和浮动利率两种。一般来说，企业应根据自身资信情况、公司承受能力、利率变化趋势、债券期限的长短等决定选择何种利率形式与利率的高低。

(3) 市场利率。市场利率是衡量债券票面利率高低的参照系，也是决定债券价格按面值发行还是溢价或折价发行的决定因素。

(4) 债券期限。期限越长，债权人的风险越大，其所要求的利息报酬就越高，其发行价格就可能越低。

资料来源　葛联迎. 金融学［M］. 北京：北京理工大学出版社，2020.

(三) 租赁

1.租赁的概念

租赁是出租人以收取租金为条件，在契约或合同规定的期限内，将资产租让给承租人使用的一种交易行为。租赁活动由来已久，现代租赁则成为解决企业资金来源的一种筹资方式。租赁有经营性租赁和融资性租赁两种。

2.经营性租赁

经营性租赁是由租赁公司向承租单位在短期内提供设备，并提供维修、保养、人员培训等的一种租赁行为。

经营性租赁具有以下特点：

(1) 出租的设备一般由租赁公司根据市场需要选定，然后再寻找承租企业。

(2) 租赁期较短，短于资产的有效使用期，当有新设备出现或企业不再需要时可以中途解约。

(3) 设备的维修、保养由租赁公司负责。

(4) 租赁期满或合同终止以后，出租资产由租赁公司收回。经营性租赁比较适用于租用技术过时较快的生产设备。

3.融资性租赁

融资性租赁是由租赁公司按承租单位要求出资购买设备，在较长的契约或合同期内提供给承租单位使用的一种租赁行为。

融资性租赁具有以下特点：

(1) 由租赁公司首先融通资金，购进用户所需的先进设备，然后租给承租人使用。

(2) 承租人按合同规定，分期向租赁公司交纳租金，租赁公司可以用收入的租金来偿还融通的资金（银行贷款等）。

(3) 融资租赁合同期较长，一般设备3~5年，大型设备可达10年以上，合同一旦签订，不得解约。

(4) 合同期满，根据租赁合同条款处理设备，一般有三种处理方法：一是到期后将设备退还给租赁公司；二是签订合同，继续租赁；三是留购，即承租人以很少的“商定价格”把设备买下来，作为产权转移的法律手续。

从上述融资性租赁的特点可以看出，这种租赁方式有许多优缺点。其优点表现为：首先，企业在筹资时不必先筹集资金购买设备，而是先取得设备的使用权。这对在生产经营过程中急需某种设备而一时又难筹资金的企业特别适用。其次，利用这种租赁方式，企业可以选择租赁先进设备，提高劳动生产率，也可减少无形损耗，并消除了设备最后处理问题。其缺点是租赁费用很高，增加了企业生产成本的支出。

（四）商业信用

商业信用是商品交换中货与钱在空间上和时间上分离而产生的，其主要形式有两种：一是先取货后付钱；二是先收钱后交货。商业信用的形式主要有以下几种：

1.应付账款

应付账款即赊购商品，是一种典型的商业信用形式。这种方式可以弥补企业暂时的资金短缺，对于出售单位来说也易于推销商品。应付账款不同于应付票据，它采用“欠账”方式，买方不提供正式借据，完全依靠企业之间的信用维持。一旦买方资金紧张，就会造成长期拖欠。

2.商业汇票

商业汇票是指单位之间根据购销合同进行延期付款的商品交易时，开具的反映债权债务关系的票据。

商业汇票可由销货企业签发，也可由购货企业签发，到期日由销货企业要求付款。商业汇票必须经过承兑，即由有关方在汇票上签章，表示承认到期付款。根据承兑人不同，商业汇票可分为商业承兑汇票和银行承兑汇票两种。商业承兑汇票是指由销货单位或购货单位开出，由购货单位承兑的汇票。银行承兑汇票是指由销货单位或购货单位开出，由购货单位请求其开户银行承兑的汇票。这两种汇票在同城、异地均可使用。

汇票承兑期由交易双方商定，一般为1~6个月，最长不超过9个月。汇票经承兑后，承兑人即付款人有到期无条件交付票款的责任。

商业票据是一种期票，是反映应付账款或应收账款的书面凭据，在财务上作为应付票据或应收票据处理。对于购买单位来说，它是一种短期筹资的方式。

商业汇票作为一种商业票据，可分为无息票据和有息票据两种。如是无息票据，则属于免费信用；如开出的是有息票据，则所承担的票据利息就是应付票据的筹资成本。

3.票据贴现

票据贴现是指持票人把未到期的商业票据转让给银行，贴付一定的利息以取得银行资金的一种借贷行为。它是商业信用发展的产物，实际是一种银行信用。银行在贴现商业票据时，所付金额低于票面金额，其差额为贴现息。贴现息与票面额的比率为贴现率。

采用票据贴现形式，企业一方面给予购买单位以临时资金融通，另一方面在本身需要资金时又可以及时得到资金。

4.预收货款

预收货款是指销货单位按照合同或协议规定，在交付商品之前向购货单位预先收取部分或全部货款的信用行为。它等于向购买单位先借一笔款项，然后用商品归还。这也是一种典型的商业信用形式。

专栏8-3

商业信用的优缺点

商业信用的优点在于方便和及时。商业信用的局限性主要表现在：（1）商业信用规模的局限性。受个别企业商品数量和规模的影响。（2）商业信用方向的局限性。一般由卖方提供给买方，受商品流转方向的限制。（3）商业信用期限的局限性。受生产和商品流转周期的限制，一般只能是短期信用。(4) 商业信用授信对象的局限性。一般局限在企业之间。(5) 商业信用还具有分散性和不稳定性等缺点。

资料来源　韦绪任. 财务管理［M］. 北京：北京理工大学出版社，2018.

第三节　资产管理

企业的资产按其流动性，可以分为流动资产和非流动资产两大类。流动资产包括货币资金、应收或预付账款和存货等；非流动资产包括固定资产、无形资产、递延资产、其他资产等。资产组合就是企业资产总额中流动资产和非流动资产按一定比例进行的组合。

一、流动资产管理

流动资产是企业资产的重要组成部分，是相对于固定资产而言的，是指企业在1年内或超过1年的一个营业周期内可以变现或者运用的资产，包括现金及各种存款、应收及预付款项、存货等。

(一) 货币资金管理

货币资金是指存在于货币形态的资金，即存放在企业内的现金和存放在银行的各种银行存款。货币资金是企业流动资产中流动性最强、最主要的组成项目。在企业的生产经营过程中，经常会发生货币资金的收付业务，其中有的采用现金结算方式，用现金支付，有的采用转账结算方式，由银行存款支付。

1.现金的日常管理

(1) 国家规定的现金使用范围。国家对现金使用范围有明确规定，包括以下方面：职工工资、津贴；个人劳务报酬；根据国家规定颁发给个人的科学技术、文化艺术、体育等各种奖金；各种劳保、福利费以及国家规定的对个人的其他支出；向个人收购农副产品和其他物资的价款；出差人员必须随身携带的差旅费；结算起点以下的零星支出；银行确定需要支付的其他支出。

(2) 核定库存现金限额。企业库存现金限额，由开户银行根据企业实际需要量和距银行的远近核定企业3~5天日常开支所需库存现金限额。边远地区和交通不便地区的企业的库存现金限额，可以多于5天，但不得超过15天的日常零星开支。企业超过库存现金限额的现金，应由出纳人员及时送存银行，不得坐支现金。

(3) 实行内部牵制制度。在现金的日常管理中，要实行钱账分开的原则，管钱的不管账，管账的不管钱，出纳人员和会计人员相互牵制、相互监督。凡有现金收付，应坚持复核制度，减少差错，堵塞漏洞。现金收支应做到日清月结。凡出纳人员调换时，必须办理交接手续，做到责任清楚。

2.银行存款的日常管理

(1) 转账结算。根据我国有关规定，各单位之间的一切经济往来，包括产品销售、劳务供应等的货币资金结算，除结算起点以下的零星开支以外，都应通过银行进行转账结算。银行转账结算的方式有很多，主要包括银行汇票、商业汇票、支票、汇兑、委托收款、托收承付等。

(2) 银行存款类型。企业除被核定的库存现金以外的货币资金，都应送存银行，由银行统一管理。企业银行存款主要有以下三种类型：①结算户存款，是指企业为结算而存放在银行的款项。其资金主要来自企业出售商品的货款、提供劳务的收入、银行贷款转入货币资金等方面。结算户存款是企业随时可以支取的存款，它具有与现金一样的灵活性，但结算户存款的利息率很低，企业获得的报酬很少。②单位定期存款，是企业按银行规定的存储期限存入银行的款项。企业向开户行办理定期存款，应将存款金额从结算户转入专户存储，由银行签发存单。存款到期凭存单支取，但只能转入结算户，不准支取现金。单位定期存款的利率比较高，但使用不太方便，只有闲置的、一定时期不准备用的货币资金才能进行定期存款。③信托存款，是银行信托部门受企业委托代为管理和营运的资金。

(3) 做好货币资金的日常管理工作。为了保证银行存款的安全，企业应按期对银行存款进行调查，当结算户存款结余过多，一定时期内又不准备使用时，可转入定期存款，以获取更多的利息收入。企业应力求与银行保持良好的关系，以便使企业借款、还款、转账结算能顺利进行。同时，企业不得出租、出借银行账户，不得签发空头支票和远期支票，不得套用银行信用，不得保存账外公款，包括不得将公款以个人名义存入银行和保存账外现钞等各种形式的账外公款。

(二) 应收及预付款项管理

企业在经济往来中经常会出现一些待结未结的应收、预付款项，它主要包括应收账款、应收票据、其他应收款和预付账款。

应收账款是企业因对外销售产品或提供劳务后，应向购货单位或接受劳务的单位收取的款项。应收票据是企业采用商业汇票结算方式时，因销售商品等而收到的商业汇票。其他应收款是指除应收账款、应收票据之外的应收款项，包括应收的各种赔款、罚款、出租包装物租金等。预付账款是指企业按购货合同规定，预付给供货单位的一部分货款。

应收及预付款项都是商业信用的产物，是企业在结算过程中占用的流动资金，属于企业的短期债权。

应收及预付款项的管理包括以下内容：

(1) 信用评估。通过采取直接或间接方法对企业客户的信用情况进行调查分析，并根据客户的信用资格，评估出客户的信用等级。

(2) 编制应收账款计划。编制应收账款计划的主要内容是核定应收账款的成本，计算应收账款余额，掌握有关应收账款信息，估计坏账损失比率，计提坏账准备金。

(3) 信用决策。根据企业自身的运营情况及信用评估的有关信息，制定出具体的应收账款政策。其主要内容由信用期、信用标准、现金折扣率和收款政策组成。

(4) 应收账款控制。应收账款控制主要包括制定应收账款责任管理制度和催收账款的日常管理。

(三) 存货管理

存货是指企业在生产经营过程中为销售或者耗用而存放的各类货物的总称，包括各种原材料、包装物、低值易耗品、在产品、自制半成品、产成品等。企业存货的范围是根据对存货是否具有所有权来作为划分标准的，凡是属于企业的各类货物，不论存放在哪里，都是企业的存货。

存货管理具有以下意义：

(1) 保证企业生产及销售计划的顺利完成，促进社会生产的发展。企业的中心任务是扩大销售，为了保证生产和销售工作的正常进行，企业都要储备一定品种和数量的存货。没有必要的储备，企业很难保证生产经营活动的正常进行。但如果企业储备存货过多，不仅会造成资金的严重积压，而且也给管理工作带来困难。因此，加强存货管理，使存货保持在最适宜的水平，是企业顺利进行生产和销售的保证。

（2）节约费用开支，提高经济效益。存储存货必然形成相应的费用开支，费用开支与存储的存货量和存储的时间成正比，存货管理就是要在满足生产和销售需要的前提下，使存货量尽可能小，存储时间尽可能短，以便节约费用，提高效益。

（3）提高了企业经营活动的灵活性。企业发展离不开资金，加强存货管理，可以减少存货，利用这部分存货所占用的资金，可以使企业的经营活动向新的方向或阶段发展。

存货管理的主要措施包括：合理确定保险储备数量；对存货实行ABC分类管理；合理确定生产批量与订货数量，尽可能地按经济批量组织生产和订货；对不经常使用而价值较高的修理备件、工具、量具，当存货不足影响生产引起的缺货损失低于存储费用时，可以减少存货，待需要时采取措施及时解决。此外，降低物资供应在途日数和产成品销售发运日数也是减少资金占用、加速资金周转的重要措施。

二、固定资产管理

（一）固定资产概述

1.固定资产的概念

固定资产是指使用年限超过1年的房屋、建筑物、机器、机械、运输工具以及其他与生产经营有关的设备器具和工具等。不属于生产经营主要设备的物品，单位价值在2 000元以上并且使用年限超过2年的，也属于固定资产。除此之外，为低值易耗品。

把劳动资料划分为固定资产和低值易耗品是人为规定的，并非其基本属性不同。因此，这些标准并非一成不变，它应与企业的具体条件与管理相适应。

2.固定资产的分类

为了加强固定资产管理，企业必须对固定资产进行科学分类。

（1）按经济用途分类，可以分为生产经营用固定资产和非生产经营用固定资产。生产经营用固定资产是指直接用于生产经营、科研开发和服务活动的各种固定资产，如生产部门、专设销售机构和科研部门使用的房屋、设备、仪器用具等。非生产经营用固定资产是指用于职工文化教育、医疗卫生等方面的各种固定资产，如职工宿舍、俱乐部和医务部门所使用的房屋、设备等。

（2）按使用情况分类，可以分为使用中、未使用、不需用和封存固定资产。使用中固定资产是指正在使用中的各种固定资产。由于季节性和大修理等原因暂时停用的固定资产仍属于使用中固定资产。企业出租给其他单位使用的固定资产和在企业内部替换使用的固定资产也属于使用中固定资产。未使用固定资产是指尚未投入生产经营和服务中的各种固定资产，包括进行改建、扩建停止使用的固定资产和因其他原因停止使用的固定资产。不需用固定资产是指企业生产经营或服务活动不再需要而等待处理的固定资产。封存固定资产是指按规定权限批准办理了封存手续的固定资产。

（3）按产权关系分类，可以分为自有、融资租入固定资产。自有固定资产是指企业自己购置或建造，产权归企业自己所有的固定资产。融资租入固定资产是指企业根据融资租赁合同以融资租入方式租入的资产。在融资租赁合同期满以前，企业对这类固定资产只有使用权而没有所有权。

3. 固定资产的计价

正确地对固定资产进行计价是固定资产管理的基本要求。常用的计价标准有以下几种：

（1）原始价值，指在购建或建造该固定资产时所支付的货币总额。按原始价值计价可以反映固定资产的原始投资、企业规模的大小。

（2）重置价值，指在现有生产技术条件下，重新购进该项固定资产所需的全部支出。按重置价值计价，可以对企业固定资产的盘盈、接受赠与及重估等确定计价标准。

（3）净值，指固定资产的原值或重置价值减去已计提折旧累计数后的余额。它反映了固定资产的现有价值和新旧程度。

（二）固定资产管理的主要内容

1. 固定资产需要量预测

企业的固定资产数量及利用情况，在一定程度上决定了企业的生产经营规模。如果固定资产规模不足以应对生产经营的实际需要，就会阻碍企业的发展。但是如果企业固定资产投资超过了生产经营的实际需要，也会造成生产能力的浪费。因此，企业在生产经营之初，为保证企业生产能力，提高企业资金利用效率，必须对固定资产需要量进行准确的预测。

预测固定资产需要量应注意结合企业具体情况，抓住重点。在全部固定资产中，生产设备是决定生产的基本因素，它的数量很多，构成复杂，占用资金最多。因此，要重点搞好生产设备的预测工作。预测生产设备需要量的基本方法是将生产能力和生产任务相对照，即在测定生产能力基础上和生产任务平衡计算需要量。其计算公式为：

设备需要量=计划生产任务（实物量或台时数）/单台设备生产能力（实物量或台时数）

其中，计划生产任务是企业根据市场需求确定的当年计划指标，它可以用实物量计算，也可以用台时数计算。

企业在预测固定资产需要量确定各种不足或多余的固定资产以后，要根据实际情况及时进行补充和处理。对于需补充的资产，要按照技术先进、经济合理的原则，选择最优的方案，以合理配置固定资产，改善企业生产的技术状况，扩大企业生产能力，提高企业经济效益。

2. 固定资产折旧

固定资产在使用过程中虽然保持其实物形态，但由于不断损耗，其价值不断减少，这部分已损耗的价值需要不断予以补偿。固定资产损耗价值的补偿方式称为折旧，它包括固定资产损耗价值量的计算、转移、收回和补偿等内容。固定资产发生损耗后，首先要以折旧费的形式将已损耗的价值计入成本费用，构成产品价值的一部分，然后，随着产品的销售，又从产品销售收入中收回相应的货币资金，作为固定资产损耗部分价值补偿的准备金。

固定资产损耗的价值，包括有形损耗和无形损耗两部分。有形损耗的价值是指固定资产因使用和自然力的作用而损耗的价值。无形损耗的价值是指因劳动生产率的提高和先进设备的出现，使固定资产贬值或提前更新而损失的价值。不论是有形损耗的价值，还是无形损耗的价值，都应予以合理补偿。正确计提固定资产折旧是实现固定资产的价值补偿和实物更新，保证企业再生产过程顺利进行的必要条件。

企业采用的折旧方法有年限平均法、工作量法、年限总额法、双倍余额递减法等，前两种方法属于平速折旧法，特点是按一定的标准平均分摊固定资产的折旧总额。后两种方法属于加速折旧法，特点是在固定资产的折旧年限内，前期计提的折旧额多，后期计提的折旧额少。

3.固定资产日常管理

固定资产的日常管理是保证固定资产完整无缺，提高固定资产利用效果的重要环节。固定资产的日常管理工作包括以下几个方面：

（1）建立健全固定资产管理的各项基础工作。固定资产管理的基础工作主要是指编制固定资产目录、建立固定资产卡片和登记簿。编制固定资产目录就是根据企业实有的全部固定资产，进行分类和编号。建立固定资产卡片和登记簿是为了详细表明固定资产的明细内容，及时准确地反映固定资产增减变化、使用、转移等情况。

（2）实行固定资产的归口分级管理制度。固定资产的归口分级管理就是企业在总经理的统一领导下，按照固定资产的类别，由有关职能部门负责具体管理，并进一步落实到班组和个人。为了做好固定资产的归口分级管理，企业要建立健全各项管理制度。一般应建立的主要制度有固定资产目录、固定资产技术档案管理制度、固定资产安全技术操作规程、固定资产使用保管岗位责任制、固定资产维修保养制度、固定资产租赁实施办法、固定资产清查盘点制度、固定资产核算制度等。

（3）加强固定资产增加和减少的管理。固定资产增加管理是指财务部门对于建造完工交付使用或购买和调入的固定资产，要与资产管理部门配合，认真验收。同时，根据固定资产的交接凭证做好数量清点、质量检查和价格核实等工作。固定资产的减少管理是指企业对不需要的机器设备经有关领导部门审批后，按规定的手续调拨或转让给其他企业。在调出固定资产时，财务部门要协同资产管理部门办理移交手续，同时还要核实调拨手续，查明调出的设备，有无资产管理部门出具的调拨单，调拨单是否正确合理等，并按调拨单核对调出设备的名称、规格、型号、主机、附件等。

（4）建立固定资产定期清查盘点制度。为了保证固定资产的完整无损，必须建立固定资产定期清查盘点制度。在清查过程中，财会人员要与资产管理人员以及有关使用人员配合，到现场进行固定资产数量的盘查，同时还要检查固定资产的使用和维护情况。

三、无形资产、递延资产和其他资产管理

（一）无形资产的管理

1.无形资产的概念

无形资产是指企业长期使用但没有实物形态的资产，包括专利权、商标权、土地使用权、非专利技术和商誉等。无形资产是无形固定资产的简称。它是企业有偿取得、长期使用，能使企业获得较高盈利能力但又无实物形态的资产。

2.无形资产的分类

无形资产可以按不同的标志进行分类：

（1）按其内容和性质分，无形资产可以分为专利权、版权、商标权、土地使用权、经

营特许权、专有技术和商誉等。专利权是指国家专利机关根据发明人的申请，经审查合格而授予发明人于一定年限内有专造或专卖其发明创造成果的一种权利。版权是指国家版权管理部门依法授予著作或文艺作品作者于一定年限内发表、再版和发行其作品的权利。商标权是指为标明某类商品而使用特定词语、名称及图案的权利。土地使用权是指按照国家或地方政府的规定，购置使用土地，支付费用后而取得的使用权利。经营特许权是指获准在一定区域内生产或销售某种特定商标产品及劳务的专有权利。专有技术是指所有人未申请专利或不够专利的条件，因而不为外界所知的技术知识和制造方法。商誉是指企业由于所处地理位置优越，或信誉卓著、经营出色、生产效率高、历史悠久、经验丰富、技术先进等原因，与同行业企业相比可获取超额利润而形成的价值。

（2）按来源分，无形资产可以分为外单位投入的无形资产、外购的无形资产和自创的无形资产。外单位投入的无形资产是指企业在合资、合作等过程中，外单位以评估作价的无形资产，如土地使用权等，作为投资的一部分投入企业的无形资产。外购的无形资产是指企业以一定代价从外单位购入的无形资产，如商标权等。自创无形资产是指企业自行开发、研究、创造的无形资产，如商誉、专有技术等。

（3）按使用年限分，无形资产可以分为有期限的无形资产和无期限的无形资产。有期限的无形资产是指其存在具有一定的有效期限的无形资产，如专利权、商标权的期限在相应的法律中有明确规定。无期限的无形资产是指其存在没有有效期限的无形资产，如商誉等。

（4）按是否可以确指，可以将无形资产分为可确指的无形资产和不可确指的无形资产。可确指的无形资产能够单独辨认，如专利权、专营权等属于这类资产。这些资产可以单独取得，也可以与其他资产一起获得。不可确指的无形资产不能单独辨认，也不能单独取得，只能连同企业的全部净资产一并购入，如商誉就属于这类资产。

（5）按是否受法律保护，可以将无形资产分为权利资产和非权利资产。权利资产是指受法律保护的无形资产，如专利权就属于这类资产。非权利资产是指能帮助企业获得超额收益，但无法律保护的资产，如商誉、专有技术就属于这类资产。

3.无形资产的管理

（1）正确评估无形资产的价值。无形资产必须作为一项资产列入企业的资产负债表，因此，企业必须像对固定资产等进行评价一样，对无形资产作出正确的估价，以价值形式对无形资产进行核算和管理。对无形资产进行评估时，必须坚持以成本计价原则为基础，同时充分考虑各相关因素对无形资产价值的影响。

（2）按照规定期限分期摊销已使用的无形资产。企业取得无形资产投入使用后，可使企业长期受益，因此，按照收入和费用的配比原则，企业应将已使用的无形资产在其有效期限内进行摊销，而不能将无形资产成本一次全部计入当期费用。

（3）充分发挥无形资产的效能。无形资产是企业重要的经济资源，充分发挥现有无形资产的效能，开拓经营理财业务，提高无形资产利用效果，对于促进企业发展、提高企业经济效益具有十分重要的作用。

（4）做好无形资产的日常管理。在无形资产的日常管理中应注意以下两个方面：一是要实行无形资产的分级归口管理，例如专利权、专有技术应归口技术部门管理，商标权应归口销售部门管理等。二是要挖掘内部潜力，提高无形资产的利用率。提高无形资产的利用率可以通过以下两种方式：一是积极开拓市场，扩大产品的产销量，组织满负荷运行，使无形资产得到充分利用。二是组织无形资产的对外出售或转让。

（二）递延资产的管理

1.递延资产的概念

递延资产是指不能全部计入当期损益，应当在以后年度内分期摊销的各项费用，包括开办费、租入固定资产的改良支出、采取待摊办法的固定资产大修理支出，以及摊销期限在1年以上的费用。

2.递延资产的管理

开办费是指企业筹建期间发生的费用，包括筹建期间人员工资、办公费、培训费、差旅费、印刷费、注册登记费以及不计入固定资产和无形资产购建成本的汇兑损益、利息支出等。开办费从企业开始生产经营月份的次月起，按照不短于5年的期限平均摊入管理费用。

以经营租赁方式租入的固定资产改良工程支出是指能增加以经营租赁方式租入的固定资产的效用或延长其寿命的改装、翻修、改建等支出。这些费用可在租赁有效期内分期摊入制造费用或管理费用。

（三）其他资产的管理

其他资产是指特准储备物资、银行冻结存款、冻结物资、涉及诉讼中的财产等。其他资产是一种特殊的资产，一般与企业正常生产经营活动无关，不能获得资产收益。进行其他资产管理，主要是要保证其他资产账簿记录的真实性和正确性，保护企业其他资产实物形态的安全完整。

第四节 投资管理

一、内部长期投资管理

（一）内部长期投资概述

1.内部长期投资的概念

企业把资金投放到企业内部生产经营所需要的长期资产上，称为内部长期投资。内部长期投资主要包括固定资产投资和无形资产投资。

2.内部长期投资的分类

内部长期投资可以按照不同的标志进行分类：

（1）根据投资在生产过程中的作用，可以分为新建企业投资、简单再生产投资和扩大再生产投资。新建企业投资是指一个新建企业在生产、经营、生活条件等方面所进行的投资，特点是投入的资金通过建设形成企业的原始资产；简单再生产投资是指为更新生产经营中已经老化的物资资源和人力资源所进行的投资，其特点是把原来生产经营过程中回收的资金再重新投入生产过程；扩大再生产投资是为扩大企业现有的生产经营规模所进行的投资，其特点是追加资金投入，扩大企业资产的数量。

（2）按增加利润的途径，可以分为扩大收入投资和降低成本投资。扩大收入投资是指通过扩大业务生产经营规模，以便增加利润的投资；降低成本投资是指通过降低企业营业支出，以便增加利润的投资。

（3）按投资的性质，可以分为战略性投资和战术性投资。战略性投资是指涉及企业的整个发展方向和前途的投资，如扩大企业规模、全厂性技术改造、开发新产品等的投资。这类投资关系到企业的全局，应慎重决策。战术性投资是指只关系到企业某一局部的具体业务的投资，如提高产品质量、降低产品成本等的投资。

（4）按投资项目之间的关系，可以分为独立性投资和相关性投资。独立性投资是指不管其他投资方案采纳和实施与否，其投资的收益和成本均不受其他方案的采纳和实施与否的影响而进行的投资。相关性投资是指技术上相互联系的投资。相关性投资的收益和成本是密切相关的，投资项目必须配套，应将各有关投资综合起来考虑，作出比较可行的决策。

3.内部长期投资的特点

（1）投资回收时间较长。内部长期投资决策一旦作出，便会在较长时间内影响企业。一般内部长期投资中的固定资产投资需要几年甚至几十年才能收回，因此，固定资产投资对企业今后长期的经济效益有着深远的影响，这就要求企业进行内部长期投资必须小心谨慎，认真进行可行性研究。

（2）变现能力较差。内部长期投资的实物形态主要是厂房和机器设备等固定资产，这些资产不宜改变用途，出售困难，变现能力较差，因此，内部长期投资一经完成，再想改变用途，不是无法实现，就是代价太大。

（3）实物与价值形态分离。内部长期投资完成，投入使用以后，随着机器设备的磨损和厂房的老化，固定资产价值便有一部分脱离其实物形态，转化为货币资金，其余部分仍存在于实物形态中。在使用年限内，保留在固定资产实物形态上的价值逐渐减少，而脱离实物形态转化为货币准备金的价值逐渐增加，直到固定资产报废，其价值才得到完全补偿，实物也得到更新。这样，固定资产的价值与其实物形态又重新统一起来。

（4）投资的次数相对较少。企业内部长期投资一般较少发生，特别是大规模的固定资产投资，一般要几年甚至几十年才发生一次。虽然发生次数少，但每次资金的投放量比较大，对企业未来的财务状况有较大的影响。根据这一特点，在进行内部长期投资时，可以用较多的时间进行专门的研究和评价，并要为内部长期投资做专门的筹资工作。

（二）现金流量

长期投资项目的现金流量是项目在整个寿命周期内的现金流入和现金流出的数量。一个投资项目的现金流入是指该项目引起的现金收入的数量，现金流出是指一个项目引起的现金支出量，在同一个时点上，现金流入与现金流出的差额则称为净现金流量。这里的“现金”不仅包括各种货币资金，而且还包括各种非货币资金的变现价值。

（三）项目投资决策的评价方法

项目投资决策的评价方法分为两大类：一类是静态评价方法；另一类是动态评价方法。

1.静态评价方法

静态评价方法是在不考虑资金时间价值的前提下，对投资方案在项目寿命周期内的收支情况进行分析、评价的方法。静态评价方法比较简单，易于计算，主要用于投资方案的初选阶段。静态评价方法主要有静态投资回收期法、投资收益率法等。

(1) 静态投资回收期法

静态投资回收期是指不考虑资金的时间价值，从项目投建之日起到项目投产后，用获得的净收益回收其全部投资所需要的时间。静态投资回收期是反映方案投资回收速度的重要指标，通常以年表示。需要注意的是，回收期计算的起点对投资回收期计算的结果有很大影响。有人主张从投资年算起，也有人主张从投产日算起。但不管从何时算起，前后必须统一，并应注明投资回收期是从何时算起的。

一般情况下，计算静态投资回收期可采用累计计算法。根据项目各年的净现金流量，从投资时刻（即零时刻）开始，依次求出以后各年的净现金流量之和，即累计净现金流量，直至累计净现金流量等于零的年份为止，则对应累计净现金流量等于零的年份数，即为项目从投资年份开始算起的静态投资回收期。其计算公式为：

$$\sum_{t=0}^{T_j}(CI-CO)_t=0 \qquad (t=0,\ 1,\ 2,\ 3,\ \cdots,\ T_j) \tag{8-1}$$

式中：CI——现金流入；CO——现金流出；T_j——静态投资回收期。

计算中，累计净现金流量等于零可能出现在非整数年份。这时引用线性插值法计算静态投资回收期。其计算公式为：

$$T_j=\text{累计净现金流量开始出现正值的年份数}-1+\frac{\text{上年累计净现金流量的绝对值}}{\text{当年净现金流量}} \tag{8-2}$$

静态投资回收期指标的优点是：概念明确，简单易用，并且兼顾反映项目的经济性和风险性。因而静态投资回收期指标是人们容易接受和乐于使用的一种经济评价方法。静态投资回收期指标的缺点是：没有反映资金的时间价值。另外，由于它舍弃了回收期以后的收支情况，故不能全面反映项目在寿命期内的真实经济效果，难以对不同方案的比较选择作出正确判断，所以在实际应用中，只能作为辅助性指标，必须结合其他评价指标作出决策。

静态投资回收期法单方案评价时的判别准则为：将计算出的静态投资回收期与标准投资回收期 T_b 作比较，当 $T_j \le T_b$ 时，该技术方案可以接受；当 $T_j > T_b$ 时，该技术方案不予接受。T_b 可以是国家或部门制定的标准，也可以是企业自己制定的标准，其确定的主要依据是全社会或全行业投资回收期的平均水平，或者是企业期望的投资回收期水平。

(2) 投资收益率法

投资收益率又称投资效果系数，是指每年获得的净收入与原始投资的比值。它是考察项目单位投资盈利能力的静态指标。其计算公式为：

$$E=\frac{NB}{I} \tag{8-3}$$

式中：E——投资收益率；I——总投资，指固定资产投资、建设期利息、流动资金之和；NB——达产年净收益或年均净收益。

投资收益率法用于方案评价时的判别准则为：当 $E>E_0$（标准投资收益率）时，认为被评价项目或技术方案的投资效果已达到预期要求，项目或技术方案在经济上是可行的；反之，则说明项目或技术方案的投资效果达不到国家或行业的平均水平，项目或技术方案在经济上是不可行。

在实际项目论证中，常用的投资收益率有如下三种形式：

①投资利润率。投资利润率是指项目达到设计生产能力后正常生产年份的年利润总额

与项目总投资的比率。其计算公式为：

$$投资利润率=\frac{年利润总额}{项目总投资}\times 100\% \tag{8-4}$$

投资利润率可根据利润表中的有关数据计算求得。在财务评价中，将投资利润率与行业平均投资利润率相比较以判别项目单位投资盈利能力是否达到本行业的平均水平。

②投资利税率。投资利税率是指项目达到设计生产能力后正常年份的年利税总额与项目总投资的比率。其计算公式为：

$$投资利税率=\frac{年利税总额}{项目总投资}\times 100\% \tag{8-5}$$

投资利税率可根据利润表中的有关数据计算求得。在财务评价中，将投资利税率与行业平均投资利税率相比较以判别项目单位投资对国家积累的贡献水平是否达到本行业的平均水平。

③资本金利润率。资本金利润率是指项目达到设计生产能力后正常生产年份的年利润总额与项目资本金的比率，它反映投入项目的资本金的盈利能力。其计算公式为：

$$资本金利润率=\frac{年利润总额}{资本金}\times 100\% \tag{8-6}$$

其中，资本金是指企业自有资本减去资本溢价。使用资本金利润率评价项目也是将该指标与行业平均水平比较用以判别项目的财务获利能力。

2.动态评价方法

动态评价方法是在考虑资金时间价值的前提下，对方案在项目寿命周期内的收支情况进行分析、评价的方法。动态评价方法相对比较复杂，计算烦琐，主要用于投资方案的最终选择阶段。动态评价方法主要有动态投资回收期法、现值法、年值法、内部收益率法等。

（1）动态投资回收期法

动态投资回收期是指考虑资金时间价值，从项目投建之日起到项目投产后，在给定的基准收益率i_0下，用方案各年净收益的现值来回收全部投资的现值所需要的时间。其计算公式为：

$$\sum_{t=0}^{T_d}(CI-CO)_t(1+i_0)^{-t}=0 \tag{8-7}$$

式中：T_d——动态投资回收期；i_0——基准收益率；其他符号意义同式（8-1）。

若各年的净收益相等，均为R，项目的总投资现值为K_0，不考虑建设期，引用年金现值公式及动态投资回收期的定义，可直接写出下述公式：

$$R(P/A,\ i_0,\ T_d)-K_0=0$$

移项整理后两边取对数并整理得动态投资回收期的公式为：

$$T_d=\frac{\lg R-\lg(R-i_0K_0)}{\lg(1+i_0)} \tag{8-8}$$

式中的投资总额K_0应为一次性投入的初始投资，因此若项目为分期投资，则应将其折算成期初一次性投资的总现值后，才能代入式（8-8）进行计算。

实际计算中，由于各年净现金流量常常是不相等的，故常用累计计算法求解动态投资回收期T_d，其计算公式为：

$$T_d=\text{累计净现金流量现值开始出现正值的年份数}-1+\frac{\text{上年累计净现金流量现值的绝对值}}{\text{当年净现金流量现值}} \quad (8\text{-}9)$$

与静态投资回收期指标相比，动态投资回收期指标的优点是考虑了资金的时间价值，但计算复杂得多，并且在投资回收期不长和基准收益率不大的情况下，两种投资回收期的差别不大，不至于影响方案的选择，因此动态投资回收期指标不常用。只有在静态投资回收期较长和基准收益率较大的情况下，才需计算动态投资回收期。投资回收期指标的缺点是未考虑回收期以后的现金流量。

动态投资回收期法单方案评价时的判别准则为：将计算的投资回收期T_d与标准投资回收期T_b进行比较，当$T_d \le T_b$时该方案可以接受；当$T_d > T_b$时该方案不予接受。

（2）现值法

现值法是指将技术方案各年的净现金流量，按照基准收益率折算到期初的现值，并根据现值之和来进行评价的方法。现值法依据不同情况可分为费用现值法、净现值法和净现值率法。

①费用现值法。当多个技术方案的产出相同时或技术方案都满足同样的需要但产出无法用货币计量时，只需比较技术方案的费用，这时可用费用现值法评价技术方案。费用现值法是将技术方案逐年的投资与寿命期内各年的经营费用按基准收益率折算成期初的现值，然后对各方案的费用现值总和进行比较选择的方法。费用现值的计算公式为：

$$PC = \sum_{t=0}^{n} CO_t\,(P/F,\ i_0,\ t) \quad (8\text{-}10)$$

式中：PC——费用现值；CO_t——第t年的现金流出；n——技术方案的寿命期；i_0——基准收益率（基准折现率）。

费用现值法用于多个方案的比选，其判别准则是：若比较方案的寿命期相同时，费用现值最小的方案为优。若比较方案的寿命期不同，可以利用最小公倍数处理后再选取费用现值最小的方案作为最优方案。

②净现值法。净现值法是将技术方案整个寿命期内各年的净现金流量，按基准收益率折算到寿命期初的现值之和，并根据现值之和来选出最优方案的一种方法。其计算公式为：

$$NPV = \sum_{t=0}^{n}(CI - CO)_t\,(P/F,\ i_0,\ t) \quad (8\text{-}11)$$

式中：NPV——净现值。

净现值法用于单方案评价的判别准则为：若$NPV \ge 0$，则该方案在经济上可以接受；若$NPV<0$，则该方案在经济上不予接受。用于多方案比较时，投资相同或相差不大，且方案寿命期一致时，以NPV最大者为优；若投资相同或相差不大，而方案寿命期不一致时，则需确定一个共同的计算期（通常以寿命期的最小公倍数为计算期），才可以对方案进行评价比较。

净现值法的实质可以做如下理解：由于净现值表示在基准收益率的情况下，将方案在不同时点发生的净现金流量折现到期初时，整个寿命期内所能得到的净收益。如果方案的净现值等于零，表明技术方案的动态投资回收期（从投资开始时算起）等于方案的计算期，说明该方案的投资收益率达到了行业或部门规定的基准收益率水平；如果方案的净现值大于零，表明方案的动态投资回收期小于该方案的计算期，说明该方案的投资收益率达到行业或部门规定的基准收益率外，还有超额收益。也就是说，该方案的投资收益率高于行业或部门规定的基准收益率水平。

净现值是反映技术方案投资盈利能力的一个重要动态评价指标，被广泛应用于技术方案的经济评价中。其优点是不仅考虑了资金的时间价值以及方案在整个寿命期内的费用和收益情况，而且直接以金额表示方案投资的收益率大小，比较直观。计算净现值时，要注意以下两点：

一是计算期内各年的净现金流量的预测。由于净现值指标考虑了技术方案在计算期内各年的净现金流量，因此，预测的准确性至关重要，直接影响到技术方案净现值的大小。特别是对计算期比较长的方案，准确地预测计算期内各年净现金流量常常是一件困难的事情。

二是收益率 i 的选取。由式（8-11）可以看出，对于某一特定的技术方案而言，净现金流量 $(CO-CI)_t$ 和技术方案的寿命周期 n 是确定的，此时净现值仅是收益率 i 的函数，称为净现值函数，如图 8-1 所示。

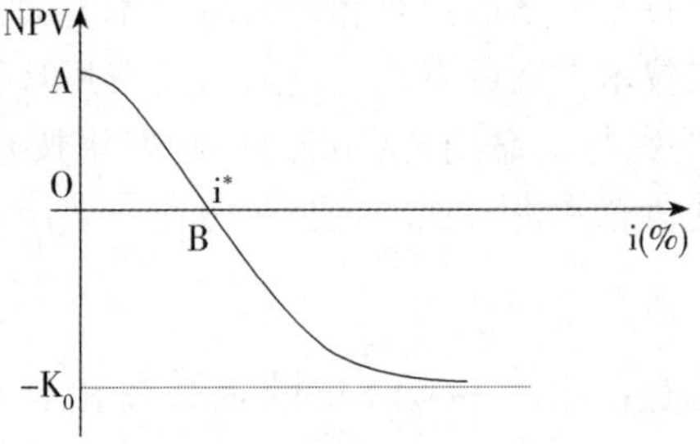

图8-1　净现值函数曲线

在图 8-1 中，A 点是收益率 i=0（即不考虑资金时间价值）时的净现值，等于该方案计算期内各年净现金流量的累计值；B 点的净现值等于零，此时对应的收益率为 i^*，即内部收益率；净现值曲线是一条以 $-K_0$ 为渐进线的曲线，此时收益率趋于∞。K_0 是方案在投资开始时刻的投资额。

由图 8-1 所示的净现值函数曲线可以看到，一般情况下，同一净现金流量的净现值随着基准收益率 i_0 的增大而减小。选取不同的基准收益率，将导致同一技术方案净现值大小的不同，进而影响经济评价结论。i_0 定得较高，计算的 NPV 比较小，容易小于零，使方案不容易通过评价标准，容易否定投资方案；反之，i_0 定得较低，计算的 NPV 比较大，不容易小于零，使方案容易通过评价标准，容易接受方案。因此，国家正是通过制定并颁布各行业的基准收益率，作为投资调控的手段。

③净现值率法。净现值指标用于多个方案比较时，没有考虑各方案投资额的大小，因而不能直接反映资金的利用效率。为了考察资金的利用效率，人们通常用净现值率作为净现值的辅助指标。净现值率是指项目净现值与项目投资总额现值之比，是一种效率型指标，其经济含义是单位投资现值所能带来的净现值。其计算公式为：

$$NPVR = \frac{NPV}{I_p} = \frac{NPV}{\sum_{t=0}^{n} K_t (1 + i_0)^{-t}} \tag{8-12}$$

式中：NPVR——净现值率；I_p——投资总额现值；K_t——第 t 年的投资额；其他符号意义同上。

净现值率法的判别标准：用于单一方案评价时，若 $NPVR \geq 0$，则投资方案应予以接受；若 $NPVR < 0$，则投资方案应予以拒绝。用于多方案比选时，净现值率大于等于零，且最大者为优。

（3）年值法

年值法是通过资金等值计算，将方案的现金流量折算成寿命期内各年的等额年值，用以评价技术方案的经济评价方法。

①费用年值法。当多个技术方案的产出相同或技术方案都满足同样的需要但产出无法用货币计量时，只需比较技术方案费用，这时可用费用年值法评价技术方案。

费用年值法是将投资方案逐年的投资与寿命期内各年的经营费用按基准收益率换算成年值，然后对各方案的费用年值进行比较，以选出最优方案的一种评价方法。

费用年值的计算公式为：

$$AC = \sum_{t=0}^{n} CO_t (P/F, i_0, t)(A/P, i_0, t) \tag{8-13}$$

式中：AC——费用年值。

费用年值法用于多个方案的比选，其判别准则是：费用年值最小的方案为优。

由费用现值法与费用年值法的含义可知：费用现值最小的方案即为费用年值最小的方案，两者是等效评价指标。

②净年值法。净年值法是将方案的净现值折算成寿命期内各年的等额年金的技术经济评价方法。其计算公式为：

$$NAV = NPV(A/P, i_0, n) = \sum_{t=0}^{n} (CI - CO)_t (P/F, i_0, t)(A/P, i_0, n) \tag{8-14}$$

式中：NAV——净年值。

净年值法用于单方案评价的判别准则为：若 $NAV \geq 0$，则该投资方案可接受；若 $NAV < 0$，则该投资方案不能予以接受。用于多方案比选时，NAV最大者为优。

实质上，年值法和现值法是等价的评价方法。现值法是把投资方案在不同时点上的现金流量折算到投资开始时刻，加总后进行方案的比较。而年值法是把投资过程产生的现金流量在寿命期内“拉平”，即变成等额年金形式进行比较，它更适用于寿命期不等的方案比较，因为它排除了寿命期对方案经济性的影响，且计算较为简单。两种方法的结论总是一致的，不会出现矛盾。

现值法与年值法的缺点是需要预先确定基准收益率才能进行现金流量换算。正确地确定基准收益率是运用这两种方法的前提条件。

（4）内部收益率法

净现值法虽然简单易行，但必须事先给定一个基准收益率，而且采用该法时只知其结论是否达到或超过基准收益，并没有求得项目实际达到的收益率。内部收益率法是通过计算技术方案在寿命期内的内部收益率来判别技术方案取舍的一种方法。它不需要事先给定基准收益率，该方法求出的是项目实际能达到的投资效率（即内部收益率）。因此，在所有的经济评价指标中，内部收益率是最重要的评价指标之一。

内部收益率（IRR），简单地说就是净现值为零时的基准收益率。在图8-1中，随着基准收益率的不断增大，净现值不断减小，当基准收益率取 i^* 时，净现值为零。此时的基准收益率i^*即为内部收益率。

内部收益率也可通过解下述方程求得：

$$\sum_{t=0}^{n}(CI - CO)_t(1 + IRR)^{-t} = 0 \tag{8-15}$$

式中：IRR——内部收益率；其余符号意义同上。

上式是一个高次方程式，不容易直接求解，通常采用“试算内插法”求内部收益率IRR的近似解，其原理如图8-2所示。

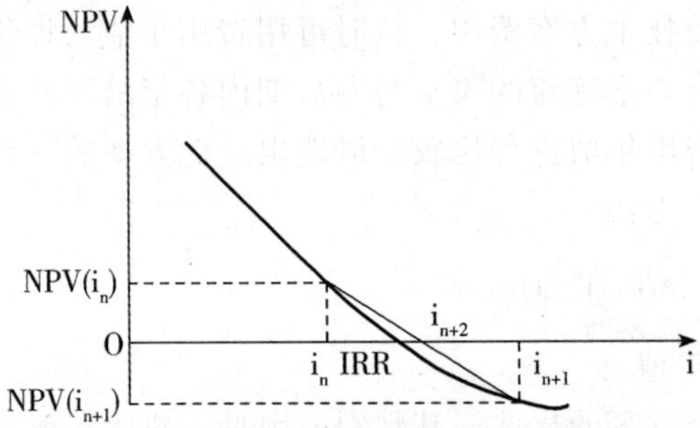

图8-2 试算内插法求内部收益率图解

从图8-2可以看出，IRR在i_n和i_{n+1}之间，用i_{n+2}近似代替内部收益率IRR，当i_n与i_{n+1}的距离控制在一定范围内，可以达到要求的精度。具体计算步骤如下：

①设初始收益率值i_1，一般可以先取行业的基准收益率i_0作为i_1，并计算对应的净现值NPV（i_1）。

②若NPV（i_1）≠0，则根据NPV（i_1）是否大于零，再设i_2。若NPV（i_1）>0，则设$i_2>i_1$；若NPV（i_1）<0，则设$i_2<i_1$。i_2与i_1的差距取决于NPV（i_1）绝对值的大小，较大的绝对值可以取较大的差距；反之，取较小的差距。计算对应的NPV（i_2）。

③重复步骤②，直到出现NPV（i_n）>0，NPV（i_{n+1}）<0或NPV（i_n）<0，NPV（i_{n+1}）>0时，用线性内插法求得内部收益率IRR的近似值（取图8-2中近似三角形相似列计算式化简），即：

$$IRR \approx i_{n+2} = i_n + \frac{NPV(i_n)}{|NPV(i_n)| + |NPV(i_{n+1})|}(i_{n+1} - i_n) \tag{8-16}$$

④计算的误差取决于（$i_{n+1}-i_n$）的大小，为此，一般控制在$|i_{n+1}-i_n|<0.05$之内。

设基准收益率为i_0，用内部收益率指标IRR评价单个方案的判别准则是：若$IRR \geq i_0$，则项目在经济效果上可以接受；若$IRR<i_0$，则项目在经济效果上应予以否定。

一般情况下，当$IRR>i_0$时，会有NPV（i_0）≥0；反之，当$IRR<i_0$时，则NPV（i_0）<0。因此，对于单个方案的评价，内部收益率准则与净现值准则的评价结论是一致的。

内部收益率是项目投资的盈利率，由项目现金流量决定，即内生决定的，反映了投资的使用效率。但是，内部收益率反映的是项目寿命期内没有回收的投资的盈利率，而不是初始投资在整个寿命期内的盈利率。因为在项目的整个寿命期内按内部收益率IRR折现计算，始终存在未被回收的投资，而在寿命结束时，投资恰好被全部收回。也就是说，在项目寿命期内，项目始终处于“偿付”未被收回的投资的状况，内部收益率正是反映了项目“偿付”未被收回投资的能力，它取决于项目内部。

需要指出的是，内部收益率计算适用于常规投资方案，否则会出现IRR的多个解，用IRR指标评价方案失败。所谓常规投资方案，是指方案在寿命期内，除建设期或者投产初期的净现金流量为负值之外，其余年份的净现金流量均为正值，即方案在寿命期内净现金流量的正负号只从“负”到“正”变化一次，并且所有负现金流量都出现在正现金流量之前。

（四）无形资产投资

无形资产是指企业所拥有的没有物质实体的，可以使企业长期获得超额收益的资产。随着科学技术的进步和市场竞争的加剧，无形资产对企业越来越重要，对无形资产的管理成为企业财务管理的重要内容。

1.无形资产的特点

无形资产是一种特殊的资产，一般具有以下特点：

（1）无形资产没有物质实体。无形资产不同于有形资产，它没有特定的物质实体，通常表现为企业所拥有的一种特殊权利。

（2）无形资产发挥作用的时间较长。无形资产一经取得，就可以为企业长期拥有，能在较长的时间内使用，并为企业带来收益。

（3）无形资产可以带来超额利润。无形资产能使企业在较长的时期内获得超出一般水平的经济效益，企业拥有的无形资产价值越高，其获利能力越强。

2.无形资产的形式

无形资产的表现形式很多，主要包括以下内容：

（1）专利权。专利权是国家授予发明人在一定的有效期限内对发明创造的使用和转让的权利。

（2）专有技术。专有技术是指由企业研制和发明的生产、制造工艺过程的秘密和各种诀窍。这种技术不公开申请专利，而由发明者秘密保存。

（3）专营权。专营权是指政府或其他企业授予的经营某项业务的独占特权，包括两类：一种是由政府机构授权，准许企业使用公有财产或在一定地区享有经营某种业务的独占权，如公共交通、电力、自来水、煤气等；另一种是一个企业根据合同授予另一个企业使用其商标、商号、专利权、专有技术的权利。

（4）场地使用权。场地使用权是根据有关法规和合同所获得的使用一定土地的权利。在中国，土地归国家所有，出资方不能用土地投资，只能用土地使用权来投资，企业对土地只有使用权，没有所有权。

（5）商标权。商标权是专门在某类指定的商品或产品上使用特定的名称或图案的权利。商标权以及类似的商号等对建立和取得消费者对某种商品的认同具有非常重要的意义。

（6）商誉。商誉是指一个企业由于种种原因所形成的营业状况特别好，资产报酬率超过同行业正常报酬率的能力。这些原因可能包括企业所处的地理位置比较优越；管理水平高，生产经营效率好；长期坚持信誉，顾客信任度高；技术特别先进；掌握了生产经营上的某些诀窍，等等。

3.无形资产的分类

无形资产可以按照不同的标志进行分类，具体见第八章第三节相关内容。

二、对外投资管理

（一）对外投资管理概述

企业对外投资是指企业在本身经济业务以外以现金、实物、无形资产或者购买债券、股票等有价证券向境内外的其他单位进行投资，以期在未来获得投资收益的经济行为。企业的对外投资不同于企业内部的投资经营活动，但对外投资收益和对内投资收益构成了企业的总收益。

1.企业对外投资的种类

对外投资可以按不同标志进行分类。

（1）按投资方式分类。按投资方式分类，对外投资分为直接投资和间接投资。直接投资也称为实物投资，是指直接运用现金、实物和无形资产等投入到其他单位，直接形成生产能力，为日后的经营创造必要的条件。直接投资一般金额较大，发生相对集中，一方面需要投入资金，另一方面需要追加管理技术，不仅要对投资过程进行管理，而且要对投产后的产供销进行管理。直接投资又包括联营投资、兼并投资等。间接投资也称为证券投资，它是指企业以购买有价证券（如股票、债券等）的方式对其他企业进行投资。

（2）按投资回收期不同分类。按投资回收期不同，对外投资分为短期投资和长期投资。短期投资是指可以随时变现，持有时间不超过1年的有价证券以及不超过1年的其他投资。短期投资的目的是利用生产经营中暂时闲置的资金谋求收益，因此，短期投资的有价证券通常是交易活跃、容易脱手的证券。

（3）按产权关系不同分类。按产权关系不同，对外投资可以分为股权投资和债权投资。股权投资是指企业以购买股票、兼并投资、联营投资等方式向被投资企业进行的投资。投资企业拥有被投资企业的股权，股权投资形成被投资方的资本金。债权投资是指企业以购买债券和租赁投资等方式向被投资企业进行的投资。投资企业是被投资企业的债权人，投资形成被投资者的负债。债权投资同股权投资相比，权利较小，但所担风险也小。

2.企业对外投资的目的

企业对外投资就是将资金投放到企业外部以获得投资收益，具体来讲，企业对外投资的目的有许多，概括起来主要体现在以下几点：

（1）优化资源配置，提高资产利用效率。这是企业对外投资的主要目的。任何企业的生产经营活动都是运用资产取得收益，以使资本不断增值的过程。因此，企业必须充分利用现有的资产，提高资产的利用效率，增加企业的收益，任何资产的闲置都是一种浪费。但是，在生产经营过程中，由于市场需求的变化或企业内部管理的原因，有时会出现资产闲置状况，在这种情况下，企业就可以考虑利用现有的资产对外投资，进行资产的重新组合，以优化资源配置，增加企业的收益。

（2）优化投资组合，降低经营风险。企业对外投资不全是因为资产闲置，或资产报酬率下降，有时也出于降低经营风险的考虑。当企业经营领域相对单一时，可能会使企业承担较大的经营风险，一旦市场发生变化，会给企业带来经济损失。在这种情况下，企业可以考虑将一部分资产投放于企业外部，优化投资组合，降低经营风险。

（3）提高资产的流动性，增强企业的偿债能力。资产的流动性是衡量企业偿债能力的一个重要财务指标，企业为了增强偿债能力，降低财务风险，必须保持资产具有良好的流动性。在企业的资产中，长期资产的流动性较差，一般不能直接用于偿还债务，流动资产中现金可以直接用于偿还债务，为一级储备，但是企业现金储备过多会降低资产报酬率。而证券投资的流动性仅次于现金，为二级储备。证券投资可以随时出售变现，用于偿还债务，既保持了资产的流动性，又可以增加企业的收益。

3.企业对外投资的原则

企业进行对外投资，为了保证投资取得预期的效果，必须遵循以下原则：

（1）效益性原则。企业进行对外投资，首先要遵循效益性原则，即必须考虑投资项目本身的经济效益以及对企业整体经济效益的影响。要在综合考虑其他各种因素的基础上，尽可能选择一个经济效益最佳的投资项目。

（2）流动性原则。流动性原则是指企业对外投资应具有良好的变现能力。企业对外投资种类很多，有的投资期限很长，一般不考虑在近期变现；有的只是为了充分利用现有的闲置资金，近期可能会有其他用途，这种投资就应当考虑其流动性，以便需要时随时变现。一般来说，证券投资的流动性比直接投资的流动性强，因此，企业要想提高对外投资的流动性，应以证券投资为主。

（3）安全性原则。安全性原则是指投资能够按期收回本金和应得的投资收益。企业的对外投资一般面临很多风险，一般风险与投资报酬率成正比，因此，企业必须在投资报酬率和风险之间进行权衡。企业在对外投资时，要全面考虑被投资企业的财务状况、经营成果、行业特点以及发展前景等，以便保证对外投资的安全性。

（4）整体性原则。整体性原则是指企业的对外投资必须服从企业的整体经营活动。企业的对外投资活动是企业整体经营活动的一个重要组成部分，对外投资的目标必须与企业的总的经营目标相一致，只有这样才能提高企业的整体经济效益，才能有利于企业的可持续发展。

（二）对外直接投资

1.对外直接投资的概念

对外直接投资是企业的重要投资方式，它通常是一种长期的战略性投资，具有投资期限长、耗资多、不经常发生、变现能力差等特点。

2.对外直接投资的方式

企业对外直接投资主要有以下几种方式：

（1）合资经营方式。合资经营方式是指投资企业通过与其他企业共同投资组建合资经营企业所进行的对外直接投资。合资经营企业是由投资各方按照共同投资、共同经营、共享利润、共担风险的原则设立的企业。合资经营企业是由两个或两个以上的投资者共同出资设立的有限责任公司，具有独立的法人资格，以其全部财产作为企业从事经营活动的经济担保，合资各方以其出资额为限对企业债务承担有限责任。

（2）合作经营方式。合作经营方式是指投资企业与其他企业组建合作经营企业所进行的对外直接投资。合作经营企业是一种契约式的合营企业，它是指投资企业与其他企业通过签订合同、协议等形式规定各方面的权利和义务而组建的企业。合作经营企业在法律形式上可以是法人，也可以不是法人，各方投入的资本不必折成股份，投资各方的责任完全由投资协议来确定。这种投资方式比较灵活、简便，但不像合资企业那样规范。

（3）购并控股方式。购并控股方式是指通过兼并其他企业或者购买其他企业的部分股权以实现对被投资企业控股的目的所进行的对外直接投资。购并控股是企业对外投资的一种重要方式，它可以通过出资购买被投资企业资产的方式进行，也可以通过出资购买股票的方式实现对被投资企业的控股。

（三）对外间接投资

1.债券投资

债券投资是企业通过购入债券成为债券发行单位的债权人并获取债券利息的一种投资行为。这种投资行为可以在一级市场（发行市场）上进行，也可以在二级市场（交易市场）上进行。这种投资既可以用于长期投资，也可以用于短期投资。

债券投资相对于股票投资而言，具有以下特点：

（1）债券投资属于债权性投资。债券持有人作为发行公司的债权人，定期获取利息并到期收回本金，但无权参与公司的经营管理；股票投资属于股权性投资，股票持有人作为发行公司的股东，有权参与公司的经营管理。因此，债券体现债权债务关系，股票体现所有权关系。

（2）债券投资风险较小。债券具有偿还性，债券发行单位必须按规定的期限向债券投资者还本付息，因此，债券投资风险较低。但不同发行主体发行的债券，其风险也不同，如中央政府发行的国库券由财政担保，本息的安全性非常高，一般视为无风险债券。金融债券也由于金融机构实力雄厚，本息的安全性也很高。对企业债券来讲，由于发行债券的企业均要经过严格的审批，资信情况和经营情况一般较好，即使企业破产，债券投资者的求偿权位于股东之前，其本息损失的可能性也较小。

（3）债券投资的收益较稳定。债券的投资收益包括利息和资本利得。债券的票面利率一般固定不变，债券投资者在持有期间可按期取得稳定的利息收入，并不受债券发行单位经济状况好坏的影响。此外，债券投资者还可以通过市场买卖债券，获取资本利得。

（4）债券投资的选择性比较大。债券按发行单位可以分为政府债券、金融债券和企业债券；按照是否可以转换为股票可以分为可转换债券和不可转化债券。不同种类的债券，其期限、利率也各不相同，企业可以根据自身的情况，在对债券投资的风险和收益做出权衡后选择合适的债券进行投资，以获取较高的投资收益。

2.股票投资

股票投资是指投资者为获取股利或在股市赚取股票差价而购买并持有股票的一种投资行为。股票投资与债券投资相比主要具有以下特点：

（1）股票投资是股权性投资。股票投资与债券投资相比虽然都是证券投资，但投资性质不同：股票投资属于股权性投资，股票是代表所有权的凭证，持有人作为发行公司的股东有权参与公司的经营决策；债券属于债权性投资，债券是代表债权债务的凭证，持有人作为发行公司的债权人可以定期获取利息，但无权参与公司的经营决策。

（2）股票投资风险大。投资者购买股票之后不能要求股份公司偿还本金，只能在证券市场上转让。因此，股票投资者至少面临两方面的风险：一是股票发行公司经营不善形成的风险，具体来说，如果股份公司经营状况较好，盈利能力就强，则股票投资者的收益就多；如果公司的经营状况不佳，发生亏损，就可能没有收益；如果公司经营不善破产，由于股东的求偿权位于债权人之后，因此，股东可能部分甚至全部不能收回投资。二是股票市场价格变动形成的价差损失风险，具体来说，股票价格的高低除了取决于公司经营状况外，还受政治、经济、社会等多种因素的影响，使股票价格经常处于变动中，其变动幅度往往高于债券价格的变动幅度。股票价格的变动既能为股东带来价格上升的收益，也会带来价格下跌的损失。

（3）股票投资收益不稳定。股票投资收益主要是公司发放的股票股利和股票出让的价差收益，其稳定性较差。股票股利直接与公司的经营状况相关，公司的盈利多，股利发放就可能多；公司盈利少，股利发放就少甚至不发放。股票转让的价差收益主要取决于股票市场的行情，股市行情好，出售股票就可以得到较大的价差收益；股市低迷时，出售股票不仅得不到价差收益，反而会遭受损失。

（4）股票流动性较强。上市公司的股票具有很强的流动性。在股票交易市场上，股票可以作为买卖对象或抵押品随时转让。股票较强的流动性促进了企业资金的有效利用和合理配置。

第五节　成本费用管理

一、成本费用管理概述

（一）成本费用的概念

企业进行产品生产，必然要发生各种耗费，企业产品的生产过程，同时也是生产的耗费过程。企业的费用就是企业生产经营过程中的耗费。企业在一定时期内发生的全部生产耗费总和就是生产费用。成本则是企业归集在成本计算对象上的生产耗费，即生产费用的对象化。

我国目前对成本费用管理采用制造成本法。在制造成本法下，计算产品成本时，只分配与生产直接相关的和关系密切的费用，而将与生产没有直接关系和关系不密切的费用直接计入当期损益，这样在理解成本这一概念时，应当区别产品成本（制造成本）和期间费用的不同含义。产品成本是指与企业产品生产直接相关的成本，包括生产过程中实际耗用的直接材料、直接人工、其他直接支出和制造费用。期间费用是指与企业产品生产没有直接关系或关系不密切，主要与生产期间相联系的费用，包括管理费用、财务费用和销售费用。

（二）成本费用管理的含义与要求

1.成本费用管理的含义

企业的成本费用管理就是人们按照客观经济规律的要求，利用价值形式，运用一整套专门方法，通过对生产过程中的耗费进行科学的、严格的监督，以达到用尽可能少的劳动耗费，取得尽可能大的经济效果。其内容主要包括成本费用预测与计划、成本费用控制和成本费用分析等一系列管理工作。

2.成本费用管理的要求

根据成本费用的经济性质和社会经济发展的客观需要，结合企业实践经验，成本费用管理的基本要求主要是：

（1）遵守成本与费用开支范围和开支标准。企业在生产经营活动中要发生各种各样的费用与支出，其性质和用途各不相同，资金来源不一样，它们并不是都可以计入产品成本与费用，并由成本与费用负担的。国家根据企业各项费用的性质、用途和资金来源，明文规定了企业成本与费用的开支范围。这是一项重要的财经制度，企业必须严格遵守，绝不能把不属于产品成本与费用的开支任意计入成本与费用。

（2）树立全面经济效益的观念。在社会主义制度下，降低成本的目的是更多、更好、更快地发展生产与经营活动，提高经济效益，满足人民日益增长的物质文化生活需要。因而，在成本费用管理中不能片面地追求节约，必须正确处理降低产品成本费用与增加产量、扩大品种、安全生产与环境保护之间的辩证关系。

（3）树立全面成本费用管理的理念。全面成本费用管理应是全员性和全过程的管理。在社会主义社会，国家与企业、企业与职工之间的根本利益是一致的。降低成本费用，不仅使国家财政收入、企业留利增加，而且职工经济利益也增加，降低成本费用具有广泛的群众基础。所以，在成本费用管理中必须把广大群众的积极性动员起来和组织起来，做到人人关心成本费用，人人参加成本费用管理。

二、成本费用预测与计划

（一）成本费用预测

1.成本费用预测的意义

成本费用预测就是根据有关资料和数据，结合企业未来发展前景和趋势，采用一定的方法，对未来一定时期成本费用水平和目标成本费用进行预计和测算。成本费用预测是成本费用管理的重要内容，是进行成本费用管理的起点。搞好成本费用预测，对于挖掘降低成本费用的潜力、科学地编制成本费用计划、正确进行经营决策、提高经济效益具有重要意义。

2.成本费用预测的内容

企业成本费用预测主要包括以下内容：

（1）在新产品投产之前，测算产品设计成本，确定产品按正常批量生产的成本水平，并把测算的数据作为选取最优产品设计方案的重要依据。

（2）在正式编制生产经营计划之前，进行成本费用预测。计划阶段的成本费用预测是编制成本费用计划必不可少的分析工作。

（3）在成本费用计划执行过程中，进行期中成本费用预测，科学推测成本费用计划能否按期完成。

（4）企业采用新技术、新工艺，以及在提高产品质量过程中也要进行成本费用预测，以保证技术上可行、经济上合理。

3.成本费用预测的步骤

成本费用预测，应该有计划、按步骤完成，尽可能避免预测的主观性，提高预测的科学水平，使预测目标更接近于实际。成本费用预测一般按以下步骤进行：

（1）确定成本费用目标。首先要依据企业目标利润，结合预测期变化因素，测算企业在现有条件下能够达到的目标成本费用水平，为下一步预测奠定基础。

（2）搜集和整理有关资料。搜集和掌握大量相关的信息资料是进行科学预测的基本条件。搜集的资料应包括：企业对降低成本费用的要求；报告期实际成本费用情况；预测期成本费用可能的变化情况，等等。

（3）对成本费用进行预测和测算。根据占有资料的实际情况，选用可行的成本费用预测方法，对成本费用进行预计和测算，求出成本费用预测值。有时也可选用多种方法进行测算，以便比较，测定预测结果。

（4）修正确定最佳预测值。无论是推算的目标成本费用，还是按指标数据测算的成本费用预测值，都不能完全反映预测期成本费用的实际情况。因此，必须将两者进行比较和分析，找出差异，进行修正，以求出最佳预测值，使预测结果更加接近于实际。

4.成本费用预测的方法

企业成本费用预测的方法有很多，常用的有以下三种：

（1）因素分析法。这种方法是在上年成本费用水平的基础上，根据计划年度影响成本费用变动的各项因素，分别测算各影响因素对成本升降的影响程度，最后综合测算出成本费用的降低（或上升）率，以确定计划年度成本费用水平的方法。

（2）回归分析法。回归分析法是将成本费用分解为变动成本费用和固定成本费用后，根据历史成本费用资料建立描述产量（或销售额）与总成本（或费用）关系的回归直线方程，据以测算计划年度产量（或销售量）变化条件下总成本（或费用）水平的方法。

（3）综合统计法。这种方法是先根据历史成本资料，采用简单成本法、加权成本法等方法计算出平均单位成本，再估计未来时期有关因素的可能变化及其对成本升降的影响，然后对平均单位成本进行修正。

（二）成本费用计划

对成本费用进行预测后就需要制订成本费用计划。

1.成本费用计划的概念及意义

成本费用计划是根据成本与费用决策方案，以货币形式预先对企业计划期内的生产耗费水平和成本降低任务进行的规划。成本费用计划是企业生产经营计划的重要组成部分，具有重要意义。

（1）成本费用计划是企业实现目标成本费用的基础工作。企业通过一定时期成本和费用的预测及决策，从而确定了企业在一定的生产技术水平下的目标成本费用。为了保证成本费用水平的实现，就必须根据目标成本费用的要求结合计划期的生产技术水平，将企业的目标成本费用进行指标分解，并作出相应的目标规划。这既有利于保证目标成本费用的实现，又有利于促进企业合理配置和有效利用各种资源，进一步降低成本费用。

（2）成本费用计划是企业进行成本费用控制的依据。企业成本费用计划的完成，需要建立健全企业内部的成本费用管理责任制度，实行归口分级管理，正确确定各部门、各生产环节、各加工工序的成本费用水平，有利于全面进行成本费用控制，检查和分析计划的完成情况。根据计划进行控制，并通过全面控制促进计划的实现。

（3）成本费用计划是编制企业其他生产经营计划的依据。企业生产技术财务计划是企业生产计划、技术计划、财务计划等的总括性计划，企业成本费用计划的编制必须以生产技术计划为依据，同时又从降低成本和费用的角度对生产技术财务计划提出了调整的要求，通过各计划间的综合平衡，促进了生产技术财务计划总体水平的提高。

2.成本费用计划的内容

成本费用计划是企业一定时期内生产费用耗费的一个规划体系，一般包括以下几个计划：

（1）主要产品单位制造成本计划。主要产品单位制造成本计划是对企业的主要产品编制的一个成本计划。其目的在于促进对主要产品成本的管理，加强单位产品成本的控制。一般是一种产品编制一张计划表，表中主要反映直接材料、直接人工、其他直接支出及制造费用等项目，同时，还应反映单位消耗定额，以利于实行定额管理。

（2）产品制造成本计划。产品制造成本计划主要反映企业在一定时期内，为了完成一定的产销任务而预计的生产的全部制造成本水平。其包括：制造成本总额及其降低额和降低率，可比产品的单位制造成本和制造成本总额，可比产品的成本降低额和降低率，不可比产品的制造成本总额及单位制造成本等。它为企业计划期控制制造成本支出，改善经营管理水平指明了方向。

（3）期间费用计划。期间费用计划反映企业在计划期内产生的各项费用的控制数额，一般包括三个部分：①管理费用部分。这主要反映企业在计划期各项管理费用预计的开支标准和产生额，以便于企业在计划期有效地控制管理费用支出。②销售费用部分。这主要反映企业在计划期内为组织产品销售而预计产生的费用总额，以便于企业更好地组织销售活动，节约费用开支。③财务费用部分。这主要反映企业在计划期内为了筹集资金而预计发生的费用支出，以利于促进企业加强资金成本的管理和测算，充分地了解和运用国家当期的金融政策，尽可能地减少相关费用，从而为完成企业计划期的总目标作出努力。

（4）生产费用预算。生产费用预算是指对企业在一定时期内，发生在生产过程中的各项费用的测算和计划。它是企业成本费用计划的重要组成部分。生产费用预算，一般是按生产费用要素来编制的。

此外，企业在编制成本费用计划与预算的同时，还应在计划体系中提出相应的控制措施，以确保计划与预算的实现。原则上，可先由各个部门根据计划要求，提出各自的措施方案，然后由企业财务部门加以汇总编制。

3.成本费用计划的编制程序

成本费用计划的编制程序，因企业规模、生产特点和管理要求的不同而有所区别。一般小型企业或产品品种不多的企业，采取集中编制法，即由企业财务部门直接编制整个企业的成本费用计划，内部单位则不编制各自的计划。大中型企业为落实分级归口责任管理，应采取分级编制法，即先由各生产单位、各部门编制各自的成本费用计划，然后再由企业财务部门汇总平衡，编制整个企业的成本费用计划。成本费用计划编制的一般程序为：

（1）搜集整理资料。为使成本费用计划先进合理，企业应尽量搜集有关成本费用的历史资料、同行业先进资料、市场调查资料和其他资料等相关信息，并结合管理层对成本费用的降低要求进行综合整理。

（2）确定目标成本和费用控制限额。在初步确定了成本费用降低的要求后，应在成本预测的基础上，考虑各项消耗定额降低和物价上涨因素，进行成本试算平衡，以确定目标成本水平和费用控制额度。

（3）各部门分别编制成本计划及费用预算。在实行分级归口责任制管理的企业，厂部应将成本费用目标下达给相关职能部门和生产单位，由各部门和生产单位结合本部门和本单位具体情况加以修正，连同各项成本降低措施上报企业财务部门。采取集中编制法编制成本费用计划的小型企业，也应组织相关部门和人员对成本费用目标进行调整、修正。

（4）厂部综合平衡，正式确定计划。在各职能部门、各生产单位反馈的成本费用计划和预算的基础上，企业财务部门应从全局出发对计划数和预算数进行综合平衡，并尽量考虑局部的要求，动员员工深入挖掘降低成本费用的潜力，使成本计划与费用预算既不激进又不保守，进而有利于贯彻成本费用管理责任制。

4.成本费用计划的编制方法

（1）产品成本计划的编制方法。编制产品成本计划是成本计划的主要工作内容和最终结果，具体方法较多，主要有：

① 预测决策基础法。预测决策基础法要求编制成本计划时，必须建立在成本预测和成本决策的基础上。这种方法主要适用于企业各项消耗定额及费用预算资料不够齐全的情况，特别适用于新产品成本计划的编制。该法的最大特点是成本计划是以预测和决策为基础的，定性成分少，定量成分多，具有一定的科学性，而且有效地考虑了未来状态变化的随机性和不确定性。

② 试算平衡基础法。试算平衡基础法又称因素测算法、概算法。它要求在正式编制成本计划之前，根据现实情况和以往经验，测算影响成本的主要因素，提出降低成本的主要措施，再在上年实际成本基础上按各项降低措施调整，提出本期的成本计划数据。试算平衡基础法着眼于过去和现有情况，而预测决策基础法着眼于未来随机变动的状态。

③ 直接计算法。直接计算法又称成本计算法、细算法，它根据现实的各项消耗定额和费用预算资料，在考虑成本降低要求的基础上，按产品成本核算的程序和方法详细计算各产品和各成本项目的计划成本，然后再汇总编制全部产品成本计划。该法的特点是在开工之前按成本发生顺序测算成本费用支出，因成本核算方法的不同而不同，适应性强，计算过程详细，计算结果比较准确，但工作量较大。

（2）期间费用预算的编制方法。它与制造费用编制方法基本相同，即按费用性态分别编制。一般而言，购销环节的营业费用，大多属于变动费用，其预算需结合购销业务量计划，采用弹性预算法编制；管理费用则大多属于固定费用，其预算可采用固定预算法编制。

三、成本费用控制

成本费用控制主要包括直接材料、直接人工、制造费用、期间费用的控制，前三项即制造成本，是成本费用控制的重点，可通过标准成本法进行控制，期间费用则可通过编制预算等方法进行控制。

（一）标准成本的制定与控制

建立控制标准，是成本控制过程的首要环节。标准成本是在一定生产条件下各项成本（直接材料、直接人工、制造费用）的预定尺度。标准成本按产品的直接材料、直接人工、制造费用制定。这三项成本项目都是以“数量”标准乘以“价格”标准而确定。其中“数量”标准主要由工程技术部门制定，“价格”标准由财务部门及采购、人事部门共同制定。其中：

$$\text{直接材料标准成本} = \sum(\text{单位产品材料消耗量标准} \times \text{材料单价标准}) \quad (8\text{-}17)$$

$$\text{直接人工标准成本} = \sum(\text{单位产品工时标准} \times \text{小时工资率标准}) \quad (8\text{-}18)$$

$$制造费用标准成本 = \sum(单位产品工时标准 \times 费用分配率标准) \tag{8-19}$$

式中：费用分配率标准=制造费用预算数÷生产量标准

对直接材料成本的控制，包括控制材料消耗和材料价格（采购成本）两个方面。为了控制材料消耗量，第一要严格实行限额领料制度；第二要对生产消耗情况进行核算，及时记录耗用的材料数量和产品产量，及时对照标准进行分析，采取措施，降低消耗；第三要充分做好废角料的回收和利用工作。为了控制采购成本，第一应了解企业生产经营活动情况，掌握市场行情，做到物资采购既能保证满足生产的需要，又能降低材料的采购价格；第二应做到就近采购，选择合理的运输方式，降低采购费用。

对直接人工成本的控制，一般应从控制人员数量、产品工时消耗和控制工资水平等方面着手。通过制定劳动定额和编制定员，合理确定工资增长速度，控制企业工资总额，提高劳动生产率，从而降低产品成本中的人工成本。

对制造费用的控制，一般实行预算控制，企业应将预算指标分解落实到各车间班组，按预算对费用支出进行控制。

（二）期间费用的控制

1.管理费用的控制

管理费用大部分为固定性费用，从成本责任的角度看，有的属可控成本，有的属不可控成本，大都受企业管理方针和决策的影响。所以，对管理费用宜采用预算控制或审批控制方法。预算控制，就是企业将某一时期可能发生的管理费用，事先作出预算，日后按预算控制支出。审批控制，是指在预算编制之后，控制的执行则要依赖各项开支的审批核准。

2.销售费用的控制

销售费用的控制，一般也采用预算控制和审批控制，还可采用贡献控制法，即将营业费用与取得的销售收入相比较，反映其对企业利益的贡献。为了鼓励多做贡献，可以事先规定贡献额、销售收入、销售费用几项指标之间的比例数值，作为控制的标准。

3.财务费用的控制

财务费用主要是资金筹集过程中发生的利息、手续费等支出。进行财务费用控制，需要将费用与筹集的资金对比，看费用的发生是否必要。通过控制财务费用，降低筹资成本。

四、成本费用分析

成本费用分析就是以成本费用预算或标准成本为依据，将实际成本与预算或标准成本相比较，揭示实际脱离预算或标准的差异，并对差异进行因素分析，以便查明原因，划清责任，及时采取措施，降低成本费用。

（一）直接材料成本差异分析

直接材料实际成本与标准成本之间产生差额的原因有两个：一是价格差异；二是耗用量差异。价格差异是在采购过程中形成的，其原因有很多，如供应厂家价格变动、未按经济采购批量进货、未能及时订货造成的紧急订货、舍近求远采购、违反合同被罚款等。材料耗用量差异产生的原因也有许多，如操作疏忽造成废品和废料增加、工人用料不精心、操作技术改进而节省材料、工艺变更等。这些都需要具体分析和调查，明确最终原因和责任归属。

（二）直接人工成本差异分析

直接人工成本差异也由“价差”和“量差”两部分构成，直接人工成本的“价差”是指由于实际小时工资率脱离标准而形成的差异，其原因有生产工人升级或降级使用、奖励制度未产生实效、工资率调整、加班或使用临时工等。“量差”是指由于实际使用的人工工时脱离标准而形成的差异，其原因有工人经验不足、劳动情绪不佳、设备故障较多、作业计划安排不当等，产生这些差异的主要责任应归属于人力资源部门及生产部门，当然这也不是绝对的，应针对具体情况进行分析。

（三）制造费用差异分析

制造费用差异分为变动制造费用和固定制造费用差异。变动制造费用差异也可分解为“价差”和“量差”，“价差”是指变动制造费用小时分配率脱离标准而产生的差异，其原因主要是实际发生的费用数额超过或低于预算数额，间接材料价格、人工工资等调整或其他各项费用控制不当。“量差”是指实际工时脱离了标准，多用（或少用）工时导致的费用增加（或减少），因此其形成原因与直接人工成本产生的效率差异相同。固定制造费用因不随业务量大小而变化，在分析其变动差异时，不考虑业务量的变动，只将实际费用与预算比较，其产生差异的原因主要是生产能力没有充分利用，表现为未能充分使用现有生产能力而造成的损失。

（四）期间费用分析

期间费用分析采用指标分析法，即将实际支出数与预算数进行对比，找出实际与预算的差异，并分析产生差异的原因。如为了适应市场竞争需要，扩大产销量，使期间费用在一定程度上有所增长，应是正常和合理的。此外，期间费用分析还要考察费用支出的效果，以便作出客观的评价。

第六节 利润管理

一、利润管理概述

（一）利润的概念

利润是企业在一定会计期间的经营成果，是一定会计期间内实现的收入减去费用后的净额。

利润可以按照不同的标准进行分类：

（1）按照利润形成的角度分类，利润可以分为营业利润、营业外收支净额等。

（2）按照税收角度分类，利润可以分为税前利润和税后利润。税前利润即利润总额，一般包括营业利润和营业外收支净额。税后利润是指缴纳了所得税后的净利润，税后利润应依照国家和企业的有关利润分配政策进行分配。

（3）按照经济学的角度分类，利润可以分为会计利润和财务利润两种。用会计成本计算出的利润为会计利润；如果计算时使用的是财务成本，即成本中包括机会成本等，则计算出的利润为财务利润。

（二）利润的意义

企业在营运过程中努力创造利润，利润的形成对企业具有重要意义。

（1）利润是企业经营所追求的目标。企业经营的目的在于获得收益，在重视企业经营效益，考虑企业经营风险的前提下，多数企业将利润作为其追求的经营目标。通过利润的考核和分析，可以评价企业的经营绩效及实现经营目标的能力。

（2）利润是企业投资人和债权人进行投资决策的重要依据。投资人通过对被投资企业的获利情况的了解，可以在某种程度上决策是否对被投资企业进行投资；同样，债权人通过对债务人获利能力的评判，确定债权发生的适当性。

（3）利润是企业分配的基础。任何企业的利润分配都是在创造利润的基础上进行的，企业只有创造了利润，在按照规定缴纳了应纳的税费之后，才可以对投资者分配利润。利润分配之后有了剩余则为企业形成积累资金。

（三）利润的形成

企业的利润就其构成来说，既包括通过生产经营活动获得的，也包括那些与生产经营活动无直接关系的事项引起的盈亏。企业利润由营业利润、营业外收入与支出、所得税等部分组成。其中由营业利润加营业外收入减去营业外支出，即为利润总额，利润总额减去所得税为企业净利润。其计算公式为：

利润总额=营业利润+营业外收入-营业外支出

净利润=利润总额-所得税 （8-20）

二、利润预测

利润预测是企业财务预测的重要组成部分。利润预测通常有定性预测和定量预测两种方法。定性预测方法主要是依靠过去的经验和掌握的科学知识进行判断、分析，推断事物性质和发展趋势，从而作为预测未来的主要依据。定量预测主要是根据过去的历史资料，运用现代数学方法和各种计算工具进行科学的分析处理，并建立一定的经济预测的数学模型，以充分揭示有关变量之间的规律性关系，作为预测的依据。现介绍几种常用的利润预测方法：

（一）盈亏平衡分析法

盈亏平衡分析也称损益平衡分析或保本分析，主要研究怎样确定盈亏临界点，有关因素的变动如何影响盈亏临界点。

（二）因素分析法

因素分析法是指从数值上测定各个相互联系的因素对有关经济指标变动影响程度的一种分析方法。采用因素分析法对利润进行预测就是在基期利润的基础上，考虑计划期影响利润变动的各因素，预测出企业计划期间的利润额。

影响利润的因素主要有销售量、销售价格、变动成本、固定成本总额和所得税等。在进行因素分析时，主要从两个方面考虑问题，即当产销量、成本和价格发生变动时，对利润的影响程度，或者当目标利润发生变动时所需的产销量、成本、价格的变动。

（三）利润增长比率法

该方法是根据有关基期的实际利润额和过去若干期间的平均利润增长幅度预测利润的一种方法。其计算公式为：

营业利润=基期营业利润×（1+营业利润增长率） (8-21)

三、利润计划

利润计划是根据利润预测的结果，利用一定的表格形式，以货币为统一计量单位，反映预测期营业活动及其财务成果的综合性计划。利润计划是企业财务预测的有机组成部分，是企业用于控制未来营业活动并使之达到预定财务成本的一种重要手段。

利润计划的编制是以企业计划期的销售计划和成本计划为主要依据，结合其他有关资料进行的。为了便于对利润计划完成情况进行检查和分析，利润计划一般按财务报表中利润表的格式编制。

四、利润分配

（一）利润分配的原则

1.依法分配原则

企业的利润分配必须依法进行，这是正确处理各方面利益关系的关键。国家为了规范企业的利润分配行为，制定和颁布了若干法规，这些法规规定了企业利润分配的基本要求、一般程序和相关比例等，企业必须严格执行。

2.分配和积累并重原则

企业利润分配应正确处理长远利益和近期利益的辩证关系，并将两者有机结合起来，坚持分配和积累并重。企业可用于向所有者分配的利润是否全部分配，要视企业的具体情况而定。通常在可供分配的利润中，企业除按规定提取法定盈余公积以外，可适当留存一部分利润作为积累。这部分积累可以为企业扩大再生产提供资金，增强了企业抵御风险的能力，提高了企业经营的安全系数。

3.利益兼顾原则

利润分配是利用价值的形式对社会产品进行分配，直接关系到有关各方的切身利益。因此，要坚持全局观念，兼顾各方利益。首先，国家作为社会事务管理者，为行使自身职责，必须有充足的资金保证。这就要求企业以缴纳税款的方式，无偿上缴一部分利润，这是每个企业应尽的义务。其次，投资者作为资本投入者和企业所有者，依法享有利润分配权。企业净利润归投资者所有是企业的基本制度，也是投资者对企业进行投资的原动力。另外，企业职工作为劳动者，是企业利润的直接创造者，企业职工除了获得工资和奖金等劳动报酬以外，还要以适当的方式参与净利润分配。因此，企业进行利润分配时，应统筹兼顾，合理安排，既要满足国家集中财力的需要，又要考虑企业自身发展的需要；既要维护投资者的合法权益，又要保障职工的切身利益。

4.投资收益对等原则

企业利润分配应体现投资与收益对等的原则，要做到谁投资谁收益，并且收益大小与投资比例相适应。投资收益对等原则要求企业在向投资者分配利润时，遵循公开、公平、公正的原则，按照各方投入资本的多少进行分配，从根本上保护投资者的利益，鼓励投资者投资。

5.盈亏自负原则

盈亏自负是市场经济规律在企业利润分配原则上的体现，坚持这一原则，有利于调动企业自身的积极性，使企业职工从根本上关心企业的生产经营成果，同时也有利于理顺企业与国家之间的利益关系。因此，企业生产经营中发生的经营性亏损应由企业以后年度实现的利润进行弥补。

（二）利润分配的程序

1.弥补以前年度的亏损

按我国财务和税务制度的规定，企业的年度亏损，可以由下一年度的税前利润弥补，下一年度税前利润尚不足以弥补的，可以由以后年度的利润继续弥补，但用税前利润弥补以前年度亏损的连续期限不超过5年。5年内弥补不足的，用本年税后利润弥补。本年净利润加上年初未分配利润为企业可供分配的利润，只有可供分配的利润大于零时，企业才能进行后续分配。

2.提取法定盈余公积

法定盈余公积是企业按照规定的比例从净利润中提取的内部积累资金。按照《企业会计制度》的规定，法定盈余公积提取比例为10%，当法定盈余公积累积达到注册资本的50%时可不再提取。法定盈余公积可用于弥补亏损、转增资本（或股本）。转增资本（或股本）后，法定盈余公积一般不得低于注册资本的25%。

3.提取任意盈余公积

任意盈余公积是企业经股东大会或类似机构批准按照规定的比例从净利润中提取的盈余公积。

4.向投资者分配利润或股利

在完成规定提取的各种留存收益后，如果企业存在剩余利润，加上以前年度未分配的利润，可以向投资者分配。

股份有限公司向投资者分配利润时应按下列顺序进行：

（1）应付优先股股利，是指企业按照利润分配方案分配给优先股股东的现金股利。

（2）应付普通股股利，是指企业按照利润分配方案分配给普通股股东的现金股利。

（3）转作资本（股本）的普通股股利，是指企业按照利润分配方案以分配股票股利的方式转作资本（股本）。企业以利润转增的资本，也按这一顺序进行分配。

可供投资者分配的利润，在经过上述分配后，即为未分配利润（或未弥补亏损）。未分配利润可留待以后年度进行分配。企业如发生亏损，可以按规定由以后年度利润进行弥补。企业未分配利润（或未弥补亏损）应在资产负债表的所有者权益项目中单独反映。

第七节 财务分析

一、财务分析概述

（一）财务分析的概念

财务分析是以企业财务报告等核心资料为基础，运用科学的方法对企业的财务状况和经营成果及发展趋势进行研究与评价，为投资者、经营管理者、债权人和社会其他各界的经济预测和决策提供依据的一项财务管理活动。

（二）财务分析的种类

1.按主体不同分类

按财务分析的主体不同可以分为内部分析和外部分析。

（1）内部分析，是企业内部管理部门对本企业的生产经营过程、财务状况所进行的分析。这种财务分析不仅要利用财务会计提供的会计资料，也要利用管理会计等方面所提供的经济资料，是对整个经营活动的全面分析。通过分析，可以了解企业的财务状况是否良好，生产经营活动是否有效率，从而为今后的生产经营提供决策依据。

（2）外部分析，是企业外部的利益集团根据各自的要求对企业进行的财务分析。这种分析因各自目的不同，分析范围也不同，可以是对企业某一方面进行局部财务分析，也可以是对整个企业的各方面进行全面的财务分析。例如，债权人常常关心的是贷款的风险，因此，需要对企业的偿债能力进行分析；投资者在购买股票时，要对企业的获利能力和投资风险进行分析，等等。

2.按对象不同分类

按财务分析的对象不同可以分为资产负债表分析、利润表分析和现金流量表分析。

（1）资产负债表分析，是以资产负债表为对象所进行的财务分析。通过资产负债表可以分析企业资产的流动状况、负债水平、偿债能力、企业经营的风险等财务状况。

（2）利润表分析，是以利润表为对象进行的财务分析。分析企业的盈利状况和经营成果必须从利润表中获取财务资料，而且即使分析企业偿债能力也应结合利润表，因为企业的偿债能力同获利能力密切相关。

（3）现金流量表分析，是以现金为对象进行的财务分析。现金流量表是资产负债表与利润表的中介，通过现金流量表的分析，可以了解企业现金的流动状况，掌握企业财务状况变动的全貌，有效地评价企业的偿付能力。

（三）财务分析的意义

1.有助于企业加强内部管理

财务分析所依据的主要资料是企业的财务报表，借助财务报表的有关数据可以分析企业的偿债能力、营运能力、获利能力、成长能力、财务结构的合理性等，可以客观地评价企业的业绩，找出企业的薄弱之处，以便企业在今后的工作中有针对性地加以改进，提高企业经营管理水平。

2.有助于外部报表使用者作出正确决策

财务分析不仅有利于企业加强内部管理，而且还可以为企业外部相关部门或人员提供有用的财务信息。例如，通过财务分析，银行可以决定是否给企业贷款；潜在投资者可以决定是否向企业投入资金；股民可以决定是否购买企业发行的股票；国家财税机关可以审查企业的财务活动是否遵守政府的法令和规章制度，以及确定企业应向国家上缴的税收，等等。

3.有助于政府部门进行宏观经济管理

政府部门通过对企业财务报表的汇总，可以了解各行业的发展是否均衡，分析产业结构是否合理，以便采用适宜的经济杠杆和政策措施，优化资源配置，保证宏观经济的正常运行。

（四）财务分析的方法

1.比率分析法

比率分析法是将企业同一时期的财务报表中的相关项目进行对比，得出一系列财务比率，从而揭示企业的财务状况的分析方法。通常财务比率主要包括三大类：

（1）构成比率，又称结构比率，是反映某项经济指标的各个组成部分与总体之间关系的财务比率，如流动资产与总资产的比率。

（2）效率比率，是反映某项经济活动投入与产出关系的财务比率，如资产报酬率、营业净利率等。利用效率比率可以考察经济活动的经济效益，揭示企业的获利能力。

（3）相关比率，是反映经济活动中某两个或两个以上相关项目比值的财务比率，如流动比率、速动比率等。利用相关比率可以考察各项经济活动之间的相互关系，从而揭示企业的财务状况。

2.比较分析法

比较分析法是将同一企业不同时期的财务状况或不同企业之间的财务状况进行比较，从而揭示企业财务状况存在的差异的分析方法。比较分析法可分为纵向比较分析法和横向比较分析法两种。

（1）纵向比较分析法，又称趋势分析法，是将同一企业连续若干期的财务状况进行比较，确定其增减变动的方向、数额和幅度，以此来揭示企业财务状况发展变化趋势的分析方法，如比较财务报表法、比较财务比率法等。

（2）横向比较分析法，是将本企业的财务状况与其他企业的同期财务状况进行比较，确定其存在的差异及其程度，以此来揭示企业财务状况中存在的问题。

3.因素分析法

因素分析法又称连环替代法，是通过比较分析确定差异的基础上，利用各个因素的顺序“替代”，从数值上测定各个相关因素对有关财务指标差异的影响程度的一种分析方法。采用这种方法，当有若干因素对分析对象发生影响作用时，假定其他各个因素都不变化，顺序确定每一个因素单独变化对综合财务指标或经济指标所产生的影响。

4.趋势分析法

趋势分析法是将企业连续几年的财务报表的有关项目进行比较，用以分析企业财务状况和经营成果的变化情况及发展趋势的一种方法。趋势分析法通常采用垂直分析法和水平分析法两种。

（1）垂直分析法，又称共同基准分析法，是将财务报表中某一关键项目的金额作为100%，其他项目的金额换算成对关键项目的百分比，从而反映它们之间重要的比率关系。

（2）水平分析法，是在并列连续几年报表的绝对额后面，设置“增减栏”，以了解企业财务状况和经营成果的变动情况。使用这种方法最好能提供较长时期的数据。

（五）财务分析的程序

为了保证财务分析的有效进行，必须遵循科学的程序。财务分析的程序，即财务分析的步骤，一般包括以下几步：

1.搜集有关财务分析的经济资料

财务分析是建立在一定基础资料之上的分析，因此，财务分析的首要步骤是搜集和选取分析资料。一般来说，包括以下资料：①主要财务报表，包括资产负债表、利润表和现金流量表。②除了财务报表之外，可作为财务分析依据的主要资料还有财务报表附注、所采用的会计方法、管理者对财务成果的讨论和分析、审计报告、若干年份的比较财务数据以及其他资料等。

2.评价财务信息的真实性

分析资料的真实性程度对分析结果的影响至关重要，因此，需要对搜集和选取资料的可靠性及其程度进行分析判断。在信息完全对称的条件下不存在财务信息的失真问题，但由于多种原因，财务信息失真的现象是客观存在的，为了客观公正地评价企业的财务状况，需要借助一定的方法对财务信息的真实性作出基本的判断，使财务分析建立在资料可靠的基础上。

3.选择一定的方法进行财务分析

财务分析的方法多种多样，可以运用比较分析法、比率分析法等多种方法，对企业的偿债能力、资产营运能力、盈利能力以及其他项目的未来发展趋势作出分析预测。

4.进行因素分析，为经济决策提供各种建议

通过财务分析，可以找出影响企业经营活动和财务状况的各种因素，在此基础上，提出各种方案，权衡各种方案的利弊，选出最佳方案，为经济决策提供建议。

二、财务能力分析

（一）企业偿债能力分析

偿债能力是指企业偿还到期债务的能力，是反映企业财务状况和经营能力的重要标志，对企业具有重要的意义。根据到期时间的长短，可以将债务分为短期债务和长期债务，由此企业偿债能力分析也应该分为短期偿债能力和长期偿债能力分析两部分。

1.短期偿债能力分析

短期偿债能力是指企业偿还流动负债的能力。流动负债是企业将于1年内或超过1年的一个营业周期内偿还的债务，而用于偿还流动负债的资产来源于流动资产，因此短期偿债能力是企业流动资产对流动负债及时足额偿还的保证程度。如果企业具有较好的现金流量就能按期偿还债务，避免陷入财务危机。衡量短期偿债能力的指标主要包括流动比率、速动比率和现金流动比率。

（1）流动比率。流动比率反映的是流动资产与流动负债之间的比率关系，用于衡量企业在某一时点偿付即将到期的债务的能力。其计算公式为：

流动比率=流动资产/流动负债　　(8-22)

其中，流动资产主要包括库存现金及各种存款、短期投资、应收及预付款项、存货等。流动负债主要包括短期借款、应付及预收款项、各种应交款项等。

通常流动比率越高，说明企业偿付短期债务的能力越强。一般认为，流动比率应维持在2：1的水平。

（2）速动比率。流动资产各项目的流动性差别很大，其中货币资金、交易性金融资产和各种应收、预付款项等可以在较短时间内变现，称为速动资产；存货、预付账款、1年内到期的非流动资产及其他流动资产等，称为非速动资产。速动比率是指企业速动资产与流动负债之间的比率，用于衡量企业在某一时点运用随时可变现资产偿付到期债务的能

力。其计算公式为：

速动比率=速动资产/流动负债 （8-23）

由于速动资产剔除了存货等变现能力较差且不稳定的资产，因此与流动比率相比，速动比率能够更加准确可靠地评价企业的短期偿债能力。

其中，速动资产是指流动资产中变现能力较强的那部分资产，一般包括货币资金、短期投资、应收票据、应收账款等，不包括存货、预付账款和待摊费用。

一般认为速动比率维持在1：1的水平比较好。

（3）现金流动比率。现金及现金等价物是企业最具有流动性的资产，现金流量净额越高，企业的偿债能力和支付能力就越强。现金流动比率是指企业的现金与流动负债之间的比率，该指标越高，说明企业的偿债能力越强，现金支付能力越好。其计算公式为：

现金流动率=现金/流动负债 （8-24）

2.长期偿债能力分析

关于长期偿债能力，不能片面理解为偿还长期债务的能力，因为从长远来看，企业的所有债务都是要偿还的，故衡量长期偿债能力的指标中，涉及负债本金偿还的指标一般使用的都是负债总额。反映长期偿债能力的指标主要包括资产负债率、已获利息倍数等。

（1）资产负债率。资产负债率是指企业的全部负债总额与全部资产总额的比率。该指标反映总资产中有多大比例是通过负债取得的，用于衡量企业的长期偿债能力。其计算公式为：

资产负债率=负债总额/资产总额 （8-25）

资产负债率越低，资产对债务的保障程度越高，企业的长期偿债能力就越强；反之，资产负债率越高，资产对债务的保障程度越低。一般该指标维持在40%~60%比较正常，在西方，通常把70%作为该指标的警戒线，超过70%说明企业的经营风险较大。

（2）已获利息倍数。已获利息倍数又称利息保障倍数，是指企业息税前利润与利息费用之间的比率。它反映了企业盈利能力对债务偿付的保障程度。其计算公式为：

已获利息倍数=息税前利润/利息费用 （8-26）

其中，息税前利润是指利润表中的未扣除利息和所得税之前的利润，它可以用利润总额加利息费用来计算。利息费用是指企业本期发生的全部应付利息，不仅包括财务费用中的利息，还包括计入固定资产价值中已经资本化的利息。

已获利息倍数反映了企业的息税前利润是利息的多少倍，已获利息倍数大，表明企业支付利息的能力强；否则，企业的付息能力就差。一般来说，利息保障倍数越大，利息支付越有保障。如果利息支付都缺乏保障，归还本金就更难。因此，利息保障倍数可以反映企业的长期偿债能力。

（二）企业营运能力分析

营运能力，也称为资产管理能力，主要用来分析企业的资产管理水平。存货的积压状况、应收账款的回收天数、资产结构是否合理等，都可以通过营运能力分析作出判断。按照企业的资产构成，与销售收入有关的资产主要包括流动资产和固定资产，因此，在实务中，营运能力分析主要通过计算应收账款周转率、存货周转率、流动资产周转率、固定资产周转率和总资产周转率等五项指标进行分析。

1.应收账款周转率

理论上讲，应收账款周转率是指企业一定时期的赊销收入净额与平均应收账款之间的比率，但由于外部信息使用者较难获得企业的赊销数据，故计算应收账款周转率时通常直接用销售收入净额与平均应收账款的比值。有时也会用应收账款周转天数表示应收账款的管理水平。计算公式如下：

应收账款周转率=赊销收入净额/平均应收账款　(8-27)

赊销收入净额=赊销销售收入-销售折扣与折让　(8-28)

平均应收账款=（期初应收账款+期末应收账款）/2　(8-29)

平均收现期=365/应收账款周转率　(8-30)

其中，赊销销售收入是企业当期的销售收入扣除现金销售的部分，销售收入可以直接从利润表中找到，现金销售部分来源于现金流量表。

一般来说，应收账款周转率越高，平均收现期越短，说明企业的应收账款回收速度越快；反之，企业过多的营运资金被应收账款占用，会影响企业资金的正常周转。

2.存货周转率

存货周转率是指企业一定时期营业收入与平均存货之间的比率，反映了从存货的购买到销售所占用的天数。其计算公式为：

存货周转率=营业收入/平均存货　(8-31)

平均存货=（期初存货+期末存货）/2　(8-32)

存货周转天数=365/存货周转率　(8-33)

一般来说，存货周转率越高越好。存货周转率越高，说明企业的存货变现速度越快；反之，存货的变现速度就越慢。需要说明的是，计算存货周转率时，使用“营业收入”还是“营业成本”作为周转额，要看分析的目的。在分解总资产周转率时，为系统分析各项资产的周转情况并识别主要的影响因素，应统一使用“营业收入”计算周转率。如果是为了评估存货管理的业绩，应当使用“营业成本”计算存货周转率，使其分子和分母保持口径一致。

3.流动资产周转率

流动资产周转率是指企业一定时期销售收入与平均流动资产的比率。其计算公式为：

流动资产周转率=销售收入净额/平均流动资产　(8-34)

平均流动资产=（期初流动资产+期末流动资产）/2　(8-35)

流动资产周转天数=365/流动资产周转率　(8-36)

流动资产周转率反映了流动资产的周转速度，周转速度快，会相对节约流动资产，等于扩大资产的投入，增强企业的盈利能力；反之，流动资产周转率缓慢，会增加新的流动资产投入周转，从而降低企业的盈利能力。

4.固定资产周转率

固定资产周转率是指销售收入净额与平均固定资产之间的比率。其计算公式为：

固定资产周转率=销售收入净额/平均固定资产净值　(8-37)

平均固定资产净值=（期初固定资产净值+期末固定资产净值）/2　(8-38)

固定资产周转天数=365/固定资产周转率　(8-39)

固定资产周转天数反映了固定资产的周转速度，周转速度快，表明企业同样的固定资产占用实现了更多的收入。

5. 总资产周转率

总资产周转率是指企业一定时期的销售收入净额与平均总资产之间的比率。其计算公式为：

总资产周转率=销售收入净额/平均总资产 (8-40)

平均总资产=（期初资产总额+期末资产总额）/2 (8-41)

总资产周转天数=365/总资产周转率 (8-42)

一般来说，总资产周转率越高，说明企业资产的使用和管理效率越高；反之，说明企业的资产使用和管理效率越低。

（三）企业盈利能力分析

盈利能力是企业资金增值的能力，通常表现为企业盈利数额的大小与水平的高低。评价企业盈利能力的财务比率主要有资产净利率、权益资本净利率、销售利润率（包括销售毛利率和销售净利率）、成本费用净利率等。

1. 资产净利率

资产净利率也称资产报酬率、资产利润率或投资报酬率等，是企业在一定时期内净利润与平均总资产的比率。该指标主要用来衡量企业利用资产获取利润的能力，反映了企业总资产的利用效果。其计算公式为：

资产利润率=净利润/平均总资产 (8-43)

一般说来，该指标越高，表明企业资产使用效益越好；反之，说明资产利用效果不好。

2. 权益资本净利润率

权益资本净利润率是指企业在一定时期内净利润与平均所有者权益之间的比率。该指标反映了企业运用权益资本获取净利润的能力。其计算公式为：

权益资本净利润率=净利润/平均所有者权益 (8-44)

平均所有者权益=（期初所有者权益+期末所有者权益）/2 (8-45)

一般说来，该指标越高，表明企业权益资本使用的效益越高；反之，说明权益资本利用效果不好。

3. 营业净利率

营业净利率是企业一定时期的净利润与营业收入的比值，通常用百分数表示。其计算公式为：

营业净利率=净利润/营业收入

营业净利率可以概括企业的全部经营成果。它表明每1元营业收入扣除其成本费用之后剩余的净利润。一般而言，营业净利率越高，表明企业盈利能力越强。

4. 成本费用净利率

成本费用净利率是企业净利润与成本费用总额的比率。它反映了企业生产经营过程中发生的耗费与获得的收益之间的关系。其计算公式为：

成本费用净利率=净利润/成本费用总额 (8-46)

其中，成本费用总额是企业为了取得利润而付出的代价，主要包括营业成本、税金及附加、销售费用、管理费用、财务费用和所得税费用等。

一般说来，这一指标越高，说明企业获取收益付出的代价越小，企业的获利能力越强；反之，代价越大。

课后案例

新能源上市公司财务分析
——基于宁德时代和小康股份的对比

宁德时代是新能源锂电池制造公司中的领头羊，2020年动力电池装机量全球第一，目前拥有全球25%的市场份额。其行业地位之稳固，可以说这不仅仅是新能源汽车发展的时代，更是属于宁德时代的“时代”。小康股份是一家专注于汽车整车制造的公司，但在之前新能源汽车的销售业绩并不起眼。时机转变于2021年，小康股份与华为达成合作协议后，股价火箭般上升，公众对小康股份刮目相看，甚至认为未来小康可以凭借与华为的牵手逆风翻盘，走向自己的“小康”之路，但实际情况值得商榷。

基于目前新能源汽车市场背景，选取宁德时代和小康股份这两家公司2017—2020年的财务数据和财务指标，从偿债能力、营运能力、盈利能力和发展能力四个方面分析其财务状况，以期优化两家公司的财务管理工作，为新能源公司的良好发展提供借鉴。

1.宁德时代与小康股份的基本情况

宁德时代新能源科技股份有限公司，简称宁德时代，公司主要的经营业务为新能源车辆的电力电池系统和能源储存系统的研发、生产和销售。

重庆小康工业集团股份有限公司，简称小康股份，是一家对乘用车、商用车、动力总成及其他汽车零部件进行研发、制造、销售和服务的综合性汽车制造公司。

由表8-1可知，宁德时代从2017年到2020年发展态势良好，总资产、营业收入及净利润均有较大幅度的提升；2018—2020年总资产较上年分别增长48.77%、37.18%、54.53%；实现的营业收入较上年分别增长48.08%、54.63%、9.90%；2018年净利润较上年减少12.66%，2019年、2020年分别增长34.64%、22.43%；2018年基本每股收益较上年减少18.28%，2019年、2020年分别增长27.57%、19.13%。

表8-1 **公司主要财务数据**

项目	宁德时代				小康股份			
	2017年	2018年	2019年	2020年	2017年	2018年	2019年	2020年
总资产/万元	4 966 288.58	7 388 370.40	10 135 197.67	15 661 842.69	2 371 383.82	2 656 388.41	2 993 510.52	2 626 759.46
营业收入/万元	1 999 686.08	2 961 126.54	4 578 802.06	5 031 948.77	2 193 376.39	2 023 978.48	1 813 200.52	1 430 247.60
净利润/万元	387 795.49	338 703.52	456 030.74	558 333.87	72 476.88	10 632.18	6 672.15	-172 859.12
基本每股收益/元	2.01	1.62	2.09	2.49	0.81	0.12	0.07	1.49

相比之下，小康股份2017—2020年发展态势较差，总资产、营业收入及净利润数额较为波动，皆呈下降趋势。2018年、2019年总资产较上年分别增长12.02%、12.69%，2020年较上年减少12.25%；2018—2020年营业收入连续下降7.72%、10.41%、21.12%；2018—2020年净利润也连续下降85.33%、37.25%、2690.76%；2018—2020年基本每股收益也连续下降85.19%、41.67%、2228.57%。小康股份计提信用减值损失的资产项目数额大，2020年达到19 533.07万元，另外受疫情影响，公司传统车销量较2019年有所下降，

毛利率有所下降，因此2020年营业收入和归属于母公司的净利润下降幅度较大。

2.财务分析

（1）偿债能力

宁德时代2017—2020年流动比率分别为1.85、1.73、1.57、2.05；速动比率分别为1.66、1.51、1.32、1.81；资产负债率分别为46.70%、52.36%、58.37%、55.82%。流动比率和速动比率先减少再增加。流动比率均值是1.80，速动比率均值为1.57，公司短期偿还债务的能力比较强。资产负债率总体上比较稳定，均值为53.31%，长期偿还债务的能力相对较强。

小康股份2017—2020年流动比率分别为1.00、0.87、0.82、0.60；速动比率分别为0.90、0.76、0.69、0.48；资产负债率分别为75.44%、72.92%、73.76%、78.60%。流动比率持续下降，均值为0.8225；速动比率曲线与流动比率相似，均值为0.7075。公司短期偿还债务的能力较弱。资产负债率总体较稳定，均值为75.18%，长期偿还债务能力相对较弱。

由此可知，不论是短期偿债能力还是长期偿债能力，小康股份都明显低于宁德时代，也低于行业平均水平，存在资金短缺问题和一定的偿债风险压力，而宁德时代则具有良好的偿债能力。

（2）营运能力

宁德时代2017—2020年年报显示，应收账款周转率分别为2.81、4.51、6.29、5.13；固定资产周转率分别为3.35、2.99、3.12、2.65；总资产周转率分别为0.51、0.48、0.52、0.39。应收账款周转率先增高再降低，固定资产周转率和总资产周转率先降低再增高再降低。应收账款周转率均值为4.685，总资产周转率均值为0.475，都低于行业平均数额，说明其资产使用效率低于同行业平均水平。2018—2019年，总资产周转率有一定上涨，体现了资产使用效率进一步提升；但指标总体降低，公司销售收入在减少、资产在增加，所以此比率下滑。

小康股份近4年应收账款周转率分别为32.49、16.49、11.72、12.61；固定资产周转率分别为6.44、4.66、3.16、2.01；总资产周转率分别为1.01、0.81、0.64、0.51。应收账款周转率在前两年持续下降，降幅较大，说明公司收账能力不断变差，2019年至2020年开始回转，但波动不大。固定资产周转率4年间连续下降，说明固定资产的使用效率不断下降。总资产周转率与固定资产周转率变化相似，这都说明小康股份有一定的发生坏账、资金周转难等经营风险。

由此可知，小康股份总资产周转率数额在4年里都高于宁德时代，应收账款周转率和固定资产周转率的平均数额都高于宁德时代，但宁德时代三类指标数额波动幅度较小，较为稳定。相对而言，小康股份一直呈现下降态势，且波动较大，说明小康股份资产周转速度或者说使用效率在下降。

（3）盈利能力分析

宁德时代近4年销售净利率分别为20.97%、12.62%、10.95%、12.13%；总资产净利润率为10.72%、6.05%、5.72%、4.73%；净资产收益率分别为15.70%、10.28%、11.96%、8.70%。净资产收益率先下降后上升再上升，总资产净利率呈下降趋势，销售净利率数额与其变化相似，呈下降趋势，但波动不大，说明宁德时代的盈利能力较强。公司2018年三项指标相比于2017年都下降，分析其2018年年报可知，原因是公司在该年的净利润有大幅下降。

小康股份2017—2020年销售净利率分别为5.02%、2.51%、0.47%、-15.62%；总资产净利润率分别为5.06%、2.02%、0.30%、-7.95%；净资产收益率分别为15.34%、2.04%、1.20%、-33.48%。销售净利率、总资产净利率和净资产收益率都在下降，而且下降幅度较大，甚至在2020年都跌至负数。其中，销售净利率3年期间下降42.16%，净资产收益率下跌55.88%，都远远低于业内水平，三个指标平均数额也都为负数，远远低于行业平均数额。原因是4年间收入和利润不断缩减，说明小康股份盈利能力持续减弱，利润达不到理想状态，甚至出现亏损，发展态势较差。

由上可知，宁德时代2017—2020年销售净利率、总资产净利率和净资产收益率都高于小康股份，三个指标高于行业平均水平，说明宁德时代目前的盈利情况较好，利用资产创造利润的效果较好。而小康股份三个指标持续下降，甚至在2020年出现负数的情况，说明小康股份的盈利能力较差，发展态势较差。

（4）发展能力分析

2017—2020年，宁德时代主营业务收入增长率分别为34.40%、48.08%、54.63%、9.90%；净资产增长率分别为67.63%、32.98%、19.85%、64.02%；总资产增长率分别为73.72%、48.77%、37.18%、54.53%。宁德时代主营业务收入增长率先升高后下降，净资产增长率先下降再上升，总资产增长率与其相似，说明宁德时代发展能力较为良好。

2017—2020年小康股份主营业务收入增长率分别为35.47%、-7.72%、-10.41%、-21.12%；净资产增长率分别为27.34%、23.53%、9.17%、-28.45%；总资产增长率分别为19.55%、12.02%、12.69%、-12.25%。三项指标都在下跌，下降幅度较大，2020年三个指标都跌至负数，平均数额远远低于行业平均水平，这说明小康股份发展能力较差。

通过以上分析可以知道，宁德时代发展能力远远强于小康股份和行业平均水平，发展态势良好。而小康股份连年下跌，甚至跌至负数，说明其营业收入、资产总额相对于前期都在减少，公司市场份额降低，资产分配效率低下，发展能力较弱，有一定的经营风险，发展能力有待提高。

3.结论及优化建议

通过对宁德时代和小康股份的一些财务指标和经营情况以及偿债能力、营运能力、盈利能力和发展能力的分析，得出以下结论：宁德时代在资产规模、营业收入和净利润数额上都高于小康股份；不论是短期偿债能力还是长期偿债能力，也都优于小康股份，其资产变现的能力更优，能够偿还债务的资本更足，对债权人利益的保障程度更高；小康股份总资产周转率以及应收账款周转率和固定资产周转率的平均数额都高于宁德时代，利用资产创造收入的效率较高，但是因为三个指标数额4年期间持续下降，其营运能力存在下滑的趋势；宁德时代目前盈利情况相对于小康股份是良好的，处于平稳且持续良好发展的阶段，利用资产创造收入的效果相对较好，而小康股份指标数额下跌至负，盈利能力较弱；宁德时代发展能力、成长能力远强于小康股份，发展态势良好，而小康股份主营业务收入增长率、净资产增长率、总资产增长率连年下跌，收入数额和资产规模不断下降，发展能力较弱。

可以说，宁德时代处于新能源汽车市场的领先地位，其财务状况在同行业中是较为良好的，是真正处于新能源汽车蓬勃发展的“时代”，达到了“小康”的标准；而小康股份并没有实现真正的“小康”，就财务状况而言，还需要进一步提升，才能在新能源汽车的“时代”中稳住脚跟，凭借华为的光环闪耀“时代”，走向“小康”。为此，针对宁德时代和小康股份在财务方面出现的问题以及存在的风险，分别对其提出以下建议：

（1）偿债能力优化建议

由于宁德时代短期、长期的偿还债务能力较强，说明偿还完债务后的闲置资金较多，所以可以制定合理的筹资、融资方式或者结构，适当通过财务杠杆进行举债，提高公司的收益。小康股份存在一定的债务负担，要合理地控制债务规模、债务比例，确保公司拥有足够的资金来偿还债务，避免财务杠杆带来的债务负担，重视供应链管理，减少存货带来的压力，减轻短期债务的压力。

（2）营运能力优化建议

宁德时代应收账款周转率、固定资产周转率和总资产周转率虽然稳定，但是略逊于小康股份，应收账款、流动资产或者总资产数量、规模都比小康股份要高，如果大量的资产不能及时周转，将对公司日常经营造成不良影响，所以要建立合理的应收账款管理体系，紧密联系上下游提高应收账款回收力度，增强自身的营运能力。小康股份应收账款周转率、固定资产周转率和总资产周转率虽然高于宁德时代，但是波动幅度较大、不稳定，且一直表现为下降趋势，所以要加强对应收账款、固定资产及其他资产的管理，防止营运能力变差。

（3）盈利能力优化建议

宁德时代近4年的销售净利率、净资产收益率和总资产收益率都较高，盈利能力表现较好，所以应该加大生产力度，销售更多的产品，不断增加公司收入，加强对成本费用的控制，保持并提升公司的盈利能力。小康股份近4年的销售净利率、净资产收益率和总资产收益率都呈下降趋势，甚至在2020年度下降为负数，说明公司发生亏损，业务并没有盈利。小康股份面临着其他新能源汽车生产商带来的压力冲击，想要转亏为盈，必须走差异化战略，提炼自己的核心技术，掌握新颖的营销模式，扩大销量，以此增加销售额和营业收入，同时节省不必要的成本和费用，提高利润，努力提升自身的盈利能力。

（4）发展能力优化建议

宁德时代发展能力表现良好，近4年的主营业务收入增长率、净资产增长率和总资产增长率都高于业内均值，但是略有波动，没有持续增长，所以要加强预警，防止资产流失、营业收入减少，不断增加营业收入。小康股份近4年的发展能力指标都低于行业平均水平，且一直呈下降趋势，说明其发展能力弱，并且持续变差，甚至出现了负值，公司应该开发适销对路的产品，提高市场份额，增加收入。

资料来源　钟宇晴. 新能源上市公司财务分析——基于宁德时代和小康股份的对比［J］. 河北企业，2023，406（5）：110-112.

案例思考题：

1.偿债能力、营运能力、盈利能力和发展能力分别通过哪些财务指标体现？

2. 宁德时代和小康股份的财务分析说明其偿债能力、营运能力、盈利能力和发展能力如何？

本章小结

- 财务管理
  - 财务管理概述
    - 财务管理的概念：企业遵循资金运动的客观规律，按照国家的财经政策、法令和制度，有效地组织企业的资金运动，正确地处理企业与各方面的财务关系，为有效地筹集资金和最大限度地提高资金利用效果而对资金的筹集、运用和分配进行的综合性管理
    - 财务管理的特点：一种价值形式的管理活动；一种涉及范围广的管理活动；一种综合性的管理活动；一种法制性的管理活动
    - 财务管理的内容：筹资活动、投资活动、资金营运活动和分配活动
    - 财务管理的任务：有效组织资金筹集与运用，降低成本、增加企业盈利，正确分配收入，实行财务监督
  - 筹资管理
    - 筹资管理概述：筹资渠道、筹资方式、筹资原则
    - 自有资金筹集：吸收直接投资、发行股票、联营集资、企业内部积累
    - 借入资金筹集：银行借款、发行债券、租赁、商业信用
  - 资产管理
    - 流动资产管理：货币资金管理、应收及预付款项管理、存货管理
    - 固定资产管理：固定资产概述、固定资产管理的主要内容
    - 无形资产、递延资产和其他资产管理
  - 投资管理
    - 内部长期投资管理：概述、现金流量、项目投资决策的评价方法、无形资产投资
    - 对外投资管理：概述、对外直接投资、对外间接投资
  - 成本费用管理
    - 成本费用管理概述：概念、含义与要求
    - 成本费用预测与计划：成本费用预测、成本费用计划
    - 成本费用控制：标准成本制定与控制、期间费用控制
    - 成本费用分析：直接材料成本差异分析、直接人工成本差异分析、制造费用差异分析、期间费用分析
  - 利润管理
    - 利润管理概述：利润的概念、利润的意义、利润的形成
    - 利润预测：盈亏平衡分析法、因素分析法、利润增长比率法
    - 利润计划：根据利润预测的结果，利用一定的表格形式，以货币为统一计量单位，反映预测期营业活动及其财务成果的综合性计划
    - 利润分配：利润分配的原则、利润分配的程序
  - 财务分析
    - 财务分析概述：财务分析的概念、种类、意义、方法、程序
    - 财务能力分析：企业偿债能力分析、企业营运能力分析、企业盈利能力分析

主要概念

财务管理　筹资渠道　股票　银行借款　债券　租赁　商业信用　流动资产　固定资产　无形资产　内部长期投资　现金流量　成本费用　成本费用管理　利润　财务分析

练习思考题

1.试述财务管理的概念与特点。

2.财务管理的内容有哪些?

3.企业筹资有哪些渠道?筹资方式有哪些?

4.股票如何进行分类?

5.试分析股票筹资的优缺点。

6.试述债券的概念与分类。

7.试分析债券筹资的优缺点。

8.流动资产管理涉及哪些内容?

9.固定资产如何分类?固定资产管理涉及哪些内容?

10.什么是无形资产?无形资产包括哪些形式?

11.项目投资决策方法有哪些?

12.如何进行成本费用控制?

13.试述利润分配的原则与程序。

14.简述财务分析的意义。

第八章练习思考题参考答案

第九章

物资管理

学习目标

1.掌握物资的概念、分类及作用；

2.掌握物资管理的概念及内容；

3.掌握物资消耗定额的概念、作用及方法；

4.掌握物资储备定额的概念、作用及方法；

5.了解物资供应计划的编制；

6.理解物资需要量的确定方法；

7.理解库存控制与管理。

价值引领

中国古代的粮食储备

积谷备荒是我国的优良传统，历代都把粮食储备与国家安危、民生温饱紧紧联系在一起，制定了一套备战备荒的有效制度政策。储备粮食的官民仓廪种类繁多，对于救荒赈济发挥了重要作用。早在西周时期，人们就对粮食仓储的重要意义有了极深刻的认识。《礼记·王制》中论述："国无九年之蓄，曰不足；无六年之蓄，曰急；无三年之蓄，曰国非其国也。"

《管子·轻重甲》曰："天下有兵，则积藏之粟足以备其粮。天下无兵，则以赐贫甿。"由此推行粮食储备，备战备荒。

西汉晁错从国家利益的高度阐述粮食储备的重要性："夫腹饥不得食，肤寒不得衣，虽慈母不能保其子，君安能以有其民哉。"并上简朝廷颁行"务民于农桑，薄赋敛，广畜积，以实仓廪，备水旱，故民可得而有"的政策。

唐玄宗开元二十七年（公元739年），朝廷制定法令，命全国加强粮食储备，保证国家和民生的需要。

宋元明清各朝都制定了仓库律和厩库律，落实国家的粮食储备，以保证国计民生之需。

资料来源　新疆粮食. 粮史故事|古代的粮食政策法规，中国粮食经济，昨天［EB/OL］.［2021-06-23］. https：//mp.weixin.qq.com/s？__biz=MzA3OTc1NTEyOA==&mid=2649708883&idx=5&sn=67292ab2459bfaf8d6754cd822d0fa17&chksm=87b55b44b0c2d2521b1bfc741a58a1f13755b2a4d82bd7af02cf6b8aff743de5169404fa0b3d&scene=27.

第一节 物资管理概述

一、物资与物资管理

（一）物资的基本概念

通常所说的物资泛指生产上和生活上所需的物质资料，即生产资料和生活资料的总称。企业的物资是指用于企业生产，在生产过程中所消耗的生产资料，包括原料、材料、燃料、辅助材料、工具和设备等。企业的生产过程通常也是各种物资的使用和消耗的过程。

（二）物资的分类

企业所需的物资种类繁多，各种物资具有不同的特点，为便于物资的管理，合理采购，确保供应，有必要对其进行分类。物资的分类方法主要有以下几种：

1.按物资在生产中的作用分类

按在生产中所起的作用，可将物资分为主要原材料、辅助材料、燃料、动力、配件和工具等。

（1）主要原材料，是指构成产品实体的物资，主要包括钢材、铸钢、铸铁、木材、塑料和有色金属材料等。

（2）辅助材料，是指用于生产过程，有助于产品形成但不构成产品实体的物资，包括工艺辅助材料（如型砂）、设备辅助材料（如润滑油）和包装辅助材料等。

（3）燃料，是指产生热能、动能的可燃性物质，通常包括石油、木材、煤炭等。

（4）动力，是指用于生产和管理等方面的电力、蒸汽、压缩空气等。

（5）配件，是指预先准备的用于更换设备中已磨损和老化的零件和部件的各种专用备件。

（6）工具，是指生产中所使用的各种刀具、量具、卡具等。

按物资在生产中的作用划分，有利于企业制定物资消耗定额，计算各种物资需要量，计算产品成本。

2.按物资的自然属性分类

按自然属性，可将物资分为金属材料、非金属材料和机电产品。

（1）金属材料，包括黑色金属和有色金属。

（2）非金属材料，包括木材、煤炭、化工产品、纺织品、建筑材料等。

（3）机电产品，包括电机、电线、仪表、机械设备、电子和光学仪器以及液压配件等。

按物资的自然属性划分，有利于企业编制物资供应目录，也便于物资采购、存储、保管和运输。

3.按物资的使用范围分类

按使用范围，可将物资分为基本建设物资、生产产品用物资、维修技改用物资、科学研究开发新产品用物资和工艺装备物资等。

（三）物资管理的概念

企业的物资管理是指对企业生产经营活动所需的各种物资进行有计划的采购、储备、供应、保管、使用等一系列管理工作的总称。

物资是进行企业生产的重要物质条件，物资管理非常重要，管理工作的好坏直接影响到企业的生产、技术、财务、劳动和运输等方面的经营活动和经济效益。加强物资管理工作，合理组织采购、储备、供应、保管和使用，对保证企业正常运行、提高企业产品质量、降低企业生产成本、提高企业经营效益都具有十分重要的意义。

二、物资管理的任务

企业物资管理工作的基本任务是根据企业规定的生产经营任务，以提高经济效益为核心，做到供应好、周转快、消耗低、费用省，保证企业的生产有效顺利地进行。具体有如下任务：

（1）按企业生产经营所需要的品种、规格、数量、质量，及时、齐备地保证各类物资的供应，使生产经营活动不间断地进行。

（2）通过有效的组织形式和科学管理方法，控制物资合理库存量，减少和消除积压物资，加速物资和资金周转。

（3）创造合理利用物资的条件，监督和促进生产过程合理使用物资，降低物资消耗。

（4）节省采购、运输、仓储及其他物资管理费用的支出。

（5）遵守国家政策和法令，严格企业的物资管理制度和手段。

三、物资管理的内容

物资管理的主要内容包括：

（1）保质、保量、按时地为企业供应所需的各种物资，保证企业生产经营活动顺利进行。

（2）制定先进合理的物资消耗定额，实行集中下料和限额发料，搞好物资综合利用和修旧利废，督促物资使用部门努力降低物资消耗。

（3）确定合理的物资储备定额，妥善保管，减少存储损耗，加快资金周转。

（4）编制物资供应计划，做好日常各种物资的管理工作。

（5）节省采购、运输、仓储及其他物资管理费用的支出。

第二节 物资消耗定额

一、物资消耗定额概述

（一）物资消耗定额的概念

物资消耗定额是在一定的生产技术组织条件下，制造单位产品或完成单位劳务所必须合理消耗的物资数量的标准。

物资消耗定额一般用实物量表示，例如，火电厂发电煤炭消耗定额用千克/千瓦小时表示，也可以用相对数量表示，如把单位原材料所能制造的产品数量指标，计算为出产率、制成率或利用率等。

(二) 物资消耗定额的作用

制定物资消耗定额是企业管理的一项重要基础工作，对企业的技术进步、经济效益与管理水平的提高都会产生重大的影响，必须予以重视。具体有以下几个方面的作用：

(1) 物资消耗定额是编制物资供应计划、加强物资供应管理的基础。依据先进合理的物资消耗定额，就可以计算出各种物资需要量、储备量、采购量等指标，从而编制出科学的物资供应计划。它还是核算生产用材料、根据限额发放材料的依据，是科学地组织物资供应的基础。

(2) 物资消耗定额是产品成本核算的重要手段。通过物资消耗定额指标，可以鉴别是否合理使用、节约使用了物资，可以核算产品成本。合理的物资消耗定额，是企业监督物资消耗的标准，可以促进企业内部各个部门的经济核算。

(3) 物资消耗定额是促进企业技术进步的重要条件。先进合理的物资消耗定额是在先进的技术基础上制定的，它是随着技术的进步和企业管理水平的提高而不断地变化的。采用先进的物资消耗定额反过来又促使企业改进生产工艺，改进生产组织，提高职工的技术水平和操作水平。

(4) 物资消耗定额是影响企业经济效益的重要因素。合理的物资储备量，可以在保证企业正常生产经营的情况下，减少企业物资的资金占用。而企业合理的物资储备量，是以先进合理的物资消耗定额作为依据的。物资消耗定额影响库存量，影响库存成本，影响资金使用效率，进而影响企业的效益，是必须控制的重要指标。

二、物资消耗定额制定方法

物资消耗定额制定的基本方法有以下三种：

(一) 经验估计法

经验估计法是根据企业员工的实际经验，参考有关技术文件和产品实物来制定物资消耗定额的方法。这种方法的优点是简单易行，缺点是准确性差，会受到企业生产技术组织条件、工艺水平变化等因素的影响，一般只在缺乏必要技术资料和统计资料或单件小批生产情况下采用。

(二) 统计分析法

统计分析法是根据以往生产中物资消耗的统计资料，经过分析研究并考虑到计划期内生产技术组织条件的变化等因素，制定物资消耗定额的方法。这种方法的优点是简单易行，缺点是必须有齐全、可靠的统计资料，否则就会影响结果的准确性。

(三) 技术计算法

技术计算法是根据产品设计和工艺的需求，在充分考虑先进技术和先进经验并在工艺计算的基础上，确定经济合理的物资消耗定额的方法。这种方法的优点是制定的物资消耗定额准确、可靠，缺点是计算工作量较大，要求具备齐全的工艺技术资料。一般对已经定型、产量较大和技术资料较全的产品，采用技术计算法确定物资消耗定额。

物资消耗定额在具体制定时，一般要区分主要物资、辅助材料和能源等几种不同的情况。

第三节 物资储备定额

一、物资储备定额概述

(一)物资储备定额的概念

物资储备定额是指在一定的生产技术组织条件下，为保证企业生产顺利进行所必要的、经济合理的物资储备数量标准。

物资储备定额是企业物资计划管理的基础，是确定物资采购量、正确组织企业物资供应、核定企业储备定额的依据。

(二)物资储备定额的种类

企业的物资储备定额通常有经常储备定额、保险储备定额和季节性储备定额三种。

1.经常储备定额

经常储备定额是指企业在前后两批物资进厂的供应间隔期间，为满足生产正常进行所建立的物资储备数量标准。它是物资储备定额的主要组成部分，经常储备量是一个变量，进货时储备量最大，之后随着生产上的消耗，储备量逐渐减少，在下一批物资进厂前，储备量达到最小。

2.保险储备定额

保险储备定额是指为了保证企业生产经营活动连续不断地进行，不致因交货拖期、运输延误和需求增加等造成中断所需的物资储备数量标准。这种储备在正常情况下不动用，一旦动用必须及时补充，因此它是一个常量。保险储备并不是所有企业、所有的物资都要建立，对于资源充足、供应正常、容易购买的物资或可以用其他物资代用的物资，可以不建立或少建立保险储备。

3.季节性储备定额

季节性储备定额是指企业为了克服某些物资供应的季节性或生产消耗的季节性因素影响，保证生产正常进行而建立的物资储备量。凡是建立季节性储备的物资，一般不再建立经常储备和保险储备。

企业的物资储备定额中，由于经常储备是一个经常变化的量，因此，物资储备定额有上限和下限之分。上限叫最高储备定额，即经常储备量加保险储备量；下限叫最低储备定额，即保险储备量（如图9-1所示）。

二、物资储备定额制定方法

(一)经常储备定额的制定方法

经常储备定额的计算公式如下：

$$\text{某种物资的经常储备定额}=\text{平均每日需要量}\times\text{合理储备天数} \quad (9-1)$$

式中：$$\text{平均每日需要量}=\frac{\text{计划期物资需要量}}{\text{计划期天数}} \quad (9-2)$$

$$\text{合理储备天数}=\text{平均供应间隔天数}+\text{验收入库天数}+\text{使用前准备天数} \quad (9-3)$$

式中：$$\text{平均供应间隔天数}=\frac{\sum(\text{每次入库数量}\times\text{每次进货间隔天数})}{\sum\text{每次入库数量}} \quad (9-4)$$

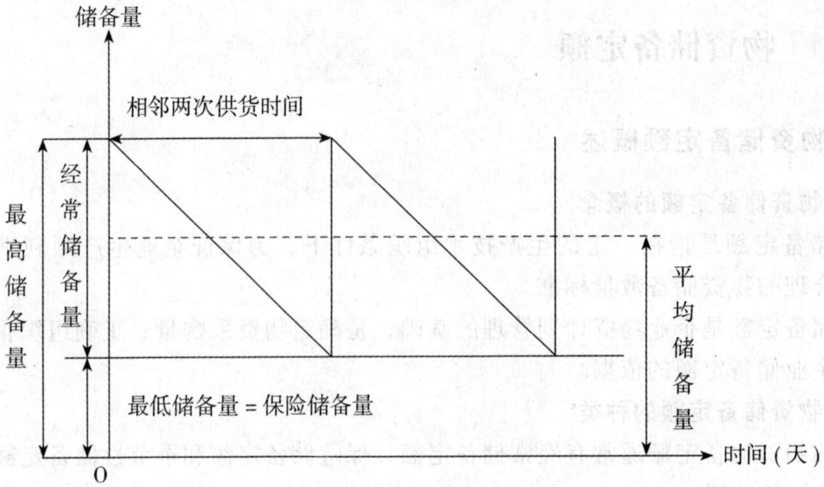

图9-1　物资储备定额图

验收入库天数和使用前准备天数可以根据实际资料采用加权平均法求得。

（二）保险储备定额的制定方法

保险储备定额的计算公式如下：

某种物资保险储备定额=保险储备天数×平均每日需要量　(9-5)

其中，保险储备天数一般可以按平均误期天数确定，其计算公式为：

$$平均误期天数=\frac{\sum(每次误期天数\times每次误期时入库数量)}{\sum每次误期时入库数量} \quad (9-6)$$

（三）季节性储备定额的制定方法

季节性储备定额的计算公式如下：

某种物资的季节性储备定额=平均每日需要量×季节性储备天数　(9-7)

其中，季节性储备天数一般是根据生产需要和供应中断天数确定的。

在确定了经常储备定额和保险储备定额后，可求出该种物资的最高储备量、最低储备量和平均储备量。计算公式如下：

最高储备量=经常储备量+保险储备量　(9-8)

最低储备量=保险储备量　(9-9)

$$平均储备量=\frac{经常储备量}{2}+保险储备量 \quad (9-10)$$

上述关系如图9-1所示。

第四节　物资供应计划

企业的物资供应计划是确定计划期内为保证企业生产正常进行所需各种物资的计划。物资供应计划是企业经营计划的重要组成部分，是企业向市场采购物资的依据。正确编制物资供应计划，对于加强物资管理、保证生产需要、促进物资节约、降低产品成本、加速资金周转具有重要的作用。

企业编制物资供应计划的主要内容有：编制物资供应目录；确定各种物资的需要量；确定计划期初和期末的储备量；编制物资平衡表；确定物资采购量等。

一、编制物资供应目录

企业在生产经营活动中所需的物资品种繁多，品种选择合理不仅直接关系到物资的节约使用，而且对于保证产品质量、提高生产效率、促进技术进步以及合理利用国家资源具有重要意义。为了保证企业正确选择和确定所需要的物资品种，企业的物资供应部门必须认真编好物资供应目录。

物资供应目录是企业物资部门根据企业生产所需的各种材料物资，按照物资分类的顺序，有系统地整理、汇总并详细地列出各种物资的类别、名称、规格、型号、技术标准、计量单位、供应价格等。

物资供应目录是编制物资供应计划和物资采购的重要依据，也是设计、工艺等部门正确选用物资的必要参考资料，对于加强物资统一管理、提高物资管理水平也有重要作用。

编制物资供应目录是一项细致而复杂的工作。企业需要组织物资、技术、财务等部门，在保证和提高产品质量的前提下，从技术、经济和供应条件等各方面考虑，选择最经济合理的物资品种。正确选择物资品种，应考虑以下几个主要因素：

（1）选用的物资必须保证生产的产品质量，即要符合国家规定的技术标准或合同中规定的技术条件。

（2）选用的物资应尽量立足于国内，充分考虑就地就近选材的可能性。

（3）充分考虑物资的规格化、标准化，尽可能减少选用物资的规格、品种数量。

（4）充分考虑物资的规格尺寸，尽可能减少生产过程中的余料，保证物资充分利用。

（5）选用的物资应尽可能保证生产中有较高的劳动生产效率和设备利用率。

二、确定物资需要量

物资需要量是指企业在计划期内完成生产、维修、基建、技术措施、科研等任务所需的物资数量。确定物资需要量，是编制物资供应计划的重要环节，是企业物资供应的重要依据。

确定物资需要量是按每一类物资、每一种具体品种及规格分别计算的。不同用途、不同种类的物资，需要量的计算方法是不同的，可以归纳为直接计算法和间接计算法两种。

（一）直接计算法

直接计算法，又称为定额计算法。它是根据计划任务量和物资消耗定额来确定物资需要量的方法。其计算公式为：

某种物资需用量=计划任务量×物资消耗定额×（1+物资供应系数） （9-11）

其中，物资供应系数是以百分比表示的在物资消耗定额中未包括的其他各种消耗或损耗，如保管、运输、废品等损失，但是可回收利用的损耗应从中扣除。

直接计算法具有准确可靠的优点，是计算物资需要量的主要方法。目前直接计算法多用于主要原材料和有消耗定额的辅助材料需要量的计算。

（二）间接计算法

间接计算法，也称为比例计算法。它是按比例、系数来估算物资需要量的方法，一般用于那些没有消耗定额或难以制定的物资需要量的计算。其计算公式为：

某种物资需要量=计划任务量×（上期物资消耗量/上期任务完成量）×压缩系数 （9-12）

其中，压缩系数是为了避免在计划期内重复上期所产生的不合理的物资消耗因素，或采取措施可以减少一部分物资消耗而确定的。

三、确定计划期期初和期末的储备量

由于生产任务、供应条件等变化，计划期内期初和期末库存量往往是不相等的，即使在物资需用量不变的情况下，物资的采购量也会发生增减。当期初库存量大于期末库存量时，物资的采购量就可减少；反之，就要增加。

（一）期初储备量

期初储备量一般是根据编制计划时库存的实际盘点数确定的。由于编制物资供应计划通常是在计划期前就开始，所以无法取得期末库存的实际数字，因此，只能采取概算的方法确定计划期期初物资储备量。其计算公式为：

计划期期初储备量=编制计划时实际库存量+到本期末预计进货量-到本期末预计消耗量 （9-13）

（二）期末储备量

如果企业需用某种物资的品种、规格很少，那么期末储备量通常是按经常储备量加上保险储备量来计算的。如果企业需用某种物资的品种、规格较多，由于经常储备量是变化的，在实际工作中，通常采用50%~75%的经常储备量加保险储备量作为期末库存量。

四、编制物资平衡表，确定物资采购量

企业在确定了各种物资需用量和期初、期末库存量之后就可以编制物资平衡表。物资平衡表一般是按物资的具体品种、规格编制的，其格式如表9-1所示。

表9-1 **物资供应平衡表**

<table>
<tr><th rowspan="2">序号</th><th rowspan="2">名称</th><th rowspan="2">规格型号</th><th rowspan="2">计量单位</th><th rowspan="2">期初预计库存量和其他内部资源量</th><th colspan="7">计划需要量</th><th rowspan="2">期末储备量</th><th rowspan="2">平衡差额</th><th colspan="2">平衡措施</th><th rowspan="2">备注</th></tr>
<tr><th>合计</th><th>生产</th><th>维修</th><th>技术措施</th><th>科研</th><th>基建</th><th>其他</th><th>市场采购</th><th>协作调剂</th></tr>
<tr><td>甲</td><td>乙</td><td>丙</td><td>丁</td><td>1</td><td>2</td><td>3</td><td>4</td><td>5</td><td>6</td><td>7</td><td>8</td><td>9</td><td>10</td><td>11</td><td>12</td><td>戊</td></tr>
</table>

编制物资平衡表后，就可以按物资类别编制物资采购计划，提出计划期物资的采购量。其计算公式为：

某种物资采购量=物资需用量+期末储备量-期初储备量-企业内部可利用资源 （9-14）

其中，企业内部可利用资源是指企业改制、代用和修旧利废等方面的物资。

第五节 库存控制与管理

一、库存控制

物资供应计划是以年度计划为依据而编制的，它反映了企业在一个比较长的期间内对物资的总需要量，而日常生产对物资的需要则通过库存储备来保证。为了使物资不间断，物资供应部门要及时对库存进行必要的补充。

库存实际上就是各种物资在生产前的等待加工状态。影响库存的因素较多，主要有以下几个方面：

（1）物资需要量。物资需要量越大，库存越大。

（2）缺货损失。由于缺货而造成生产停顿的，库存相对应大些。

（3）物资价格。物资价格越高，费用越大，库存应尽量压缩，哪怕增加订货次数。

（4）订货提前期。订货提前期是指从订货至货到的时间，提前期越长，库存越大；反之，库存越小。

（5）订货费用。订货需要花费一些费用，如检验费、手续费、差旅费等，它们与订货次数成正比，如果订货费用高，应减少订货次数，增加库存。

（6）保管费用。物资进入仓库需要保管，要发生保管费用，保管费用与库存成正比。

库存控制的方法有很多，常用的库存控制方法有定量库存控制法、经济订购批量法和ABC管理法。

（一）定量库存控制法

这种方法是当物资储备下降到某一规定数量时，由仓库立即发出订货要求，物资供应部门及时组织订货，以保证消耗掉的经常储备得以再次建立。在定量库存控制法中，最具代表性的方法是订购点法。订购点法就是预先制定一个订购点的库存量水平，当库存量降低到订购点的存量水平时，即自动发出某一固定的补充订购单，如图9-2所示。

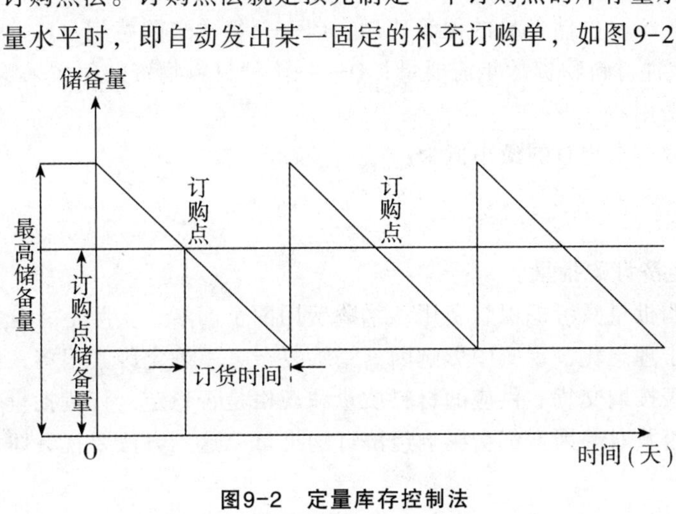

图9-2　定量库存控制法

订购点的计算公式为：

订购点=平均每日需用量×订货时间+保险储备量　　(9-15)

按定量库存控制法补充库存储备时，物资储备的变化如图9-2所示。该图只适用于物资需求率不变的情况，即各次订货时间间隔相同。

（二）经济订购批量法

经济订购批量，实际上就是两次进货间隔的合理库存量，即经常储备定额。根据经常储备定额和保险储备定额，就可确定最高储备定额和最低储备定额这两个数量的界限。

库存物资的成本包含物资价格、采购费用和保管费用，其中采购费用和保管费用可能会高于物资价格。在一次物资采购中，无论采购的数量是多少，采购费用是固定的，采购费用与采购次数成正比，与一次采购量无关。物资库存所发生的费用与订购批量的关系如图9-3所示。要节省采购成本，理应减少采购次数，提高一次采购量。但是采购量的增加会使得保管费用相应增加。因此，在确定经济订购批量时，必须考虑订购批量与材料购储费用（采购费用和保管费用）之间的关系，寻求总费用最低，才能获得最佳经济效果。

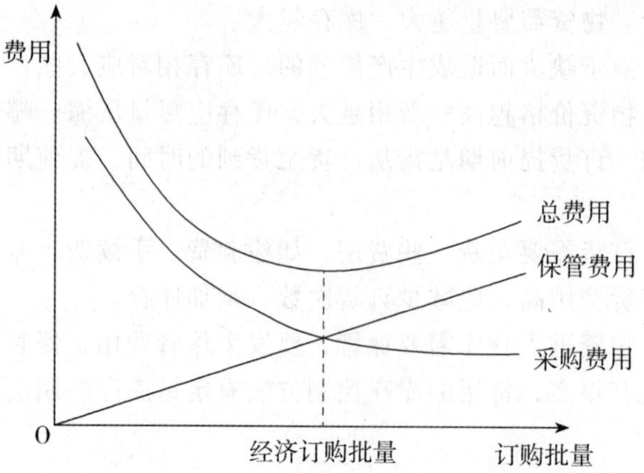

图9-3 经济订购批量与库存费用的关系

经济订购批量法的计算公式是：

$$C=C_2\frac{U}{Q}+C_1\frac{Q}{2}+C_3U \tag{9-16}$$

式中：C_1——每单位储备量的保管费用；C_2——每次采购费用；C_3——某种材料物资的单价；U——该种材料物资的年需要量；Q——该种材料物资的每次采购量；C——该种材料物资的购储费用。

将上式求导数，求得Q的最小值为：

$$Q=\sqrt{\frac{2C_2U}{C_1}} \tag{9-17}$$

Q就是最优经济订购批量。

最优经济订购批量只考虑保管费用和采购费用两个因素，实际上，分析过程对外界环境因素的假设过于理想化，现实中影响因素错综复杂，不确定因素很多，例如，物资价格波动、供应方能否按期交货、供应的材料质量和规格是否稳定、订货批量是否受运输吨位的限制、运输是否及时等因素都会影响经济订购批量。这一方法要视具体情况灵活运用。

专栏9-1

库存物资ABC管理法

企业库存物资数量大，品种规格很多，如果不分主要次要，不分需要量大小，不分单价高低，都采用相同的管理方法，同等重视，会分散管理人员的精力，影响生产的顺利进行。所以，在库存量管理中要抓重点物资，通过抓重点掌控全局。ABC管理法就是一种简单实用的分类管理方法。

企业所需物资有这样的规律：少数品种在总供应额中占有很大比重，而占品种数很大比重的物资，在总供应额中所占的比重又很小。库存物资的ABC分类法，就是根据物资品种和供应额之间的不均衡性，将其划分为A、B、C三类，对占用资金大的物资材料实行重点管理，加强控制，对占用资金少的物资材料则采取一般控制，从而加强物资管理的一种方法。A类物资品种最少，占企业全部物资的10%左右，占用70%左右的资金；B类物资品种较A类多，约占20%，占用20%左右的资金；C类物资品种最多，约占70%，只占用10%左右的资金。因此，最重要的是A类，次重要的是B类，不太重要的是C类。A类物资品种数虽然不多，但是在物资供应总额中占有相当大的比例，对产品的成本、企业的经济效益影响最大，在保证生产需要中意义也最大，是库存管理工作的重点。

按ABC分析结果，对三类库存物资进行有区别的管理：A类物资管理的要点是，要尽可能地降低订购批量，将库存压缩到最低水平。为此，就要对A类物资库存严格控制，认真地查明物资的需要量，精确地计算费用支出和经济订购批量，经常检查库存量变化，及时进行统计分析，及时补充。C类物资管理的要点是，通过适当加大订购量和库存量，减少日常的管理工作，达到简化手续、减少管理费用的目的。增加库存量当然会加大仓储费用和利息支出，但因C类物资在供应总额中所占的比例很小，这部分费用支出的增加与管理费用的减少相比还是次要的。B类物资的管理方法介于A类、C类两者之间。

ABC管理法的一般步骤是：

(1) 数据搜集。根据不同的管理对象和内容，搜集有关的数据，作为分类管理的依据，这些数据一定要做到准确可靠。

(2) 统计汇总。将搜集的数据进行统计与整理，按ABC管理法的要求进行分类，分别计算出数量、金额及所占百分比，加以汇总。

(3) 制ABC分析表。按ABC管理法的要求绘制分析表。

(4) 绘ABC分析图。按ABC管理法的要求绘制分析图。

(5) 确定管理方法。依据ABC管理法的要求对不同类别的物资确定不同的管理方法。

ABC管理法的应用，在库存管理中比较容易取得压缩总库存量、解放被占用的资金、库存结构合理化、节约管理力量的成效。

资料来源 王长青. 仓储与配送管理实务［M］. 北京：北京理工大学出版社，2018.

二、库存现场管理

库存现场管理主要是做好物资的验收入库、物资的保管、物资的发放等环节的工作。

(一) 物资的验收入库

物资的验收，是做好仓库管理工作的先决条件。物资验收包括两个方面的工作：一是数量、品种、规格的验收，一切进厂的物资都要与运单、发票及合同规定的数量、品种、规格等完全相符；二是质量验收，按规定送交检验部门进行质量鉴定，合格后才能入库、登账、立卡，并将入库通知单连同发票、运单等一起送交财务部门。

生产中发生质量事故的一个主要原因就是与物资验收入库制度不健全有关，因此，做好物资的验收入库工作是保证生产正常进行、避免损失和浪费的一个不可忽视的环节。

(二) 物资的保管

物资的保管是仓库管理工作的主要业务，物资验收入库后，需要根据不同物资的物理性质、化学成分、体积大小、包装情况等妥善保管。

(1) 合理存放。通常将物资按类别、系列存放在仓库的固定货区内，科学合理摆放，达到摆放整齐、标志鲜明，便于存放、取送、检验和盘点。

(2) 妥善保养。物资变质主要受三个方面的因素影响：物资的物理、化学性能；物资储存的自然环境；物资储存期的长短。为了防止物资不变质和保证仓库的安全，要求做到防锈、防尘、防潮、防震、防腐、防磨、防水、防爆、防变质、防漏电等十防工作。同时，在物资保管过程中，还必须建立和健全账卡档案，及时掌握和反映产、需、供、耗、存的情况。

（三）物资的发放

物资的发放是物资部门为生产服务和节约使用物资的重要环节。物资发放工作的好坏对生产有直接的影响，发放中应注意以下几点：

（1）出库单据和手续必须符合要求。应根据供应部门开出的限额发料单、提货单，经核对无误方可发放，非正式凭证一律不予发放。

（2）严格执行限额发料制度。按照物资的消耗定额和计划任务，计算出物资需要量，制定发放物资数额，据以发放物资。

（3）实行送料制度。这不但可节省生产人员的领料时间，还可使供应人员直接掌握现场物资消耗使用情况，以便及时调剂余缺。

（4）贯彻先进先出原则。发放物资时，一定要做到先进先出，以免物资自然损耗和久存变质。

（5）实行补料审核制度。凡是由于工废、料废、超定额等原因要求补料时，必须按规定的手续经过审核和批准后，才能允许补料。

（6）实行退库和核销制度。出现多余的物料时，应及时办理退料手续。物资部门还应按月对领料部门所消耗的物资实行核销制度，便于加强考核。

课后案例

小米公司的存货管理

1.小米公司概况

2010年4月6日，小米（全称北京小米科技有限公司）正式成立，是一家移动通信终端设备开发和软件开发公司。小米于2011年8月16日在北京发布了小米手机。此外，其他核心产品还包括基于Android的第三方操作系统MIUI以及小米盒子、小米电视。2012年6月7日，小米推出24小时官网购买，并在互联网上提供良好的售后服务。2012年6月26日，雷军宣布完成2.16亿美元融资后，小米的估值达到40亿美元。小米盒子和小米手机在2013年3月19日同时销售。2013年4月9日，小米在北京国际会议中心由CEO雷军发布了四款新产品。2013年8月23日，完成新一轮融资后，小米的估值达到100亿美元。在阿里巴巴、腾讯和百度之后，小米跻身于中国四大互联网公司行列。2018年7月9日，小米迎来了一个重要的转折点——在香港交易所主板挂牌上市。此后小米不断扩展项目，坚持科技创新，凭借实力入选2019福布斯中国最具创新力企业榜。2019年10月，2019福布斯全球数字经济100强榜发布，小米位列第56位。同年，在《人民日报》重点栏目"中国品牌发展指数"榜单中，小米跃居前30名。2021年第二季度，小米手机全球市场份额首次超越苹果，领先全球，同时也是全球以及中国增速最快的智能手机品牌。

目前，小米已经建成了全球最大消费类IoT物联网平台，连接了超过4亿台智能设备，进入全球100多个国家和地区。MIUI全球月活跃用户达到5.1亿。小米集团参与股份的公司已超过500家，全面覆盖了智能硬件、生活消费用品、教育、游戏、社交网络、文化娱乐、医疗健康、汽车交通、金融等领域。

2.小米公司战略与存货管理的关系

要完成未来智能生态圈的宏大战略，小米公司就必须迅速“掌握”市场份额，从而以点连线，才能覆盖人民生活的方方面面。更重要的是，在打造品牌初期，更要通过过硬的质量，以及比别人更高的配置，吸引广大消费者并且使之成为该品牌的忠实使用者，这样才能在新的产品面世时，拥有足够的市场吸引力。而零库存的管理模式以及饥饿销售模式，首先大大降低了管理成本与商品制造成本，使小米手机可以以过硬的质量、更高的配置、更低的价格吸引到大量消费者与忠实客户，其次我国人民的收入水平较发达国家来说相对低，所以低价格高性能更符合我国消费者的消费观念。这也为小米未来发展大战略提供了基础。

3.小米公司的存货管理

小米之所以能够吸引很多的消费者，在手机市场占有一定的份额，是因为它每一代手机都拥有最新旗舰型高端配件，但是销售的价格很亲民，这是小米手机每一代产品都能够取得巨大成功的原因。2015年4月9日，小米还破了一项吉尼斯世界纪录，在世界单一网上平台上，24小时内它销售的手机数量最多。小米备受关注有以下两个原因：其一，良好的营销手段。其二，从采购、生产、信息管理到销售渠道等，小米公司严格控制成本，因此它可以高配置、低价格地销售产品。小米公司最典型的存货管理方法就是“零库存”管理。

零库存并不是指在企业仓库里产品的储存量真的是零，而是指在采用特殊的手段和办法之后，使得在仓库的产品在不影响企业运作的同时，可以存在的最小量。所以“零库存”管理的内涵是指在企业运作和发展不受到影响的同时，仓库产品不需要不断地进行补充，只要保持在一定的最小数量就可以了。

小米手机的生产模式被称为“类PC生产”，这是一种“按需定制”的生产模式。小米手机用户通过网络下单，小米获得市场需求，然后通过供应链采购零部件，比如向夏普采购屏幕、向高通采购芯片、向索尼采购摄像头，再通过其他厂商采购其他非关键零部件，实现零件供应商→代工工厂→线上销售→配送中心→买家。零库存可以给企业带来低成本竞争力，但零库存也会带来风险。一般情况下，公司会根据自身情况，针对零库存模式设置不同的控制措施，尽可能减少零库存供应造成的风险。

4.小米公司采用零库存管理的原因

（1）网络直销降低存货成本

在传统生产模式下，制造商往往在没有充分了解顾客需求的情况下，就按照自己的意愿制造出了产品，在没有具体数量的情况下，很容易造成成品堆积的现象，增加公司的成本。而小米公司进行的网络直销正是通过建立网站，在网上对产品进行宣传与推广，再通过订单对消费者需求有了一定的了解，按照网上用户订单，安排生产，这样就极大地避免了成品堆积的可能，降低了生产成本。另外，与传统手机厂商相比，小米这种网络直销的方式跳过了中间商，减少了人力、物力的消耗，需要等待的时间也变短了，既提高了效率，也降低了成本。

（2）戴尔式的供应链

传统的手机供应链在执行上很复杂，需要花费的时间很多，因为很多零件都是需要提前预订的，等待的时间是很长的，并且各个配件需要等待的时间也是不一定的，先到的零件就需要存放在库房里，这样就会造成存货成本较高。而市场竞争激烈，时间就是金钱，很多厂商因库存问题而倒闭，小米采用的戴尔式的供应链模式就不需要考虑这方面的问题。

小米在网上获得消费者的订单后，比较自己公司的库存数据（包括货物运输过程中的“库存”和“流量库存”），然后决定购买能够保证质量的供应商产品。零件和其他非关键部件可以从其他制造商处购买。在此之前，小米不需要承担任何库存成本。而且小米创建了一个全球供应链，涉及所有硬件领域，并且价格有优势。

资料来源　杨柳．小米公司存货管理研究［J］．商场现代化，2023，983（2）：73-75.有改动。

案例思考题：

1.小米公司是如何做到零库存的？

2.小米公司的库存控制与管理给你的启示是什么？

本章小结

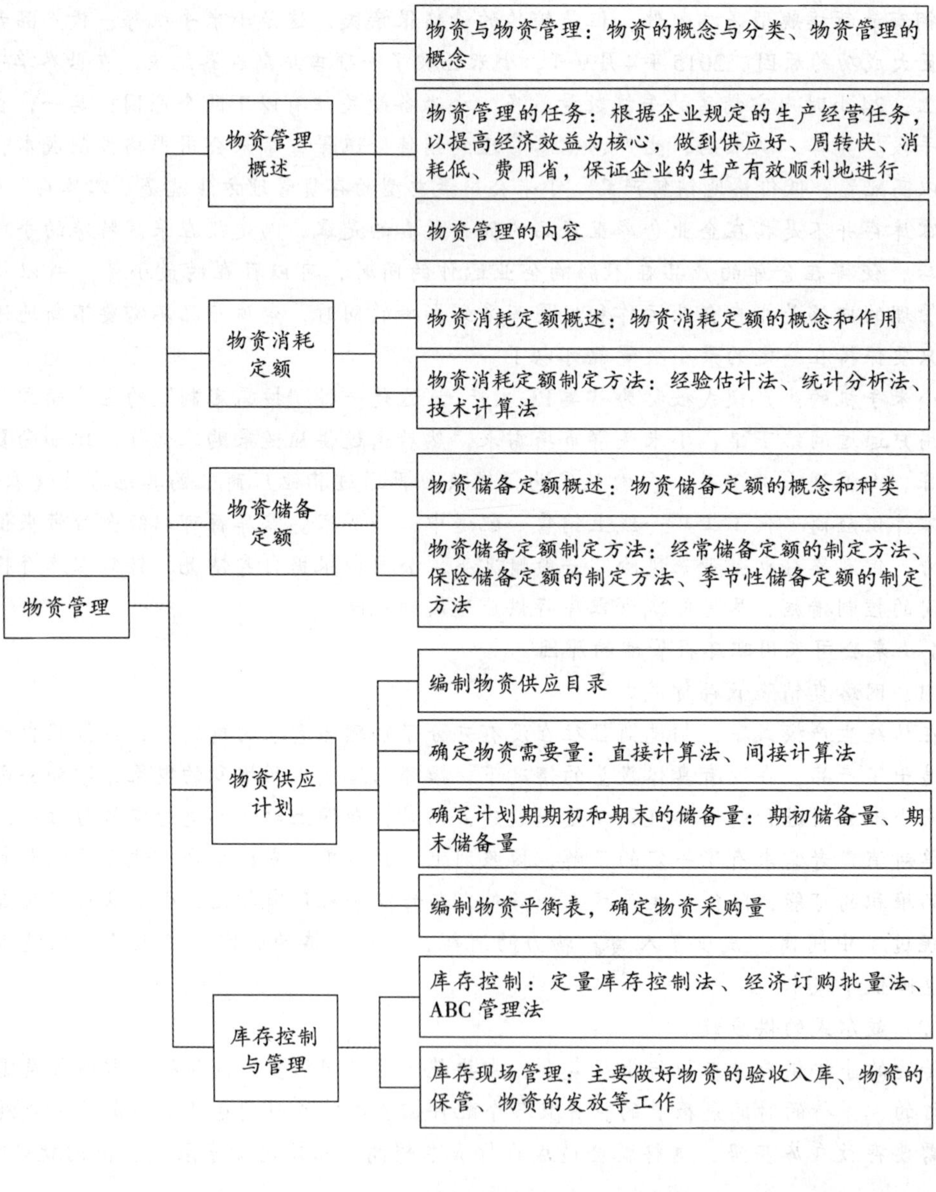

主要概念

物资　物资管理　物资消耗定额　物资储备定额　物资供应计划　库存

练习思考题

1.什么是物资管理？物资管理的任务是什么？

2.物资消耗定额制定的基本方法有几种？

3.物资储备定额制定的方法有几种？

4.物资供应计划包含哪些内容？

5.哪些因素影响库存？

6.试述定量库存控制法的原理。

第九章练习思考题参考答案

第五篇 生产篇

第十章

生产与运作管理

学习目标

1. 掌握生产与运作管理的基本概念；
2. 理解生产与运作管理的范围和内容；
3. 理解生产与运作流程的设计；
4. 掌握制造业生产与运作时间组织；
5. 了解生产与运作能力规划；
6. 掌握供应链管理；
7. 理解MRP、MRPⅡ、ERP；
8. 了解生产与运作管理发展新趋势。

价值引领

加快建设制造强国

党的二十大报告指出，全面建设社会主义现代化国家要加快构建新发展格局，着力推动高质量发展。发展是党执政兴国的第一要务，而没有坚实的物质技术基础，就不可能全面建成社会主义现代化强国。因此，必须建设现代化产业体系，坚持把发展经济的着力点放在实体经济上，推进新型工业化，加快建设制造强国。实施产业基础再造工程和重大技术装备攻关工程，支持专精特新企业发展，推动制造业高端化、智能化、绿色化发展。

制造业是国民经济的主体，是立国之本、兴国之器、强国之基。历史与实践已经表明，没有强大的制造业，就没有强盛的国家和民族。“制造业特别是装备制造业高质量发展是我国经济高质量发展的重中之重"，必须高度重视推动我国制造业转型升级、建设制造强国，"把推动制造业高质量发展作为构建现代化经济体系的重要一环"，"把实体经济特别是制造业做实做优做强"，"打造有国际竞争力的先进制造业集群，打造自主可控、安全高效并为全国服务的产业链供应链"。让国家真正强大起来，就必须打牢大国制造的坚实基础、激发科技创新的强劲动力。

当前，我国制造业正处于结构调整、提质增效的关键时期，也处于由大变强、爬坡过坎的关键阶段。完成中国制造由大变强的战略任务，必须加强顶层设计和前瞻部署，继续推动制造业高端化迈进、智能化升级、绿色化转型，不断提高制造业的发展活力、国际竞争力，努力实现习近平总书记提出的"推动中国制造向中国创造转变、中国速度向中国质量转变、中国产品向中国品牌转变"的目标。

站在新的历史起点上，坚持走中国特色新型工业化道路，把我国建设成为引领世界制造业发展的制造强国，必能为提升综合国力、保障国家安全、全面建成社会主义现代化强国打下坚实基础，构筑未来发展战略优势。

资料来源　和美苏波盖.【领悟二十大精神100讲】第17讲：如何理解加快建设制造强国？[EB/OL].[2023-02-18]. https://mp.weixin.qq.com/s?__biz=MzIyODIyNDMyMQ==&mid=2650470526&idx=5&sn=037d30ab0c5462aabd7ea0cb284b6b7f&chksm=f05b6450c72ced462b12ce28847e4262ca1405ef974e33a2db7fe7e1bf378be325ead9c3ce85&scene=27.

第一节　生产与运作管理概述

随着产品概念由有形产品扩展到无形服务，生产的概念也由生产有形产品扩展到生产无形服务。传统"生产管理"关注制造业产品生产过程的管理，而"生产与运作管理"不仅研究有形产品的生产过程，还研究服务业企业服务提供过程的管理。

一、生产与运作管理的基本概念

生产与运作是一切社会组织将它的输入转换为输出的过程，是一个投入一定资源，经过生产运作系统转化，使其价值增值，最后以有形产品或无形服务形式的产出提供给社会的过程。生产与运作活动包括三个基本要素：投入、转换、产出，其中转换过程是指通过人类的生产劳动使劳动要素价值增加的过程，这个过程就是生产与运作管理的研究对象。

生产与运作管理就是对生产与运作过程的计划、组织、实施和控制，是与产品生产和服务创造密切相关的各项管理工作的总称。

二、生产与运作管理的范围与内容

生产与运作管理的范围包括有形产品和无形服务生产制造的全过程。制造业生产活动的主要内容是有形产品的制造过程，即从原材料投入、工艺加工直至产品完成的全过程。具体内容有生产技术准备、生产过程组织、生产计划、生产作业计划、生产调度及生产作业控制等。随着市场需求复杂多变，技术进步日新月异，产品更新换代速度越来越快，这就要求必须关注生产全过程，适时地对生产全过程进行设计与调整，增强生产系统的功能与柔性。与制造业所产出的物质形态的产品相比，服务业生产运作管理主要强调服务的创造、服务的创新、服务的提供渠道、顾客参与方式等。

生产与运作管理的内容包括两方面：一是生产与运作系统的设计；二是生产与运作系统的运行和控制。生产与运作系统的设计是指厂址选择、工作设计、能力需求规划、工艺流程选择、产品和服务确定、系统设施布置等的决策过程。生产与运作系统的运行和控制广义上包括生产与运作活动的计划、组织和控制过程，具体包括需求预测、质量保证、人员管理等内容；狭义上主要包括生产与运作计划和能力计划编制、作业调度等。

第二节　生产与运作系统的设计

一、生产与运作流程

生产与运作系统设计的任务是如何实现投入变成产出，即如何把产品和服务生产制造出来。

（一）生产与运作流程的基本概念

生产与运作流程是指能够把一定投入变换成一定产出的一系列任务，这些任务由物流和信息流有机地联系起来。生产与运作流程的选择设计，就是要选择和设计把投入变换成产出所需的资源、资源的组合方式、任务的进行方式、物流和信息流的流动方式。

生产与运作流程的概念可以用流程图很方便地表示出来。流程图可以简单明了地说明一个流程中包括的工作任务和这些任务之间的先后关系或并行关系，以及流程中的停顿、检查、库存等环节。在流程图中常用的符号及其含义如图10-1所示。

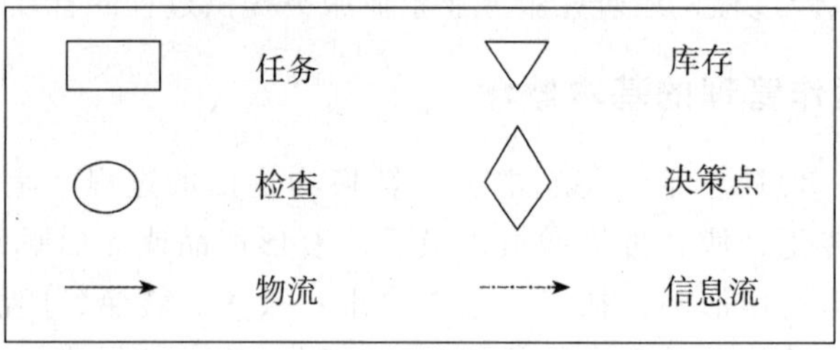

图10-1　流程图中常用的符号及其含义

（二）生产与运作流程的构成要素

生产与运作流程包括六个基本要素，分别是投入、产出、任务、物流、信息流、库存。

1.投入

投入就是生产与运作活动所需要的各种资源，包括人力、资本、设备、物料、技术、信息、土地、能源等。按照它们在生产与运作中所起的作用可分为劳动力、劳动对象、劳动资料、信息和资金五大类，相对而言，前四种资源是有形资源，而信息则是无形资源，对有形资源的运用起着组织、操纵、控制的作用。

2.产出

产出是指生产与运作活动的结果，包括产品和服务，即有形产品和无形产品。值得强调的是，在现代社会中，随着社会的进步和消费者消费心理及行为的日益成熟，产品这一概念的内涵进一步扩大，从这个意义上说，企业必须从各个方面完成生产并使消费者满意才能实现预期的生产价值。

3.任务

任务是指把投入的资源要素向产出方向转换的行为或活动。如在机床上改变金属毛坯的形状，驾驶飞机飞往目的地，等等。一项任务的完成要使用一定的人力和设备，但在一些自动化流程中，可能会出现设备取代人的情况。

4.物流

物流是指物料的流动。

5.信息流

信息流是指生产指令和生产规程等相关信息的流动。物流和信息流可以同时发生，也可以不同时发生。

6.库存

进入一个流程的物料如果既不是在被执行任务，又不是在被运送，那就是作为库存而存在。处于停滞和储存状态的这些库存不增加产品的任何价值，因此应越少越好。流程设计中的一个重要任务，就是尽量减少库存。

（三）生产与运作流程设计中的重要问题

1.资本集约度

资本集约度是指生产与运作流程中设备成本相对于人力成本的比例。无论是新设计一个流程还是改进一个流程，都需要考虑哪些任务由人完成，哪些任务由设备完成。设备成本越高，资本集约度也越高。

2.资源柔性

资源柔性是指一个生产与运作系统能否灵活应对产品品种变化和产量变化的能力。通常需要考虑两种柔性：设备柔性和人员柔性。

如果企业的产品具有市场寿命周期较短、产品顾客化等特点，在生产与运作系统和流程设计中就需要考虑设备的通用性和人员的多技能化，前者即设备柔性，后者为人员柔性。市场寿命周期较短、顾客需求多样化的产品往往产量较低，这就带来了追求资源柔性和高资本集约度之间的矛盾。因为高资本集约度需要从大批量生产中得到回报。

3.顾客参与

在很多服务生产过程中，伴随着频繁的顾客参与。企业在流程设计中应该有意识地引导顾客参与。制造型企业也可采用顾客参与的方式生产制造，比如顾客自己设计产品。流程中的顾客参与和资本集约度、资源柔性都有一定关系。一般认为，顾客参与度高的流程，资本集约度较低，资源柔性较强，但也有不同情况。因此，在流程设计中必须随时考虑到可能的变化，最大限度地利用顾客参与这种形式。

（四）生产与运作流程的具体设计

生产与运作流程的具体设计，以制造业企业生产过程的时间组织为例来进行说明。

为了合理地组织并有节奏地进行生产，提高劳动生产率，缩短生产周期，减少资金占用量，企业不但要在空间上使生产过程中的各个组成部分做好紧密配合，而且要在时间上互相协调衔接。生产过程的时间组织，主要是研究劳动对象在生产过程中各道工序之间的结合与衔接（移动）方式，目的在于提高产品在生产过程中的连续性，缩短产品生产周期。

1.生产周期的概念

产品（或零件）生产周期，是指从原材料投入生产开始，经过各道工序加工直至成品的出产为止，所经历的全部日历时间。

2.生产周期的组成

生产周期主要包括四个部分，如图10-2所示。

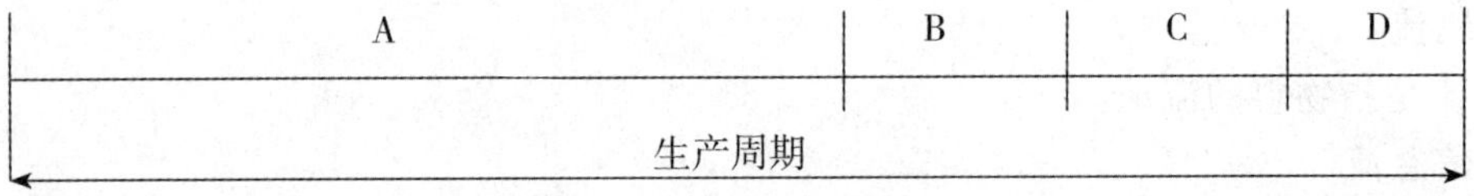

图10-2　生产周期的组成

（1）A段，包括各工艺工序、检验工序、运输工序时间和必要的停放时间，以及自然过程时间等。

（2）B段，包括由于管理所造成的无效时间，如停工待料、设备事故、人员窝工等。

（3）C段，包括由于操作人员责任所造成的无效时间，如缺勤、出废品等。

（4）D段，包括由于产品设计、质量标准过高等增加的多余时间和由于采用低效率的制造工艺、操作方法增加的多余作业时间。

3.批量生产零件的移动方式

劳动对象在工序之间的移动方式，是指零件从一个工作地到另一个工作地之间的运送形式。劳动对象在工序之间的移动形式与所制造产品的数量有关。如果只投入一件加工件并在各道工序上进行加工的时间相同时，一个零件就可以按每道工序连续加工；如果是加工一批相同的零件，而且各工序加工时间不同，那么就可以采用以下三种不同的移动方式：

（1）顺序移动方式

顺序移动方式是指整批零件在上道工序全部加工完了以后，立即转到下道工序进行加工，而且各道工序之间是整批移动的，即一批产品在前道工序全部完工后，才转送到后道工序进行加工。假设某零件的批量为4件，有4道工序；各工序的单位作业时间：t_1=10分，t_2=5分，t_3=15分，t_4=5分，则该批零件的顺序移动方式如图10-3所示。

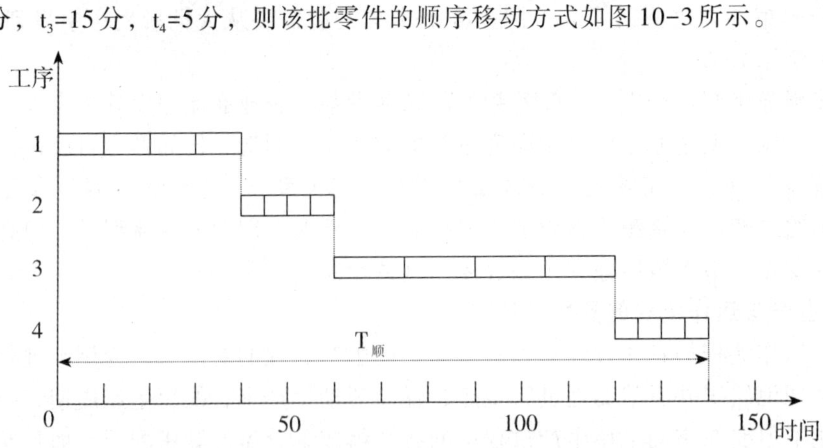

图10-3　顺序移动方式

假设该批零件在工艺工序之间无停放等待时间，工序间的运输时间忽略不计，则该批零件的生产周期等于该批零件在全部工序上作业时间的总和，用公式表示如下：

$$T_{顺} = n\sum_{i=1}^{m} t_i \quad (10-1)$$

$$=n\ (t_1+t_2+t_3+t_4)$$

$$=4\times\ (10+5+15+5)$$

$$=140\ (分)$$

式中：$T_{顺}$——顺序移动方式下一批零件的生产周期；n——零件批量（件）；m——工序总数；t_i——零件在第i道工序上的单件作业时间（分/件）。

顺序移动方式的组织与计划工作比较简单，由于一批产品是集中加工、集中运输，所以有利于减少设备的调整时间和提高工效。但是在各个工序中产品都有等待加工和等待运输的时间，从而延长了生产周期，增加了资金占用量。这种方式适宜在产品批量不大、工序的单件作业时间较短的情况下采用。

（2）平行移动方式

平行移动方式的特点是每件产品在前道工序加工完毕后，立即转移到后道工序继续加工，产品在各道工序上成平行作业。仍以前例所列条件，按产品的平行移动方式组织生产，其生产时间如图10-4所示。

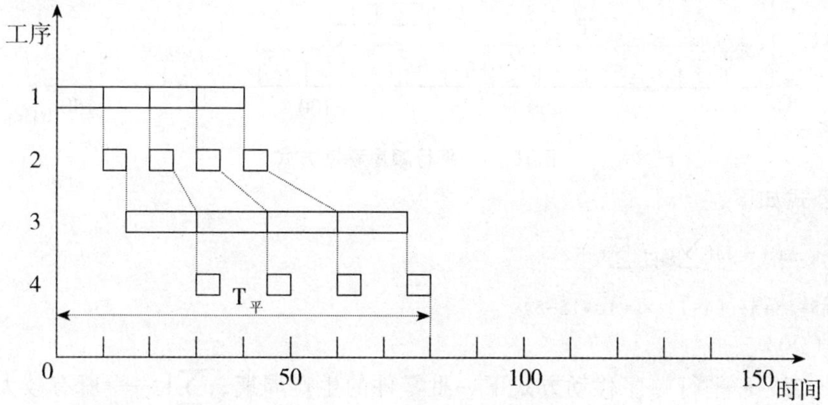

图10-4　平行移动方式

从图10-4可以看出，该批零件加工的生产周期为：

$$T_{平} = \sum_{i=1}^{m} t_i + (n-1)t_s \quad (10-2)$$

$$=10+5+15+5+\ (4-1)\ \times 15$$

$$=80\ (分)$$

式中：$T_{平}$——平行移动方式下一批零件的生产周期；t_s——工艺工序中单件作业时间最长的工序；m——工序总数。

在平行移动方式下，零件在各道工序之间是按件或按运输批量移动的，很少有停歇时间，因而整批零件的生产周期最短。但是，运输工作频繁，特别当前后两道工序的单件作业时间不相等时，会出现等待加工或停歇的现象，如前道工序的单件作业时间比后道工序长，则在后道工序上会出现间断性的设备停歇时间，这些时间很分散，不便于充分利用。如前道工序的单件作业时间比后道工序短，则在后道工序上会形成零件等待加工的现象。

（3）平行顺序移动方式

平行顺序移动方式的特点是将前两种移动方式结合起来，扬长避短。零件在工序之间的移动有两种情况：一是当前道工序的单件作业时间大于后道工序的单件作业时间时，则前道工序上完工的零件并不立即转移到后道工序，而是积存到一定数量，足以保证后道工序能连续加工时，才将完工的零件全部转移到后道工序去。这样可以避免后道工序出现间断性的设备停歇时间，并把分散的停歇时间集中起来加以利用。二是当前道工序的单件作业时间小于或等于后道工序的单件作业时间时，则前道工序上完工的每一个零件应立即转移到后道工序去加工，即按平行移动方式逐件或小批运输。仍以前例所列条件，按产品的平行顺序移动方式组织生产，其生产时间如图10-5所示。

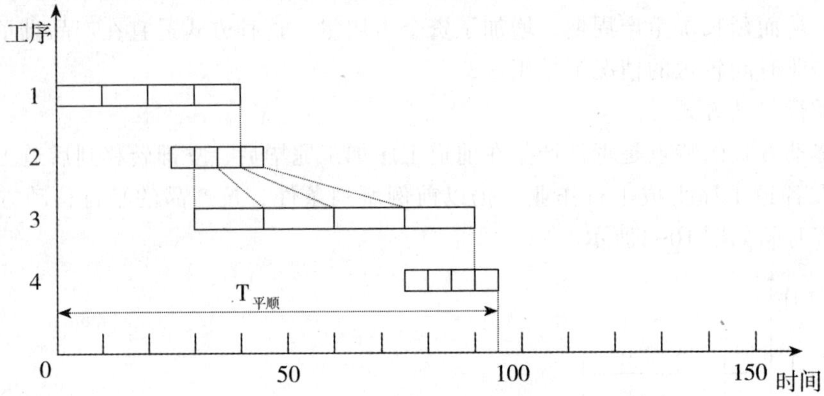

图10-5　平行顺序移动方式

计算公式如下：

$$T_P^0 = \sum_{i=1}^{m} t_i + (n-1)(\sum t_b - \sum t_s) \quad (10\text{-}3)$$

$=10+5+15+5+（4-1）\times（10+15-5）$

$=95$（分）

式中：T_P^0——平行顺序移动方式下一批零件的生产周期；$\sum t_b$——所有较大工序单件作业时间之和；$\sum t_s$——所有较小工序单件作业时间之和。

所谓较大工序，是指该工序的单件作业时间比与其相邻的前、后工序的单件作业时间都大。所谓较小工序，是指该工序的单件作业时间比与其相邻的前、后工序的单件作业时间都小。在确定较大工序和较小工序时，应将第一道工序之前和最后一道工序之后的时间作为零来考虑。凡是比前工序大，比后工序小，或者相反，比前工序小，比后工序大的工序为一般工序。计算平行顺序移动方式的生产周期，一般工序不计时间。

（4）选择移动方式应考虑的因素

上述三种移动方式，是工艺加工过程中组织各工序在时间上相互衔接的基本形式，实际生产当然要比这复杂得多。从生产周期看，平行移动方式最短，平行顺序移动方式次之，顺序移动方式最长。但在选择移动方式时，不能只考虑生产周期，还应结合企业的生产特点，全面考虑以下因素：

① 生产类型。单件小批生产宜采用顺序方式；大量大批生产，特别是组织流水生产

线时，宜采用平行移动方式或平行顺序移动方式。

② 产品生产任务的缓急情况。对于一些紧急任务，如为某项重点工程配套的任务，限期完成的援外和外贸任务，以及影响产品成套的缺件任务等，应尽量采用平行移动方式或平行顺序移动方式，以便争取时间，满足需要。

③ 企业内部生产单位的专业化形式。对象专业化的生产单位，宜采用平行移动方式或平行顺序移动方式，而工艺专业化的生产单位由于受设备布置和运输条件的限制，一般以采用顺序移动方式为宜。

④ 工序劳动量的大小和零件的重量。工序劳动量不大、重量较轻的零件，采用顺序移动方式，有利于减少搬运次数，节省运输力量。如果工序劳动量较大，零件重量很重，为减少资金占用和节省生产面积，可采用平行移动方式或平行顺序移动方式。

⑤ 改变加工对象时，调整设备所需的劳动量。如果调整设备所需的劳动量很大，就不适于采用平行移动方式。如果改变加工对象时，不需要调整设备或调整设备所需的时间很短，则可以考虑采用平行移动方式。

三种移动方式各有其优缺点，在选择移动方式时应权衡利弊，并结合具体条件加以考虑。一般来讲，批量小，宜采用顺序移动方式；批量大，宜采用平行顺序移动方式或平行移动方式。零件加工时间短，可采用顺序移动方式；反之，可采用平行移动方式。车间按工艺原则组成，宜采用顺序移动方式；而按对象原则组成，可采用平行顺序移动方式或平行移动方式。

二、生产与运作能力规划

（一）生产与运作能力的定义

生产与运作能力是指企业的设施，在一定时期（年、季、月）内，在先进合理的技术组织条件下所能生产的一种产品的最大数量。对于流程式生产，生产与运作能力是一个准确而清晰的概念。例如，某化肥厂年产30万吨合成氨，这是由设备的能力和实际运行时间决定的。对于加工装配式生产，生产与运作能力则是一个模糊的概念。不同的产品组合，表现出的生产与运作能力是不一样的，大量生产，品种单一，可用具体数量表示生产能力；大批生产，品种数少，可用代表产品数量表示生产与运作能力；对于多品种、中小批量生产，则只能以假定产品的产量来表示生产与运作能力。在纯服务运作中，生产与运作能力直接与劳动力数量相关。

（二）生产与运作能力计划的编制

生产与运作能力计划的编制通常按照以下四个步骤进行：

1.分析内外环境

企业为了要在社会经济系统中生存和发展，必须对其所处的外部环境和内部条件有充分的了解。为此，必须广泛搜集各种信息，加以综合分析，作为编制生产计划的依据。编制生产与运作能力计划所需信息很多，可以归纳为需求分析、资源分析、能力分析三种：

(1) 需求分析。社会对产品需求的信息，可以通过以下三个途径去了解和分析：①上级主管部门的指令性计划或指导性计划。②用户的直接订货。③市场需求预测。

（2）资源分析。社会对企业产品的需求，并不等于企业的生产计划。企业能否生产这些产品满足社会需求，取决于企业能否从外部取得必要的资源以及本身有没有把资源转化为产品的能力。资源分析主要分析原材料、燃料、电力、设备、工具等的供应情况，外协件、配置件、外购件的协作和供应的保证程度，以及企业从外部获得资金的可能性和条件。

（3）能力分析。这主要分析企业内部有没有把外部获得的资源转化为产品的生产能力，以及企业的销售能力。需要着重分析的因素有：工程技术人员和技术工人的水平、结构和数量；设备的性能、比例构成及数量；产品开发及生产技术准备工作状况；各种物资的库存和在制品的储备情况；企业管理水平、企业领导班子和中层领导的素质，以及全体员工的士气等。

2.拟订和优化计划方案

生产与运作能力计划方案主要是指各种产品生产指标的方案。在同样的内外条件下，存在着许多不同的生产方案。计划编制工作在这一阶段的任务就是要制订出多种不同方案，并从中选择一个比较满意的方案。

3.综合平衡，编制计划草案

在拟订和优化计划方案时，由于种种原因，往往不可能把所有约束条件和各种目标都考虑进去，而只能考虑最主要的目标和最主要的约束条件。任何数学模型都是经过简单化了的。实际组织生产时，任何一项微小的约束条件的疏忽，都可能带来结果的改变。计划的目标实际上也不可能只是利润最大化，必须同时考虑其他各项主要的技术经济指标。因此，在选出优化方案后，还要进一步进行详细的综合平衡。

4.讨论修正草案，批准实施计划

根据综合平衡的结果，即可编制年度计划草案。计划草案经有关人员讨论后，作必要的修正，经厂长（经理）或上级主管部门批准，就可组织实施。

三、生产和服务设施选址与布置

选择生产或经营场所的地理位置，对所有企业来说都是一个重要的决策。尤其对于零售业、储运业、原材料加工业以及金融、快餐、饭店、娱乐等行业，选址的好坏是经营成败的关键因素。

（一）生产和服务设施选址

生产和服务设施选址受很多因素影响，主要有：

（1）接近顾客。设施选址接近顾客是很重要的，因为这样能及时了解需求信息并随时听取顾客的反馈意见。同时，产品更容易送达顾客手中，提高服务水平，同时也确保了产品的生产和改进与顾客的需要保持一致。

（2）行业环境。适宜的行业环境，包括相关行业的出现或同一行业中其他竞争者的出现，都会对选址决策有影响。不同国家和地区的经济政策和法律法规，也是设施选址要考虑的因素。

（3）劳动力资源。如劳动力的质量、成本以及可获得性等。

（4）基础设施。主要是指能源供给是否充足、通信设施是否便捷、交通运输是否方便等。此外，当地政府是否愿意投资建设一流的基础设施也对选址有重要影响。

（5）供应商。现代化大生产，各企业之间存在着密切的联系，形成一条条彼此相关的供应链。所以，选址时必须考虑高素质和竞争力强的供应商的厂址。

（6）环境保护。环境保护越来越引起全社会的关注，环境因素对选址的影响也越来越大，因为，环境因素既影响可测量的成本，还会影响与社区的关系。

（二）生产和服务设施的布置

生产和服务设施布置就是选址以后，对企业内各个部分进行合理安排，包括各种生产车间、库房、服务部门、公用服务设施、办公室、绿化设施等。根据它们的作用及相互之间的影响、联系，加以合理布置，确定在企业内部的平面和立体位置，并对运输线路、运输方式等加以确定。

在生产和服务设施布置时，应遵循以下原则：

（1）整体利益原则。进行布置必须有利于生产、服务的正常进行，有利于提高企业的经济效益，有利于加强管理，有利于保证生产、服务的安全。同时，各种因素都加以系统、综合考虑，不能丢弃一些因素。

（2）单一流向的原则。在进行布置时应避免生产过程中的迂回和交叉运输、往复运输，以减少加工中不安全、混乱等问题。

（3）最小最大的原则。用最小的人的活动量、物的搬运量，去取得最大的生产、工作量。

（4）安全第一的原则。生产、服务一定要坚持安全第一，要从照明、防尘、噪声、防潮、防护安全等方面采取一系列措施，使企业形成安全良好的工作氛围。

（5）灵活布置的原则。在进行布置时，不要一次摆得满满的，不留发展的余地。

专栏10-1

千亩产业用地，全球研发中心！深圳大手笔锁定比亚迪

从中国走向世界，比亚迪需要一个全球化的中心支持其超级梦想。近日，随着一幅55万平方米的产业用地挂牌，一个涵盖研发、工厂、宿舍及配套，并紧邻水库和高铁站的比亚迪新园区在龙岗浮出水面。好项目不缺土地、好企业不缺空间，拿出千亩级产业用地，深圳牢牢锁定比亚迪。

1. 160万平方米，5年建成

“以前没钱买比亚迪，现在没钱买比亚迪”，承载着以技术创新冲击高端市场的野心，百万级豪车仰望U8订单突破3万辆。同时，继2022年比亚迪新能源车销售186万辆，并加速开拓欧洲、亚太、美洲等多个地区市场后，2023年第一季度，比亚迪实现国内车企40多年来对合资品牌的首次超越，消息表明，比亚迪2023年希望冲击300万辆销售目标。

无论是打造高端品牌还是出海布局，比亚迪是时候需要一个全球化的强大研发中心来支持其超级梦想。这一次，深圳当仁不让，给足空间。

5月11日，深圳公共资源交易中心发布了龙岗区宝龙街道G02416-0119地块出让公告，该地块为新兴产业用地，面积约55万平方米，规划建面约144万平方米，包括研发用房131万平方米、食堂9万平方米和宿舍4万平方米，准入行业类别为“绿色低碳产业之新能源产业”，起始价13.68亿元，项目总投资额（预计）65亿元。

根据产业发展监管协议，其需自竞得用地后1年内开工建设，5年内全部建成投产，建成且投入使用后，原则上每年在龙岗区代扣代缴个税40亿元左右。

综合各方信息，该用地与此前曝光的比亚迪全球研发中心项目高度重合，大概率为该项目中的一期第一批用地。

时间回到年初，2023年1月29日，深圳市高质量发展大会上，首次透露出比亚迪要建全球研发中心，项目总投资100亿元。

随后，2023年4月，深圳市龙岗区工业和信息化局在其官网发布了《关于全球研发中心暨先进制造业基地项目遴选方案的公示》。

遴选方案显示，该项目建设内容为打造集核心研发、高端制造、生活配套等功能于一体的超现代复合型全球研发中心及先进制造业基地，总用地面积65.9万平方米，建筑面积160万平方米，其中，项目一期第一批供地55.8万平方米，与此次出让地块信息吻合。

这个体量是什么概念？大约相当于华为终端东莞松山湖基地，在寸土寸金的深圳殊为宝贵。

从地理位置上看，该地块位于深圳龙岗、坪山交界处，紧邻三棵松水库，与坪山高铁站隔湖相望，与比亚迪坪山总部相距不远，周围有新布新路、东部过境高速以及丹梓大道等，整体依山傍水，坐拥良好的生态环境和交通配套，适于打造大型企业研发和制造中心。

2.年产值2 900亿元，用地产能已饱和

“没有深圳，就不会有比亚迪。”王传福曾经说。

深圳之于比亚迪，是发源地，也是福地，此番加码投资是又一次“双赢”之举。

比亚迪于1995年成立，如今在全球有40万名员工，深圳是其全球总部，拥有本地员工超过10万，主要有坪山、龙岗、大鹏、深汕四大园区。从功能看，四大园区各有侧重。

坪山园区2007年建成，现为比亚迪全球总部所在地，是整车及零部件研发中心，高端新能源汽车制造基地；龙岗园区是全球精密制造基地，主要为全球顶级电子客户做精密加工；大鹏园区正推动工业园由传统制造业向高端制造业转型；深汕园区是新能源汽车零部件产业的核心承接基地，未来将持续做大做强新能源汽车产业链板块。

遴选方案也披露了其在深圳的用地现状：用地单位及其关联公司在深圳市已有用地378万平方米，2022年累计总产值近2 900亿元，已有用地产能已饱和，现有场地已无法满足公司的发展现状及下一步规划，急需新增用地空间满足企业发展需要。

经验表明，科技制造型企业在发展壮大后，面对的不仅是国内市场，而是全球市场，为了更好适应全球化需求，建设面向世界的研发中心以及先进制造业基地，是许多知名科技公司的必由之路。

就比亚迪自身而言，全球研发中心暨先进制造业基地落地深圳龙岗区，不仅有利于自身业务在深圳各区战略布局整体协调，促进整体资源集聚和互补，更有利于吸引全球范围的人才，提升自身科技研发能力和先进制造水平。

对龙岗区而言，大手笔拿出产业用地承接住全球研发中心，意味着留住了比亚迪这家新能源领军企业的大脑和中枢，庞大的研发团队和先进技术在本地夯实，将加快地区产业势能释放。

需要指出的是，深圳产业用地面积仅221平方千米，是上海的40.2%、苏州的28.8%，受面积限制，产业空间一直是深圳制造业发展的紧缺“家当”，从这个角度说，近千亩的产业用地彰显了深圳和龙岗的十足诚意。

深圳作为首批经济特区，中国对外开放的窗口，2023年再提工业立市、制造强市战略，该项目对深圳坚守工业基本盘，进一步增强新能源产业引领意义非凡。

于是，一切水到渠成。

资料来源　选址中国．千亩产业用地，全球研发中心！深圳大手笔锁定比亚迪［EB/OL］．［2023-05-19］．https：//baijiahao.baidu.com/s？id=1766287852901064523.

第三节　生产与运作系统的运行和控制

生产与运作过程是一个“投入→变化→产出”的过程，是一个劳动过程或价值增值的过程。生产与运作系统是使这一变换过程得以实现的手段，有了科学的生产与运作系统，还要对生产与运作活动过程进行计划、组织和控制，这就是生产与运作系统的运行与控制。生产与运作系统的运行与控制内容包括库存管理、供应链管理、物料需求计划、制造资源计划、企业资源计划、质量管理等。库存管理、质量管理在本书其他章节另述。

一、供应链管理

（一）供应链管理的概念

所谓供应链，其实就是由供应商、制造商、仓库、配送中心和渠道商等构成的物流网络。同一企业可能构成这个网络的不同节点，但更多的情况下是由不同的企业构成这个网络中的不同节点。比如，在某个供应链中，同一企业可能既在制造商、仓库节点，又在配送中心节点等占有位置。在分工细、专业要求高的供应链中，不同节点基本上由不同的企业组成。

供应链管理是一种集成的管理思想和方法，它执行供应链中从供应商到最终用户的物流计划和控制等职能。从单一的企业角度来看，是指企业通过改善上、下游供应链关系，整合和优化供应链中的信息流、物流、资金流，以获得企业的竞争优势。

供应链管理是企业的有效性管理，体现了企业在战略和战术上对企业整个作业流程的优化。

（二）供应链管理过程

供应链管理主要涉及四个领域：供应、生产计划、物流、需求。职能领域主要包括产品工程、产品技术保证、采购、生产控制、库存控制、仓储管理、分销管理。辅助领域主要包括客户服务、制造、设计工程、会计核算、人力资源、市场营销。

供应链管理的实施步骤：①分析市场竞争环境，识别市场机会。②分析顾客价值。③确定竞争战略。④分析本企业的核心竞争力。⑤评估、选择合作伙伴。

（三）供应链管理的意义

通过建立供应商与制造商之间的战略合作关系，可以实现以下目标：

（1）制造商方面。降低成本，实现数量折扣和稳定而有竞争力的价格，提高产品品质量和降低库存水平，改善时间管理，缩短交货提前期和提高可靠性，优化面向工艺的企业规划，更好的产品设计和对产品变化更快的反应速度，强化数据信息的获取和管理控制。

（2）供应商方面。保证有稳定的市场需求，更好地了解用户需求，提高运作质量，提高零部件生产质量，降低生产成本，提高对买主交货期改变的反应速度和柔性，获得更高的利润。

（3）制造商与供应商双方。改善相互之间的交流，实现共同的期望和目标，共担风险和共享利益，共同参与产品和工艺开发，实现相互之间的工艺集成、技术和物流集成，减少外在因素的影响及其造成的风险，降低机会主义影响和投机概率，增强解决矛盾和冲突的能力，实现规模效益，以及降低成本，提高资产利用率。

二、物料需求计划、制造资源计划与企业资源计划

（一）物料需求计划

物料需求计划（material requirement planning，MRP），是推进式生产物流控制原理的代表方法。物料需求计划是在订货点法（order point system）基础上发展形成的一种新的库存计划与控制方法，是建立在计算机基础上的生产计划与库存控制系统。其主要内容包括客户需求管理、产品生产计划、原材料计划以及库存记录。物料需求计划产生于制造业，目前已逐步在服务业中推广。

物料需求计划的基本原理是：根据最终产品的主生产计划的产品产量，自动地计算出构成这些产品的相关物料（原材料、零部件、组件等）的需求量和需求时间。根据物料的需求时间和生产（订货）周期来确定其开始生产（订货）的时间。

（二）制造资源计划

制造资源计划（material requirement planning Ⅱ，MRPⅡ），是以物料需求计划为核心，覆盖企业生产活动所有领域、有效利用资源的生产管理思想和方法的人-机应用系统。它可在周密的计划下有效地利用各种制造资源，控制资金占用，缩短生产周期，降低成本，实现企业整体优化，以最佳的产品和服务占领市场。采用制造资源计划之后，一般可在以下方面取得明显的效果：库存资金降低15%~40%；资金周转次数提高50%~200%；库存盘点误差率降低到1%~2%；短缺件减少60%~80%；劳动生产率提高5%~15%；加班工作量减少10%~30%；按期交货率达90%~98%；成本下降7%~12%；采购费用降低5%左右；利润增加5%~10%，等等。此外，可使管理人员从复杂的事务中解脱出来，真正把精力放在提高管理水平上，去解决管理中的实质性问题。

制造资源计划系统具有以下六个特点：计划具有一贯性和可行性、管理具有系统性、数据具有共享性、反应具有动态应变性、模拟预见性、物流与资金流统一。

（三）企业资源计划

企业资源计划（enterprise resource planning，ERP），是在制造资源计划的基础上，通过反馈的物流和反馈的信息流、资金流，把客户需要和企业内部的生产经营活动以及供应商的资源整合在一起，体现完全按用户需要进行经营管理的一种全新的管理方法。

企业资源计划管理系统的主要特点如下：

(1) 企业资源计划更加面向市场、面向经营、面向销售，能够对市场快速响应；它将供应链管理功能包含了进来，强调了供应商、制造商与分销商间的新的伙伴关系；支持企业后勤管理。

(2) 企业资源计划更强调企业流程与工作流，通过工作流实现企业的人员、财务、制造与分销间的集成，支持企业过程重组。

(3) 企业资源计划纳入了产品数据管理功能，增加了对设计数据与过程的管理，并进一步加强了生产管理系统与CAD、CAM系统的集成。

(4) 企业资源计划更多地强调财务，具有较完善的企业财务管理体系，这使价值管理观念得以实施，资金流与物流、信息流更加有机地结合。

(5) 企业资源计划较多地考虑人的因素作为资源在生产经营规划中的作用，也考虑了人的培训成本等。

(6) 企业资源计划支持物料需求计划与准时制生产方式混合管理模式，也支持多种生产方式（离散制造、连续流程制造等）的管理模式。

(7) 企业资源计划采用了最新的计算机技术，如客户/服务器分布式结构、面向对象技术、基于WEB技术的电子数据交换、多数据库集成、数据仓库、图形用户界面等。

一般而言，除了制造资源计划的主要功能外，企业资源计划系统的主要功能还包括供应链管理、销售与市场、分销、客户服务、财务管理、制造管理、库存管理、工厂与设备维护、人力资源管理、报表、制造执行系统（manufacturing executive system，MES）、工作流服务和企业信息系统等方面。此外，还包括金融投资管理、质量管理、运输管理、项目管理、法规与标准和过程控制等补充功能。

企业资源计划是信息时代的现代企业向国际化发展的更高层管理模式，它能更好地支持企业各方面的集成，并给企业带来更广泛、更长远的经济效益与社会效益。

专栏10-2

精细生产

精细生产（lean production，LP）是美国麻省理工学院国际汽车项目组的研究者约翰·克拉福克（John Krafoik）给日本汽车工业的生产方式起的名称。之所以用“lean”这个词，是因为与大量生产相比，LP只需要一半的人员，一半的生产场地，一半的投资，一半的工程设计时间，一半的新产品开发时间和少得多的库存，就能生产出质量更高、品种更多的产品。英文“lean”的本义是指人或动物瘦，没有脂肪。译成“精细生产”反映了“lean”的本意，反映了“lean production”的实质。

精细生产既是一种理念，又是一种新的生产方式。企业中的过度库存如同人体内的多余脂肪。过量库存占用生产面积，占用厂房、设备和人员，造成资金大量占用。不仅如此，过量库存还掩盖了管理中的各种问题，使企业丧失竞争力。

从一般意义上讲，精细生产是指对一切的资源占用少，对一切的资源利用率高。精细的含义包括质量，质量高的产品在消耗同样多的物化劳动和活劳动的条件下，可以提供更好的功能、更长的寿命，实质是对资源的利用率高。

资料来源 陈荣秋，马士华. 生产运作管理［M］. 6版. 北京：机械工业出版社，2022.

第四节 生产与运作管理发展新趋势

一、生产与运作管理涉及的范围扩大

传统的生产管理仅仅涉及制造业的生产过程的计划、组织与控制。为了应对社会经济环境的变化，现代生产管理的范围已有了很大的扩展，这主要表现在两个方面：

（一）由制造业扩大至非制造业

随着整个国民经济中服务业所占的比重越来越大，生产管理的范围已突破了传统的制造业的生产过程和生产系统控制，扩大到了非制造业的运作过程和运作系统的设计上。

（二）内容延伸

生产与运作管理涵盖的内容不仅局限于生产过程的计划、组织与控制，而且包括生产战略的制定、生产与运作系统设计以及生产与运作系统的运行和改善等多个层次的内容。尤其需要强调的是，过去人们认为生产管理只是落实和执行公司的战略，生产管理本身没有战略而言。随着经济全球化进程的加快，生产与运作战略不仅得到了承认，而且还被提到重要的位置上。在经济全球化的形势下，生产与运作管理就是要在全球范围内优化资源配置，以尽可能低的成本、最快的反应速度，制造个性化的产品和提供个性化的服务。其中，全球配置资源、制造个性化的产品和提供个性化的服务就是战略问题。没有生产与运作战略的成功实施，就不能实现企业的经营战略。

二、信息技术成为生产与运作管理的主要手段

以计算机为代表的信息技术，尤其是互联网的出现，改变了人们的工作和生活方式。信息技术也已经成为生产计划、控制与管理的重要手段，随之带来的一系列管理组织结构和管理方法的变革是当前生产与运作管理必须解决的问题。

三、大规模定制、多品种小批量生产与运作管理成为主流

随着市场需求的日益多样化，市场越来越细分，个性化生产、多品种小批量生产将取代传统的、标准化的大量生产。大量生产就是依靠产品的批量大，可以进行零件的标准化设计和采用高效的专用设备来降低产品的生产成本，这种生产方式现已不是主流生产方式。如何解决个性化需求和降低生产成本的矛盾？大规模定制就是其中的一种有效的方法，该方法就是将顾客的个性化需求和标准化有机地集合在一起，使顾客在获得个性化的产品和服务时，只需支付大量生产的费用。另外，对于多品种小批量生产经济性较差的问题，应当从生产系统的“硬件”（如柔性生产设备）和“软件”（如计划与控制系统、工作组织方式和工人的多技能等）两个方面寻求系统优化的方法。

四、供应链管理引起重视

由于产业或企业间的关联越来越密切，纵向和横向一体化的集成也是产业发展之所需。目前企业间竞争已经变为供应链与供应链之间的竞争。供应链间是竞争关系，而供应

链内部则是合作关系，即跨企业的集成管理如何运作的问题。供应链关系愈牢固，企业的竞争力愈强。

五、“全球生产运作”模式成为热点

中国经济已加入到世界经济的大循环中。企业的市场遍及全球各个角落，企业的生产资源也在世界范围内寻求最佳的位置。国外的跨国公司纷纷涌入中国以抢占目前世界上最大的市场之一，但我们不仅要引进来，还要走出去。因此，我国企业利用自身独特的优势进军海外也是大势所趋，不仅要将产品打入国际市场，更要在适宜的国家和地区建厂开店，融入当地的经济发展中去，使我国的企业走向世界。然而，与在国内生产经营相比，跨国生产经营面临着更多的不确定性，竞争也会更加激烈，风险也会更大。因此，探索这种“全球生产运作”的新模式也是生产与运作管理的重要研究方向和内容之一。

专栏10-3

敏捷制造

敏捷制造是在具有创新精神的组织和管理结构、先进制造技术（以信息技术和柔性智能技术为主导）、有技术有知识的管理人员三大类资源支柱支撑下得以实施的，也就是将柔性生产技术、有技术有知识的劳动力与能够促进企业内部和企业之间合作的灵活管理集中在一起，通过所建立的共同基础结构，对迅速改变的市场需求作出快速响应。敏捷制造与其他制造方式相比具有更灵敏、更快捷的反应能力。

敏捷制造的特点如下：

（1）从产品开发到产品生产周期的全过程满足要求。

（2）采用多变的动态组织结构。

（3）战略着眼点在于长期获取经济效益。

（4）建立新型的标准基础结构，实现技术、管理和人的集成。

（5）最大限度地调动、发挥人的作用。

资料来源　丁怀清，王鑫．先进制造技术［M］．北京：中央广播电视大学出版社，2014.

课后案例

海尔集团的供应链管理

海尔集团并非经历百年的世纪型公司，它成立于1984年，是一家小型集团企业，一年亏损147万美元。而现在，海尔集团已经步入了全球化的发展战略阶段。海尔一直关注客户在不同发展阶段的需求，通过创新满足客户的需求。在国际发展战略的第一阶段，海尔集团确立了战略定位，尽可能地满足顾客的个性化需求，并把消费者作为公司关注的焦点。为了与国际市场进行融合，就需要改变内部组织的过程，整合内部和外部资源，同时再设计内部以及外部的供应链，并积极实施供应链管理。

1.业务流程再造

建立适应供应链管理的业务流程和组织结构。为满足全球发展的需求，海尔集团调整了其组织架构。第一步，将分别属于不同业务部门的所有财务、生产、销售活动，重建独

立的业务流程、物流、资金流、促销点。集团全体实施标准化营销、采购、监督。这是海尔进行供应链管理的核心。第二步，通过整合人才研发、技术品质管理、信息管理、设备管理、企业安全等传统资源，以创新的技术开发、人才研发、客户信息管理以及3T（TCM、TPM、TQC）核心流程支持保证系统的实施。

2.外部供应链重新整合，构建战略合作伙伴关系

（1）与分包商的战略伙伴关系。海尔每年供应成本约为1亿元，其中包括15 000个品种以及2 000多家供应商。海尔集团以流程为基础确立了组织模式后，进行统一的采购。海尔集团以产品缺陷率、订单响应速度和参与项目开发能力为关键指标，重新整合供应商外部资源，优化子供应商网络。同时基于此，建立和巩固了与供货商之间的合作伙伴关系，使二者的关系由供需关系逐步上升为以订单为中心的战略协作关系，从而将销售伙伴关系逐步转化为双赢伙伴关系。

（2）与社会物流公司建立战略伙伴关系。海尔集团把所有的配送资源汇聚到一起后，实现了统一配送。利用企业内部分销网络资源，以及统一社会储运网络资源，形成了覆盖全国的网上分销系统。目前，海尔已在国内各地掌握了42个物流配送中心，以及300多万平方米的仓库资源，同时还与300多家物流企业有密切合作关系，这可以帮助集团在同一时间使用多辆车来进行配送。

（3）与分销商的战略合作伙伴关系。在国内，海尔与分销商以及代理人之间的合作方式主要为内部合作伙伴关系和店面合作。海尔集团还在国内的各大卖场建立了“海尔门店”，主要拓展国内商场销售渠道。海尔集团在上海完成试点后，很快推广到了北京、广州、济南、武汉等重点大中城市。海尔集团利用国外的营销网络设立国外营销网站，利用国外经销商网站最大的优点在于综合了营销网络，尤其是完善了国外代理商的服务网络。目前，海尔产品能够销售到全球几乎所有城市，从而实现了营销的国际化。同时，海尔有效利用国外经销商资源，坚持交换、研发、创造价值三个根本理念。海尔定期和世界各地的管理人员进行交流与沟通，共同学习先进的营销方式。海尔将更加灵活、快速地应对市场，提高市场占有率。

3.搭建供应链管理基础平台

为进行供应链整合管控，海尔集团选择全球一流的ERP及管理软件产品。海尔集团实现了业务流、信息流、资金流的聚集统一。此外，海尔集团还设立了网上报价、网上购买、网上支付的电子商务平台。海尔集团每年巨大的购买量是通过在线报价完成的。海尔集团全部的购买流程都是透明的，从海尔集团到海尔用户，如果某一个产品发生了由于不符合原材料使用标准的问题，可以迅速找到负责人。这种方式不仅简单有效，而且对于避免暗箱操作也很重要。

资料来源　徐梦迪，郭静雯．基于海尔集团背景下供应链管理研究［J］．中国储运，2023，270（3）：187-188.

案例思考题：

1.什么是供应链管理？海尔集团是如何实施供应链管理的？

2.海尔集团的供应链管理对我们有什么启示？

本章小结

- 生产与运作管理
  - 生产与运作管理概述
    - 生产与运作：一切社会组织将它的输入转换为输出的过程，是一个投入一定资源，经过生产运作系统转化，使其价值增值，最后以有形产品或无形服务形式的产出提供给社会的过程
    - 生产与运作管理的范围与内容：一是生产与运作系统的设计；二是生产与运作系统的运行和控制
  - 生产与运作系统的设计
    - 生产与运作流程：能够把一定投入变换成一定产出的一系列任务，这些任务由物流和信息流有机地联系起来
    - 生产与运作能力：企业的设施，在一定时期（年、季、月）内，在先进合理的技术组织条件下所能生产的一种产品的最大数量。生产与运作能力计划的编制包括分析内外环境、拟订和优化计划方案、综合平衡编制计划草案、讨论修正草案并批准实施计划
    - 生产和服务设施选址与布置：选址应考虑相关因素，布置应遵循一定原则
  - 生产与运作系统的运行与控制
    - 供应链管理：一种集成的管理思想和方法，它执行供应链中从供应商到最终用户的物流计划和控制等职能
    - 物料需求计划：在订货点法基础上发展形成的一种新的库存计划与控制方法，建立在计算机基础上的生产计划与库存控制系统
    - 制造资源计划：以物料需求计划（MRP）为核心，覆盖企业生产活动所有领域，有效利用资源的生产管理思想和方法的人－机应用系统
    - 企业资源计划：在 MRP II 的基础上，通过反馈的物流、信息流、资金流，把客户需要和企业内部的生产经营活动以及供应商的资源整合在一起，体现完全按用户需要进行经营管理的一种全新的管理方法
  - 生产与运作管理发展新趋势
    - 生产与运作管理涉及的范围扩大
    - 信息技术成为生产与运作管理的主要手段
    - 大规模定制、多品种小批量生产与运作管理成为主流
    - 供应链管理引起重视
    - “全球生产运作”模式成为热点

主要概念

生产与运作管理　生产与运作流程　资本集约度　资源柔性　生产周期　顺序移动方式　平行移动方式　平行顺序移动方式　生产与运作能力　供应链管理　物料需求计划　制造资源计划　企业资源计划

练习思考题

1.什么是生产与运作管理？生产与运作管理的基本内容有哪些？

2.生产与运作流程设计涉及哪些因素？

3.加工过程选择移动方式应考虑哪些因素？

4.如何进行生产或服务选址？

5.试述供应链管理的基本内容。

6.简述物料需求计划、制造资源计划与企业资源计划的基本内容。

7.简述生产与运作管理发展的新趋势。

第十章练习思考题参考答案

第十一章

质量管理

学习目标

1. 掌握质量的含义；
2. 了解质量管理发展过程；
3. 掌握全面质量管理的含义、特点、基本工作方法；
4. 掌握质量认证的概念；
5. 理解质量认证工作的工作流程；
6. 掌握传统的质量管理统计方法。

价值引领

推动先进制造业高质量发展

近期召开的先进制造业发展座谈会强调，坚持把发展经济的着力点放在实体经济上，大力发展先进制造业，推进高端制造，加快建设现代化产业体系。这为我国做大做强先进制造业，推动中国制造高质量发展指明了方向，提供了根本遵循。

在新形势新格局下，大力发展先进制造业对筑牢我国实体经济根基，推动制造强国建设迈上新台阶意义深远。推动先进制造业高质量发展应从关键核心技术攻关、产品标准体系建设、产品质量监管等方面协同发力。

一方面，要加强关键核心技术攻关，找到"卡脖子""掉链子"的薄弱环节，努力破解关键核心技术难题，打造更多有话语权的产品和技术。选准关键核心技术的研发攻关方向，瞄准新一轮科技革命的发展方向，在重点领域前瞻部署一批战略性、储备性技术项目，抢占科技创新制高点，创造竞争新优势。支持关键核心技术攻关的相关政策要"接地气"，从技术创新主体关注的问题出发，使相关政策能够落实到位，让政策红利更好地惠及技术创新主体。要支持和引导企业加强基础研究，对先进制造业中的关键共性技术、前沿引领技术、颠覆性技术进行研究探索，提高企业的自主创新能力尤其是原始创新能力，努力实现更多从"0到1"的创新突破。

另一方面，要完善产品质量标准体系，提升产业质量竞争力。要加快先进制造业技术标准和质量标准与国际先进技术、标准对接，完善产品质量标准体系，发挥标准对质量提升的支撑和引领作用。积极组织开展对标达标提升行动，加大标准质量抽查力度和范围，建立健全奖惩机制，推动产品质量提升。通过制定完善相关政策措施，不断提升产品质量标准，强化标准实施，倒逼企业提质升级，逐步与国际标准接轨。要强化品牌培育、发展、壮大的促进机制和政策支持，引导企业加强品牌建设，着力打造一批质量过硬、具有核心竞争力的“中国品牌”。

此外，要加强全面质量监管，筑牢质量安全防线。要完善质量监管体制机制，推动质量安全监管法律法规的修订，着力构建系统完备、科学有效的质量监管法律规范体系，为质量监管部门高效执法提供有力支撑。以互联网、大数据、人工智能等新一代信息技术为抓手，构建数字化、智能化的“互联网+监管”的质量监管模式，开展以远程监管、移动监管为特征的非现场监管，实施线上线下一体化监管，实现质量监管的现代化、精细化、具体化。对先进制造业重点领域，实施“事前”备案管理、“事中”分类管理、“事后”奖惩管理的全链条、全方位的监管。积极构建先进制造业产品质量安全追溯体系，完善质量安全追溯标准，形成来源可查、去向可追、责任可究的质量安全追溯链条，为先进制造业高质量发展筑牢产品质量安全防线。

资料来源　刘虎沉. 推动先进制造业高质量发展［EB/OL］.［2023-05-25］. https://www.xuexi.cn/lgpage/detail/index.html? id=2559785111365388089& item_id=2559785111365388089.

第一节　质量管理概述

一、质量的含义

在全球一体化的进程中，质量（quality）是进入国际市场的先决条件，是参与市场竞争的关键。正确理解质量的基本概念十分重要。随着科学技术与市场需求的不断发展，质量的概念也在逐渐地拓展、深化和完善。

在ISO8402：1986标准中，“质量”的定义是：产品或服务满足规定或潜在需求的特征和特性的总和。定义中质量局限于产品或服务，不能对质量作出全面解释。

在ISO8402：1994标准中，“质量”的定义是：反映实体满足明确和隐含需要的能力的特性总和。定义中的“实体”是指“可单独描述和研究的事物”。它可以是活动或过程、产品、组织、体系或人，或上述各项的任何组合。这样的定义就不再局限于产品或服务，而被扩展至更宽广的领域。

在ISO8402：2000标准中，“质量”的定义是：一组固有的特性满足要求的程度。定义中的“固有的”，是指在某事或某物中本来就有的，尤其是那种永久特性。“特性”是指“可区分的特性”，它可以是固有的或赋予的、定性的或定量的。定义中的“要求”是指“明示的、通常隐含的或必须履行的需求或期望”。

ISO9000：2000标准给出的“质量”定义充分体现了“质量”的新概念以及该术语的定义演进的成果。在理解“质量”概念时，要注意以下几点：①质量的广义性：质量不仅指产品质量，也可以指过程或体系的质量。②质量的时效性：组织应根据顾客和相关方面需求和期望的变化，不断调整对质量的要求。③质量的相对性：组织的顾客和相关方面对同一产品的功能提出不同的需求，也可能对同一产品的同一功能提出不同的要求，需求不同，质量要求也就不同，但是只要满足需求，就应该认为质量是好的。

ISO9000：2005标准给出“质量”的六个相关术语：①质量：一组固有的特性满足要求的程度。②要求：明示的、通常隐含的或必须履行的需求或期望。③等级：对功能用途相同但质量要求不同的产品、过程或体系所作的分类或分级。④顾客满意：顾客对其要求已被满足的程度的感受。⑤能力：组织、体系、过程实现产品并使其满足要求的本领。⑥胜任力：经认定的应用知识和技能的本领。

ISO9000：2015标准对质量的定义为：客体的一组固有特性满足要求的程度。术语“质量”可使用形容词来修饰，如：差、好或优秀；“固有的”（其反义是“赋予的”）意味着存在于客体内。

综上所述，质量有广义和狭义之分，狭义的质量是指产品质量；广义的质量不仅指产品质量，还包括工序质量和工作质量。

（一）产品质量

所谓产品质量，是指产品——包括有形产品和无形产品——满足人们需要的某种属性和特性。不同的产品具有不同的属性，满足不同的需要，这种需要通常被转化为产品质量指标。一般有形产品的质量指标包括以下五个方面：

（1）性能。性能是指产品为满足使用目的所具备的技术特性，如电视机的清晰度、冰箱的制冷性等。

（2）使用寿命。使用寿命是指产品在规定条件下，完成规定功能的工作总时间，如灯泡在正常使用条件下工作的小时数、电脑显示器的使用寿命等。

（3）可靠性。可靠性是指产品在规定时间内和规定条件下完成规定功能的能力，如电视机的平均无故障工作时间、电气设备的无故障运行时间等。

（4）安全性。安全性是指产品在制造、储存和使用过程中，保证人身与环境免遭危害的程度，如电冰箱、洗衣机等家用电器的绝缘性、阻燃性等。

（5）经济性。经济性是指产品从设计、制造到整个使用过程中所花费的经济代价，具体表现为用户为购进产品所花的费用和使用成本，如电冰箱的销售价格、耗电量以及维修保养费，汽车的购置费、耗油量及维护费等。

对于无形产品的质量特性，一般包括功能性、经济性、安全性、时间性、舒适性和文明性。它强调及时、圆满、准确与友好。

（二）工序质量

工序质量又称为工程质量，它是指企业为保证生产合格产品而具备的全部手段和条件所达到的水平。影响工序质量的因素主要包括以下五个方面：

（1）人（man），指人的素质，包括人的文化、技术水平、操作熟练程度、责任心、能力、情绪、健康状况等。

（2）机器（machine），指机床、工具等的质量，包括各种机器设备和工艺装备的精度、适应程度和维护保养质量。

（3）材料（material），指原材料、辅助材料、燃料、外购件和外协件的质量。

（4）方法（method），指工艺方法、试验手段、操作规程和组织管理方法等。

（5）环境（environment），包括工作环境温度、湿度、照明、噪声、清洁卫生、工作地的布置等。

上述五个方面因素，简称4M1E，这些影响质量的因素综合发生作用的过程，就是产品质量形成的过程。工序质量是保证整个生产过程稳定生产合格产品的基础，决定产品质量的高低。因此，提高产品质量，必须首先提高工序质量。

（三）工作质量

工作质量是指与产品质量有关的对产品质量的保证程度。工作质量涉及企业所有部门和人员，体现在从产品开发、设计、生产、控制直到销售、服务等一系列活动中，每个工作岗位都直接或间接地影响产品质量，都存在着工作质量。

企业工作质量的高低，可以通过工作效率、工作成果，最终通过产品质量及经济效果表现出来。例如，制造企业的工作质量可以通过产品的合格率、等级品率等指标反映。

产品质量、工序质量和工作质量是三个不同的概念，但三者之间有密切的联系。产品质量取决于工序质量和工作质量，它是企业各项工作的综合反映，工序质量和工作质量是企业产品质量的保证。

二、质量管理的发展

通常认为，现代质量管理的发展历程大体经历了质量检验阶段、统计质量管理阶段、全面质量管理阶段、标准化质量管理阶段和数字化质量管理阶段。

（一）质量检验阶段

20世纪之前，产品质量基本上依靠操作者的技艺和经验来保证，可称为“操作者的质量管理”。到了20世纪初，由于“操作者的质量管理”容易造成质量标准的不一致和工作效率低下，因而不能适应生产力的发展。科学管理的奠基人泰勒提出了在生产中应该将计划与执行、生产与检验分开的主张。后来，在一些工厂中开始设立专职的检验部门，对生产出来的产品进行质量检验，从而形成所谓“检验员（部门）的质量管理”。这种有人专职制定标准、有人负责实施标准、有人按标准对质量进行检验的“三权分立”的质量管理是质量检验阶段的开始，是一种历史的进步，现代意义上的质量管理从此开始。

（二）统计质量管理阶段

质量检验阶段的质量检验是一种事后质量检验，这种“事后把关”的检验不能预防不合格品的发生，对于大批量生产或需要破坏性检验的产品难以适用。于是，人们开始探寻质量管理的新思路和新方法。

从20世纪20年代开始，一些国家相继制定并公布了公差标准，以保证批量生产的互换性和质量的一致性。与此同时，人们开始研究概率和数理统计在质量管理中的应用。1926年，美国工程师休哈特（W. A. Shewhart）提出了“事先控制，预防废品”的质量管理新思路，并应用概率论与数理统计，发明了具有可操作性的“质量控制图”，解决了质量检验事后把关的不足。后来，美国人道奇（H. F. Dodge）和罗米格（H. G. Romig）又提出了抽样检验法。

（三）全面质量管理阶段

20世纪60年代，质量管理进入以费根堡姆为代表的全面质量管理阶段，至今仍在不断发展和完善。费根堡姆、朱兰等人认为产品质量的形成除了与生产过程密切相关外，还受到企业生产经营的其他环节和全体员工的影响，单纯依靠数理统计方法控制生产过程和事后检验是不够的。全面质量管理的提出，将质量管理推向一个全新的发展阶段。该阶段的主要内容在下一节中集中论述。

（四）标准化质量管理阶段[①]

ISO9000系列标准的产生使质量管理迈入标准化阶段。随着经济一体化和竞争全球化，世界各国广泛合作。国际标准化组织质量管理和质量保证技术委员会（ISO/TC176）经过多年努力，总结了世界各国的质量管理和质量保证经验，于1987年正式发布ISO9000-9004系列标准。

ISO9000系列标准将质量、质量管理等概念进行了统一，规范了质量管理活动，将质量管理提升到规范化、标准化、程序化的新高度。随着时代的发展和社会的进步，ISO9000系列标准也历经了三次修订，目前主要以2008年12月15日颁布的2008版ISO9000标准为主。2015年修订的ISO9001：2015相较于ISO9001：2008，在结构上进行了调整。ISO9000质量管理体系从管理的角度入手，通过控制工作流程的质量来保证产品的质量。2000版的ISO质量标准化文件提出了"八项质量管理原则"、"基于过程的管理模式"和"持续改进"等概念。

除此之外，以美国菲利浦·克劳士比（Philip B. Crosby）为代表所持的质量哲学观点也得到迅速发展。克劳士比主张抓质量主要是抓住根本，就是人。人的素质提高了，才能真正使质量获得提高。该观点的目标是第一次就把事情做对，而且把每次做对作为奋斗方向，提出了零缺陷（zero defect，ZD）管理。摩托罗拉工程师比尔·史密斯（Bill Smith）于1986年提出的六西格玛（6σ）管理策略，是一种改善企业质量管理流程的技术，以"零缺陷"的完美商业追求，带动质量成本的大幅度降低，最终实现财务成效的提升与企业竞争力的突破。

（五）数字化质量管理阶段

自20世纪80年代以来，计算机在质量工程领域得到了广泛应用，对提高产品质量、提升企业的质量管理水平起到了非常大的作用。数字化质量管理是一项由信息技术和质量管理共同驱动的管理理念，成为现阶段数字革命和市场竞争环境下组织发展的必然选择。数字化质量管理是组织将质量大数据在研发、生产、存储、运输、销售和服务等环节的融合应用，开展数字化质量设计、质量检验、质量控制、质量分析和质量改进，实现"端到端"全场景数据驱动的数字化运营体系，形成研发质量、生产质量、销售质量和管理质量相互统一、严密衔接的管理体系，向全面数字化高质量转型，提升组织质量管理的效率和效益。[②③]

第二节 全面质量管理

一、全面质量管理的含义

世界各国由于国情不同，对全面质量管理的认知和做法也有所不同。

美国通用电气公司前总裁费根堡姆在他的著作《全面质量管理》一书中提出了全面质

① 李益兵，郭钧，郭晨．现代制造企业质量管理方法与实践［M］．武汉：武汉理工大学出版社，2019．
② 刘继云．中国质量奖获奖组织数字化质量管理模式探讨［J］．品牌与标准化，2023，378（1）：129-131．
③ 张根保．现代质量工程［M］．北京：机械工业出版社，2019．

量管理（total quality management）的概念：全面质量管理是为了能在最经济的水平上，并考虑到充分满足用户要求的条件下，进行市场研究、设计、生产和服务，把企业内部各部门的研制质量、维持质量和提高质量的活动构成一种有效的体系。

日本人则认为，全面质量管理是经营的一种思想革命，是新的经营哲学，是一门特别重视质量的管理学说，强调全面质量管理的整体性和全面性，他们不仅把全面质量管理作为一种专业管理，而且把它作为紧密围绕着经营目标（即质量、利润、产量、交货期、售后服务以及企业和社会效益等）进行综合管理的理论模式。

在国际标准ISO8402：1994中，全面质量管理的定义是“一个组织以质量为中心，以全员参与为基础，目的在于通过让顾客满意和本组织所有成员及社会受益而达到长期成功的管理途径”。

上述定义指出，全面质量管理是企业取得长期成功的途径，它以质量为中心，以组织内各部门和全体人员参与为基础，通过组织最高管理层强有力的持续领导和全员教育及培训，不断满足社会需要，从而实现企业的目标。

可见，全面质量管理是由全体人员参加的、贯穿于生产经营全过程的、具有全面性的、以保证和提高产品质量为目的的现代化管理方法。

二、全面质量管理的特点

全面质量管理具有以下特点：

（1）全面质量管理的内容是全面的。全面质量管理关于质量的概念是广义的，不仅包括产品质量，还包括产品赖以形成的工序质量和工作质量，要求不仅搞好产品质量，还要搞好工序质量和工作质量，通过加强企业各方面工序质量和工作质量来保证和提高产品质量。

（2）全面质量管理的范围是全面的。全面质量管理是设计、生产、销售的全过程管理。任何一个产品的质量，都有一个产生、形成和实现的过程，不仅要搞好生产过程的质量管理，还要搞好设计过程和销售过程的质量管理，对与产品质量有关的各个环节加以管理，形成一个综合性质量体系。

（3）全面质量管理是全员参与的质量管理。产品质量是企业各方面的综合反映，涉及企业所有部门和人员，全面质量管理要求企业的全体人员都按照其所承担的质量职能开展工作，发挥作用。

（4）全面质量管理的方法是全面的。由于影响产品质量的因素是错综复杂的，要把众多复杂因素系统控制起来，必须综合运用多种多样的管理技术和方法，包括科学的组织工作、数理统计方法和科学技术手段等。

三、全面质量管理的基本工作方法

PDCA循环被认为是全面质量管理的基本工作方法。PDCA循环又叫戴明环，是由美国质量管理专家戴明博士首先提出的，它是全面质量管理所应遵循的科学程序。全面质量管理活动的全部过程，就是质量计划的制订和组织实现的过程，这个过程就是按照PDCA循环，不停顿地、周而复始地运转的。

（一）PDCA循环的四个阶段

PDCA是英语单词plan（计划）、do（执行）、check（检查）和action（行动或处理）的第一个字母，PDCA循环就是按照这样的顺序进行质量管理，并且循环不止地进行下去的科学程序，如图11-1所示。

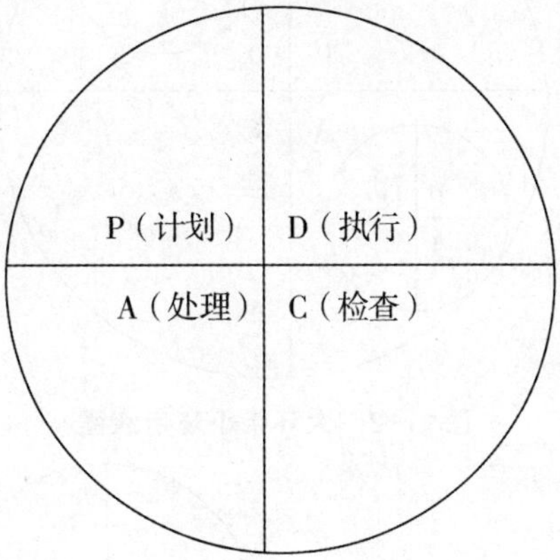

图11-1 PDCA循环

1.计划阶段

计划阶段有四个步骤：

（1）分析现状，找出所存在的质量问题。

（2）找出产生问题的原因和影响因素。

（3）找出原因（或影响因素）中的主要原因（或影响因素）。

（4）针对主要原因制定解决问题的措施和计划。

2.执行阶段

执行阶段只有一个步骤：按计划执行。

3.检查阶段

检查阶段只有一个步骤：检查执行的效果。

4.处理阶段

处理阶段有两个步骤：

（1）巩固提高，就是把计划执行成功的经验进行总结并整理成为标准，以利于巩固提高。

（2）把本次工作循环未解决的问题或出现的新问题，提交到下一工作循环去解决。

（二）PDCA循环的特点

PDCA循环有以下四个明显特点：

（1）周而复始。PDCA循环的四个过程不是运行一次就完结，而是周而复始地进行。一个循环结束了，解决了一部分问题，可能还有问题没有解决，或者又出现了新的问题，再进行下一个PDCA循环，依此类推。

（2）大环带小环，互相促进。类似行星轮系，一个公司或组织的整体运行体系与其内部各子体系的关系，是大环带动小环，小环又促进大环的有机逻辑组合体，如图11-2所示。

（3）阶梯式上升。PDCA循环不是停留在一个水平上的循环，不断解决问题的过程就是水平逐步上升的过程，如图11-3所示。

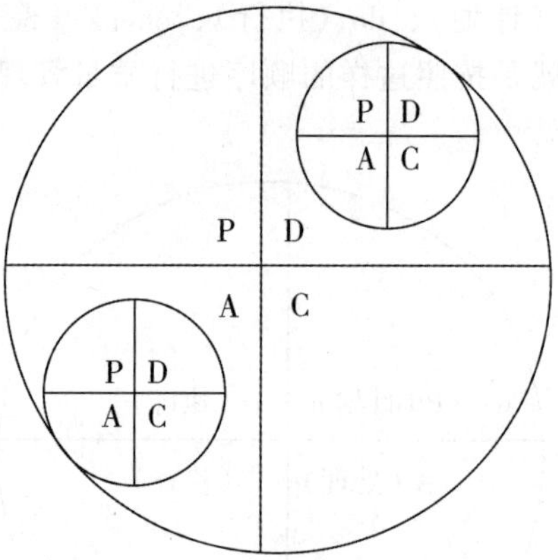

图11-2　大环带小环示意图

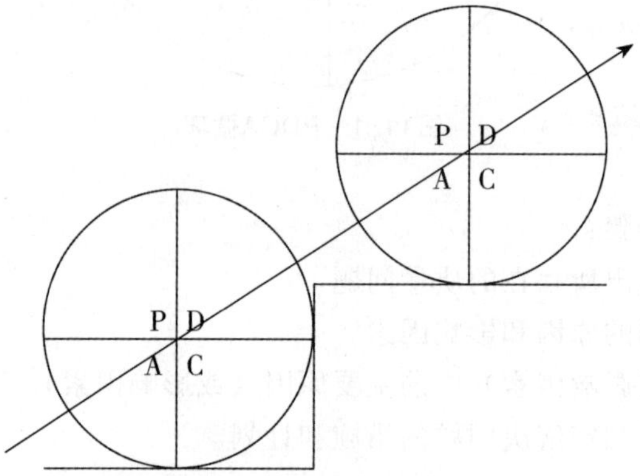

图11-3　PDCA循环上升示意图

第三节　质量认证与质量系列标准

一、质量认证

（一）质量认证的概念

质量认证也称为合格认证（conformity certification）。关于质量认证的定义有以下几种：

ISO/IEC指南2-1983《标准化、认证与实验室认可的一般术语》将合格认证定义为"用合格证书或合格标志的方法证明某一产品或服务符合特定的标准或技术规范的活动"。

该指南的1986版，将该定义修改为"由可以充分信任的第三方证实某一经鉴定的产品或服务符合特定标准或规范性文件的活动"。

该指南的1991版，将该定义修改为"第三方依据程序对产品、过程或服务符合规定的要求给予书面保证（合格证书）"。

该指南的第八版（2004年）与第七版（1996年）相同，删除了关于合格评定的术语和定义（在第七版的第12至17条），代之以对ISO/IEC 17000《合格评定——词汇和一般原则》的规范性引用。

《中华人民共和国认证认可条例》(2020年修订)规定:"认证是指由认证机构证明产品、服务、管理体系符合相关技术规范、相关技术规范的强制性要求或者标准的合格评定活动。"

可见,质量认证是由第三方依据特定的标准,对产品、过程和服务的质量等主体对象采用合格证书或认证证书的方式给予书面保证的一种复合性评价活动。

上述定义具有以下要点:

(1)质量认证是一种复合性评价活动。

(2)质量认证的主体对象是产品、过程和服务的质量。

(3)质量认证的基础(依据)是特定的标准。

(4)质量认证合格的证明方式是采用合格证书或认证证书。

(5)质量认证活动由具备条件的第三方进行。

现在,各国的认证机构主要开展产品质量认证和质量管理体系认证两方面的认证业务。

(二)产品质量认证

产品质量认证依据的是国际标准或国家标准。国际标准中的60%是由ISO(国际标准化组织)制定的,20%是由IEC(国际电工委员会)制定的,20%是由其他国际标准化组织制定的。也有很多国家是依据自己的国家标准和国外先进标准进行认证的。产品质量认证包括合格认证和安全认证两种。依据标准中的性能要求进行认证叫作合格认证;依据标准中的安全要求进行认证叫作安全认证。前者是自愿的,后者是强制性的。

(三)质量管理体系认证

质量管理体系认证是由西方的品质保证活动发展起来的。自1987年ISO9000系列标准问世以来,为了加强质量管理,适应品质竞争的需要,企业家们纷纷采用ISO9000系列标准在企业内部建立质量管理体系,申请质量管理体系认证,很快形成了一个世界性的潮流。

(四)质量认证的管理

依据ISO/IEC指南28《典型的第三方产品认证制度通则》和ISO/IEC指南48《第三方评定与注册供应商质量体系指南》,产品质量认证机构对已认证的企业从认证产品监督检验和认证产品生产企业质量体系复审两个方面进行监督。

1.产品质量认证的监督管理

(1)认证产品的监督检验。对认证合格的产品,认证机构应在认证证书有效期内每年安排年度产品的监督检验计划(一般为1~2次/年),委托认可的检测实验室从认证产品生产企业或市场上随机抽取产品样本进行检验。

(2)认证产品生产企业质量体系的复审。对认证合格的产品生产企业,认证机构还应安排年度质量体系审核计划(一般为1~2次/年),指派质量体系审核员到企业进行现场审核。

(3)各级地方政府质检机构对认证产品及其生产企业的监督。依据《中华人民共和国产品质量法》和《中华人民共和国进出口商品检验法》,省级地方政府质检机构(即技术监督部门)对本行业行政区域内的认证产品进行监督检查。

2.质量体系认证的监督管理

认证机构对获准认证的组织在体系认证证书有效期内实施监督管理,包括换证、质量体系更改报告、监督管理、认证注销、认证暂停、认证撤销、认证有效期满的复评等。

（1）换证。在体系认证证书有效期内，出现了体系认证标准变更、体系认证范围变更、体系认证证书持有者变更的情况之一时，应按照有关规定换证。

（2）质量体系更改报告。获准认证的组织的质量体系覆盖的产品结构发生了重大变化；质量体系覆盖的产品发生了重大质量事故；供方负责人或质量体系管理者发生变动；质量手册需要重大调整和改革，如质量方针、机构设置、职责分工、质量体系要素、重要控制程序的改变等时，该组织需将更改计划及时报告认证机构，该认证机构将依据更改引起的影响程度决定是否需要进行重新评定。

（3）监督检查。认证机构对于获准认证的组织在其质量体系认证证书有效期（3年）内实施的监督检查，按规定每年不得少于1次。

（4）认证注销。当体系认证规则发生变化，企业不愿意或不能确保符合新的要求；在体系认证证书有效期届满时，企业没有在证书有效期届满前足够时间内向认证机构重新提出认证的申请；获准认证的组织正式提出注销认证，解除认证合同的，认证机构在获准认证的组织不违反认证规则的情况下，中止与该组织的认证合同关系，将注销该组织使用体系认证证书和标志的资格，收回体系认证证书。

（5）认证暂停。当体系认证证书持有者未经体系认证机构的批准，对获准认证的质量体系进行了更改，且该项更改影响到体系认证资格的；监督检查发现体系认证证书持有者质量体系达不到规定的要求，但严重程度尚不构成撤销体系认证资格的；体系认证证书持有者对体系认证证书和标志的使用不符合体系认证机构规定的；发生其他违反体系认证规则的情况下，作为认证机构对获证的组织发生了违反认证规则的行为的一种警告措施，由认证机构书面暂停体系认证证书持有者使用体系认证证书和标志的资格。

（6）认证撤销。当暂停体系认证资格的通知发布后，体系认证证书持有者未按规定要求采取适当纠正措施的；监督检查发现体系认证证书持有者质量体系存在严重不符合规定要求的；发生体系认证机构与体系认证证书持有者之间正式协议中特别规定的其他构成撤销体系认证资格情况时，认证机构撤销获准认证的组织质量体系符合相应质量管理标准的合格证明。被撤销体系认证资格的，1年后可重新提出体系认证申请。

（7）认证有效期满的复评。体系认证证书持有者需在体系认证证书有效期满后继续保持认证资格的，应按认证机构的规定，在有效期届满前足够的时间内向认证机构提出重新认证的申请。认证机构将按照初次认证的基本程序，对申请方的质量体系实施较全面的重新评定。合格者，颁发新的体系认证证书，有效期仍为3年。

（8）认证撤销的公布。体系认证机构关于注销、暂停、撤销体系认证证书持有者使用体系认证证书和标志资格的决定，以及取消暂停的决定，应书面通知体系认证证书持有者，并可予以公布。

二、质量系列标准

（一）ISO9000族标准①

1979年，国际标准化组织（ISO）成立了“质量管理和质量保证技术委员会”（TC176），开始着手制定质量管理和质量保证方面的国际标准。经过多年的研究和酝酿，

① 陈恩旭．质量管理之ISO9000族质量管理体系标准［EB/OL］．［2022-08-03］．https：//mp.weixin.qq.com/s/ETNcBgaJg-rwrYr-C9f6-g.

在总结世界各国实行全面质量管理和质量保证经验的基础上，ISO/TC176于1987年3月正式颁布了ISO9000族标准。

ISO9000族标准，是第一套管理性质的国际标准。它是各国质量管理与标准化专家在先进的国际标准的基础上，对科学管理实践的总结和提高。它既系统、全面、完善，又简洁、扼要，为开展质量保证和建立健全质量体系提供了有力的指导。在国际市场上，ISO9000族标准已成为评估产品质量和合格质量体系的基础，同时也成为许多国家的第三方质量体系认证注册计划的基础。

1.ISO9000族标准的发展过程

ISO/TC 176技术委员会制定的质量管理体系标准，从1987第一版到目前进行了四次换版，共五个版本：

（1）1987年第一版：质量管理体系的第一版经过ISO/TC 176技术委员会7年时间多次修改，被称为“历史性综合”，于1986年正式发布。

（2）1994年第二版：1990年，ISO/TC176技术委员会开始对ISO9000系列标准进行修订，1994年第二版被称为“战术性换版”，此次修订后的ISO9000系列标准，ISO/TC176正式定义为ISO9000族标准，并于1994年发布。

（3）2000年第三版：ISO/TC176技术委员会进一步对ISO 9000族标准进行系统升级，2000年第三版被称为“战略性换版”，对标准的总体结构、原则及技术内容方面全部进行修订，从以前的标准条款要素管理，到更系统化的全面质量管理，导入了八项质量管理原则（以顾客为关注焦点、领导作用 、全员参与、过程方法、管理的系统方法、持续改进、基于事实的决策方法、与供方互利的关系）和PDCA管理循环，更具兼容性、通用性、适用性、简洁性。

（4）2008年第四版：这次只是对标准中有争议和模糊的部分条款进行了修改，并增加了一些注释和说明，2008年第四版被称为“编辑性修正”。对标准条款要求更加明确，便于使用的用户理解应用。

（5）2015年第五版：从2008年版到2015年版的修订，是四次技术修订中影响最大的一次修订，此次修订为质量管理体系标准的长期发展规划了蓝图，为未来25年的质量管理标准做好了准备；新版标准更加适用于所有类型的组织，更加适用于企业建立整合管理体系，更加关注质量管理体系的有效性和效率。

2.ISO9000族的核心标准

ISO9000族标准中包含3个核心标准，分别是：ISO9000：2015《质量管理体系基础和术语》、ISO9001：2015《质量管理体系要求》和ISO9004：2009《追求组织的持续成功质量管理方法》。

3个标准相辅相成、协调一致。ISO9000：2015《质量管理体系基础和术语》为正确理解ISO9000族标准提供了必要的基础；ISO9001：2015《质量管理体系要求》规定了质量管理体系要求，采用管理体系标准框架，组织能够使用过程方法，并基于风险的思维结合PDCA持续改进循环，将质量管理体系与其他管理体系标准的要求进行协调和整合；ISO9004：2009《追求组织的持续成功质量管理方法》为选择超出ISO标准要求的组织提供了持续成功的指南。

3.ISO9000族标准的特点

（1）帮助组织增强顾客满意。族标准在9001和9004中，都有通过识别顾客需求和期望、监视顾客和相关方满意来增强顾客满意的内容。

（2）ISO9000族标准适用于各种类型、不同规模以及提供不同产品和服务的组织，也可以增加某些行业的特定要求来适应不同的行业，如汽车业的ISO/TS16949标准。

（3）ISO9000族标准都适用于过程方法要求，有助于运用PDCA循环持续改进管理体系的绩效和有效性。

（4）采用相同的管理体系高阶结构，有助于ISO9001标准与其他的管理体系融合，并将多个管理体系整合成综合管理体系，提高体系运行效率。

4.ISO9000族标准的实施意义

ISO9000质量体系认证是由国家或政府认可的组织以ISO9000系列质量体系标准为依据进行的第三方认证活动，以绝对的权力和威信保证公开、公正、公平及相互间的充分信任。

以完整的方式运用全部ISO9000族标准将会使组织获得最大价值。组织在采用标准实现第一阶段绩效水平之前应当先掌握ISO9000族标准，从而熟悉标准的基本概念和所使用的语言；然后可以利用ISO9004所描述的实践来使组织的质量管理体系更加有效和高效地实现经营目的和目标；同时ISO9001和ISO9004标准的结构可使组织把它们与其他的管理体系或特定的部门、行业要求进行整合。

（二）ISO14000系列标准

1991年7月，ISO成立了“环境战略咨询组”（SAGE），把环境管理标准化问题提上议事日程，经过一年多的工作，SAGE向ISO提出建议：要像质量管理一样，对环境也制定一套管理标准，以加强组织获得和衡量改善环境的能力。根据SAGE的建议，ISO于1993年6月正式成立一个专门机构TC207，着手制定环境管理领域的国际标准，即ISO14000环境管理系列标准。①

ISO14000环境管理系列标准是ISO继ISO9000族标准之后推出的又一个管理标准。该标准是由ISO/TC207的环境管理技术委员会制定的，有14001到14100共100个号，统称为ISO14000系列标准。该系列标准融合了世界上许多发达国家在环境管理方面的经验，是一种完整的、操作性很强的体系标准，包括为制定、实施、实现、评审和保持环境方针所需的组织结构、策划活动、职责、惯例、程序过程和资源。

ISO14001：2015是ISO14000系列标准中的主体标准。它规定了组织建立、实施并保持的环境管理体系的基本模式和基本要求。该体系适用于任何类型和规模的组织，并适用于各种地理、文化和社会条件。这样一个体系可供组织建立一套机制，用来确定环境方针和目标等，通过环境管理体系的持续改进实现组织环境绩效的持续改进。本标准的总目的是支持环境保护和污染预防，协调它们与社会需求和经济需求的关系。②

实施ISO14000环境管理体系的国际标准，目的是规范企业和社会团体等所有组织的环境行为，以达到节省资源、减少环境污染、改善环境质量、促进经济持续健康发展的目的。ISO14000系列标准的用户是全球商业、工业、政府、非营利性组织和其他用户。与ISO9000族标准一样，ISO14000系列标准对消除非关税贸易壁垒即“绿色壁垒”，促进世界贸易发展具有重大作用。

---

① 标准认证圈.【标准】ISO14001：2015环境管理体系要求及使用指南解读［EB/OL］.［2023-02-14］. https：//mp.weixin.qq.com/s/YMnPnPuISqW4YgMJK1S4-Q.

② 华夏认证中心. ISO14000环境管理系列标准中主要标准简介［EB/OL］.［2021-12-03］. https：//mp.weixin.qq.com/s/AqJlwr4Q7lHiG0iF-FNTbw.

专栏11-1

ISO9000和ISO14000的区别

两套标准都是ISO组织制定的针对管理方面的标准，都是国际贸易中消除贸易壁垒的有效手段。两套标准的要素有相同或相似之处，但也有一些区别。

（1）两套标准最大的区别在于面向的对象不同，ISO9000标准是对顾客承诺，ISO14000标准则面向政府、社会和众多相关方（包括股东、贷款方、保险公司等）。

（2）ISO9000标准缺乏行之有效的外部监督机制，而在实施ISO14000标准的同时，要接受政府、执法当局、社会公众和各相关方的监督。

（3）两套标准在部分内容和体系的思路上有着质的不同，包括环境因素识别，重要环境因素评价与控制，适用环境法律、法规的识别、获取、遵循状况评价和跟踪最新法规，环境目标指标方案的制订和实施完成，以期达到预防污染、节能降耗、提高资源能源利用率，最终达到环境行为的持续改进的目的。

资料来源　施云. 生产物流管理［M］. 北京：中国财富出版社，2019.

第四节　传统的质量统计方法

一、调查表法

调查表又叫检查表、核对表、统计分析表，是用来搜集资料和数据，对事实进行粗略整理和分析的统计表，一般有如下几种：

（1）不合格调查表。这主要用来调查生产现场不合格项目频数和不合格率。

（2）缺陷位置调查表。这用来记录、统计、分析不同类型的外观质量缺陷所发生的部位和密集程度。

（3）质量分布调查表。它是对计量数据进行现场调查的有效工具，可了解质量特性的分布状况。

调查表的常见样式见表11-1。

表11-1　**调查表样式**

项目	XYZ	搜集人员			组别		
地点			备注				
缺陷类别	2023年						各类缺陷总数
	1月	2月	3月	4月	5月	6月	7月	
A	9	4	6	6	3	12	12	52
B	12	7	2	4	5	8	23	61
C	5	12	7	4	3	3	8	42
D	7	3	21	2	2	4	5	44
E	5	5	13	5	14	15	7	64
F	3	7	11	9	6	3	1	40
G	5	7	7	9	8	5	13	54
月缺陷总数	46	45	67	39	41	50	69	357

二、因果分析图法

因果分析图，也称为鱼骨图、树枝图或石川图。它是表示质量特性与有关因素之间关系的一种图形，用于寻找产生质量问题的具体原因。因果分析图由质量问题和影响因素两部分组成。图中主干箭头所指的为质量问题，主干上的大枝表示问题产生的大原因，中枝、小枝等表示按相互间因果关系展开的中原因、小原因等，构成树枝状图形，如图11-4所示。

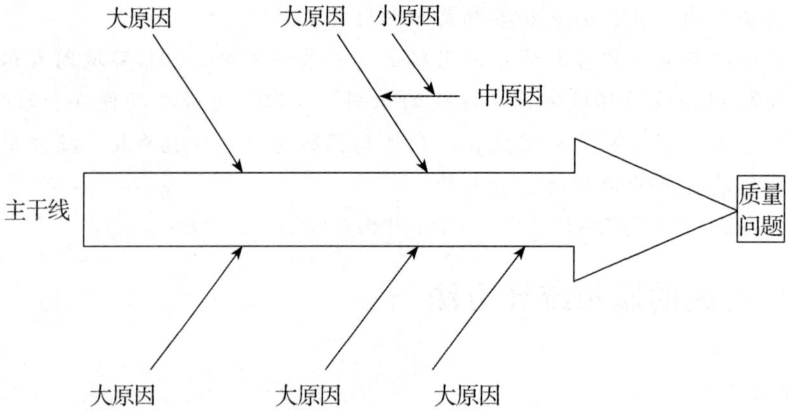

图11-4 因果分析图

因果分析图法应用步骤如下：

（1）明确要分析和解决的问题，将其标在右边的方框内。

（2）画带有箭头的主干线，箭头指向右端需要解决的问题。

（3）分析产生问题的原因，原因分析由大到小，由粗到细。一般问题产生的大原因包括人、机器、材料、工艺和环境等五个方面，也可以根据具体情况增减。把大原因用箭线排列在主干线两侧，再围绕大原因分析、展开，按中、小原因及相互间的因果关系，用长短不等的箭线画在图上，逐级分析、展开，直到能采取措施。

三、排列图法

排列图又称帕累托图或ABC分类法。它是分析和识别影响质量的主要因素，寻找质量改进机会所采用的一种图示技术。排列图由两个纵坐标、一个横坐标、几个按高低顺序排列的长方形和一条累计百分率曲线组成。

排列图的应用步骤如下：

（1）确定分析的对象。可以是某种产品（零件）的废品件数、吨数、损失金额、消耗工时及不合格项数等。

（2）确定问题分类的项目。可按废品项目、不合格项目、零件项目、不同操作者等进行分类。

（3）搜集整理数据。列表汇总每个项目发生的频数，由大到小排列（“其他”项不论发生的频数大小，皆放在最后一项）。计算各项目累计发生的频数与累计百分率。

（4）画横坐标。根据项目的多少，将横坐标分成等份刻度，在每个刻度间距下填写项目名称。

（5）画纵坐标。左纵坐标表示频数，右纵坐标表示累计频率（%）。

（6）画排列图。横坐标表示项目，从左到右，按出现的频数的高低，依次画出每个项目的直方形图，在上边标以相应的频数，画出累计频率曲线。最后将排列图名称、分析对象总数、生产单位、绘图者、绘图时间等标在图上。

（7）根据排列图，选择严重影响质量的、累积百分率最大的或较大的一个或几个关键问题作为质量改进项目。绘制排列图的目的在于从诸多问题或原因中，找出主要问题或原因，并以图形的方法直观地表现出来。通常把问题或原因分为三类：A类问题或原因属于主要问题或原因，其累计频率为0~80%；B类问题或原因属于次要问题或原因，其累计频率为80%~90%；C类问题或原因属于一般问题或原因，其累计频率为90%~100%。实际应用中，主要问题或原因以1~2个为宜，最多不超过3个，否则将失去关键因素的意义。

某企业生产液压阻尼器，用于防止由于各种冲击对管道和设备造成的破坏，保证管道和设备的正常运行。该企业分析阻尼器主要零件的质量问题，统计表如表11-2所示，依据该表绘制排列图，如图11-5所示。结果找出主要因素是螺塞和前端盖。

表11-2　**主要零件缺陷统计表**

项目	频数	累计频数	频率（%）	累计频率（%）
螺塞	50	50	49.5	49.5
前端盖	24	74	23.8	73.3
阀针	12	86	11.8	85.1
导向套	8	94	7.9	93.0
其他	7	101	7.0	100.0
合计	101		100.0	

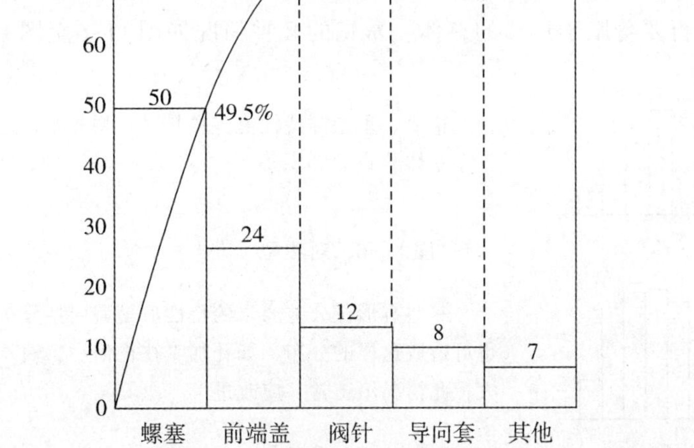

图11-5　主要零件不合格品排列图

四、直方图法

直方图是由直角坐标系中若干顺序排列的长方形组成的，适用于分析观测值分布的状态，以便对总体的分布特征进行推断。各长方形的底边相等，为观测值区间，长方形的高为观测值落入相应区间的频数。

直方图的绘图步骤一般如下：

（1）搜集观测值n个数据，所搜集的数据n要大于50个，否则反映分布的误差太大。

（2）找出观测值n个数据中的最大值X_{max}和最小值X_{min}。计算级差，计算公式为：

$$R=X_{max}-X_{min} \tag{11-1}$$

（3）确定观测值大约的分组数K。K一般可以根据表11-3中的经验数据来确定。

表11-3　**分组数（K）的经验数值表**

数据的数量（n）	适当的分组数（K）	一般使用的分组数（K）
50~100	6~7	10
100~200	7~12	10
250以上	10~20	10

（4）确定各组组距h，计算公式为：

$$h=\frac{R}{K} \tag{11-2}$$

（5）确定各组组界。首先确定第一组下组界，为了避免观测值落在组界上，造成频数计算的困难，组的边界值应取最小测量单位的1/2。其计算公式为：

第一组的下界限值=最小值-最小测量单位/2　　(11-3)

第一组的上界限值=第一组的下界限值+h　　(11-4)

第二组的下界限值就是第一组的上界限值，然后依次加入组距h，即可得到各组组界。

（6）统计落入各组的数据的频数，计算频数f，整理成频数表。

（7）画直方图。用横坐标表示质量特性，以纵坐标表示频数，分别画出以组距为底、频数为高的直方图。

在应用中，分析直方图的形状并与规范界限比较可以判断总体正常或异常，进而寻找异常的原因。分析要着眼于形状的整体。常见的几种情况如图11-6至图11-11所示。

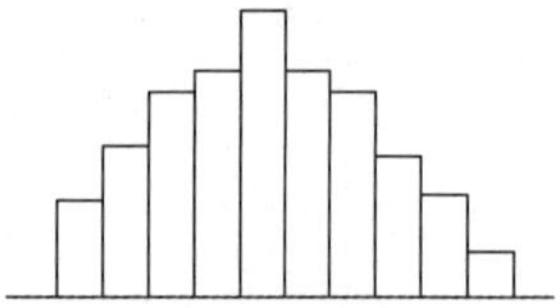

精度、重量等特性值多数是对称型分布，这是观测值来自正态总体分布的必要条件

图11-6　对称型

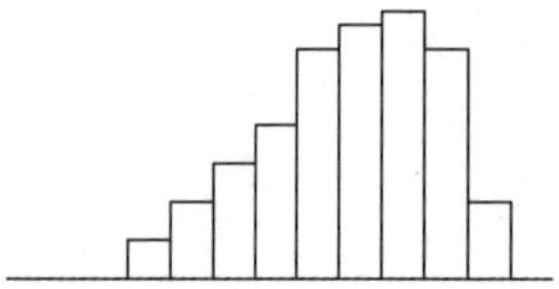

一些有形位公差要求的特性值是偏向型分布。因加工习惯也可造成这样的分布，如孔加工往往偏小，轴外圆加工往往偏大，此情况不正常，应改进

图11-7　偏向型

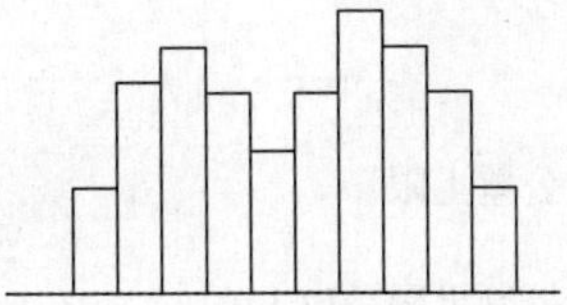

观测值来自两个不同的总体会造成双峰型分布，如设备或操作者不同等，应选择较好的生产条件进行生产

图 11-8　双峰型

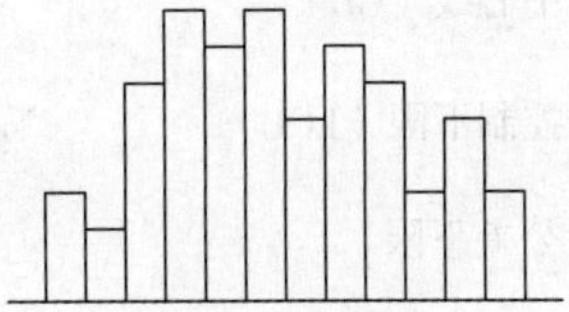

作直方图分组不当，观测数据不准确等原因都会造成锯齿型分布，应查明原因，采取措施，重新作图分析

图 11-9　锯齿型

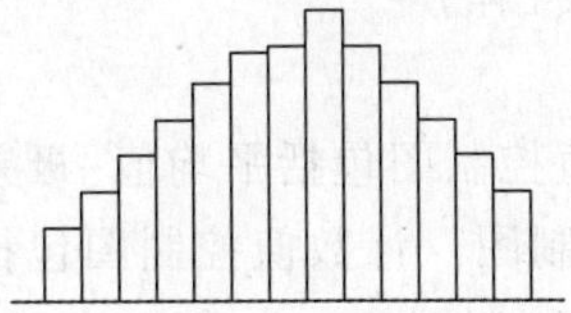

生产过程中有缓慢变化的因素在起作用会造成平顶型分布，如刀具的磨损等，应采取措施，控制该因素稳定在良好的水平上

图 11-10　平顶型

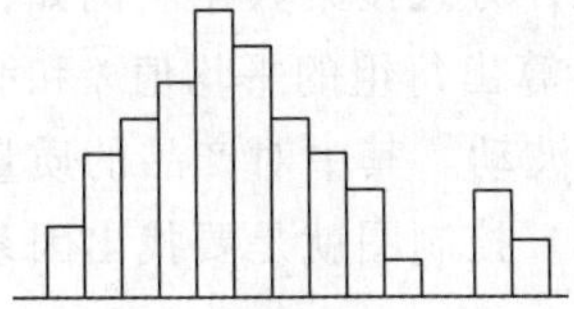

有测量错误或生产出现异常因素，会造成孤岛型分布，应查明原因，采取措施

图 11-11　孤岛型

五、控制图法

控制图又称管理图，1924年由休哈特首创，它是用于分析和判断生产过程是否处于控制状态所使用的带有控制界限的图形。利用控制图可以动态地反映质量数据随时间变化的趋势，并分析它是由于偶然因素还是系统因素造成的质量波动，从而提示管理者及时采取措施，消除系统因素造成的影响，保证工序处于稳定状态。

控制图的基本形式如图11-12所示。纵坐标用来表示需要控制的质量特性，横坐标表示随时间编号而抽取的子样编号。图中，细实线（CL）为中心线，上下两条虚线为控制上限（UCL）和控制下限（LCL）。采取系统取样的方式取得子样的质量特性值，描绘在图中，连点成线，就得到控制图。如果图中测量值高于控制上限或低于控制下限，说明控制失控。若测量值全部在上下限之间，则说明生产过程处于稳定状态。

控制图中上、下控制界限的确定根据正态分布的特征，上、下控制界限数值的确定，通常是依据“三倍标准偏差法则”或“千分之三法则”，即把控制图的中心线定在被控对象的平均值上。因此，控制图的上控制界限位于被控对象的平均值加三倍标准偏差处；下控制界限位于被控对象的平均值减三倍标准偏差处。其意义是在1 000个点子（质量数据）中落在上下控制界限之外的只有近3个点子。通常，在有限次数的检测打点中，当出现某个点子跳出控制界限时，就判断此时生产过程出现了异常波动，出现了系统性原因导致生产异常波动的征兆。

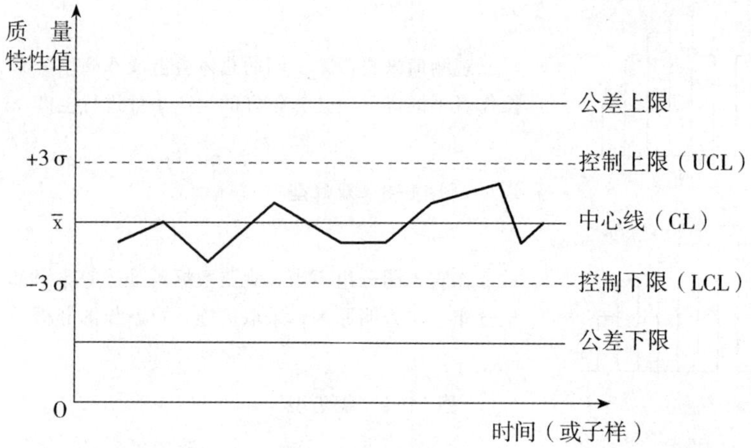

图11-12 控制图

控制图分为计量值控制图和计数值控制图两大类。计量值控制图包括平均值-极差控制图、中位数-极差控制图、单值控制图、单值-移动极差控制图。计数值控制图包括不合格率控制图、不合格数控制图、单位缺陷数控制图和缺陷数控制图。

控制图的制作采用定时抽样的方式，在生产现场用系统取样方式搜集数据。例如，每日定时从生产流水线上采取几个样品，连续若干天；再分别计算出每组的平均值$\overline{X}$和级差R。产品的加工过程中，正常原因和系统原因都会引起质量的波动。其中对产品的质量产生较大影响的系统因素会引起产品质量较大的波动，必须控制。控制图就是要找出因系统原因而引起的异常波动，加以控制。

控制图的判定如下：在工序稳定的情况下，控制图中的所有点都没有超过控制界限。如果出现下列情况，表明工序情况出现异常，有系统性原因存在，需要查明情况，消除影响质量的隐患。

（1）连续7个点子落在中心线一侧。

（2）连续3个点子中有2个点子接近控制线。

（3）点子发生倾向性变化，连续上升或下降。

（4）点子有周期变化，例如从上到下，再由下而上，周而复始。

六、相关图法

相关图是一种判断两个变量之间是否存在相关关系的图。在分析和研究影响产品质量的原因时，经常发现有些变量共处于一个统一体中，相互联系又相互制约。变量之间的关系分为两种：一种是确定的函数关系；另一种是非确定的相关关系。相关图法就是研究非确定性的相关关系的。

相关图是将两种有关的数据列出，并用“点”标在直角坐标上观察它们的关系。由于变量之间的相关关系不同，绘制出的相关图也不同，一般有以下六种典型的相关图，如图11-13至图11-18所示。

相关图的绘图步骤如下：

（1）选定分析对象。可以是质量特性值与因素之间的关系、质量特性值与质量特性值之间的关系、因素与因素之间的关系。

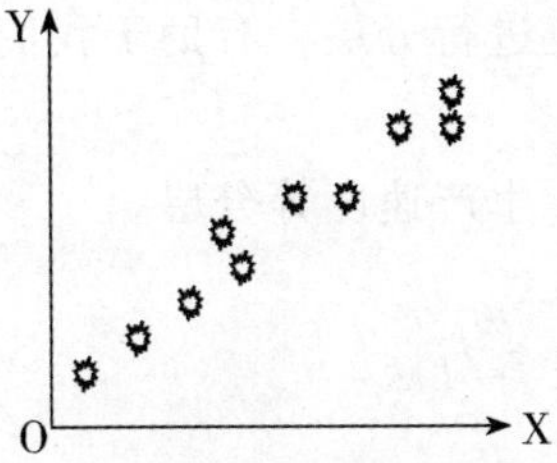

图 11-13 强正相关

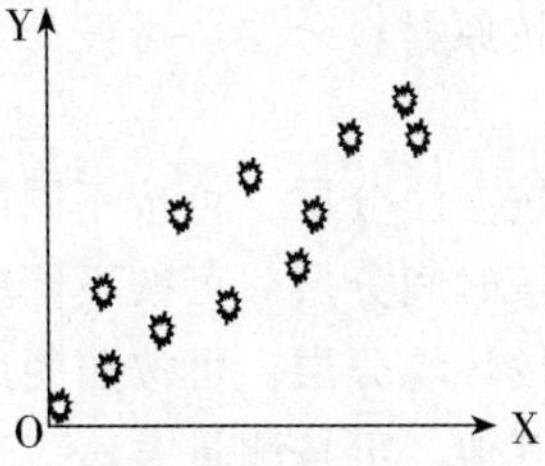

图 11-14 正相关

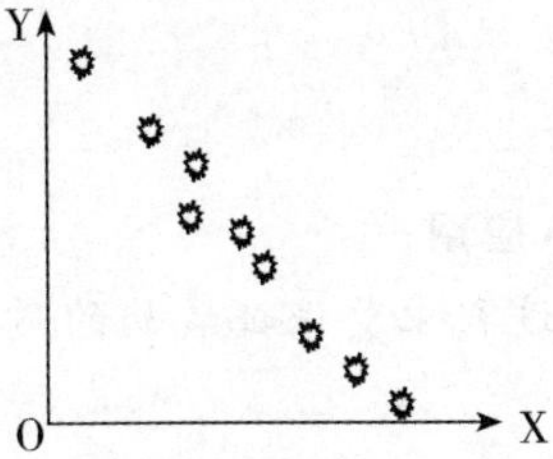

图 11-15 强负相关

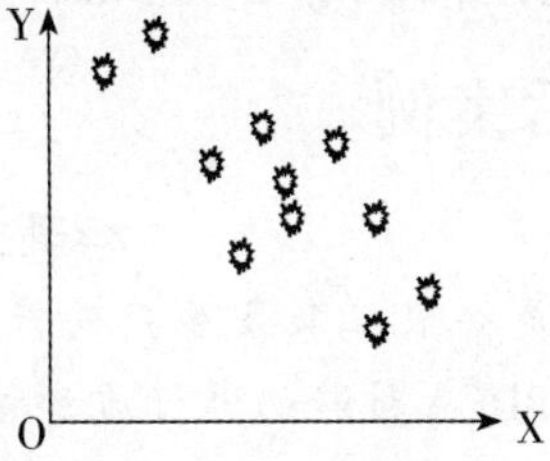

图 11-16 负相关

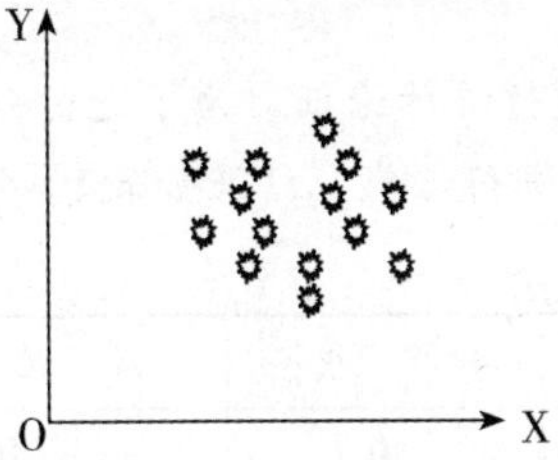

图 11-17 不相关

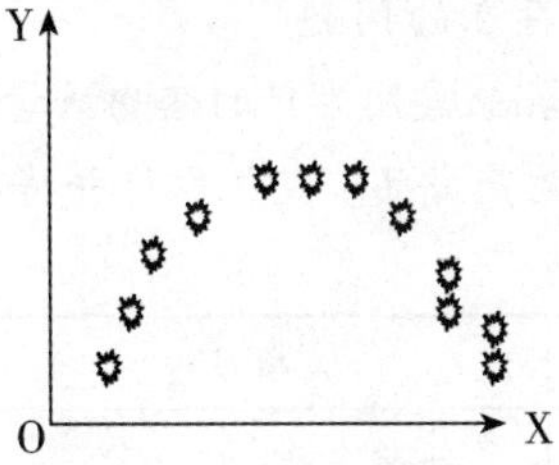

图 11-18 非线性相关

（2）记录观测值与其名称、取样方法、取样日期、测定方法、测定仪器、观测值、环境条件等。

（3）在坐标纸上建立直角坐标系，把数据分别标在坐标上。

（4）当相关图上出现明显偏离其余数据的点时，应查明原因，以便决定是否删除或校正。

通过搜集数据，绘制相关图，可以依据相关图直观地看出两个变量之间是否有相关关系以及关系的密切程度，从而可以通过观察一个变量推断另一个变量，或者可以通过控制一个变量实现对另一个变量控制的目的。

七、分层法

影响产品质量的因素是多样的，因此，搜集的数据往往带有综合性因素。为了真实地反映产品质量波动的原因和变化的规律，必须对搜集的数据适当分层整理。分层法（stratification）又叫分类法、分组法，是一种把杂乱无章和错综复杂的资料和意见加以归类汇总，使之更确切地反映客观现实，从而找到主要原因，采取相应措施的一种方法。

分层应使层内的数据差异尽可能小，而层与层之间的差异尽可能大，否则就起不到分层归类的作用。

分层的一般方法如下：

（1）按操作者分层。可按操作者个人分层，也可按班组分层，还可以依据操作者的年龄、工级、性别分层。

（2）按设备分层。可按设备的不同类型、新旧程度、处于不同的生产线进行分层。

（3）按原材料分层。可按产地、批号、制造厂、规范进行分层，有助于我们选择合适的供应商。

（4）按方法分层。可按不同的操作参数、操作方法、生产速度等分层。

（5）按时间分层。可按不同的班次、日期等分层。

（6）按环境分层。可按照明度、清洁度、湿度、温度等分层。

（7）其他。可按测量方法、适用条件等分层。

运用分层法时，必须考虑各种因素的综合影响效果。

课后案例

××乳业集团酸奶质量的PDCA应用

酸奶是××乳业集团生产的产品之一，在生产酸奶的过程中要保证酸奶的质量，××乳业集团以PDCA对酸奶进行质量管理。

1.计划阶段（P）

（1）存在的问题

对××乳业集团生产的酸奶质量现状进行调查分析，并进行统计论证。为了进行分析，取样为××酸奶的产成品。随机取样并将有质量问题的酸奶样本数进行记载，结果如表11-4所示。

表11-4 酸奶质量排列统计

序号	项目	频率	累计频数	比率（%）	累计比率（%）
1	乳脂上浮	95	95	59.4	59.4
2	凝固性差、乳清析出	40	135	25.0	84.4
3	风味不良	16	151	10.0	94.4
4	口感差	9	160	5.6	100.0
合计		160		100.0	

根据“关键的少数，次要的多数”原则，由表11-4可见，乳脂上浮是造成酸奶质量问题的主要矛盾，占比59.4%。

（2）造成质量不良的原因

对造成质量不良的原因进行分析，结果如表11-5所示。

表11-5 乳脂上浮原因

原料乳质量不好	设备	操作工	环境	方法
掺假	设备维护不当	操作工不熟练	空气杂菌多	保温时间不当
盐类酸碱不平衡			设备表面不清洁	温度控制不当
				热处理方法不当
				贮存运输不当

（3）控制措施

根据造成乳脂上浮的原因，制定改进目标和措施，防止乳脂上浮。

①针对原料乳质量差

目标：全乳固形物≥11.5%，酸度≤18T，杂菌数≤15×104ml。

措施及方案：加强原料的验收，必要时添加脱脂乳粉调整全乳固形物含量，拒收初乳、末乳和乳房炎乳。

②均质

目标：能够充分打碎脂肪球，确保酸奶黏度稳定均一。

措施及方案：二级均质，确保搅拌时间，并随时监测。

③原料乳热处理不当

目标：乳清蛋白变性，比例≥75%。

措施及方案：热处理85℃；20~30min。

④发酵不当

目标：乳块凝结良好，无乳清析出。

措施及方案：发酵温度40℃~42℃，时间6h，接种时间2.5%~3%，检查菌种的活性。

⑤酸奶运输不当

目标：冷链运输，运输过程中减少震荡。

措施及方案：采取保护措施，限制车速，减少震动，运输车温与贮存温度一致。

⑥贮存不当

目标：在保质期内贮存温度4℃~6℃。

措施及方案：存放在恒温的冷藏柜内。

2.实施阶段（D）

严格执行计划阶段制定的防止酸奶乳脂上浮的对策，增加设备投入，克服管理上的人为阻力，严格执行奖惩制度，确保对策措施的落实执行。

3.检查阶段（C）

调查分析对策在执行中的效果，以及发生偏离时纠偏是否有效。经过D阶段后，在一年中，抽检酸奶产品进行PDCA循环前后质量比较。由表11-6可见，酸奶乳脂上浮这一主要质量问题已得到明显控制。

表11-6　　**PDCA循环前后酸奶质量对比项目**

项目	乳脂上浮	凝固性差、乳清析出	风味不良	口感差	满意产品	满意率（%）
PDCA循环前	95	10	16	9	20	13.3
PDCA循环后	0	8	10	2	130	86.7

4.处理阶段（A）

包括验证和改进，是对前面所有工作的一个总结，即通过此次的PDCA最终验证此次质量改进是否有效。如果有效，则总结执行对策中的成功经验，并整理为标准加以巩固。如果执行中还有不成功因素或者遗留问题，则转入下一轮PDCA循环。

资料来源　佚名．关于对酸奶质量案例的PDCA分析［EB/OL］．［2018-12-04］．http：//www.worlduc.com/blog2012.aspx？bid=6024908.

案例思考题：

1.××乳业集团实施PDCA循环后效果如何？

2.你从××乳业集团实施PDCA循环获得了什么启示？

本章小结

- 质量管理
  - 质量管理概述
    - 质量的含义：质量有广义和狭义之分，狭义的质量是指产品质量，广义的质量不仅指产品质量，还包括工质量和工作质量
    - 质量管理发展：质量检验阶段、统计质量管理阶段和全面质量管理阶段
  - 全面质量管理
    - 全面质量管理的含义：由全体人员参加的，贯穿于生产经营全过程的，具有全面性的，以保证和提高产品质量为目的的现代化管理方法
    - 全面质量管理的特点：全面质量管理的内容是全面的，全面质量管理的范围是全面的，全面质量管理是全员参与的管理，全面质量管理的方法是全面的
    - 全面质量管理基本工作方法：PDCA 循环，具有周而复始、大环套小环并相互促进、阶梯式上升的特点
  - 质量认证与质量系列标准
    - 质量认证：是由第三方依据特定的标准，对产品、过程和服务的质量等主体对象采用合格证书或认证证书的方式给予书面保证的一种复合性评价活动
    - 质量系列标准：ISO9000、ISO14000
  - 传统质量统计方法
    - 调查表：是用来搜集资料和数据，对事实进行粗略整理和分析的统计表
    - 因果分析图：是表示质量特性与有关因素之间关系的一种图形，用于寻找产生质量问题的具体原因的一种有效方法
    - 排列图：是分析和识别影响质量的主要因素，寻找质量改进机会所采用的一种图示技术
    - 直方图：是由直角坐标系中若干顺序排列的长方形组成的，适用于分析观测值分布的状态，以便对总体的分布特征进行推断
    - 控制图：是用于分析和判断生产过程是否处于控制状态所使用的带有控制界限的图形
    - 相关图：是一种判断两个变量之间是否存在相关关系的图形
    - 分层：是把杂乱无章和错综复杂的资料和意见加以归类汇总，使之更确切地反映客观现实，从而找到主要原因，采取相应措施的一种方法

主要概念

质量　全面质量管理　PDCA循环　质量认证

练习思考题

1.试述质量管理的发展过程。

2.全面质量管理的特点是什么?

3.什么是PDCA循环?它的特点是什么?

4.简述质量认证工作流程。

5.有哪些传统的质量统计方法?各种方法是如何应用的?

第十一章练习思考题参考答案

第六篇　创新篇

第十二章

设备管理

学习目标

1. 掌握设备管理的含义、内容与方法；
2. 理解设备的选择、评价与使用；
3. 了解设备的维护、检查与修理；
4. 掌握设备更新的含义与方式；
5. 了解设备改造；
6. 了解设备的综合管理。

价值引领

走近大国工匠，触摸大国重器

从"嫦娥"奔月到"祝融"探火，从"北斗"组网到"奋斗者"深潜，从第三艘航母"福建号"下水到首架C919大飞机交付……每一次重大科技成就，每一个超级工程背后，都离不开大国工匠。

他们心灵手巧、勇于创新，在世界科技革命和产业变革大潮下逐浪拼搏、追求卓越；他们择一事终一生，偏毫厘不敢安，以持之以恒的学习、钻研和坚守，擦亮大国重器的金字招牌。

一、在精密处突破"卡脖子"

戈壁滩上风沙飞扬，吊机轰鸣，一座座巨型风机拔地而起。

由徐工集团自主研发的新一代超级起重机，伸展钢铁"巨臂"轻轻一抓，稳稳升向高空，犹如"超级鱼竿"，将直径达193米的风机叶轮吊装到位。

这一“千吨级”超大吨位全地面起重机，主要应用于风电机组的安装，是工程装备行业公认的科技含量最高、研发难度最大的产品之一，被誉为工程机械技术的“珠峰之巅”。

XCA2600超级起重机最大起重量可达2 600吨，特别在160米起吊高度下，可实现173吨的极限吊重，代表了目前全地面起重机的最大吊重。就是这一擎天巨臂，研发一度卡在一条小小的螺纹上。攻克这一技术瓶颈的是特级技师孟维及其团队。

孟维是徐工集团徐州重型机械有限公司数控车工，在超大吨位全地面起重机的精密处深耕二十余载，被中华全国总工会评为2022年“大国工匠年度人物”。

突破技术瓶颈，成就了徐工集团出品“全球第一吊”。如今，由孟维加工出来的超起转接结构，已广泛应用于徐工千吨级超大吨位起重机上。

二、向世界性难题发起挑战

一条条银线跨越万里，一座座特高压站拔地而起……特高压输电技术的发展，成功将中国输电技术推进到世界最先进行列。

对特高压电网来说，停电检测有效性低、工作量大，会影响供电可靠性，而带电运行的环境下对特高压设备进行检测，是个世界性难题。

2016年，冯新岩向这一难题发起挑战。他用大半年时间走遍了山东、江苏、安徽、甘肃、河南五省的数十座特、超高压变电站，搜集整理分析上万条原始数据，研发出一整套特、超高压变电站局部放电带电检测定位技术，将特高压带电检测的准确率从不足50%提高到近100%。

冯新岩是国网山东省电力公司超高压公司变电检修中心电气试验班副班长，也是2022年“大国工匠年度人物”。

让更多电力工人由“工”变“匠”是冯新岩一直以来的愿望。他期待人才不断涌现，挑起变电设备带电检测的大梁，筑牢国家电网安全防线，把特高压这张“中国名片”擦得更亮。

三、做关键时刻给任务托底的人

走进中国航天科技集团第四研究院7414厂，一批整齐摆放的金属部件熠熠发光。不久后，它们将成为固体火箭发动机的关键部分，飞向太空。

这些误差小于0.01毫米、接近头发丝七分之一的部件，大多出自“80后”数控镗铣特级技师贾王斌所带的班组。从业17年来，贾王斌对各型号固体火箭发动机壳体、载人航天关键零部件精密加工技术的升级孜孜以求，助力一艘艘火箭升入太空。

工作多年，贾王斌见证了航天产品的复杂化进程及加工设备的更新换代，也感受着从操作工到“工人+工程师”的角色转变。

“为了服务数字化研发生产，现在的航天技工要努力成为复合型技能人才。”贾王斌说，“我们这不存在‘教会徒弟饿死师父’，我希望徒弟都比我强，这样中国航天才会更强。”

四、工艺精度远超国际主流标准

走近国产大型客机C919会发现，彰显工业美学的流线型机身蒙皮，其实是拼接而成的。

机身蒙皮仿佛是飞机的皮肤，出现丝毫误差会影响飞行安全。“机身蒙皮多曲面弧线机械无法精确成形，只能靠人工校形。”王伟说。

王伟是大国工匠、上海飞机制造有限公司钣金制造车间钣金七组班组长、特级技师，完成了飞机蒙皮的精准校形，使机身展现出最美弧线。他告诉记者，校形工作的技巧在于对金属成形的精准控制。“看似不经意地敲敲打打，其实每一下都是稳扎稳打，每一处都是准确落点。”

“天道酬勤”“精益求精”两个词，王伟时常挂在嘴边。近年来，经过王伟及其团队校形的机身蒙皮合格率达100%，没有一套板材报废，近4 000项零件保质保量完成研制。

如今，C919已进入批量化生产阶段，需要越来越多的高技能人才投入到大飞机的研制和生产中。“大国工匠只是一小群人，我们的大飞机事业需要一大群人，我们还要以匠心、匠艺、匠德培养更多的高技能人才，希望国家通过政策引导，吸引更多的年轻人去攀登技能高峰。”王伟说。

资料来源　贾远琨，等. 走近大国工匠，触摸大国重器［EB/OL］.［2023-05-10］. https：//www.xuexi.cn/lgpage/detail/index.html? id=4496826348533250894&amp；item_id=4496826348533250894.有删改。

第一节　设备管理概述

设备是指人们进行生产和服务所使用的各种机械的总称。它包括生产设备、动力设备、运输设备、监测仪器、科研设备、仪表及各种工具等。它是现代工业企业的物质技术基础，也是企业固定资产的重要组成部分。设备运行状况直接影响企业产品的质量、产量和劳动效率，因此，设备能否良好运行对于企业扩大再生产，提高经济效益，完成企业生产任务有直接、重要的影响。

一、设备管理的含义

设备管理是指以设备为研究对象，追求设备综合效率与寿命周期费用的经济性，应用一系列理论、方法，通过一系列技术、经济、组织措施，对设备的物质运动和价值运动进行全过程的科学管理。

设备管理一方面对设备的物质运动形态的全过程，即从设备的选购、进厂验收、安装调试、使用、维护与修理、更新改造，直到报废等环节进行技术管理，另一方面也包括对设备的价值运动形态全过程，即设备的最初投资、维修费用的支出、折旧、更新，改造资金的筹措、积累、支出等进行经济管理。

设备管理是企业经营管理中的一个重要组成部分，它的任务是以较高的设备效率和良好的投资效果来保证企业生产经营目标的实现，以取得最佳的经济效果和社会效益。

二、设备管理的内容

设备管理包括对设备的两种运动形态的管理，通常对设备的物质运动形态的管理称为设备的技术管理，对设备的价值形态管理称为设备经济管理。具体来说，企业设备管理内容主要包括以下几个方面：

（1）设备的选择和评价。这主要是依据技术上先进、经济上合理、生产上可行的原则，通过技术经济分析、评价，正确选择和购置设备。

(2) 设备的合理使用。根据设备的性能和使用的要求，正确合理地使用设备，防止不按操作规程和不按使用范围进行操作，使设备能够优质、高产、低耗、节能、安全地运行。

(3) 设备的检查、维护保养和修理。在掌握设备故障与磨损规律的基础上，合理地制定设备检查、维护保养与修理的周期和作业内容，利用先进的检修技术，灵活地运用各种维修方式，及时做好设备的维护保养工作，减轻设备的磨损，延缓设备性能和效率的降低，使设备处于最佳状态。

(4) 设备的改造与更新。根据提高产品质量，发展新产品，改革旧产品和节约能源的需要，有计划、有步骤、有重点地积极进行设备的改造与更新工作。

(5) 设备的日常管理。设备的日常管理工作包括设备验收、分类、登记、编号、调拨、事故处理、报废等工作，以及建立和执行设备管理制度和责任制度等。

三、设备管理的任务

设备管理的主要任务是为实现企业的经营方针和目标，通过采取一切技术、经济、组织措施，对设备实行全过程的综合管理，以达到设备的寿命周期费用最低、综合效能最高的目标。其具体包括以下几点：

(1) 正确选购设备，为企业提供优质的技术装备。企业的设备管理部门应及时掌握国内外有关设备的现状及其发展方向，包括设备的规格、性能、质量、价格等，以便合理选择设备。

(2) 保证设备经常处于最佳的技术状态。逐步建立保证质量、降低能耗、减少成本、便于执行的设备管理制度，使企业的设备经常处于最佳的技术状态。

(3) 完善设备维修。现阶段我国设备管理方面的工作都集中在设备维护和检修上，要搞好日常维护、点检，加强文明生产，选择经济合理、便于操作的维修方式，提高维修质量。

(4) 提高设备管理的经济效益。企业要在保证设备良好技术状态的同时，加强设备的经济管理，降低设备管理各个环节的费用，从而达到设备寿命周期费用最经济的目的。

(5) 加快设备改造与更新。为保证企业的技术进步，应有计划、有步骤地对设备进行改造和更新。

(6) 完善设备的资产管理。资产管理包括资产登记、闲置设备处理、封存保管、转让调剂、报废和相应的资金管理等。

第二节 设备的选择、评价与使用

一、设备的选择

设备选择是企业设备管理的第一个环节，应根据企业生产经营的需要和发展规划全面考虑，把企业有限的设备购置资金用于购置最需要的设备上，发挥资金的最大经济效益。

设备种类很多，企业到底购置哪种设备，要考虑很多因素。通常设备选择遵循技术上先进、经济上合理和生产上适用的原则。具体在选择设备时应综合考虑以下因素：

(1) 生产性，指设备的生产效率，一般用设备在单位时间内的产品产量来表示。考虑这一因素时，应同企业的长期计划结合起来，既要使设备的生产效率能够满足企业生产发展的需要，又要使设备达到充分负荷。

(2) 可靠性，指设备在规定时间和使用条件下，无故障地完成规定功能的概率，包括设备的性能、精度、零件的耐用性和安全可靠性等技术参数，这些性能应与产品的工艺要求相适应。

(3) 安全性，指设备在使用过程中对生产安全的保障性能。设备一旦发生事故，直接威胁到工人的健康和生命，给企业带来巨大的经济损失。因此，在选择设备时，必须考虑安全性因素。

(4) 节能性，指对能源的适应和利用的性能。节能性要求设备能适应当地的能源供应条件。设备的热效率高，能源利用率好，能耗低。

(5) 维修性，指可修复设备所具有的易于维修的程度和性质。选择设备时，应考虑设备结构简化，零部件组合合理、更换性好，力求标准化和通用化等。

(6) 环保性，指设备的噪声和设备排放的有害物质对环境的污染程度和控制程度。噪声有害人体健康，应控制在规定的范围内。设备排放的废气、废渣、废水不能超过排放标准，并配备相应的治理设备。

(7) 成套性，指设备在性能、能力等方面相互配套的程度。要注意设备的成套性，设备不配套，就不能形成生产能力或不能充分发挥设备的性能，从而造成经济上的浪费。

(8) 灵活性，指设备对不同工作条件、不同产品、不同零件的适应性，包括：在工作对象固定的条件下，设备能够适应不同的工作环境和条件，操作使用比较方便灵活；对工作对象可变的加工设备，要能适应多种零部件加工的性能，通用性要强；设备结构简单紧凑，重量轻，体积小，占用作业面积小，移动方便。

(9) 经济性，经济性是选择设备的综合指标，通过技术经济分析，评价选购经济性最好的设备。

以上是选择设备要考虑的一些主要因素。对这些因素要统筹兼顾，全面地权衡利弊，以购置最佳设备。

二、设备的经济评价

设备投资的经济评价方法有很多，这里仅介绍三种。

（一）投资回收期法

一般在其他条件相同的情况下，投资回收期最短的设备方案，就是经济上最优的设备方案。

$$\text{设备投资回收期（年）}=\frac{\text{设备投资费用总额（元）}}{\text{采用该设备方案后年节约总额（元/年）}} \tag{12-1}$$

设备投资费用总额由设备原始费用和使用费用组成。原始费用包括外购设备原价、设备及材料运杂费、成套设备业务费、备品备件购置费、安装调试费等，对于自制设备包括研究、设计、制造、安装调试费等。使用费用是指设备在整个寿命周期内所支付的能源消耗费、维修费、操作工人工资，以及固定资产占用费、保险费等。

（二）年费法

年费法是从设备的寿命周期角度来评价和选择设备。采用这种方法是把不同方案的设备购置费用，根据设备的寿命周期，按一定的利率换算成相当于每年的平均费用支出，然后再加上每年的平均使用费而得出各方案设备寿命周期内平均每年支出的总费用。选择年平均总费用最低的方案为最优投资方案。

设备的年总费用=最初投资费×资金还原系数+每年维持费-设备残值×资金存储系数 （12-2）

资金还原系数可查表取得，也可利用下列公式计算：

$$资金还原系数=\frac{i(1+i)^n}{(1+i)^n-1} \quad (12\text{-}3)$$

式中：i——年利率；n——设备寿命周期。

（三）现值法

它是把设备寿命周期平均每年支付的维持费，按现值系数换算成相当于设备初期费用，再和设备初期购置费相加，进行总现值比较。

现值法与年费法相反，后者是把投资成本化为年值后与每年维持费相加组成设备的年度总费用，再进行比较，而前者则是在每年的维持费转化后与当初的投资费相加，组成总现值，再进行比较。现值法与年费法可以互相验证。

三、设备的合理使用

设备的合理使用是设备管理工作的重要环节，机器设备的使用寿命、生产效率和工作精度，固然取决于设备本身的结构和精度性能，但在很大程度上也取决于设备的使用情况。为了保护设备处于良好的技术状态，防止非正常磨损和避免突发性故障，延长使用寿命，减少修理，降低使用修理费，最重要的措施就是正确合理地使用设备。

合理使用设备，可以减少设备的磨损，提高设备的利用率，充分发挥设备的效益。合理使用设备应做到以下几点：

（1）合理安排设备的工作任务。使用设备时，应根据设备的技术条件，合理安排相应的工作任务，避免“大机小用”“精机粗用”“小机大用”等现象发生。

（2）为设备配备符合要求的操作工人。配备合格的操作人员，是正确使用和维持设备的关键，操作者必须熟悉和掌握所用设备的情况。设备使用应实行定人定机制，目的是确保每台设备都有专人负责，专人操作和维护。多人操作的设备应实行机台长制。

（3）为设备运转创造良好的工作环境。良好的工作环境是保证设备正常运转、延长设备寿命、充分发挥设备效率和确保安全生产的必要条件。要保持设备周围环境整齐、清洁，并根据设备本身的结构、性能、精度等特性，安装有防震、防腐、防潮、防尘、防护、防冻、恒温、保暖等装置。有条件的还应配备必要的测量、检验、控制、分析以及保险用的仪器、仪表、安全保护装置。

（4）建立健全并严格执行设备使用的规章制度。设备使用的规章制度主要包括安全操作规程、维护保养规程、交接班制度，以及反映这些规章制度要求的岗位责任制。

(5) 加强对职工合理使用设备的宣传教育。增强职工群众爱护机器设备的责任感和自觉性是合理使用设备的根本保证。做好宣传教育工作，教育职工以主人翁的态度来爱护设备。

专栏 12-1

设备使用期安全管理一般要求

1. 实行设备使用保养责任制。

2. 实行操作证制度。

3. 操作人员必须按规程要求搞好设备保养，经常保持设备处于良好状态。

4. 遵守磨合期使用规定。

5. 实行单机或机组核算制。

6. 创造良好的设备使用环境，确保设备安全使用，充分发挥效益。

7. 合理组织设备生产、施工。

8. 培养设备使用、维修、管理队伍。

9. 坚持总结、研究、学习、推广设备使用管理的先进科学知识、技术和经验。

10. 建立设备资料档案管理制度。

资料来源 "常见事故分析与防范对策丛书"编委会. 生产制造企业常见事故与防范对策 [M]. 北京：中国劳动社会保障出版社，2004.

第三节 设备的维护、检查与修理

一、设备的磨损与故障

(一) 设备磨损的形式

设备在使用或闲置的过程中都会发生磨损，必须研究设备的磨损规律，然后根据规律合理地设计、购买、维护、淘汰设备。

设备的磨损包括物质形态上和价值形态上损耗两种形式。

1. 有形磨损

有形磨损又称为物质磨损，一般分为两种：设备在使用过程中，在机械力的作用下，其零部件会发生摩擦、振动和疲劳，致使设备的实体发生磨损，这种磨损叫作第一种有形磨损。设备在闲置过程中，由于自然力的作用（如金属件生锈、腐蚀、橡胶件和塑料件老化等），加上保养、管理不善，自然锈蚀，使设备发生实体磨损，称为第二种有形磨损。不论哪一种有形磨损，都会造成设备物质技术状态的劣化。

从磨损的补偿角度看，设备的有形磨损可分为消除性有形磨损与不可消除性有形磨损两种。

2. 无形磨损

设备的无形磨损是指同类型设备生产出来后，引起原有设备贬值。设备的无形磨损分为两种：第一种无形磨损是由于设备生产厂劳动生产效率大幅度提高，生产成本降低，生产相同结构设备的再生产价值降低，因而使原有设备贬值。其特点是原有设备还能使用，但需要重新估价。第二种无形磨损是由于制造厂生产出效率更高、性能更好的新设备，使原有设备的经济效能相对降低造成的损失。其特点是影响原有设备的继续使用，必要时应考虑更新。一般说来，技术进步越快，无形磨损也就越快。

（二）设备磨损的规律

设备的磨损是有规律的，一般可分为三个阶段，其磨损曲线如图12-1所示。

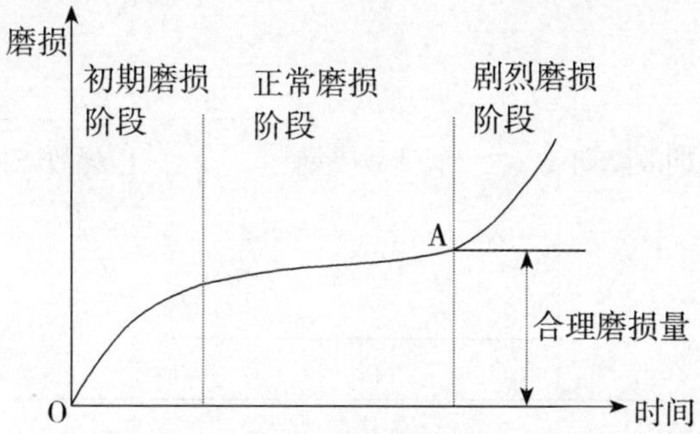

图12-1 设备磨损曲线图

（1）初期磨损阶段。在这个阶段，设备表面粗糙不平部分以及氧化层、脱碳层，由于设备运转，相互摩擦很快被磨平。其特点是磨损速度快，磨损时间较短。初期磨损阶段又称跑合阶段。

（2）正常磨损阶段。这一阶段，如果设备的工作条件不变或变化很小，设备磨损速度趋于缓慢，磨损量较小，曲线呈平稳状态。这一阶段时间较长，是设备运行的最佳状态。

（3）剧烈磨损阶段。当设备零件磨损到一定程度，正常磨损关系被破坏，磨损急剧增加，从而使设备的精度、性能和生产效率明显降低。设备一般不允许使用到剧烈磨损阶段，在正常磨损后期，就组织力量对设备进行大修理；否则，会造成生产事故和设备事故。一般采用正常磨损阶段的终点A作为合理磨损极限。

（三）设备磨损的补偿

设备磨损形式不同，所采取的补偿磨损的方式也就不同。一般补偿可分为局部补偿和完全补偿。设备有形磨损的局部补偿是修理；设备无形磨损的局部补偿是现代技术改造；有形磨损和无形磨损的完全补偿则是更新。设备磨损与补偿的相互关系如图12-2所示。设备的磨损经过补偿，才能保持良好的技术状态。

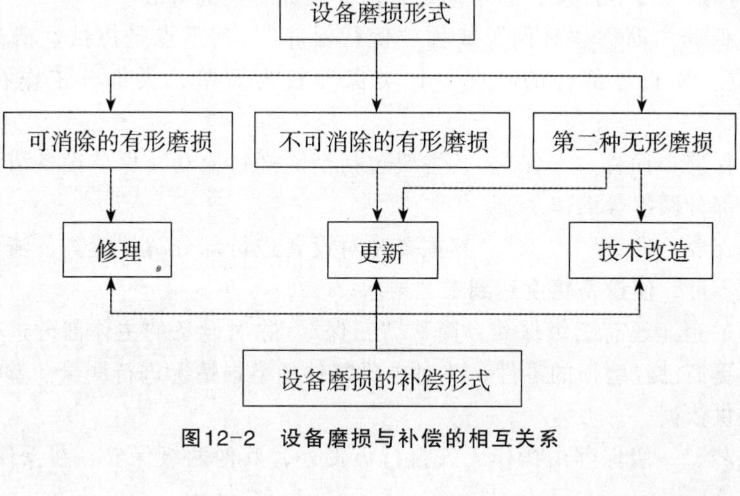

图12-2 设备磨损与补偿的相互关系

（四）设备的故障规律

所谓设备的故障规律，就是设备从投入使用直到报废为止的设备寿命周期内故障的发展变化规律。设备在使用过程中，由于磨损和操作使用等原因，会发生故障，影响生产的正常进行。设备在寿命周期内故障发展变化规律如图 12-3 所示。因其形状类似于浴盆，故称为“浴盆曲线”。

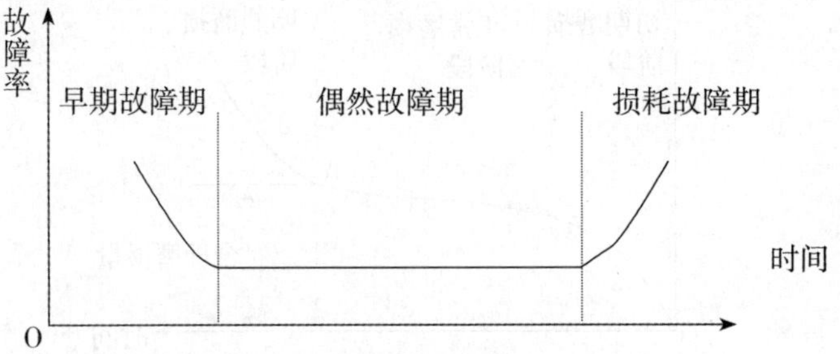

图12-3　设备故障率变化图

由图 12-3 可以看出，设备的故障曲线可以分为三个阶段：

（1）早期故障期。这个阶段的故障主要是由于设计和制造缺陷造成的，有时是由于操作者不适应引起的，开始故障率较高，随时间的增加逐渐下降。

（2）偶然故障期。这个阶段设备已经进入正常运转阶段，故障很少，一般是由于维护不好和操作失误造成的。

（3）损耗故障期。这个阶段的故障主要是由于设备老化或进入剧烈磨损期，因此故障率上升。

掌握设备的磨损和故障规律，根据设备在不同时期出现的问题，采取相应的措施，可以延长设备的使用寿命，提高设备的使用效能。

二、设备的维护

设备的维护又称为保养，对设备进行清扫、检查、清洗、紧固、调整和防腐等一系列工作总称为设备维护。其目的是减缓设备的磨损，及时发现和处理设备运行中出现的异常现象。

按保养工作的深度和广度，通常把设备保养分成不同的等级。

（1）日常保养，简称“日保”或称“例行保养”。其重点是擦拭、清洁、润滑，紧固已松动部位，检查零部件的状况。这类保养较为简单，大部分工作在设备的表面进行。

（2）一级保养，简称“一保”。其主要包括消除螺钉松动，保持设备清洁，经常进行润滑以及进行部分调整等工作。

（3）二级保养，简称“二保”。其主要是对设备进行部分解体检查、清洁、修理、调整，更换少数零件，使设备精度达到工艺要求。

此外，有的企业还有三级保养，简称“三保”。除对设备的主体部分进行解体检查和调整外，还要更换已经磨损的零件，并对主要零件的磨损情况进行测量、鉴定，为编制设备修理计划提供依据。

除日常保养、一级保养由操作工人自行负责外，其他两级保养，在操作工人参加下，一般由维修工人负责进行。

三、设备的检查

对设备的运行状况、工作性能、磨损或腐蚀程度进行检查和校验称为设备检查。通过检查，可以全面掌握设备的技术状况变化和磨损情况，及时查明和消除设备隐患，针对检查发现的问题，改进设备维修工作，提高修理质量和缩短修理时间。设备检查分类如下：

（一）按检查时间间隔分类

按检查时间间隔可以将设备检查分为日常检查、定期检查和修前检查。

（1）日常检查。日常检查就是在交接班时，由操作工人结合日常保养进行检查，以便及时发现异常的技术状况，进行必要的维护和检修工作。

（2）定期检查。定期检查就是按照计划日程表，在操作工人的参加下，由专职维修人员定期进行检查，以便全面准确地掌握设备的技术状况，零部件磨损、老化的实际情况，确定是否有进行修理的必要。

（3）修前检查。修前检查即在临修之前进行的检查。小修前对重点部位的检查，中、大修前的全面检查，都应按规定的检查表做好记录。

（二）按检查方式分类

按检查方式可以将检查分为人工检查和状态监测。

（1）人工检查。人工检查是指用目视、耳听、嗅味、触摸等感官检查和用简单工具进行人工检查。

（2）状态监测。状态监测是指在设备的特定部位安装仪器仪表，对运行情况自动监测或记录，以便能全面、准确地把握设备的磨损、老化、劣化程度和其他情况。在此基础上进行早期预报和跟踪，有利于把设备的定期维护修理制度改变为有针对性的、比较经济的预防维修制度。设备状态监测技术是在检查的基础上发展起来的一种运动过程中进行动态检查的方法，是设备维护和管理的新兴工程技术，是设备检查的发展方向。

（三）按检查内容分类

按检查内容分类，设备检查分为功能检查和精度检查。

（1）功能检查。功能检查就是对设备的各项功能进行检查和测定。如检查设备的漏油、漏水、漏气、防尘密封情况，以及检查和测定设备零件的耐高温、高速、高压的性能等状况。

（2）精度检查。精度检查就是对设备的精度指数进行检查和测定，它可以为设备的验收、修理和更新提供较为科学的依据。

企业积极推广和采用设备状态检测技术，对提高设备运行可靠性，减少维修费用具有十分重要的作用。近年来，在很大范围得到了推广和应用。

四、设备的修理

设备的修理是修复由于正常或不正常的原因引起的设备的损坏和精度的劣化，通过修理更换已经磨损和老化的零部件，使设备性能得到恢复。它的实质是有形磨损的局部补偿。

（一）设备修理的类别

设备修理有事后修理和预防性的计划修理两种，设备的计划修理按修理程度和工作量大小可以分为小修、中修和大修。

（1）小修。小修是对设备进行局部修理。通常只需修复、更换部分磨损较快和使用期限等于或小于修理间隔期的零件，调整设备局部结构，以保证设备能正常运转到下一次计划修理时间。小修的特点是：修理次数多，工作量小，一般在生产现场由车间专职维修工执行，修理费用计入生产费用。

（2）中修。中修是对设备部分解体。通常修理和更换主要零件和基准件，或修理使用期限等于或小于修理间隔期的零件，检查整个系统，紧固所有机件，消除扩大的间隙，校正设备基准，以保证设备能恢复和达到应有的标准和技术要求。中修的特点是：修理次数较多，修理间隔期较短，工作量不太大，每次修理时间较短，修理费用较少且由生产费用开支。

（3）大修。大修是对设备进行全面修理。通常将设备全部拆卸分解，进行磨削刮研，修理基准件，更换或修复所有磨损、腐蚀、老化等已经丧失工作性能的主要零部件，恢复设备原有精度、性能和生产效率。一般大修可以拆离基础送往机修车间修理。大修的特点是：修理次数少，修理间隔期较长，工作量大，修理时间长，修理费用较多，修理费用由专项大修理基金支付。另外，结合设备的大修，可以同时进行设备的改装和技术改造，改善设备的性能和结构，扩大适应范围，提高设备的效率。

（二）设备维修制度

设备维修制度，是指在设备的维护保养、检查、修理中，为贯彻预防为主方针而采取的一系列技术组织措施的总称。因习惯和国情不同，世界各国甚至各企业的设备维修制度也各不相同。我国目前实行的设备维修制度主要是计划预防维修制和计划保养维修制两种。此外，起源于美国的预防维修制也得到我国不少企业的重视与应用。

1.计划预防维修制

计划预防维修制是我国工业企业从20世纪50年代开始普遍推行的一种制度。这种制度是根据设备的一般磨损规律和技术状态，按预定修理周期及其结构，对设备进行维护、检查和修理，以保证设备经常处于良好的技术状态的设备维修制度。

（1）计划预防维修制的内容。

① 日常维护。这是指对设备进行清洗、润滑、紧固易松件，或通过外部观察、试运转、拆卸部分零件，查明设备精度、零件磨损情况，并进行设备调整和消除小缺陷。

② 定期检查。定期检查是指按计划日程表，定期对设备的运转状况、磨损程度进行检查和校验，全面掌握设备运转状况的变化和磨损的实际程度，及时查明和消除设备隐患，并根据检查结果做好修理前的各项准备工作。

③ 清洗换油。清洗换油是指根据设备的结构和工作条件定期按规定项目进行清洗，清除切屑、污秽、磨料及铸铁粉末，按特定的进度表保质保量地给各润滑系统换油。

④ 计划修理。计划修理按其对机器性能的恢复程度可分为小修、中修和大修三种。小修只对设备的局部实行解体，修复或更新少数零件，保证设备能正常运转到下一次计

划修理时即可。中修，对设备进行部分解体，更换和修复设备的主要零部件和较多的磨损件，紧固所有机件，校正设备基准，以保证设备能恢复和达到应有的标准。大修，对设备进行全部解体修理，争取全面恢复到设备出厂时规定的精度和性能。附件如有短缺应补齐，外观全面打光，刮腻子，上漆。一般大修后的质量和可靠性，都难以恢复到设备出厂时的水平。小、中、大修都由专业修理人员进行。修前进行检查，修后要组织验收。

（2）计划预防维修制的方法。

① 检查后修理。检查后修理是指事先只规定设备检查间隔期，设备运转到规定台时时，定期进行检查，根据检查结果编制修理计划，确定修理日期、内容和工作量。这种方法的优点是简便易行，在设备资料不全的情况下便于修理，修理内容根据设备磨损情况确定，可降低修理费用。缺点是修理期限和内容要等检查后决定，修理的计划性较差，而且检查时有时可能对设备状态的主观判断误差引起零件的过度磨损或故障。该方法主要用于无固定负荷的设备、无法统计其运转台时的设备，以及修理时特别费工的大型、重型、稀有和精密设备。

② 标准修理法。标准修理法亦称强制修理法，它是一种强制性的计划预防维修方法，主要根据设备零件的使用寿命，预先编制具体修理计划，明确规定修理的日期和内容，不管设备的实际技术状态及零件的磨损情况如何，都应严格地按照计划的规定进行强制修理。这种方法的优点是计划性强，能严格保证设备的安全运行和正常运转。缺点是容易脱离实际情况，产生过度修理，造成浪费。一般来说，对于安全性要求很高的设备，可采用这种方法，以保证设备的绝对安全。

③ 定期修理法。这种方法是根据设备的实际使用情况，参考有关机件磨损程度资料，规定设备修理的计划日期和大致的修理内容及工作量。确切的修理日期及工作内容，则根据每次修理前的定期检查，再作详细规定。这种方法的优点是对修理日期和内容的规定，既有科学依据，又允许根据设备的实际磨损情况作适当的调整。这种方法适用于大批大量生产条件下工作的设备，以及起重运输设备、动力设备等。

企业应针对不同的设备，根据不同的要求，正确选择不同的修理方法。

2.计划保养维修制

计划保养维修制，是我国于20世纪60年代在总结计划预防维修制的经验和教训的基础上建立的一种专群结合、以防为主、防修结合的设备维修制度，取得了较好的效果，但是这种制度尚不够成熟，还有待总结和提高。

所谓计划保养维修制，就是有计划地进行设备三级保养和大修理的体制和方法，即在搞好三级保养的同时有计划地进行大修。大修时拆卸全部设备，修理基准零件，更换与修复磨损的零件及部件，恢复机器设备应有的精度、性能和生产效率，同时设备的大修还应与革新改造尽可能结合起来。大修后，由设备部门、设备所在车间的设备员、机修车间设备检查员，按国家规定的质量标准逐项进行验收。

实行计划保养维修制，对计划预防维修制中的修理周期结构，包括大修、中修和小修的界限和规定，进行了重大的突破，使小修的全部内容和中修的部分内容，在三级保养中得到了解决，一部分中修内容并入大修。同时，又突破了大修和革新改造的界限，强调

"修中有改""修中有创"，特别是对老设备，要把大修的重点转移到改造上来，这是适合我国具体情况的重要经验。

3.预防维修制（PM）

预防维修制起源于美国，它是以设备故障理论和规律为基础，将预防维修和生产维修相结合的综合维修制度。预防维修是从预防医学的观点出发，对设备的异常进行早期发现和早期诊断。生产维修是提高设备生产效能最经济的维修方法。预防维修制可减少故障次数，缩短修理时间。

预防维修制中包括的设备维修方式主要有：

（1）日常维修，即设备的检查、清扫、调整、润滑、更换、整理等活动。

（2）事后维修，包含两方面内容：一是非重点设备实行故障发生后的维修；二是对事先无法预测的突发故障的修理，事后维修属于非计划维修。

（3）预防维修，一般是指对重点设备，以及一般设备中的重点部位进行的预防性维修活动。

（4）生产维修，指事后维修与预防维修相结合的维修方式，即对重点设备进行预防维修与对一般设备实行事后维修。目的是在节约维修费用的前提下，保证生产需要。

（5）改善维修，是在设备修理时，同时进行设备的改装、改造。目的是提高设备的性能、效率、精度、节能等。

（6）维修预防，指的是在进行新设备设计、制造时，就考虑到提高设备的可靠性、维修性和经济性。

（7）预知维修，是在设备监测技术基础上产生的一种新的设备维修方式。这种维修方式与预防维修的区别如表12-1所示。

表12-1　**预防维修与预知维修的区别**

项目	预防维修	预知维修
分析方法	根据设备修理历史记录，估计零件使用期限	根据仪表指示，对设备进行全面评价，绘制零件的标准工作曲线图
异常现象测定方法	定期检查，直观检查有关零件的情况，发生故障很少有警报	用仪表在设备运行中连续监测，能早期测出即将发生的故障，故障发生前有警报信号
维修费用	更换零件数量大、费用高，但不用购置监测仪表	只对损坏零件进行更换，费用少，但要购置自动监测仪，投资较多，一般在化工装置、自动流水线等情况下才安装

专栏12-2

ABC分类控制法在维修备件管理中的应用

在设备维修备件管理工作中，实行维修备件的ABC管理法是设备管理工作中一项行之有效的方法。

ABC分类控制法在备件管理中的应用，是指根据备件品种规格多、占用资金多和各类备件库存时间、价格差异大的特点，采用ABC分类控制法的分类原则而实行的库存管理方法。对不同种类、不同特点的备件，应当采用不同的库存控制量。

A类备件的特点一般为储备期长（周转速度慢）、重要程度高、储备件数较少、采购制造较困难而价格又较高。对于A类备件要重点控制，应在保证供应的前提下尽量按最经济、最合理的使用需求量和时间进行订货和采购或加工处理，以保证生产的正常需要。

B类备件的特点相对A类备件来说，储备周期较短、重要程度较低、储备件数较多、采购制造较容易而价格不高。对于B类备件的控制不如A类那样严格，订货批量可以适当加大，时间可稍有变动，对库存量的控制也可比A类稍宽一些。

C类备件的特点相对A类、B类备件来说，储备周期短、重要程度低、储备件数多、采购制造容易而价格低。由于其耗用量不太大而品种又较多，往往为了简化物资管理，可按照计划需用量一次订货，或适当延长订货间隔期，减少订货次数。有些物件可以采取零库存，比如，在较短时间内不影响抢修使用，就地可以购到的电器元件、五金类的标准件等，这类备件的零库存可以将库存所占用的资金成本推给供应商，从而减少本企业备件库存资金占用。

资料来源　李华. 设备维修与管理工程［M］. 成都：电子科技大学出版社，2018.

第四节　设备的更新与改造

一、设备的更新

（一）设备的寿命

设备的寿命是指设备从投入生产开始，经过有形磨损和无形磨损，直至技术上或经济上不宜继续使用，需要进行更新所经历的时间。设备寿命按其性质可以分为物理寿命、技术寿命和经济寿命三种。

1.物理寿命

物理寿命，又称自然寿命，指设备从全新状态投入生产开始，经过有形磨损，直至技术上不能按原有用途继续使用为止的时间。物理寿命与设备的使用和维护保养有关，并可以通过恢复性修理延长设备的物理寿命。

2.技术寿命

技术寿命指设备从全新状态投入生产后，由于新技术的出现，使原有设备丧失其使用价值而被淘汰所经历的时间。技术寿命与技术进步速度有关，技术进步越快，技术寿命越短。

3.经济寿命

经济寿命，又称设备的更新期，指设备从全新状态投入生产开始，到设备具有最低的年平均总费用的时间。超过了这个年限，设备在技术上仍可以继续使用，但其年平均总费用上升，经济上不宜再继续使用。

设备的年平均总费用是由设备的折旧费和使用该设备的维持费构成的。一般随使用年限的延长，每年分摊的设备折旧费减少，但是，随着使用年限的增加，设备的物质磨损加大，效能衰退，使维持费用逐年增加。因此，设备的年平均总费用在设备投入生产的初始阶段，一般呈下降趋势，但超过经济寿命年限后，又逐渐上升，如图12-4所示。

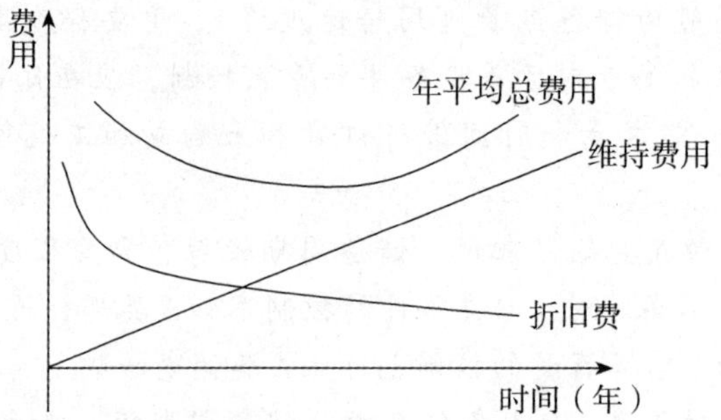

图12-4　年平均总费用与使用年限的关系

根据上述原理，在不考虑资金时间价值和残值的情况下，设备的经济寿命也可以通过下述公式计算：

$$T_0=\sqrt{\frac{2K_0}{\lambda}} \tag{12-4}$$

式中：T_0——设备的经济寿命；K_0——设备的初始投资；λ——设备维持费用的逐年增加值。

（二）设备的更新

1.设备更新的含义

设备更新是指用新的设备或技术先进的设备更换在物理上不能继续使用和经济上不宜继续使用的旧设备。设备更新是保证企业正常生产的必要条件，也是促进企业技术进步、提高企业经济效益的重要措施。设备更新的实质是对有形磨损和无形磨损的完全补偿。

2.设备更新的方式

设备更新的方式，从内容上讲，通常有以下两种：

（1）设备原型更新，指用同型号设备以旧换新，其优点是便于维修，缺点是不利于提高企业的现代化水平。

（2）设备技术更新，指用性能先进的设备代替陈旧落后的设备。这种设备更新方式可以从根本上提高企业的现代化水平，因而可以提高企业的经济效益，提高产品质量。但这种更新方式需要较多的投资，因此，需要认真进行调查研究和可行性分析。

3.设备更新周期的确定

为了使设备更新经济合理，既要考虑设备的自然寿命，也要考虑设备的技术寿命和经济寿命，从而确定设备的合理使用年限。

确定设备最佳更新周期的方法有很多，现介绍两种常用的方法。

（1）低劣化数值法。设K_0表示设备的原始价值，T代表已使用的年限，则每年平均分摊的设备费用为K_0/T。随着T的增长，按年平均的设备费用不断减少，但设备的维护修理费用及燃料、动力消耗增加，这就称为设备的低劣化。若这种低劣化每年以λ的数值增加，则T年的低劣化数值为λT，T年中平均低劣化数值为$\frac{\lambda T}{2}$。由此可得平均每年的设备费用总和y为：

$$y=\frac{\lambda T}{2}+\frac{K_0}{T} \tag{12-5}$$

若使设备费用最小，则取$\frac{dy}{dT}=0$，得：

$$T_0=\sqrt{\frac{2K_0}{\lambda}} \tag{12-6}$$

T_0即为设备的经济寿命。

（2）面值法。面值法是以同类设备的统计资料为依据，在不考虑利息因素、大修及经营上的经济效益的情形下，通过分析计算设备年度使用费用以确定设备经济寿命的一种方法。其计算公式为：

$$P_n=\frac{M-L_n+\sum_{t=1}^{n}y_t}{n} \tag{12-7}$$

式中：P_n——第n年年度使用费；M——设备原值；L_n——第t年的维持费（t=1，2，…，n）；n——设备使用年限。

P_n最小的年限，即该设备的经济寿命。

二、设备改造

设备改造是利用先进的科学技术成就来提高原有设备的性能、效率，进行现代化改造的过程，是设备在质上的提高。

设备改造包括两个方面：一是设备局部的技术更新；二是增加新的技术结构。局部技术更新是指采用先进技术改变现有设备的局部结构，而增加新的技术结构是指在原有设备的基础上增添新的部件、新的装置等。

设备改造的优点是：

（1）能尽快地把科学技术的最新成就变为直接生产力。

（2）能根据企业的具体情况进行改造，可及时满足生产和工艺的要求，促进生产力的发展。

（3）投资少，见效快。

企业主设备安装后一般不宜进行更新，大多采用对现有设备进行技术改造来提高设备的技术经济性能。由于投资少，见效快，设备改造是企业行之有效的方法。

第五节 设备的综合管理

设备综合管理是在过去传统的维修管理基础上发展起来的现代设备管理理论和方法，主要包括设备综合工程学和全员设备维修制。

一、设备综合工程学

设备综合工程学，是20世纪70年代初在英国首创的，并由于推广后效果显著而受到各国瞩目。

设备综合工程学是为使设备的寿命周期费用最经济，而把适用于有形资产的有关工程技术、管理、财务等实际业务加以综合，对设备管理的全过程进行研究的一门科学。工厂中的机械、装置、建筑物等可靠性方案的设计、使用和信息反馈，都属于其研究范围。设备综合工程学的特点如下：

（1）把设备的寿命周期费用最经济作为研究目的。设备寿命周期费用，是设备一生的总费用，包括从研究、设计、制造、安装调试、使用、维修直到报废为止所发生的费用总和。这个费用总和分为原始费（设置费）和使用费（维修费）两大部分。原始费对自制设备来说，包括研究、设计、制造费；对外购设备来说，包括设备价格、运费、安装调试费。使用费主要是能源消耗费、操作工人工资、维修费、保险及税金等。研究寿命周期费用的目的，是使设备一生的总费用最经济，而不是只考虑某一阶段（制造、采购或维修）的经济性。

（2）把工程技术、管理和财务等方面综合起来对设备进行研究和管理。从技术方面看，现代化设备集多门类的科学技术成果于一体，因此，要管好现代化设备，就要掌握多种科学技术，并能从横向把它们综合起来；从财务方面看，要研究设备的制造费用、运输安装费用、折旧和经济寿命等；从管理方面看，要研究与设备相关的组织、人员和管理方法。

（3）重视设备的可靠性、维修性研究。设备的可靠性可用设备从投入生产到出现故障这中间的可能工作时间来表示，可能工作时间越长，设备的可靠性越好。设备的维修性可用排除故障所需要的维修保养时间表示，这段时间越短，维修性越好。可靠性、维修性设计，是为了提高设备的可利用率，其计算公式如下：

$$A=\frac{T_V}{T_V+T_D} \tag{12-8}$$

式中：A——设备可利用率；T_V——可能工作时间；T_D——维修保养时间。

设备利用最理想的状况是$T_V \to \infty$，$T_D \to 0$，即要求“无维修设计”，这是设备综合工程学追求的目标。

（4）对设备实行全过程管理。运用系统论原理，对设备的一生，即从设备的研究、设计、制造、安装、使用、维修、改造、更新直至报废的全过程进行管理。目的是充分调动各环节职能部门的积极性，正确处理由于分工不同所形成的要求、利益的矛盾，依靠各专业科学技术和管理知识，有效地解决使用现代化设备带来的一系列新问题。

（5）强调设计、使用和维修过程中的信息反馈。对设备实行全过程管理，就需要有全过程各个环节的信息反馈。一般来讲，这里包括两种信息反馈：厂内反馈和厂外反馈。厂内反馈，是指改善修理；厂外反馈，是使用设备的企业，把设备的使用情况和使用过程中发现的缺陷，及时反映给制造设备的企业，以便从设计、制造等方面进行改进。

二、全员设备维修制（TPM）

全员设备维修制，又称全员生产维修制，是以提高设备效率为目标，建立以设备一生为对象的生产维修系统，实行全员参加的一种设备维修管理制度。

全员设备维修制的要点是：

（1）以“三全”为指导思想。全员设备维修制的指导思想是“三全”，即全效率（综合效率）、全系统和全员参加。全效率是指设备的综合效率，即设备的总所得与总费用之比或产出与投入之比。总费用指设备的寿命周期费用，总所得包括产量、质量、成本、交货期、安全、劳动情绪等方面，这些方面可以归结为：符合质量要求、低成本、按期交货、安全生产和高效率的产量。全系统是指对设备要进行从研究、设计、制造、使用维护、改造一直到报废为止的全过程管理。全员参加是指企业高层管理人员、中级和一般管理人员、技术人员、生产人员等，凡是与设备有关的人员都要参加设备管理，分别承担不同的责任。

（2）采用比较完整的维修方式。全员设备维修制适用设备修理的所有方式，包括日常维修、事后维修、预防维修、生产维修、改善维修、预知维修、维修预防等，应根据检查结果确定具体的维修工作方式，如表12-2所示。

表12-2 **维修工作方式**

维修方式	特点
日常维修	日常检查、定期检查和清扫、调整、润滑、更换、整理等
事后维修	适用于一般设备
预防维修	适用于重点设备或重点部位
生产维修	事后维修和预防维修相结合
改善维修	在修理的同时，对设备进行改装与改造
预知维修	建立在设备动态检测基础上的一种新的维修方式
维修预防	在设计、制造阶段，就考虑提高设备的可靠性、维修性和经济性

（3）划分重点设备，对重点设备进行预防维修并实行重点维修。重点设备是相对的，随着生产计划及设备更新改造或维修效果的变化，重点也会发生变化，因此，需要定期调整。

（4）实行生产维修目标管理。生产维修目标管理，主要是确定生产维修的方向和奋斗目标，以及要达到的具体程度，并对取得的效果进行总结和评价。生产维修目标管理的阶段包括：制定阶段、实施阶段和总结评价阶段。越到下层，目标越明确具体。

（5）重视维修记录及其分析。维修记录及其分析是全员设备维修制的一项重要内容。维修记录大体分为原始记录、统计分析数据和成果数据。平均故障间隔时间（MTBE）分析是全员设备维修中的一项重要分析工作。它把各项维修作业的发生时间、现象、原因、所需工时、停机时间都记录下来，做成分析表，通过分析找出故障次数多、间隔时间短、维修工作量大，并对生产有很大影响的设备及部件，把它们作为减少维修作业时间的重点。

（6）强调环境与作风保证。要求具有良好的劳动环境和工作作风，开展5S活动，即：①整理：把紊乱的东西收拾起来，不用的处理掉。②整顿：有用的东西准备齐全。③清洁：保持清洁无污垢。④清扫：把工作环境打扫得干干净净。⑤素养：讲文明礼貌，培养良好的工作习惯和生活习惯。

课后案例

TPM精益管理在白云纸业的推行探索

谈起TPM（total productive maintenance）推行，白云纸业可以说进行了长达十几年的尝试和探索，但到今天依然没有达到“自觉、自发和主动，并形成素养”的目标和目的。近三年的推行虽然取得了阶段性成效，但距离推行的总目标依然任重而道远。

白云纸业的TPM推行最初源于公司前期5S的坚持，从5S到6S，再到6S+Q，最后尝试导入TPM，其间由于领导的调整、部门的转换、机构职责的更迭，推行出现了时断时续，没有做到持之以恒，更没有达到“文化”的境界。

2019年，白云纸业再次启动TPM推行并坚持至今，TPM的推行从自主推行到辅导公司介入指导推行，再到集团公司“精益化”管理理念的导入，虽然这三年受疫情的不利因素影响，但白云纸业的TPM推行还是取得了一定的效果，虽然还处于被动考核、主动激励阶段，但对设备的正常稳定运行及精益化管理起到了正面的保障作用，推行获得的隐形效益还是看得见、算得出的。

1.近几年TPM在白云纸业的推行情况及效果

2019年4月，在集团公司的大力支持和指导下，白云纸业成立了以总经理为组长的TPM推行组织机构，开始了公司的TPM推行之旅，从TPM方案的制订、试点事业部的选择、推行办的成立、各核心小组的组建、口号的提出、样板设备的选取到实施过程中对样板设备的初级清扫、样板设备的清扫/点检/润滑标准建立、设备管理看板MTBF/MTTR、OEE（设备综合效率）改善提升课题的导入，TPM各项工作开始了有条不紊的具体实施。特别是2019年10月17日，公司召开了由专业管理咨询公司辅导推行的全木浆纸事业部TPM试点启动大会以来，公司TPM推行工作以全木浆纸事业部为示范，以点穿线，以线带面，使TPM在公司实现了全面铺开推行。辅导公司专业团队的加入，更使白云纸业的TPM推行工作如虎添翼，短短三年的时间如成茧化蝶，取得了阶段性推行成果。

TPM推行过程中，各事业部分别组建了四个推行微信或钉钉群，推行过程全程在群内动态拍照显示。同时，每周各事业部将推行情况总结成PPT，然后在群内转发，做到了相互学习、取长补短、共同提高。公司推行办专人负责每周固定去四个事业部现场巡查并指导具体的推行以及解决推行过程中出现的问题，截止到2022年8月底，四个事业部共计输出PPT成果总结96份，月度维修费用A3报告综合分析128份。各事业部熟练掌握了TPM设备清扫方法及寻找设备缺陷的技巧；掌握了OEE的科学计算方法，并准确反映装置的综合效率；掌握了运用“三现分析法L–D–Q（现场、现物、现象）”和“5why分析法”对设备运行及维护保养过程及存在的问题进行科学透彻的准确分析；学会了如何通过运用MTTR（平均故障修复时间）以及MTBF（样板设备的平均故障间隔期）数据分析提升设备管理水平；掌握了如何在工作中实际进行OPL的教育培训及制作；发动全员寻找设备微缺陷，通过不断地整改微缺陷，各事业部的设备运行效率、产品质量、产量产能、安全隐患等各项指标较推行前有明显的提升和改进，目前，各事业部的现场设备无论是运行质量还是本质外观及安全均有明显改变。特别是通过TPM的推行，各事业部学会了如何制作设备的自主维护保养标准书并按要求制定完成了标准的设备检修作业指导书。

特别是全木浆纸事业部在TPM推行过程中，按照TPM的自主维修方法及工具，成功实现了对进口柱磨的自主维修。全木浆柱磨价值数百万元，属磨浆核心设备，投入使用9年来因种种不明原因一直出现故障，经过与国外生产设备厂家沟通，单台技术指导维修费15万元，费用较高。全木浆纸事业部将柱磨的自主维修作为重点课题挂单，以TPM小组团队作战的方式进行问题剖析，不等不靠，小组成员集体研究设备说明书、查图纸、定方案，观察设备运行状况、琢磨分析故障根源，最终圆满实现了自主维修，目前已置换维修4台柱磨，节约技术服务费60万元，设备投用后运行正常。这也是TPM推行以来实现设备自主维护的一个成功缩影。

作为白云纸业生产经营的压舱石，全木浆纸事业部PM8生产线承担着公司重要利润贡献，受国家"双减""双碳"政策、原辅材料价格上涨、国内大型纸机陆续投产等因素影响，公司订单减少、库存增加，生产运营陷入被动。面对严峻的市场形势，PM8所属全木浆纸事业部没有故步自封，而是稳中求胜，通过持续推行TPM，在水、电、汽能源消耗，浆、化学品原辅材料消耗内部挖潜空间不大的情况下，积极在车速上寻求更高突破，2022年3月26日在生产68g/m^{2}本白纸时突破设计车速1 400m/min，达到历史最高车速1 406m/min，日增产28.9t，再创新高。TPM的有效推行，使公司设备综合效率连年实现了稳中有升：2019年设备综合效率为90.4%，2020年为91.67%，2021年为94.7%，2022年截止到8月底更是达到了96%。

2.推行过程中存在的问题

（1）推进办督导引导不足。因较短时间内密集开展TPM，进度稍快，推进办虽然直接和辅导老师对接，但理解消化吸收有限，转换为有效的督导引导的技能有限。

（2）推进办日常评比考评细则不够严谨。事业部推进办在进行内部小组考评时发现考评细则实际操作性不强，考评细则还需要不断进行优化完善，力求严谨。

（3）阶段辅导结束后续开展缺少整体规划。事业部各小组目前只是掌握了一点课题开展、人员素质提升的基本方法，后续阶段要在推行深度、广度方面发力，还需要制定整体规划。

（4）辅导老师开设课程涉及行业不符。辅导老师前期课程开设均参照精加工行业，真正可借鉴、可复制经验不足，需要企业自行摸索经验前行。

（5）个别小组活动开展缺少自主性。个别小组长没有正确领悟学习TPM管理，有抵触畏难情绪，仅当成任务来安排工作。

白云纸业通过TPM推行，使公司的整体设备管理取得了一定的成效，全员维护设备的积极性得到了提高，但距离实现零故障、零浪费、零事故、零废品的目标还有较大差距。公司下一步将继续与专业咨询公司合作，制定公司TPM长远战略规划并落地实施，力争通过坚持推行TPM，确保公司设备高效、稳定运行。

资料来源　张兴坤，李永峰，赵东方. TPM精益管理在白云纸业的推行探索［J］. 中华纸业，2023，44（Z1）：52-54.

案例思考题：

1.白云纸业是如何实施TPM活动的？

2.白云纸业在实施TPM中出现了哪些问题？你认为该如何解决？

本章小结

- 设备管理
  - 设备管理概述
    - 设备管理的含义：以设备为研究对象，追求设备综合效率与寿命周期费用的经济性，应用一系列理论、方法，通过一系列技术、经济、组织措施，对设备的物质运动和价值运动进行全过程的科学管理
    - 设备管理的内容：设备的选择和评价，设备的合理使用，设备的检查、维护保养和修理，设备的改造与更新，设备的日常管理
    - 设备管理的任务：正确选购设备、保证设备经常处于最佳的技术状态、完善设备维修、提高设备管理的经济效益、加快设备改造与更新、完善设备的资产管理
  - 设备的选择、评价与使用
    - 设备的选择：设备选择遵循技术上先进、经济上合理和生产上适用的原则
    - 设备的经济评价：评价方法有投资回收期法、年费法、现值法
    - 设备的合理使用：合理安排设备的工作任务、为设备配备符合要求的操作工人、为设备运转创造良好的工作环境、建立健全并严格执行设备使用的规章制度、加强对职工合理使用设备的宣传教育
  - 设备的维护、检查与修理
    - 设备的磨损与故障：设备磨损的形式、设备磨损的规律、设备磨损的补偿、设备的故障规律
    - 设备的维护：实行日常保养、一级保养、二级保养的“三级保养制”
    - 设备的检查：对设备的运行状况、工作性能、磨损或腐蚀程度进行检查和校验称为设备的检查。可以按照不同标准进行分类
    - 设备的修理：修复由于正常或不正常的原因引起的设备的损坏和精度的劣化，通过修理更换已经磨损和老化的零部件，使设备性能得到恢复。分为小修、中修和大修。设备修理制度有计划预修制、计划保养维修制和预防维修制
  - 设备的更新与改造
    - 设备更新：用新的设备或技术先进的设备更换在物理上不能继续使用和经济上不宜继续使用的旧设备，包括设备原型更新和设备技术更新
    - 设备改造：利用先进的科学技术成就来提高原有设备的性能、效率，进行现代化改造的过程，是设备在质上的提高
  - 设备的综合管理
    - 设备综合工程学：为使设备的寿命周期费用最经济，而把适用于有形资产的有关工程技术、管理、财务等实际业务加以综合，对设备管理的全过程进行研究的一门科学
    - 全员设备维修制（TPM）：又称全员生产维修制，是以提高设备效率为目标，建立以设备一生为对象的生产维修系统，实行全员参加的一种设备维修管理制度

主要概念

设备　设备管理　有形磨损　无形磨损　设备更新　设备寿命　物理寿命　技术寿

命　经济寿命　设备改造　设备综合工程学　TPM

练习思考题

1. 简述设备管理的内容与任务。
2. 选择设备要考虑哪些因素？
3. 如何合理使用设备？
4. 设备磨损如何分类？
5. 试述预防维修制的原理。
6. 试述设备更新的含义和方式。
7. 全员设备维修制的主要内容是什么？

第十二章练习思考题参考答案

第十三章

企业管理创新

学习目标

1. 了解创新的含义；
2. 掌握管理创新的含义与特征；
3. 了解管理创新的原则；
4. 掌握管理创新的内容；
5. 了解管理创新的过程与技法。

价值引领

谋创新就是谋未来

2013年以来，每年全国两会，习近平总书记都会来到代表委员们中间，与大家互动交流、共商国是。透过十年两会，我们深刻感受到习近平总书记对改善民生福祉一以贯之的关注和对实现中华民族伟大复兴孜孜不倦的追求。

“当了总书记后，我第一个来科技组。”这是习近平总书记在2013年参加全国政协十二届一次会议科协、科技界委员联组会时的开场白。轻松而亲切的话语，让所有人都感受到总书记对科技创新的重视与关切。

回望党的十八大以来总书记的两会足迹，科技和创新始终是他念兹在兹的话题。

2021年3月5日，习近平总书记在参加内蒙古代表团审议时要求内蒙古“紧扣产业链供应链部署创新链，不断提升科技支撑能力”。

创新链产业链融合发展，是习近平总书记重视创新发展的一个侧面。从优化创新环境到重视科研人才，从科技推动经济发展到创新成果惠民利民，习近平总书记的关切和要求涉及科技创新的方方面面。

2018年3月10日上午，重庆代表团讨论气氛热烈。

当来自猪八戒网络公司的朱明跃代表讲到创业十多年，前面七八年比西天取经还难时，习近平总书记风趣地问道：“开始那几年，有没有过回高老庄的想法？”

欢笑声中，总书记一语双关地指出：“猪八戒啊，虽然意志不坚定，但仍然不忘初心。”“中国的发展复兴，要苟日新、日日新、又日新，天行健自强不息。”

习近平总书记接下来的话语更是让朱明跃信心倍增。

当时朱明跃提出建议，让科技创新企业更多实现在国内上市。总书记当场表示，国家对科技创新企业在国内上市是非常支持的，现在政策也在不断放宽，在平衡好金融风险和金融市场发展的前提下，将尽可能地支持科技创新企业更多在国内实现上市。

从一望无垠良田纵横的黑龙江七星农场，到水稻秧苗迎风摇曳的崖州湾种子实验室；从郁郁葱葱的燕子窠生态茶园，到井然有序的数字化智能制造车间；从天津的创新“前哨”滨海新区，到“中国光谷”武汉东湖新技术开发区……党的十八大以来，习近平总书记多次走进企业研发一线、深入创新要素活跃的现场，反复强调关键核心技术的重要性，指出创新发展的路径和方向。

“听到‘发展是第一要务，人才是第一资源，创新是第一动力’，我感受到了人才和创新在总书记心中的分量。”作为一家高科技植入医疗器械企业的创办者，袁玉宇至今难忘同总书记在2018年全国两会上交流的场景。

在十三届全国人大一次会议广东代表团审议现场，袁玉宇告诉总书记，自己在国外学习和研发了先进技术，希望学成报国，在自己的土地上实现人生理想。

一向对人才十分关心的总书记，在听完袁玉宇的发言后深有感触。他一针见血地指出：“发展是第一要务，人才是第一资源，创新是第一动力。中国如果不走创新驱动道路，新旧动能不能顺利转换，是不可能真正强大起来的，只能是大而不强。强起来靠创新，创新靠人才。”

这正是中国共产党尊重人才、寄望人才的一个缩影。

2016年5月，习近平总书记作出重要指示，强调要把中央层面出台的我国第一个人才发展体制机制改革综合性文件——《关于深化人才发展体制机制改革的意见》落到实处，加快构建具有全球竞争力的人才制度体系，聚天下英才而用之。

对于做好人才工作，总书记强调：“栽下梧桐树，引来金凤凰。”“我国教育是能够培养出大师来的，我们要有这个自信！”

济济多士，乃成大业。

几年前的一次“到团组”，总书记提起一个小故事。去欧洲访问，一位政要好奇询问：“你们平常用手机支付吗？”当时以信用卡作为主要支付工具的欧洲人对中国移动通信技术的飞速发展感到吃惊，感慨“这件事简直不可思议”。

不可思议的还不止于此。“嫦娥”奔月、“墨子”传信、“北斗”导航、“天宫”览胜……一系列重大创新成果相继问世，中国科技发展呈现出日新月异的面貌。

就像习近平总书记所言，“科技创新，就像撬动地球的杠杆，总能创造令人意想不到的奇迹”。

2022年，中国位列全球创新指数排名第11位，中国全社会研究与试验发展经费迈上3万亿元新台阶；而在十年前，这两个数字分别为第34名、10 240亿元。两条上升曲线，见证着中国科技创新爬坡过坎的拼搏历程。

久久为功，接续奋斗。正如总书记所言，中国真正成为一个科技强国可能是两个五年、三个五年、四个五年，甚至是三十年、五十年。但我们必须把握时机，找对了创新驱动发展这条路，就要保持定力，一以贯之，锲而不舍地走下去。

资料来源　中央广播电视总台. 两会绘中国|“谋创新就是谋未来”［EB/OL］.［2023-02-28］. https：//www.xuexi.cn/lgpage/detail/index.html? id=12268626384473583029&amp；item_id=12268626384473583029.

|第一节|　管理创新概述

一、创新的含义

创新这一概念，最早是由经济学家约瑟夫·熊彼特（J. A. Schumpeter）在其1912年出版的《经济发展理论》一书中首次阐述的。他认为：创新是对生产要素的新的组合，即通过一种生产要素与生产条件的重新组合，使企业获得潜在的超额利润。生产要素的组合有五种方式，包括生产新的产品或为一种产品提供新的特性；采用一种新的生产方法或新的工艺过程；开辟一个新的市场；获得新的原料或半成品供给来源；实行一种新的企业组织形式。

美国著名管理学家彼得·德鲁克（Peter F. Drucker）在1974年出版的《管理：任务、责任、实践》中将创新定义为：创新是使人力和物力资源拥有更大的物质生产能力的活动，任何改变现存物质财富创造能力的方式都可以称为创新。

综上所述，创新首先是一种思想以及在这种思想指导下的实践，是一种原则以及在这种原则指导下的具体活动，是管理的一项基本职能。创新力求将科学、技术、教育以及政治等与经济结合起来，表现为不同参与者和机构之间，包括企业、政府、大学、科研机构等的交互作用的网络。创新行为因而可以表现在技术、管理和文化等不同的侧面。可以说，创新概念包含的范围很广，包括各种各样的以新的方式提高资源配置效率的活动。

专栏13-1

创新与发明的区别

创新不同于发明创造，创新是经济行为，而发明创造是科技行为，创新与发明创造的区别主要表现在以下方面：

（1）创新与发明创造的行为主体不同。按照熊彼特的观点，创新是企业家对生产要素的新组合，只有企业家才是创新者；而发明创造的主体则是发明者，发明者可以是企业家，也可以是各方面专家或一般社会成员。

（2）创新与发明创造的目的不同。创新的目的是创造或执行一种新的方式，不仅要产生新的构想和观念，而且要运用新的构想和观念使社会经济获得更大的效益；而发明创造的目的在于创立一种解决某一领域问题的技术方案，它可以取得专利，但不一定能为社会经济发展带来效益。

（3）创新与发明创造的着眼点不同。创新的着眼点是发明创造的第一次商业化应用，在熊彼特看来，只有第一次把发明创造引入生产体系并为商业化生产服务的行为才是创新行为，第二次、第三次只是模仿行为；而发明创造的着眼点在于创造出前所未有的新事物。

资料来源　文大强. 企业管理原理理论与实务［M］. 北京：北京理工大学出版社，2011.

二、管理创新的含义

对于管理创新的含义，不同的学者有不同的描述，其中有代表性的观点有以下几种：

于中宁在1996年出版的《现代管理新视野》中认为：管理创新就是“不断根据市场和社会变化，重新整合人才、资本和科技要素，以创造和适应市场，满足市场需求，同时达到自身的效益和社会责任的目标的过程”。

芮明杰（1997）认为：管理创新是指创造一种新的更有效的资源整合范式，它既可以是新的有效整合资源以达到企业目标和责任的全过程式管理，也可以是以新的具体资源整合及目标制定等方面的细节管理。

杨洁在1999年出版的《企业创新论》中认为：管理创新是指“根据市场经济条件下企业生产经营的客观规律和现代科学技术的发展态势，对传统的管理模式及相应的管理方式和方法，进行改进、改革和改造，创建起新的管理模式、方式和方法”。

王建在2000年出版的《企业创新的理论与实务》中认为：管理创新是指“将新的管理要素或要素组合列入管理系统，使之具有新的功能，以达到提高企业整体管理水平的目的，包括在管理体制、管理思想、管理方法、管理手段等方面进行一系列的创新”。

李世宗在2008年出版的《管理学原理》中认为：管理创新是“一种有目的的能动性的实践活动，是管理者根据内外环境的变化而采用的一种新的更有效的资源整合和协调范式，以促进企业管理综合效率和效益目标实现的过程”。

Birkinshaw 等（2008）、Mol 和 Birkinshaw（2009）、Volberda 等（2014）、余传鹏（2015）等学者认为管理创新是指企业针对面临的管理问题，基于内部情境和外部环境开展决策分析，通过自主创造或外部引进的方式，采纳并执行新的管理实践、流程、结构或技术的活动，以期推动组织目标实现、提高组织的运作效率。①

综合以上各种观点，管理创新是指把新的管理要素，如新的管理方法、新的管理手段、新的管理模式等要素组合引入企业管理系统的一系列的创新活动，以此创造一种更有效的资源整合模式。管理创新的主要驱动力来源于三个方面：组织环境变化的要求、组织自身发展的需要和管理工作本身的要求。

三、管理创新的特征

（一）不确定性

管理创新活动涉及的环节及因素较多，因此具有不确定性与风险性。创新活动需要个人、团队、组织之间的智力协同，内外环境之间的互动作用，创新过程是一个复杂的系统过程，必须运用系统方法才能提高创新效应。

（二）反复性

管理创新过程极少是线性的。创新过程中会出现急进、倒退和不可预见的延迟等现象，并夹杂着随机相互作用，从而导致创新发展的不平衡。对创新变革持的敌意和反对也

① 沈鹤．组织间依赖关系、核心企业制度压力影响配套企业管理创新的机理研究［D］．广州：华南理工大学，2021.

会影响管理创新的进程，所以创新具有反复性。

（三）需求导向性

研究表明，大约70%的重大创新是由已被认识到的市场需求驱动的，而不是一个新的概念、技巧或技术出现以后反过来再寻找需求的。

（四）系统性

管理创新活动伴随企业整体活动的全过程，如果某一环节出现问题，将导致整个创新活动失败。因此，管理创新活动是一项系统工程，在创新过程中不仅要考虑局部与细节的创新，更要从全局与整体的角度出发，做好整体的协调与配合，才能保证管理创新成功。

上述基本特征表明，创新过程是一个复杂的过程，创新系统是一个复杂的系统，创新应关注需求的变化，创新具有一定的风险。

四、管理创新的原则

（一）经济性原则

经济性原则是指管理创新要以效益为出发点，以最小的投入，获得最多的产出。创新活动需要人、财、物的投入，投入的最终目标是获得收益，因此，创新活动要合理控制成本，使创新的效益最优化。

（二）可行性原则

可行性原则是指创新的客观条件要具备，主要指创新的资金、创新的设备、创新的材料、创新的人才、创新的信息等要具备，管理创新才可行。

（三）导向性原则

导向性原则是指创新要以市场需求为导向，不能盲目创新。在创新的过程中，要求创新者具有敏锐的眼光，能够准确把握市场需求，及时发现创新点，并付诸实施。

（四）交叉综合性原则

交叉综合性原则是指创新活动思维方式应打破传统，通过各个学科知识的交叉综合，寻找创新的灵感。管理作为一门科学，它的创新职能的发展过程也呈现出这一态势。心理学、数学、经济学等学科与管理学相交叉，为管理创新开创了新局面。

第二节 管理创新的基本内容

按照管理的职能，管理创新可以分为组织结构创新、管理模式创新和管理制度创新等。这些类型的创新相互交错、互相作用，共同推进企业的成长。

一、组织结构创新

组织结构创新是指建立动态的、灵活的组织，不仅注重提高组织的绩效，更注重提高组织对环境的适应程度及灵敏程度。

传统组织结构模式的特征是层级制，如直线制、职能制、直线职能制等，从总体上讲，这些组织结构都属“金字塔形”组织结构。随着以信息技术为主的知识经济迅速发展，企业内外部环境不确定性增大，传统的金字塔形组织结构的一些缺点也逐渐暴露出来。例如，严格的等级制度不利于发挥职工工作的积极性、主动性和创造性；信息传递严格按照组织层次进行，信息容易失真，造成企业反应速度慢，决策质量下降；由于实行部门分工，各个环节独立运作造成了职能部门各自为政、部门保护主义、忽视整体利益等多种问题。因此，必须不断进行组织结构创新。

二、管理模式创新

管理模式是指基于一整套相互联系的观念、制度和管理方式方法的总称。管理模式创新就是企业为了适应内外环境的变化而针对管理模式所进行的创新。

管理模式创新不仅是指对企业总体管理模式的创新，而且是指对企业某一领域所做的创新，如生产管理模式、财务管理模式、人力资源管理模式等。其中，人力资源管理模式创新是以开发人力资源，充分调动人的智力因素，培养和发挥人的创新能力为主要任务的创新。随着知识经济时代的到来，人的作用在企业生产经营活动中越来越突出，客观上要求企业管理活动的重点由“物本管理”向“人本管理”转变。人本管理即在企业经营管理的一切活动中，始终把人放在首要位置。激励与自我激励是实现人本管理的核心，以人的全面发展以及由此带来的企业效益为追求目的。

三、管理制度创新

管理制度主要是指企业内部的管理制度，如企业的人事制度、工资制度、财务制度、生产管理制度、领导制度以及厂纪厂规等各个方面。

管理制度创新主要涉及各类管理制度的创新、管理制度的效用评价、管理制度的制定方式以及系统化管理制度的创新等内容。

专栏 13-2

影响管理创新的因素

三类因素有利于组织的管理创新，它们是组织结构、组织文化和人力资源实践。

（1）从组织结构因素看。有机式结构对创新有正面影响；拥有富足的资源能为创新提供重要保证；单位间密切的沟通有利于克服创新的潜在障碍。

（2）从组织文化因素看。充满创新精神的组织文化通常有如下特征：接受模棱两可，容忍不切实际，外部控制少，接受风险，容忍冲突，注重结果甚于手段，强调开放系统。

（3）从人力资源实践看。在人力资源这一类因素中，有创造力的组织积极地对其员工开展培训和发展，以使其保持知识的更新；同时，它们还给员工提供高工作保障，以减少他们担心因犯错误而遭解雇的顾虑；组织也鼓励员工成为革新能手；一旦产生新思想，革新能手们会主动而热情地将思想予以深化、提供支持并克服阻力。

资料来源　张东向．管理阶梯理论［M］．2版．北京：企业管理出版社，2017.

第三节　管理创新的过程和技法

一、管理创新的过程

管理创新并不仅是一种新思路、新方式或新手段，还是一个创意、筛选、验证、实施的完整过程。因此，管理创新可以划分为四个阶段：对现状不满阶段、寻找创新灵感阶段、实施创新阶段、争取认可阶段，如图13-1所示。

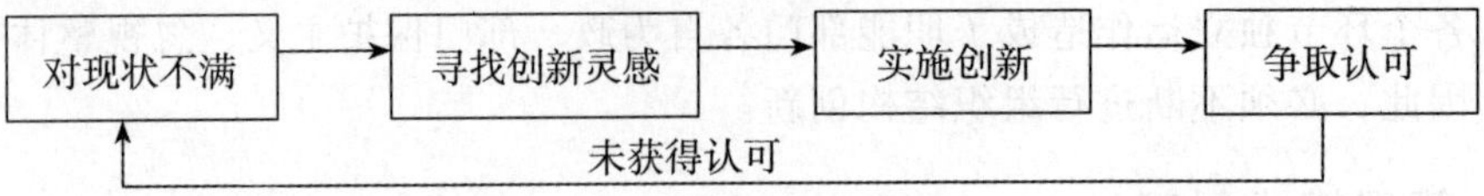

图13-1　管理创新的过程

（一）对现状不满阶段

管理创新的动机一般是对公司现状不满，或是公司遇到危机，或是商业环境变化以及新竞争者出现而形成战略性威胁，或是某些人对操作性问题产生抱怨。对现状不满，就会激发改变的动机，从而谋求创新。

（二）寻找创新灵感阶段

没有创意就没有创新，而创意需要灵感，有创新灵感是管理创新的关键所在。激发的创意越多，获得高质量管理创新方案的可能性就越大。产生了众多创新方案后，要根据内外部环境的情况，对方案进行筛选，寻找出最具经济性的、可行性的创新方案。

（三）实施创新阶段

将选择的创新方案通过一系列具体的操作方法，变成一项确实有助于企业资源配置的管理范式。好的创新方案如果不能找到合适的操作方法，也无法成为一项创新。

（四）争取认可阶段

因为管理创新面临着风险巨大、回报不确定的问题，因此创新实施时，很多人无法理解创新的潜在收益，或者担心创新失败会对公司产生负面影响，因而会竭力抵制创新。而且，在实施之前，我们很难准确判断创新的收益是否高于成本。因此，对于管理创新人员来说，一个关键阶段就是争取他人对创新的认可。此阶段与实施创新阶段不能截然分开。

二、管理创新的技法

管理创新的技法是指进行创新的思维方式和方法。

（一）头脑风暴法

现代创造学的创始人、美国学者阿历克斯·奥斯本于1938年首次提出头脑风暴法，原指精神病患者头脑中短时间出现的思维紊乱现象，病人会产生大量的胡思乱想。奥斯本借用这个概念来比喻思维高度活跃，采用打破常规的思维方式而产生大量创造性设想的状况。头脑风暴法的特点是让与会者敞开思想，使各种设想在相互碰撞中激起脑海的创造性风暴，这是一种集体开发创造性思维的方法。头脑风暴法的基本程序如下：

（1）确定议题。一个好的头脑风暴法从对问题的准确阐明开始。因此，必须在会前确定一个目标，使与会者明确通过这次会议需要解决什么问题，同时不要限制可能的解决方案的范围。

（2）会前准备。为了使头脑风暴畅谈会的效率较高，效果较好，需要在会前搜集一些资料预先给大家参考，以便与会者了解与议题有关的背景材料和外界动态。

（3）确定人选。一般以8~12人为宜，也可略有增减（5~15人）。

(4) 明确分工。要确定一名主持人，1~2名记录员（秘书）。主持人的作用是在头脑风暴畅谈会开始时重申讨论的议题和纪律，在会议进程中启发引导，掌握进程。

(5) 规定纪律。根据头脑风暴法的原则，可规定几条纪律，要求与会者遵守。如集中注意力积极投入，不消极旁观；不要私下议论，以免影响他人的思考；发言要针对目标，开门见山，不要客套，也不必做过多的解释；与会者之间相互尊重，平等相待，切忌相互褒贬等。

一次成功的头脑风暴畅谈会除了符合程序上的要求之外，更为关键是自由畅谈、延迟评判、禁止批评、追求数量。

（二）发散思维法

发散思维又称“辐射思维”“放射思维”“多向思维”“扩散思维”“求异思维”，是指从一个目标出发，沿着各种不同的途径去思考，探求多种答案的思维，与聚合思维相对。不少心理学家认为，发散思维是创造性思维的最主要的特点，是测定创造力的主要标志之一。

发散思维是大脑在思维时呈现的一种扩散状态的思维模式，比较常见，它表现为思维视野广阔，思维呈现出多维发散状。可以通过从不同方面思考同一问题，如“一题多解”“一事多写”“一物多用”等方式，培养发散思维能力。它不墨守成规，不拘泥于传统的管理，有更多的创新性。

（三）类比创新法

类比创新法是指从自然界或人类成果中直接寻找出与创新对象相类似的东西或事物，进行类比创新。比如，听诊器的发明就是类比创新法的产物。法国医生拉哀纳克很想发明一种能够诊断胸腔里健康状况的听诊设备，一天到公园散步，看到两个小孩在玩跷跷板，一个小孩在一头轻轻地敲跷板，还有一个小孩在另一头贴耳听，虽然敲者用力很轻，但听者却听得极清晰。他把要创造的听诊器与这一现象类比，终于获得了设计听诊器的创意方案，世界上第一个听诊器就这样诞生了。

（四）信息交合法

信息交合法，又可以称为“要素标的发明法”，或称为“信息反应场法”。信息交合法是一种在信息交合中进行创新的思维技巧，即把物体的总体信息分解成若干个要素，然后把这种物体与人类各种实践活动相关的用途进行要素分解，用坐标法画出X轴与Y轴来表明两种信息要素，两轴垂直相交，构成“信息反应场”，每个轴上各点的信息可以依次与另一轴上的信息交合，从而产生新的信息。

（五）检核表法

检核表法是根据需要研究的对象的特点列出有关问题，形成检核表，然后一个一个地来核对讨论，从而发掘出解决问题的大量设想。它引导人们根据检核项目的思路来求解问题，力求周密思考。检核表法应用于技术创新时引导主体在创造过程中对照9个方面的问题进行思考，促进人们产生新设想、新方案。9个问题是：有无其他用途、能否借用、能否改变、能否扩大、能否缩小、能否代用、能否重新调整、能否颠倒、能否组合。

检核表法是一种产生创意的方法。在众多的创新技法中，这种方法是一种效果比较理想的技法。由于它突出的效果，被誉为创造之母。人们运用这种方法，产生了很多杰出的创新。

（六）模仿创新法

人类的创造发明是由模仿开始的，然后再进入独创。模仿是人们进行学习的一种重要形式，是创新的初始、创新的阶梯、创新的捷径。在前人成果的基础上，通过模仿创造出新的东西，是管理创新的重要技法。

课后案例

王传福"新"之所向：比亚迪一骑绝尘？

对我国汽车产业来说，2022年是见证历史的一年。经过了疫情、原材料持续涨价、"缺芯"等因素影响，汽车行业承压加重，市场供给端和消费端都起伏不定。但正是在这一年，比亚迪新能源汽车却一骑绝尘，带动我国车市砥砺前行，成为2022年全球销量第一的新能源汽车品牌。

2023年1月2日，比亚迪发布公告，2022年全年累计销量186.85万辆，同比增长152.46%，其中新能源汽车累计销量186.35万辆，同比增长208.64%，超越特斯拉的131万辆，成为全球第一大新能源车企。值得注意的是，比亚迪新能源汽车销量从第一辆到第100万辆，用时13年；从100万辆到200万辆，用时1年；从200万辆到300万辆，仅用时半年。

1.从"新"出发

比亚迪凭什么一骑绝尘？其跨越式的增长从何而来？这离不开比亚迪董事长王传福长期坚持的经营之道。王传福的经营之道可以概括为四个字："技、术、智、造"。这四个字可以说是王传福在制造业领域多年摸爬滚打的管理智慧结晶。王传福深知技术不是为产品服务，而是为战略服务的。而这种为战略服务的"技"远远不只是为本公司的战略服务，而是站在造福国家、造福人民、造福世界这一层面的。"术"即企业经营战略，是对何种情况下作出何种应对，最终达到何种经营效果这一系列逻辑的抽象化。与此同时，在智能互联的大趋势下，王传福的"智"既代表了王传福应于外界环境变化下的"智"，也代表了王传福经营智慧中的"智"。王传福的"技""术""智"，归根到底要落脚到一个点，那就是"造"，即生产出能满足市场需求的产品，这也是制造业的根本和生命所在。各个时期的造型、声势浩大的造势，归根结底大众能看到的、接受的都是制造的"造"。王传福在各个时期用产品在世界各地带领比亚迪给大众交了一份答卷，这份答卷是否能令人满意，是王传福最为关注的，也是比亚迪作为企业得以持续发展的基础。

比亚迪的起家始于电池。20世纪90年代初，到深圳工作的王传福发现市场上一部大哥大电话价格高达两三万元，而其中的镍铬电池价格就要上千元。本就是电池研究领域专家的王传福，意识到这是个大市场，随即向上级建议研发镍铬电池。但国企僵化的体制，让他的建议石沉大海。为了避免错过这个大机会，王传福一横心，辞去了铁饭碗，在深圳莲塘租借了一个破旧的车间，带着20多个人，开始了国产电池研发之路。

仅仅用了不到8年时间，王传福将一个小作坊打造成世界最大的手机电池生产商；又用了不到3年时间，比亚迪跨界进入燃油车并跻身国产车企前列；十几年前布局电动汽车，掌控了电池、IGBT等关键部门的核心技术，打造了集成电池、IGBT、电机、电控、电子等核心技术的e平台，成为全球领先的电动汽车生产商；除此之外，其还有仅次于富士康的手机代工业务、手机零部件制造业务、出口欧美的精密模具制造业务，以及云轨……很难想象，这样的成绩是从一个破旧的车间、20多个人开始的。

凭借强大创新能力和深厚技术积累，2020年比亚迪推出了刀片电池、碳化硅控制模块、DM-p技术，以及智能化的DiLink、DiPilot等多项创新技术，彰显了在电动化、智能化领域的科技自信。在强大科技创新加持下，比亚迪品牌价值大幅提升，是2020年"BrandZ最具价值中国品牌100强排行榜"唯一上榜车企；在"2020胡润中国500强民营企业"榜单中，比亚迪汽车跃居汽车行业第一名。

2021年伊始，比亚迪新车型"三剑齐发"。在当年1月举行的DM-i超级混动发布会上，秦PLUSDM-i、宋PLUSDM-i、唐DM-i三款DM-i超级混动车型同步开启预售。DM-i超级混动及三款重磅新车上市，是比亚迪2021年焕新出发、一路向前的里程碑事件。凭借DM-i超级混动独特的技术优势，以秦PLUSDM-i为代表的超级混动车型将改变传统燃油车市场的游戏规则，进一步加速新能源车替代燃油车的进程。

以品牌焕新、技术焕新、产品焕新开启焕新出发，比亚迪从"新"出发，与世界一起"向新而行"。

2."闭眼买，放心开"

历时5年，比亚迪耗资百亿元推出了纯电整车架构平台化的全新e平台3.0。从底盘层、高压层、低压层、车身层，全面整车架构开发，突破了电动车的性能短板，赋予电动车高级别的智能进化能力，彻底释放智能、电动化潜力。

CTB（Cell to Body）技术以"电池车身一体化"为核心设计理念，实现了高扭转刚度，大幅提升整车动态响应，赋能操控性能；同时作为车身的一部分参与传力和吸能，实现整车安全性能的大幅提升，让e平台3.0具备全球超五星安全的能力。CTB技术从"蜂窝"中找到灵感，结合刀片电池独有的长方体结构和超级强度，衍生出"类蜂窝铝"结构，带来电池成组技术里程碑式的革新，通过将刀片电池包与车身刚性连接，合二为一形成完整体，并取消传统的车身地板设计，将地板（电芯上盖）-电芯-托盘三者与车身集成，形成高强度的"整车三明治"结构。刀片电池既是能量体，也是结构件，成为车身传力和吸能结构的一部分，在碰撞工况下，车身具备充足的吸能空间及更顺畅的能量传递路径，乘员舱形变大幅减小，给乘客创造了坚固安全的环境，逐步实现事故零伤亡。

在如今市场和行业地位下，比亚迪在意的，已不单是当下销量成绩单，e平台3.0更多的意义在于未来，比亚迪要用一流技术和行业地位引领全球新能源汽车产业的发展。

"闭眼买，放心开"，这6个字，显示出王传福对e平台3.0的信任。与1.0和2.0不同，e平台3.0具有智能、高效、安全、美学等四大特点。一向坚持技术控的王传福，把这一平台称为"下一代电动车的摇篮"，他更是放出豪言——新一代e平台实现了从小型车到大型车的全覆盖，有望将全球智能电动车发展进程至少提速3年。

在销量飙升的同时，王传福也在2022年一度成为万亿市值公司掌门人，比亚迪市值在2022年6月底一度闯入万亿元俱乐部。

从比亚迪近期举措看，王传福与马斯克之间的竞争强度将只增不减。关于特斯拉方面的消息是，2023年1月2日，特斯拉推出新年限时福利，变相"降价促销"，在2023年3月份之前完成交付，即可享受6 000元交付激励和4 000元保险补贴。相反的是，赶在

2022年最后一天，比亚迪官宣自2023年1月1日起，将对相关车型官方指导价进行正式调整，上调幅度为2 000～6 000元不等。新价格于2023年1月1日零时起生效，在此之前支付定金签约的客户不受此次调价影响。王传福给2023年提出了更高目标：年销量400万辆。对这位深耕新能源汽车行业20多年的技术狂人来说，是一场新冒险。

3.从逆向创新到正向研发

依靠结合本土特点的逆向创新，比亚迪独创了“半自动化加人工”生产方式，俗称“小米加步枪”，开启了“电池大王”时代。通过逆向创新方式，比亚迪打败了当时风光无限的日本厂商。他把生产线分解成一个个可以由人工完成的工序，将技术消化吸收和工艺改进都融入制造业各环节。

在进入燃油车领域之后，比亚迪走的也是逆向创新之路。当时，王传福的发展思路非常清晰，他果断瞄准了中国巨大的低端顾客市场，在对中国消费者进行分析基础上，选择模仿全世界最畅销的车型——丰田花冠，打造比亚迪第一款自主品牌汽车。仅仅用了两年时间，比亚迪F3就成功上市，这种被王传福誉为“站在巨人的肩膀上”的模仿行为给比亚迪带来了巨大的成功体验。除了F3模仿丰田花冠之外，比亚迪很多产品都是对既有热销车型的模仿。在此基础上，王传福充分利用汽车制造业丰富的技术积累，巧妙地运用已经过期的专利技术及非专利技术，并在此基础上进行研发，用以解决缺乏技术难题。

逆向创新的本质是价值创新，这也是比亚迪在电池领域和燃油车领域取得成功的本质。作为中国新能源汽车领跑者，比亚迪新能源汽车自从生下来就走的是正向研发路径，而非逆向创新。“电池、电机、电控”作为比亚迪技术“三板斧”，已成为比亚迪品牌立足市场的金字招牌。其技术的集成性、精密性、领先性是其他企业在短时间内难以模仿、超越的。而比亚迪作为中国新能源汽车引领者，也从未停下研发的脚步。比亚迪成立至今，共研发了国内外首创技术50余项，专利总数过万件。

在出色成绩和行业领先背后，是比亚迪品牌对技术研发孜孜不倦的追求。在新能源汽车领域，比亚迪掌握了“三电”正向研发技术。三电技术是电动车发展中最重要的一项，其中有一个非常关键的配件叫IGBT，被誉为变流器中的CPU，就是这一配件，长期被外国品牌垄断，中国IGBT 90%的市场都掌握在外国企业手中。

随着自主品牌技术不断发展完善，这一局面逐渐发生改变，比亚迪作为国内新能源品牌领导者，一直深耕电动车技术，在2018年发布了IGBT 4.0技术，在国内IGBT领域已处于行业领先地位。

通过逆向创新过渡到正向研发，比亚迪带领中国新能源汽车，在行业内稳扎稳打，靠技术创新在国际新能源汽车市场上争夺发言权，这对中国制造业其他企业的转型升级具有巨大的借鉴意义。

资料来源　田野. 王传福“新”之所向：比亚迪一骑绝尘？[J]. 中国石油企业，2023，453（454（Z1））：136-138.

案例思考题：

1.比亚迪的创新之道有哪些？

2.如何看待比亚迪的逆向创新和正向研发？

本章小结

- 企业管理创新
  - 管理创新概述
    - 创新的含义：首先是一种思想以及在这种思想指导下的实践，是一种原则以及在这种原则指导下的具体活动，是管理的一项基本职能
    - 管理创新的含义：把新的管理要素，如新的管理方法、新的管理手段、新的管理模式等要素组合引入企业管理系统的一系列的创新活动，以此创造一种更有效的资源整合模式
    - 管理创新的特征：不确定性、反复性、需求导向性、系统性
    - 管理创新的原则：经济性、可行性、导向性、交叉综合性
  - 管理创新的基本内容
    - 组织结构创新：组织结构创新的总体思路是建立动态的、灵活的组织，不仅注重提高组织的绩效，更注重提高组织对环境的适应程度及灵敏程度
    - 管理模式创新：是企业为了适应内外环境的变化而针对管理模式所进行的创新
    - 管理制度创新：主要涉及各类管理制度的创新、管理制度的效用评价、管理制度的制定方式以及系统化管理制度的创新等内容
  - 管理创新的过程和技法
    - 管理创新过程：对现状不满阶段、寻找创新灵感阶段、实施创新阶段、争取认可阶段
    - 管理创新技法：头脑风暴法、发散思维法、类比创新法、信息交合法、检核表法、模仿创新法

主要概念

创新　管理创新　组织结构创新　管理模式创新　管理制度创新

练习思考题

1.什么是创新？

2.试述管理创新的含义与内容。

3.试述管理创新的特征与原则。

4.试述管理创新的过程。

5.管理创新的技法有哪些？其基本思路是什么？

第十三章练习思考题参考答案

主要参考文献

[1] 汪大金，张武. 现代工业企业管理［M］. 北京：北京理工大学出版社，2014.
[2] 张德. 人力资源开发与管理［M］. 5版. 北京：清华大学出版社，2016.
[3] 潘家轺，等. 现代生产管理学［M］. 4版. 北京：清华大学出版社，2018.
[4] 陈志军，等. 企业战略管理［M］. 2版. 北京：中国人民大学出版社，2016.
[5] 刘善敏. 人力资源开发与管理［M］. 北京：清华大学出版社，2018.
[6] 何永祺，傅汉章. 市场学原理［M］. 3版. 广州：中山大学出版社，2006.
[7] 张健东. 人力资源管理理论与实务［M］. 北京：中国纺织出版社，2018.
[8] 崔平. 现代生产管理［M］. 北京：机械工业出版社，2016.
[9] 王瑞华. 工商管理教学案例精选：第一辑［M］. 北京：经济科学出版社，2015.
[10] 罗宾斯，贾奇. 组织行为学［M］. 孙健敏，王震，李原，译. 16版. 北京：中国人民大学出版社，2016.
[11] 孙金霞，等. 现代企业经营管理［M］. 北京：高等教育出版社，2018.
[12] 汪大金，等. 现代工业企业管理［M］. 南京：北京理工大学出版社，2014.
[13] 熊敏鹏. 公司薪酬设计与管理［M］. 北京：机械工业出版社，2006.
[14] 罗宾斯. 管理学［M］. 孙健敏，等译. 北京：中国人民大学出版社，2001.
[15] 张一驰. 人力资源管理教程［M］. 2版. 北京：北京大学出版社，2010.
[16] 关淑润. 人力资源管理［M］. 北京：对外经济贸易出版社，2001.
[17] 周三多，陈传明，鲁明泓. 管理学［M］. 7版. 上海：复旦大学出版社，2018.
[18] 秦志华. 人力资源管理［M］. 北京：中国城市出版社，2002.
[19] 姚裕群. 人力资源开发与管理通论［M］. 北京：清华大学出版社，2016.
[20] 贺志东. 企业财务管理操作实务大全［M］. 北京：企业管理出版社，2018.
[21] 王建民. 企业管理创新理论与实务［M］. 北京：中国人民大学出版社，2003.
[22] 侯先荣，吴奔湖. 企业创新管理理论与实践［M］. 北京：电子工业出版社，2003.
[23] 杨加陆，方青云. 管理创新［M］. 上海：复旦大学出版社，2003.
[24] 刘俊成，袁庆华. 企业创新理念［M］. 北京：中国广播电视出版社，2003.
[25] 刘秋华. 管理学［M］. 3版. 北京：高等教育出版社，2015.
[26] 荆新. 财务管理学［M］. 8版. 北京：中国人民大学出版社，2018.
[27] 张平华. 中国企业管理创新［M］. 北京：中国发展出版社，2004.
[28] 陈荣秋，马士华. 生产运作管理［M］. 6版. 北京：机械工业出版社，2022.
[29] 刘丽文. 生产与运作管理［M］. 5版. 北京：清华大学出版社，2017.
[30] 颜蕾. 生产与运作管理教程［M］. 北京：机械工业出版社，2014.
[31] 杨淑娥. 财务管理学［M］. 北京：高等教育出版社，2018.
[32] 韩福荣. 现代质量管理学［M］. 北京：机械工业出版社，2007.

［33］龚益鸣．现代质量管理学［M］．北京：清华大学出版社，2007.
［34］郭复初，王庆成．财务管理学［M］．北京：高等教育出版社，2007.
［35］陈荣秋，马士华．生产与运作管理［M］．4版．北京：高等教育出版社，2016.
［36］芮明杰．管理学原理［M］．上海：上海人民出版社，2008.
［37］方振邦，鲍春雷．管理学原理［M］．北京：中国人民大学出版社，2014.
［38］张铃枣．管理学概论［M］．2版．厦门：厦门大学出版社，2012.
［39］陈福军．生产与运作管理［M］．5版．北京：中国人民大学出版社，2022.
［40］李亚民，赵薇．企业管理［M］．2版．北京：科学出版社，2021.
［41］陈文安，薛松．企业管理［M］．8版．上海：立信会计出版社，2021.
［42］杨善林．企业管理学［M］．4版．北京：高等教育出版社，2020.
［43］庄品．生产与运作管理［M］．4版．北京：科学出版社，2022.
［44］鲁渤．管理学［M］．大连：大连理工大学出版社，2023.
［45］张智光．管理学原理：领域、层次与过程［M］．4版．北京：清华大学出版社，2022.
［46］王惠琴．人力资源管理［M］．3版．南京：南京大学出版社，2022.
［47］谢香兵，张肖飞．高级财务管理［M］．2版．北京：经济科学出版社，2023.
［48］彭代武，叶敏．市场营销［M］．3版．北京：高等教育出版社，2023.
［49］陶晓波，吕一林．市场营销学［M］．7版．北京：中国人民大学出版社，2022.
［50］洪生伟．质量管理［M］．7版．北京：中国标准出版社，2021.
［51］白宝光，苏红梅．质量管理理论与实务［M］．北京：清华大学出版社，2022.
［52］谢荣见，王凤莲．企业战略管理［M］．北京：科学出版社，2021.
［53］张振刚，李云健，周海涛．企业创新管理：理论与实操［M］．北京：机械工业出版社，2022.

